KB242503

나는 한 달에 4시간만 운동한다

THE 4 HOUR BODY

팀 페리스식 최소 자극 운동 공식

나는 한 달에 4시간만 운동한다

THE 4-HOUR BODY

팀 페리스 지음 | 강주헌 옮김

글의온도

일러두기

1. 본문에 사용된 서양식 도량형 단위는 독자의 이해를 돕기 위해, 가능한 한 한국에서 일반적으로 사용하
   는 단위로 변환했다. 본문에 사용된 주요 단위는 다음과 같다.

   길이·거리 단위
   km = 킬로미터
   m = 미터
   cm = 센티미터
   mm = 밀리미터
   mile = 마일
   inch = 인치
   yard = 야드

   부피·용량 단위
   L = 리터
   ml = 밀리리터
   cup = 컵
   tbsp / T = 테이블스푼(큰술)
   tsp / t = 티스푼(작은술)
   pint = 파인트
   quart = 쿼트

   무게 단위
   kg = 킬로그램
   g = 그램
   mg = 밀리그램
   mcg / ㎍ = 마이크로그램
   lb / lbs = 파운드
   oz = 온스

   에너지·온도 및 기타 단위
   Cal / kcal = 칼로리 / 킬로칼로리
   ℃ = 섭씨
   IU = 국제단위(비타민 등의 효능 단위)
   rpm = 분당 회전수
   mg/dL = 밀리그램/데시리터(혈당 수치 단위)
   ng/mL = 나노그램/밀리리터(혈중 농도 단위)

2. 본문에 등장하는 제품과 도구는 현재 유효한 링크가 확인되는 경우에 한해 URL을 수록했으며, 링크가
   없는 제품은 상품명 기준으로 아마존(Amazon) 등 주요 온라인 쇼핑몰에서 직접 검색하면 된다. 이는
   저자의 실험과 사례를 보다 정확히 이해하기 위한 참고 정보 제공 목적임을 밝힌다.

3. 책에 담긴 내용은 순수하게 정보 제공을 목적으로 한다. 개인의 건강 상태와 조건은 모두 다르므로, 여
   기서 제시하는 식이요법과 운동법을 실천하기 전에 반드시 의료 전문가의 자문을 받아 신중하게 판단
   하기 바란다. 이 책의 정보를 활용하거나 적용하는 과정에서 발생할 수 있는 어떠한 부작용에 대해서도
   저자와 출판사는 책임지지 않는다.

어린 골칫덩이였던 나에게
남들과 다른 박자로 행진해도 괜찮다고 가르쳐주신 부모님께
이 책을 바친다.

아버지, 어머니. 두 분을 진심으로 사랑합니다.
저는 두 분께 너무나 많은 것을 빚지고 있습니다.
어머니, 제가 정신나간 짓을 너무 많이 해서 정말 죄송합니다.

━━━━━━━━━ ◆ ━━━━━━━━━

나는 전문가가 아니라 길을 안내하는 실험자에 불과하다.
이 책을 통해 놀라운 성과를 얻는다면 그 공은 소중한 자료를 제공하고
비판적 조언을 아끼지 않은 수많은 전문가와 조언자들에게 돌아가야 마땅하다.
반대로 이 내용이 터무니없게 느껴진다면
그 책임은 그들의 조언을 충분히 반영하지 못한 나에게 있다.
지면의 한계로 모든 이름을 일일이 언급할 수는 없지만
이 책이 세상에 나오기까지 도움을 준 모든 분에게 깊은 감사의 마음을 전한다.
이 책에 소개된 방법을 시도하기 전에 반드시 의사와 상의하기 바란다.

차례

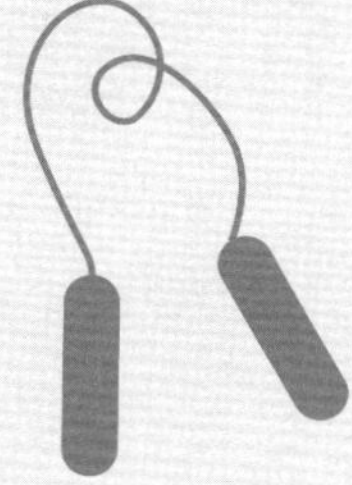

한 달에 4시간 운동으로
몸이 달라지는 이유

나는 멍청이들의 실험을 좋아한다.
나 또한 항상 엉뚱한 실험을 하고 있다.

찰스 다윈

캘리포니아 마운틴뷰, 금요일 오후 10시.

쇼어라인 앰퍼시어터는 2만 명의 인파로 들끓었다. 무대 뒤 분위기도 뜨거웠다. 그때 내 친구이자 영상 기술자인 글렌이 웃으며 소리쳤다. "세상에, 화장실에 갔더니 팀이 변기 앞에서 쪼그려 앉기(스쿼트)를 하고 있더라고!"

나는 당당하게 인정했다. "정확히 40번 채웠지."

그날 밤, 나는 바비큐 치킨 피자 두 판과 견과류 세 줌을 해치웠다. 무려 4,400칼로리에 달하는 네 번째 식사였다. 아침에는 초콜릿 크라상과 베어 클로(데니쉬 페이스트리)를 먹었다. 하지만 놀라운 결과가 나타났다. 단 72시간 후 측정한 내 체지방률은 11.9%에서 10.2%로 떨어졌다. 14일 만에 체내 총지방량이 14%나 감소한 것이다.

어떻게 이런 일이 가능했을까? 비결은 적절한 타이밍에 섭취한 마늘, 사탕수수 추출물(폴리코사놀) 그리고 차 추출물이었다. 고통스러운 과정은 없었다. 미세한 변화들이 복합적으로 작용해 엄청난 결과를 만든 것이다.

고탄수화물 식사를 즐기면서 혈당을 조절하고 싶은가? 여기엔 6가지 명확한 방법이 있다.

대부분의 의사는 일주일에 1kg 이상의 지방을 빼는 건 불가능하다고 말하지만 이는 예외를 고려하지 않은 규칙일 뿐이다. 우리는 근섬유 유형을 바꿀 수 있고, 칼로리 계산의 오류에서 벗어날 수 있다. 지금까지 당신이 알던 신체의 법칙은 다시 쓰여야 한다.

"채소 먹고 운동하라"는 뻔한 이야기 말고

2007년, 26번의 거절 끝에 세상에 나온 내 첫 책이 『뉴욕타임스』 1위에 올랐을 때 나는 누구보다 얼떨떨했다. 당시 『와이어드』 잡지와 인터뷰를 하며 나는 "현대인의 가장 큰 고민은 넘쳐나는 이메일과 늘어나는 체지방"이라고 농담조로 말했다. 이 농담에 모두가 격하게 공감했다.

나는 18살 때부터 내 몸의 모든 기록을 남겼다. 2004년 이후 1,000번 넘게 피를 뽑았고, 2주 간격으로 인슐린과 테스토스테론 수치를 집요하게 추적했다. 지방 분해 효과를 확인하려 중국 차밭으로 날아가고, 줄기세포 실험을 위해 이스라엘 기법을 연구하며 지난 10년간 25만 달러(약 3억 원) 이상을 쏟아부었다.

전위적인 가구나 예술품으로 집을 꾸미는 사람이 있듯, 나는 맥박산소측정기와 초음파 기기, 전기피부반응 센서, 렘수면까지 측정하는 각종 의료기기를 사들인다. 그 결과 주방과 욕실은 어느새 병원 응급실을 닮아 있다.

미친 짓 같아 보이겠지만 덕분에 당신은 이런 무모한 실험을 직접 할 필요가 없다. 지난 2년간 194명의 남녀를 대상으로 테스트한 결과, 대다수가 첫 달에만 9kg 이상의 지방을 감량했다. 비결은 단순하다. 결과가 즉각적으로 눈에 보이면 엄격한 의지력 따위는 필요 없기 때문이다. 이 책은 "채소를 먹고 운동하라"는 뻔한 이야기를 하지 않는다. 친구들이 "도대체 비결이 뭐야?"라고 묻게 만들 압도적인 결과를 만드는 법을 다룬다.

이런 책을 쓰려면 완전히 다른 식으로 접근해야 한다.

전문가 100명의 핵심 조언을 녹여
내 몸으로 파격 실험을 시작하다

결정적인 실험으로 이론이 부정확함이 밝혀지면 폐기된다. 실험주의자가 헌신할
수록 이론가들은 정직해질 수밖에 없다.

미치오 카쿠 _ 이론 물리학자, 『초공간』 저자

나는 의사도 아니고 박사 학위도 없다. 대신 세계 최고의 선수들과 과학자들
의 데이터를 수집하고 직접 몸으로 검증하는 사람이다. 덕분에 나는 주류 의학
계가 시도하지 못하는 파격적인 자가 실험을 할 수 있었다.

누구나 당연하게 받아들이는 전제에 의문을 던질 때 오래 풀리지 않던 문제
가 뜻밖에 단순한 방식으로 해결되는 경우가 있다.

체지방이 고민인가? 단백질 섭취를 늘리고 식전에 레몬 주스를 마셔라.

근육이 부족한가? 생강과 절인 양배추(사워크라우트)가 도움이 된다.

불면증에 시달리는가? 포화지방 섭취를 조절하거나 저온 노출을 시도하라.

이 책에는 100여 명의 NASA 과학자, 올림픽 선수, 전문 트레이너들이 찾아낸
비법들이 담겨 있다. 아이비리그 대학의 한 유명 의학 박사는 내게 "우리는 체면
과 권위를 지키느라 무모한 실험을 못 하지만, 당신 같은 '아웃사이더'라면 가능
하다"고 말했다.

하지만 그 말은 절반만 맞았다. 나 역시 이 분야의 바깥에 서 있던 사람은 아니
었다. 나는 한때 건강식품업계에 몸담았다. 2001년부터 2009년까지, 나는 스포츠
영양보조식품을 12개국 이상에 판매하는 회사의 최고경영자였다. 우리는 규칙을
지켰지만 많은 경쟁사는 그렇지 않았다. 건강보조식품은 큰 수익을 기대하기 어
려운 사업이었고, 영양 성분표에 노골적인 허위를 적어 넣거나, 소송과 연방통상
위원회 과징금까지 계산해 마케팅 예산을 짜는 일이 흔했다. 유명 기업들조차 예
외가 아니었다. 그래서 나는 소비자가 어디서, 어떻게 속는지 잘 안다. 이 업계의
어두운 관행—애매한 임상 결과와 교묘한 상표 전략—은 생명공학이나 다국적
제약회사의 수법과 크게 다르지 않다.

신체 기능 향상을 위한 혁신적 발견은 보통 다음과 같은 경로를 거친다.

경주마 → 에이즈 환자(근육 소모 억제) 및 보디빌더 → 엘리트 운동선수 → 부자
→ 일반인

부자에게서 일반인에게까지 이 기술이 퍼지는 데는 보통 10~20년이 걸린다. 심지어 아예 대중화되지 못하는 경우도 허다하다. 그렇다고 당신에게 검증되지 않은 물질을 무턱대고 시험해보라는 뜻은 아니다. 정부 기관USDA, FDA의 공식 승인이 나기까지는 최소 10년에서 20년의 세월이 소요된다는 사실을 말하고 싶을 뿐이다.

약 10년 전, 내 친구 폴은 사고로 뇌를 다쳐 테스토스테론 분비 기능이 심각하게 저하됐다. 유명 내분비 전문의들을 찾아가 연고와 주사 등 온갖 처방을 받았지만 차도가 없었다. 그러다 의료계에선 거의 쓰지 않던 '테스토스테론 에난테이트'Testosterone Enanthate로 눈을 돌리자 상황이 반전됐다. 하룻밤 사이에 증세가 호전된 것이다.

누가 폴에게 이를 추천했을까? 바로 생화학을 공부한 노련한 보디빌더였다. 의사들은 보디빌더를 아마추어라 무시하고, 보디빌더들은 의사를 겁쟁이라 생각하며 서로 담을 쌓는다. 결국 양쪽 모두 최선의 결과를 놓치고 있는 셈이다.

물론 체육관에서 근육이 가장 큰 사람에게 무작정 건강 관리를 맡기는 일은 위험하다. 그러나 문제의 해답을 기존 질서 밖에서 찾아보려는 태도 자체는 매우 중요하다. 때로는 전문가일수록 고정관념에 갇혀 새로운 관점을 놓치기 쉽기 때문이다. 지난 100년간 의학은 눈부시게 발전했지만 60세 이후에 덤으로 얻은 수명은 1900년대와 비교해 고작 6년이 늘어났을 뿐이다.

현재 비만 연구에 엄청난 예산이 투입되고 있지만 그 결과가 당신의 식탁에 오르기까지 20년을 기다릴 수는 없다. 그럴 이유도 없다.

한 대학병원 외과의사는 "황제라도 병원 운영에 간섭할 수 없듯 우리도 보험사의 시스템을 바꿀 수 없다"고 토로했다. 나는 이 말에 힌트를 얻어 병원 기록을 개인의 데이터로 확보하기 시작했다. 약간의 도움만 있다면 큰 비용을 들이

지 않고도 신체 데이터를 수집할 수 있고, 이를 추적해 작은 변화를 주는 것만으로도 엄청난 결과를 얻을 수 있다.

제2형 당뇨환자가 식단 조절만으로 48시간 만에 약에서 해방되고, 휠체어에 의지하던 노인이 14주 훈련 후 다시 걷는 일은 이제 공상과학이 아니다. 우리 주변에서 일어나는 실제 기적들이다. 소설가 윌리엄 깁슨은 말했다. "미래는 이미 여기에 있다. 단지 널리 퍼져 있지 않을 뿐이다."

2.5%만 잘해도 95%의 결과를 얻는다

이 책은 몸을 재구성하는 데 필요한 수많은 도구 중 가장 핵심적인 2.5%를 공유하기 위해 쓰였다. 왜 하필 2.5%일까? 경제학자 빌프레도 파레토가 발견한 '80/20 법칙'에서 그 답을 찾을 수 있다.

파레토는 부의 80%가 20%의 인구에 의해 창출된다는 사실을 발견했다. 실제로 그가 수확한 완두콩의 80% 역시 20%의 꼬투리에서 나왔다. 파레토는 이 법칙이 경제를 넘어 거의 모든 영역에서 작동한다는 사실도 보여주었다.

실제로 많은 기업에서 전체 매출의 80%는 20%의 핵심 고객에게서 나오고, 마케팅 성과의 대부분 역시 상위 20%의 캠페인이 만들어낸다. 개인의 삶에서도 크게 다르지 않다. 하루에 쏟는 시간의 약 20%가 성과와 만족도의 80%를 결정하며, 조직 안에서도 상위 20%의 인력이 전체 성과의 대부분을 책임진다. 스페인어를 정복하겠다고 10만 단어를 외울 필요는 없다. 자주 쓰이는 2,500단어만 익혀도 대화의 95%를 이해할 수 있다.

비단 언어만의 이야기가 아니다. 삶의 거의 모든 영역에서 이 원리는 조용히 작동하고 있다. 결국 결과를 바꾸는 것은 더 많은 노력이 아니라 올바른 20%에 집중하는 선택이다. 이것이 핵심이다.

• 전체의 2.5%만 알아도 원하는 결과의 95%를 얻을 수 있다.

• 나머지 5%의 성과를 위해 12배의 노력을 더 쏟는 것은 효율적이지 않다.

최소 시간으로 최대 성과를 노리는 당신에게 이 핵심 2.5%는 세상을 들어 올릴 아르키메데스의 지렛대다. 문제는 그 핵심을 찾아내는 일이다.

이 책은 인간의 몸을 총망라한 학술서가 아니다. 몸을 빠르게 재구성해 성과의 95%를 얻는 데 필요한 2.5%의 비밀을 전하는 데 목적이 있다.

이 책을 사용하는 5가지 방법

이 책을 읽을 때는 다음 5가지 원칙을 지켜라. 당신이 가진 고정관념을 버려야 한다는 뜻이다.

#법칙 1: 이 책을 뷔페라고 생각하라

처음부터 끝까지 차례대로 읽겠다는 강박을 버려라. 대부분 독자에게 필요한 내용은 100쪽(20%) 정도면 충분하다. 목차를 보고 당신에게 가장 필요한 장만 골라내고 나머지는 과감히 넘겨라. 목표를 한 가지만 정해 곧장 시작하는 것이 중요하다.

반드시 읽어야 할 공통 부분은 '기본 원리'와 '첫 단계'다(1장과 2장). 그 후 각자의 목표에 따라 다음 장들을 선택해라.

- 신속하게 지방을 태우고 싶다면: 3장 + 5장 1절
- 폭발적으로 근육을 키우고 싶다면: 5장 3절과 4절
- 체력을 극대화하고 싶다면: 8장 + 7장 3절
- 더 깊은 행복과 활력을 원한다면: 6장 + 7장 1절

최소한의 목표를 세웠다면 무조건 시작하라. 한 가지 계획을 완수한 뒤에 다시 책으로 돌아와 다음 목표를 찾으면 된다. 제목만 보고 지레짐작하지 말고, 당신의 상황에 맞는 조언을 골라 취하라.

#법칙 2: 어려운 과학 이론은 건너뛰어도 좋다

성과를 내기 위해 과학자처럼 굴 필요는 없다. 호기심 많은 독자를 위해 전문적인 설명을 담았지만 읽지 않아도 결과에는 지장이 없다. 난해한 이론은 「더 알고 싶다면」이라는 박스에 따로 정리했다. 과학 수업이 지겨웠던 사람이라도 재미 삼아 한두 번 읽어보면 성과를 10% 정도 더 끌어올릴 수 있겠지만 짜증이 날 정도라면 그냥 넘겨도 무방하다.

#법칙 3: 의심하고 또 의심하라

내 말이라고 해서 무조건 믿지 마라. 저명한 티머시 녹스 박사는 "우리가 아는 지식의 50%는 틀린 것이다. 문제는 그 가운데 어떤 절반이 틀렸는지 모른다는 점이다"라고 말했다. 이 책에 담긴 방법론은 확실한 효과가 있지만 그 과학적 메커니즘은 훗날 연구에 따라 수정될 수도 있다. 결과는 신뢰하되 이론에 대해서는 유연한 태도를 가져라.

#법칙 4: 의심스럽다는 이유로 행동을 멈추지는 마라

의심은 하되, 그 의심 때문에 안전지대에만 머물지는 마라. 과학은 추측에서 시작해 시행착오를 거치며 발전한다. 학계의 완벽한 합의가 떨어질 때까지 기다리기만 한다면 당신의 인생은 단 한 걸음도 나아가지 못한다.

능동적으로 의심하라. 직접 실험해보고 결과가 틀렸다면 내게 알려달라. 당신의 피드백이 이 책을 더 완벽하게 만들 것이다. 방관자가 되지 말고 당신의 삶을 바꿀 실험에 뛰어들어라.

#법칙 5: 즐기면서 시도하라

나는 순전히 재미를 위해 도전해볼 괴상한 실험과 실수담을 가감 없이 실었다. 즐기지 못하면 인생의 절반을 손해 보는 것이다. 이 책을 한 미치광이의 흥미진진한 일기로 읽어도 좋다. 탐구와 발견의 즐거움을 만끽하라. 하루에 얼마나 읽고 실천할지는 당신의 몫이다. 당신만의 입맛에 맞춰 속도를 조절하며 즐겨라.

성과는 책상이 아니라 몸에서 시작됐다

"당신은 어떻게 지금처럼 압도적인 생산성을 유지합니까?"

이 질문에 버진 그룹의 리처드 브랜슨 회장은 의자에 몸을 기대며 잠시 생각에 잠겼다. 300개가 넘는 기업을 거느리고, 5만 명 이상을 고용하며 개발도상국가 하나의 GDP와 맞먹는 연간 250억 달러의 매출을 올리는 그가 어떤 대답을할지 주변의 모두가 숨을 죽이고 기다렸다. 마침내 그가 입을 열었다.

"운동을 했습니다."

그는 진지한 표정으로 덧붙였다. 운동 덕분에 매일 4시간의 생산성을 '덤'으로 얻었다고, 그는 확신에 찬 어조로 답했다.

나는 이 책이 단순한 정보 전달로 끝나기를 원치 않는다. 이 책은 새로운 삶의방식, 즉 '실험적인 생활방식'을 촉구하는 하나의 선언문이다. 의사나 언론의 평가보다 중요한 것은 당신의 직접적인 실험이다. 장담하건대 실험적인 삶을 선택할 때 당신은 육체적 건강 그 이상의 놀라운 결과를 얻게 될 것이다. 세상을 돌아가는 기본 구조를 이해하고, 자신의 삶을 스스로 관리할 수 있는 사람이라면 이책에서 몸을 재건하는 데 필요한 핵심 법칙들을 충분히 배울 수 있다. 이 법칙들은 당신이 평생 믿고 의지할 수 있는 가장 든든한 친구가 될 것이다.

이 책은 모든 것을 바꿔놓을 것이다. 자신의 몸에 만족하지 못하거나 다이어트와 운동으로 골머리를 앓고 있다면 이 책을 만나는 순간, 당신의 삶은 '이전'과'이후'로 완전히 달라질 것이다.

기적은 없다. 오직 명확한 원인과 결과가 있을 뿐이다.

이제 모든 것은 당신에게 달렸다.

팀 페리스

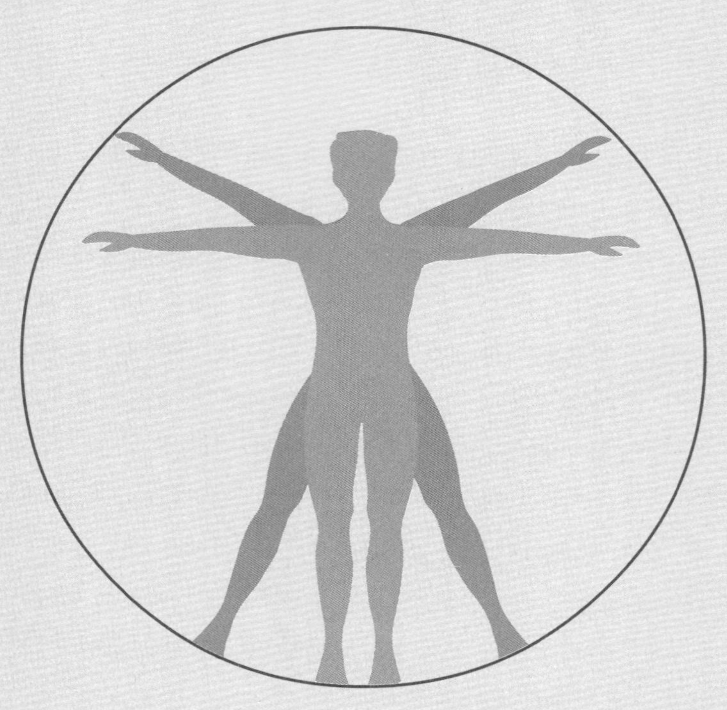

1장. 기본원리:
더 하지 말고, 먼저 '빼야' 하는 이유

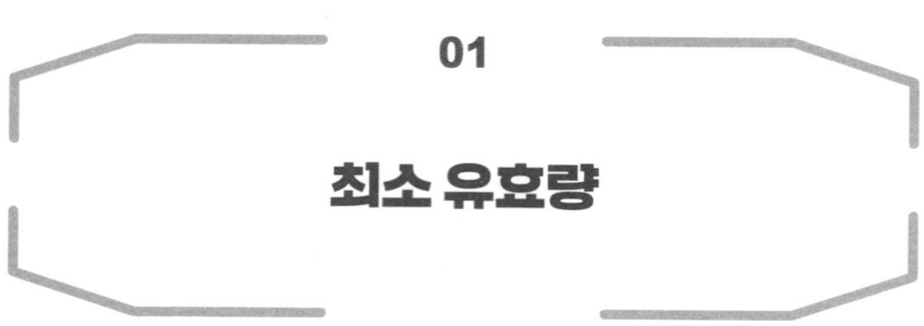

최소 유효량

완벽함이란 더 이상 보탤 것이 없을 때가 아니라
더 이상 뺄 것이 없을 때 완성된다.

생텍쥐페리

결과를 만드는 최소 조건은
생각보다 작게 시작한다

아서 존스Arthur Jones는 시대를 앞선 천재였다. 의사 집안의 장서를 파헤치던 열두 살 소년은 이미 성인 의사 수준의 의학 지식을 섭렵했다. 훗날 그는 체육학계에서 가장 영향력 있는 인물이자, 동시에 타협을 모르는 '다혈질 천재'로 이름을 날렸다.

그의 제자 엘링턴 다든 박사가 전하는 일화 하나를 보자. 1970년, 존스는 당시 미스터 올림피아였던 아놀드 슈워제네거를 플로리다로 초대했다. 공항 마중을 나간 존스의 차 안에서 아놀드는 독일어로 쉴 새 없이 떠들어댔다. 참다못한 존스가 차를 갓길에 세우더니 아놀드의 멱살을 잡고 소리쳤다. "잘 들어, 당장 입 다물지 않으면 여기서 네 엉덩이를 걷어차버리겠어!" 아놀드는 즉시 사과했고 며칠 동안 아주 공손한 신사가 되었다.

존스는 체육계에 만연한 비과학적이고 멍청한 훈련법들을 견디지 못했다.

그는 보디빌더 케이시 바이어터의 체중을 단 28일 만에 28kg이나 늘리는 기염을 토했고, 운동 기구 회사인 '노틸러스'를 창업해 『포브스』 선정 400대 부자에 오르기도 했다. 그는 언제나 "우리가 하는 일은 부인할 수 없는 물리학 법칙에 근거한다"라고 강조했다. 존스가 남긴 가장 위대한 유산이자 이 책의 기초가 되는 개념이 바로 최소 유효량(Minimum Effective Dose, 이하 MED)이다.

최소유효량: 몸을 움직이게 만드는 최소 버튼

최소 유효량MED은 "원하는 결과를 얻기 위해 필요한 최소한의 투여량"을 뜻한다. 이 임계점을 넘어서는 모든 노력은 시간과 에너지 낭비일 뿐이다.
이해를 돕기 위해 두 가지 예를 들어보자.

1. **물 끓이기**: 표준 기압에서 물은 섭씨 100도에서 끓는다. 일단 100도에 도달하면 물은 끓는 것이다. 불의 세기를 더 높여 온도를 올린다고 해서 '더 잘 끓는' 것은 아니다. 그것은 에너지만 낭비하는 꼴이다.
2. **선탠**: 햇볕을 15분만 쬐어도 멜라닌 반응이 일어난다면 선탠의 MED는 15분이다. 만약 욕심을 부려 1시간 동안 햇볕을 쬐면 피부는 화상을 입는다. 화상을 입으면 회복될 때까지 며칠간 해변에 나가지 못하게 된다. 반면 매일 15분씩 정확히 MED를 지킨 사람은 화상 입은 사람보다 결과적으로 훨씬 더 건강하게 그을린 피부를 얻게 된다.

우리 몸을 재구성할 때도 딱 두 가지만 기억하면 된다.

- **지방을 제거하고 싶다면**: 지방 분해 호르몬 반응을 자극하는 데 필요한 최소한의 활동을 하라.
- **근육을 키우고 싶다면**: 국부적 근육 성장 메커니즘이나 전신적(호르몬 기반)성장 메커니즘을 자극하는 데 필요한 최소한만 적용하라.

버튼만 제대로 누르면 결과는 따라온다

어깨 근육을 키우고 싶다면 일주일에 단 한 번, 80초 동안만 근육을 긴장 상태로 유지하면 충분하다. 이 짧은 자극이면 우리 몸은 복잡한 생물학적 반응(전사인자 유발 등)을 시작하기에 충분한 상태가 된다.

우리가 마이크로웨이브(전자레인지)의 물리적 원리를 몰라도 버튼만 순서대로 누르면 음식을 데울 수 있다. 운동도 마찬가지다. 생물학적 구조를 다 이해할 필요는 없다. '80초'라는 버튼만 제대로 누르면 된다.

유명 잡지에서 추천하는 '10회씩 5세트 반복' 같은 방식은 MED가 15분인 피부를 1시간 동안 햇볕에 노출시키는 것과 같다. 과도한 운동은 오히려 회복 기관에 과부하를 주어 몸을 망가뜨린다. 우리 신장이 하루에 처리할 수 있는 노폐물 양에는 한계가 있기 때문이다.

더 많이 한다고 더 좋아지는 것은 아니다. 더 하고 싶을 때 멈추는 '절제'가 바로 결과를 만드는 진짜 실력이다. MED는 최소한의 시간으로 극적인 성과를 보장한다. 아서 존스의 말을 명심하라. "측정할 수 없는 것은 평가할 수 없고, 평가할 수 없는 것은 이해할 수도 없다."

당신이 앞으로 이 책에서 만나게 될 MED 처방을 예시로 들어보겠다.

- 근육을 키우고 싶다면 한 부위당 일주일에 한 번만 60~90초간 정확히 긴장을 유지하라. 이 짧은 자극이면 성장 신호를 켜기에 충분하고, 그 이상은 회복만 방해한다.
- 지방을 줄이고 싶다면 운동 시간을 늘리기보다 공복 상태에서 짧은 움직임이나 냉자극을 활용하라. 몸은 칼로리 계산이 아니라 대사 전환 신호에 먼저 반응한다.
- 식단을 바꾸고 싶다면 하루 첫 끼에 단백질을 충분히 섭취하라. 이 한 번의 선택이 하루 내내 혈당과 식욕의 방향을 결정한다.

상식이 작동하지 않을 때가 있다

규칙을 철저히 알아야 그 규칙을 효과적으로 깨뜨릴 수 있다.

제14대 달라이 라마

너무 그럴듯해서 의심하지 않았던 것들

"말도 안 되는 소리! 28일 만에 근육을 15kg이나 늘리려면 매일 7,000칼로리를 먹어야 한다는 뜻인데, 그러면서 체지방까지 4% 줄였다고? 절대 못 믿지."

내 블로그에 달린 한 독자의 댓글이었다. 충분히 의심할 만한 수치다. 하지만 이런 의심과는 상관없이 결과는 명확하다. 나는 약물의 도움 없이 단 28일 만에 15kg의 근육을 얻고, 1.8kg의 지방을 뺐으며, 총콜레스테롤 수치를 222에서 147로 떨어뜨렸다. 리피토 같은 스타틴 계열 약이나 아나볼릭 스테로이드는 일절 사용하지 않았다.

산호세 주립대학교의 페기 플레이토 박사가 수중 체중 측정법과 의료용 장비로 이 전 과정을 철저히 기록했다. 내가 4주 동안 체육관에서 보낸 총 시간은 얼마였을까? 단 4시간이었다. 30분씩 딱 8회 운동한 결과다.

보통은 체중 조절을 '먹은 칼로리만큼 태우는 것'이라 생각한다. 만약 그렇게 단순했다면 세상에 비만 문제는 벌써 해결되었을 것이다. 상식에만 의존해서는 결코 불가능을 가능케 할 수 없다. 돛단배로 세계를 일주하고, 1마일을 4분 안에 달리며, 달에 가는 일은 모두 상식을 의심한 결과였다. 불가능을 가능으로 만드는 데는 통념을 무시할 용기가 필요하다.

찰스 멍거는 워런 버핏의 파트너이자, 명쾌한 사고와 압도적인 성과로 유명하다. 그는 어떻게 버크셔 해서웨이를 세계적인 기업으로 성장시키는 데 기여했을까? 답은 '멘탈 모델'에 있다고 밝혔다. 물리학, 진화생물학 등 투자와 무관해 보이는 학문에서 끌어온 사고의 틀이다.

80~90개의 멘탈 모델을 사고의 기반으로 삼은 덕분에, 버핏의 표현을 빌리면 멍거는 "세계에서 가장 뛰어난 30초 분석가"로 불린다. 그는 상대가 말을 채 끝내기도 전에 상황의 핵심을 정확히 짚어낸다. 멍거는 "천재가 아니어도 생각하는 법을 제대로 익히면 남들보다 앞설 수 있다"는 다윈의 말을 즐겨 인용한다. 이 책에 정리된 다양한 학문의 멘탈 모델을 활용한다면 당신 역시 남다른 성과를 낼 수 있을 것이다.

몸은 운동으로만 바뀌지 않는다

운동이 아닌 다른 스위치들: '열'과 '호르몬'

운동만으로 칼로리를 상쇄하겠다는 생각은 효율이 극히 낮은 방식이다. 예를 들어 체중 100kg의 남성이 오레오 쿠키 반 봉지를 먹었다고 하자. 이를 태우기 위해 계단 27개만 오르면 충분하다고 생각할지 모르지만 현실은 전혀 다르다. 실제로 운동으로 소모되는 칼로리는 우리가 기대하는 것보다 훨씬 적다.

그런데 왜 과학자들은 칼로리 계산에 그토록 집착할까? 답은 간단하다. 계산하기 편하기 때문이다. 이를 '가로등 효과'라고 한다. 열쇠를 잃어버린 어둠이 아니라 단지 더 밝다는 이유로 가로등 아래만 훑고 있는 주정뱅이와 다를 바 없다. 많은 연구가 실제 효과보다는 측정하기 쉬운 데이터에만 매몰되어 있다.

실내 자전거 위에서 엉덩이 살이 벗겨질 정도로 페달을 밟으며 시간을 낭비하지 마라. 이제 우리는 아직 제대로 개발되지 않은 두 가지 핵심 영역, 즉 열

Heat과 호르몬으로 시선을 돌려야 한다. 원하는 만큼 먹으면서도 살이 빠지는 새로운 배출 시스템이 당신의 문제를 해결해줄 것이다.

(※ 이 부분은 이해하기 어렵다면 건너뛰어도 좋다)

운동과 칼로리의 허망한 진실

물리학적으로 100kg을 100미터 이동시키는 데는 약 23.9칼로리가 소요된다. 지방 1파운드(약 450g)에는 무려 4,082칼로리가 저장되어 있다. 마라톤을 완주해도 연소되는 에너지는 2,600칼로리 남짓이다.

운동으로 살을 뺀다는 게 얼마나 비효율적인지 수치로 따져보자. 스테어마스터(계단 오르기 기구)를 한 시간 동안 타면 약 107칼로리가 소요된다. 그런데 당신이 운동하지 않고 소파에 누워 TV만 봐도 기초대사량(BMR) 덕분에 그 정도 칼로리는 소모된다. 보통 사람은 가만히 있어도 시간당 약 100칼로리를 열로 발산하기 때문이다.

결국 죽어라 운동한 한 시간의 가치는 고작 7칼로리뿐이다. 운동 중간에 셀러리 세 줄기만 먹어도 운동 효과는 증발한다. 운동 후 허기를 참지 못해 마신 스포츠음료나 푸짐한 식사가 더해진다면? 당신은 태운 칼로리보다 훨씬 많은 에너지를 보충하게 될 것이다.

'천연'이라는 말이 가린 것들

'의약품', '건강보조제', '일반 의약품' 같은 구분은 생물학적 분류가 아니라 법적인 분류일 뿐이다. 분류 명칭이 안전성이나 효과를 보장하지는 않는다. 천연 식물도 독초가 될 수 있고, 특허가 없어 약으로 개발되지 못한 성분이 콜레스테롤 수치를 급격히 낮추기도 한다.

'완전 자연식품'이 합성식품보다 무조건 안전하다는 생각도 편견이다. 말린 완두콩에는 비소가 미량 함유되어 있고, 과거 시신의 뇌에서 추출했던 성장호르몬HGH은 치명적인 크로이츠펠트-야코프병을 유발하기도 했다. 그래서 현대의 HGH는 훨씬 안전한 유전자 재조합 방식으로 제조된다.

천연 식재료가 아니라면 몸속에서 생물학적 폭풍을 일으키는 모든 알약과 가루는 본질적으로 '약물'이다. 명칭에 현혹되지 말고 그 실질적인 효과와 위험성을 직시하자.

사람이 달라 보이기 시작하는 지점: 왜 9kg인가

체중이 55kg 이상이라면, 당신의 1차 목표는 약 9kg의 재구성이어야 한다. 이 정도 변화가 일어나야 '완전히' 다른 사람처럼 보이기 때문이다. 체중이 가벼운 편이라면 4~5kg을 목표로 잡아라. 45kg 이상 감량해야 하는 고도비만자라도 일단 처음 9kg에 집중하라.

이 9kg은 주변 사람들의 시선이 '경탄'으로 바뀌는 마법의 티핑 포인트다. 여기서 '재구성'Recomposition이란 단순히 몸무게를 줄이는 것이 아니다. 외형을 완전히 바꾸는 것이다. 통상 지방 7kg을 걷어내고 근육 2kg을 더하는 조합을 말한다. 최적의 몸을 만들려면 '빼기'와 '더하기'가 동시에 일어나야 한다.

어디에 힘을 줘야 가장 빨리 바뀌는가: 황금비율

9kg의 재구성은 식단, 약(보조제), 운동이라는 세 가지 영역의 조합으로 달성된다. 총합을 100이라고 할 때 이들을 어떻게 배분하느냐가 핵심이다.

모든 영역을 33%씩 똑같이 나눌 수도 있지만 최적의 효율을 내는 조합은 따로 있다. 약에만 100% 의존하면 부작용이 따르고, 운동에만 100% 매달리면 부상을 입었을 때 모든 노력이 물거품이 된다. 지방 연소를 위해 이 책이 권장하는 기본 비율은 다음과 같다.

지방 연소 황금 비율: 식단 60% / 운동 30% / 약 10%

물론 상황에 따라 조절은 가능하다. 여행이 잦거나 채식주의자라 식단 관리가 어렵다면 운동과 보조제의 비중을 높일 수 있다.

대안 비율: 식단 10% / 운동 45% / 약 45%

세세한 백분율에 집착할 필요는 없지만 식단과 운동이 모든 변화의 기초라는 사실은 변치 않는다. 보조제는 그 효율을 극대화하는 촉매제일 뿐이다. 자신의 라이프스타일에 맞춰 이 지렛대들을 적절히 조절하라.

지속 가능성: 이 방법을 3개월 뒤에도 할 수 있는가

"하루에 상추 한 포기씩만 먹으면 살이 빠지고 인슐린 수치가 조절됩니다."

이런 처방이 있다고 하자. 만약 비만이 생명을 위협할 정도인 환자라면 죽기 살기로 지키겠지만 단순히 '청바지 핏'을 위해 다이어트를 하는 사람에게 이런 귀찮은 처방은 금세 포기 대상이 된다. 채소를 썰고 믹서기를 청소하는 번거로움에 지쳐 중도 하차한다면 그 방법은 결과적으로 그 사람에게 '효과가 없는' 것이다.

당장 포기할 완벽한 계획보다 조금 허술해도 끝까지 밀고 나갈 수 있는 실천이 백배 낫다. 시작할 때는 누구나 의욕이 넘치지만 현실은 냉혹하다. 스스로에게 물어라. "목표를 이룰 때까지 이 방식을 고수할 자신이 있는가?" 자신이 없다면 더 효율은 낮더라도 지속 가능한 방법을 찾아야 한다.

몸을 움직인다고 다 운동은 아니다

야구, 수영, 요가, 등산 같은 활동은 '신체적 레크리에이션'이다. 반면 운동Exercise은 목표한 변화를 끌어내기 위해 최소유효량MED의 자극을 가하는 정교한 행위다.

레크리에이션은 변수가 너무 많아 인과관계를 추적하기 어렵다. 하지만 효과적인 운동은 단순하고 측정 가능하다. 강아지와 공원을 뛰노는 것은 즐거운 활동이지만 그것이 곧 체지방을 줄이거나 근육을 만드는 '운동'은 아니다. 활동은 재미를 위한 것이고 운동은 변화를 위한 것이다. 이 둘을 명확히 구분하라.

상관관계와 인과관계를 혼동하지 마라

마라톤 선수처럼 날씬해지고 싶어서 마라톤 훈련을 하고, 단거리 선수처럼 근육질이 되고 싶어서 단거리 달리기를 하는가? 얼핏 논리적이지만 여기에는 큰 함정이 있다.

- 인과관계가 반대일 수 있다. 단거리 선수가 훈련해서 근육질이 된 것일까, 아니면 원래 근육질인 사람이 단거리 선수로 성공한 것일까? 후자일 가능성이 높다.
- 변수는 다양하다. 요가를 하는 사람들의 심장이 튼튼한 이유가 요가 덕분일까, 아니면 요가를 즐길 만한 상류층이 더 좋은 식단을 챙겨 먹기 때문일까?
- 언론의 보도를 의심하라. "A를 했더니 B가 되었다"는 뉴스 대부분은 그저 두 현상이 동시에 일어났다는 '상관관계'를 말할 뿐이지, A가 B의 직접적인 원인이라는 '인과관계'를 증명하지 않는다.

내가 코를 후빌 때 TV 광고가 시작됐다고 해서 내 행위가 광고의 원인은 아니다. 누군가 비결을 말할 때 그것이 진짜 원인인지 냉정하게 분석하라.

요요 현상을 역이용하라: 순환의 원리

다이어트 중 쿠키 하나를 먹었다고 자책하며 절망에 빠질 필요는 없다. 오히려 칼로리 섭취의 기복을 전략적으로 활용해야 한다.

먹고 싶은 욕구를 억누르기만 하면 몸은 비상사태를 선포하고 대사율을 낮춘다. 하지만 주기적으로 마음껏 먹는 날을 계획에 넣으면 이런 부작용을 막을 수 있다. 세계 최정상급 보디빌더들은 호르몬 수치가 떨어지는 것을 방지하기 위해 칼로리 섭취량을 요일별로 다르게 조절(칼로리 사이클링)한다.

파워리프팅의 전설 에드 코언은 세계 기록을 70차례 이상 경신했다. 체중 100kg이 채 되지 않는 몸으로 901파운드(약 408kg)를 들어 올려 슈퍼헤비급 기록마저 깨뜨렸다. 당시 그의 트레이너였던 마티 갤러거는 이렇게 말했다. "1년 내내 최상의 컨디션을 유지하겠다는 생각은, 정신병원으로 가는 지름길이다."

치밀하게 계획된 칼로리의 기복은 목표에서 멀어지는 뒷걸음질이 아니라 대사를 활성화해 더 빨리 목표에 도달하게 하는 촉매제다. 체중계의 수치에 일희일비하지 말고 '순환의 원리'를 받아들여라. 이것이 몸을 신속하게 재구성하는 지렛대다.

체질과 운명: 유전은 출발점일 뿐이다

2005~2025년 보스턴 마라톤 우승의 대부분은 케냐와 에티오피아 선수들이 차지했다. 약 20여 회의 대회 중 18회 이상을 동아프리카 출신 주자들이 석권했다는 사실은, 이들의 강세가 일시적 현상이 아님을 보여준다. 이는 단순한 확률이나 우연으로 설명하기 어렵다.

보통 이들의 근육에 지구력이 강한 '적색 근섬유'가 많을 거라 짐작한다. 하지만 실제 생체검사 결과는 충격적이었다. 그들에게는 투포환이나 단거리 선수에게서 보이는 '백색 근섬유' 비율이 훨씬 높았다! 이는 그들이 짧은 거리를 매우 강도 높게 훈련해온 결과였다.

부모의 체형이 당신의 운명을 결정하지 않는다. 유전자는 밑그림일 뿐, 색칠은 당신의 몫이다. 인간게놈프로젝트의 에릭 랜더 박사는 '유전자 결정론'의 위험성을 경고하며 이렇게 말했다. "유전자가 무언가를 결정한다고 믿으며 '어쩔 수 없다'고 말하는 것은 터무니없다. 유전적 요소가 있다고 해서 그것을 바꿀 수 없는 것은 아니다."

'체질'이라는 고정관념을 버려라. 우리는 어떻게 먹고 훈련하느냐에 따라 완전히 다른 사람으로 변할 수 있다. 나 또한 실험을 통해 유전적 한계를 극복해왔다. 이제 나쁜 유전자는 더 이상 당신의 변명이 될 수 없다.

그럴듯한 말이 가장 위험하다

에어로빅이라는 단어는 어떻게 탄생했을까? 아마 강사들이 모여 '시간당 10달러를 받으려면 그냥 펄쩍펄쩍 뛰는 운동이라고 부를 순 없지'라고 합의한 결과일 것이다.

리타 러드너

새로운 운동법이나 다이어트 제품을 만날 때마다 질문하라. "이게 광고만큼 효과가 없다면 그들은 어떤 명분으로 팔 것인가?" 에어로빅이 유행한 진짜 이유는 사실 시설 투자가 적고 좁은 공간에 많은 학생을 채울 수 있기 때문이다. 이처럼 많은 유행 다이어트나 운동법이 이익을 먼저 계산한 뒤 나중에 그럴듯한 이론을 덧붙이는 식으로 탄생한다.

특히 장사꾼들이 만들어낸 다음과 같은 말들에 속지 마라.

예를 들어 '셀룰라이트'Cellulite라는 단어는 1968년 잡지 『보그』에 처음 등장했다. 세상에 없던 '가짜 질병'을 만들어내 전 세계 여성들을 불필요한 공포로 몰아넣은 셈이다. 하지만 셀룰라이트는 그저 평범한 지방일 뿐이다. 특별한 병이 아니며 얼마든지 제거할 수 있다.

장사꾼의 말보다 더 위험한 것은 '과학적인 척하는 말'들이다. 이 용어들은 합의된 기준조차 없이 남용되고 있다.

"건강해지고 싶다"는 말은 실행하기 어렵다. 대신 "HDL 콜레스테롤 수치를 높이고 1마일 달리기 기록을 단축하겠다"는 말은 실행 가능하다. '옵티멀'(최적)이라는 단어 역시 기준이 분명해야 한다. 철인 3종 경기를 위해서인가? 수명 연장을 위해서인가? 아니면 활발한 성생활을 위해서인가?

정확한 목표가 계량화되지 않은 '최적'이라는 말은 모호한 위키피디아 설명처럼 아무런 가치가 없다. 기준이 분명할 때만 그 용어는 의미를 갖는다.

칼로리가 같더라도 효과가 다른 이유

칼로리는 그것이 소고기든, 위스키든, 설탕이든 상관없이 똑같다. 형태와 관계없이 칼로리가 높으면 살이 찌는 것이다. _프레더릭 스테어, 하버드대 영양학과 창립자

이 말은 상식처럼 들리지만 실제 인체 원리와는 거리가 멀다. 다음 두 가지 가상 시나리오를 통해 그 이유를 살펴보자.

- **시나리오 #1:** 일란성 쌍둥이가 30일 동안 똑같은 음식을 먹는다. 한 명은 항생제 치료 직후라 장내 유익균이 부족한 상태다. 한 달 뒤, 둘의 몸 상태가 같을까? 절대 그렇지 않다.
- **법칙 #1:** 중요한 것은 입에 넣은 양이 아니라 '피로 흡수된 양'이다. 혈액에 도달하지 못하고 배출된 칼로리는 의미가 없다. 칼로리 개념을 정립한 19세기 화학자 애트워터는 음식을 직접 태워 발생하는 열량을 측정했다. 하지만 인간의 소화 과정은 소각로와 다르다. 통나무를 씹어 먹는다고 해서 벽난로가 뿜어내는 열기만큼 몸에 에너지가 쌓이지는 않는 법이다. 인간의 소화기관은 나무껍질을 전혀 분해하지 못하기 때문이다. 즉 '태워서 측정된 칼로리'와 '실제 인체가 흡수하는 에너지'는 완전히 별개다.
- **시나리오 #2:** 설탕 vs 닭가슴살 vs 마요네즈. 신체 조건이 같은 세 여성이 30일간 매일 2,000칼로리를 섭취한다. 1번은 설탕만, 2번은 닭가슴살만, 3번은 마요네즈만 먹는다면 한 달 뒤 결과는 어떨까?
- **법칙 #2:** 영양소(탄수화물, 단백질, 지방)에 대한 호르몬 반응은 완전히 다르다. 지방 90%, 단백질 90%, 탄수화물 90%로 식단을 구성해 동일한 칼로리를 섭취하게 한 실제 임상 연구 결과는 다음과 같다.
  - 지방 90% 식단: 하루 평균 0.4kg 감량
  - 단백질 90% 식단: 하루 평균 0.27kg 감량
  - 탄수화물 90% 식단: 하루 평균 0.1kg 증가

결국 칼로리가 어디서 왔는지(출처)와 소화력, 영양소 비율, 섭취 타이밍이 체형을 결정한다. 지방을 줄이고 근육을 늘리려면 이 요소들을 영리하게 조절해야 한다.
세 요인에 대해서는 뒤에서 더 자세히 살펴보기로 하자.

성별은 다르지만 몸이 변하는 원리는 같다

피트니스 마케터들은 여성들에게 "여자만을 위한 특별한 프로그램"이 필요하다고 속삭이며 지갑을 열게 만든다. 이는 불필요한 혼란을 조장하는 자본주의의 전형적인 수법이다. 물론 여성이 우람한 보디빌더처럼 먹고 운동해야 한다는 뜻은 아니다. 하지만 남녀가 원하는 결과는 99% 똑같다. '지방은 줄이고, 적당한- 곳에 근육을 채우는 것'이다. 따라서 99%의 경우 남녀의 방법론도 같아야 한다.

여성의 테스토스테론 수치는 남성의 10분의 1에서 40분의 1 수준이다. 이런 생화학적 차이 때문에 여성이 운동 좀 한다고 하룻밤 새 근육 괴물이 될 일은 없다. 많은 남자가 간절히 바라도 일어나지 않는 기적이 여성에게 우연히 일어날 리 없다. 만약 변화가 너무 빠르다 싶으면 식사량을 조금 줄이거나 운동 횟수를 조절하면 그만이다.

장사꾼들의 감언이설에 속지 마라. 근섬유 구성은 노력으로 바뀔 수 있다. 현재의 조건에 굴복하지 말고, 당신이 원하는 결과를 얻기 위해 먹고 운동하라.

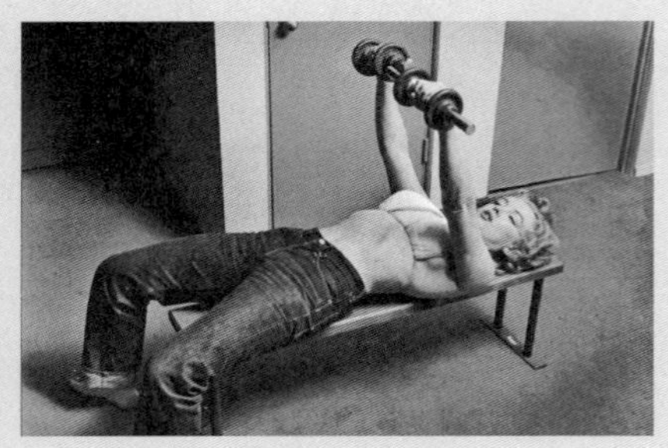

시대를 앞서 자기 몸을 직접 디자인한 아이콘, 마릴린 먼로

참고자료

- *Seeking Wisdom: From Darwin to Munger* (다윈에서 멍거까지, 지혜를 찾는 법): 멘탈 모델을 활용해 세상의 속임수를 꿰뚫어 보는 법을 다룬 최고의 입문서다. www.fourhourbody.com/wisdom
- *Poor Charlie's Almanack: The Wit and Wisdom of Charles T. Munger* (가난한 찰리의 연감: 찰리 멍거의 재치와 지혜): 워런 버핏의 파트너 찰리 멍거의 지혜를 집대성한 책으로, 광고 없이도 수만 부가 팔린 명저다. 국내에는 『가난한 찰리의 연감』(2024)으로 출간되었다. www.fourhourbody.com/almanac

2장. 첫 단계:

내 몸의 주도권을 찾으려면

하라주쿠 모멘트
('하면 좋은 것'이 '반드시 해야 할 것'이 되는 순간)

개인의 독립은 냉정한 자기평가와 자기신뢰에 달려 있다.
자신을 지배할 수 있을 때 비로소 진정한 독립이 가능하다.

생텍쥐페리

두려움은 정신을 죽이는 살인마다. 나는 두려움에 맞서 그것이 나를 관통하게 할 것이다.
두려움이 지나간 자리에는 아무것도 없을 것이다. 오직 나만이 남을 것이다.

프랭크 허버트_ 소설 『듄』에서, 베니 제서리트의 "두려움에 맞선 기도"

성공을 위한 실용서는 세상에 널렸지만 우리는 그 충고를 좀처럼 따르지 않는다. 실리콘밸리의 유명 CEO들은 내게 뱃살을 빼는 비결을 알려달라고 줄곧 부탁했다. 나는 딱 한 장의 카드에 모든 핵심 요령을 적어주었지만 그들의 성공률은 놀랍게도 0%였다. 세상에서 가장 똑똑하다는 사람들도 왜 행동을 바꾸지 못할까? 이유는 두 가지다.

1. 간절한 이유가 없다: 고통이 아직 견딜 만하기 때문이다. 그들에게 변화는 '하면 좋은 것'nice-to-have일 뿐, '반드시 해야 하는 것'must-have이 아니었다. 즉 '하라주쿠 모멘트'가 없었던 것이다.
2. 의식을 깨우는 장치가 없다: 꾸준히 행동을 추적하지 않으면 변화는 일어나지 않는다.

'하라주쿠 모멘트'란 "하면 좋은 것"을 "반드시 해야만 하는 것"으로 바꿔놓는 깨달음의 순간을 뜻한다. 이 강렬한 동기 부여 없이는 어떤 비법도 무용지물이다.

10년의 비만을 끝낸 31kg 감량의 기적

내 친구 차드 파울러는 10년 넘게 고도비만으로 살았지만 단 12개월 만에 31kg을 감량했다. 나는 그에게 물었다. "10년 동안 꿈쩍 않던 당신을 움직이게 만든 티핑 포인트는 무엇이었나요?"

그의 대답은 단순히 '칼로리 계산'이 아니었다. 사실 이 정도 성과를 내려면 칼로리 계산이 정답은 아니다. 하지만 중요한 통찰이 있다. "무엇이든 추적하기 시작하면 의식이 바뀐다"는 사실이다.

비만이든, 허약 체질이든, 몸이 뻣뻣한 사람이든 상관없다. 보잘것없는 변수라도 일단 기록하고 추적하기 시작할 때 변화의 계기가 마련된다. 모든 것을 완벽하게 준비할 필요는 없다. 핵심 개념 몇 가지만 확실히 파악하고 실행하면 결과는 자연스럽게 따라온다.

이제, 10년의 침묵을 깨고 차드를 변화시킨 그 결정적인 답장을 공개한다.

차드의 이야기:
내 삶의 주도권을 되찾은 순간

10년 넘게 뚱보로 살아온 내가 왜 갑자기 변화를 결심했냐고? 그 결정적인 순간은 아직도 기억에 생생하다.

도쿄 여행 중 친구들과 하라주쿠에 갔을 때였다. 기발하고 예술적인 옷들을 구경하며 상점들을 들락거렸지만 나는 아무것도 살 수 없었다. 쇼핑을 포기하고 밖에서 기다리던 나는 옆에 있던 친구에게 무심결에 이렇게 말했다. "난 어떤 옷을 입어도 똑같을 거야. 이런 몸에는 뭘 걸쳐도 멋져 보이지 않을 테니까."

그 말을 내뱉은 순간, 묘한 정적이 흐르는 듯했다. 내 목소리에 담긴 지독한 무력감이 내 귀에 선명하게 꽂혔기 때문이다. 나는 프로그래밍과 외국어 공부 등 내가 시도한 모든 분야에서 노력한 만큼 보상을 얻어온 성공한 사람이었다. 그런데 왜 삶에서 가장 중요한 '건강'에 대해서만은 아무것도 할 수 없는 것처럼 말하고 있었을까?

나는 그저 결과가 저절로 다가오기만을 기다리는 유약한 존재가 되어 있었다. 학창 시절 운동신경이 없다는 이유로 스스로를 '불완전한 인간'이라 낙인찍었고, 그 무력감이 내면을 좀먹게 내버려둔 것이다. 하라주쿠에서의 그 깨달음은 내 삶을 지배하던 무력감의 뿌리를 통째로 뽑아버렸다.

지금에서야 인정하지만 부분적인 완전함partial completeness은 반복되는 패턴이다. 내가 몸담아온 컴퓨터 프로그래밍과 테크놀로지 분야에서 이것은 예외가 아니라 규범에 가깝다. 겉으로는 완성된 것처럼 보이지만 실제로는 빈틈이 남아 있다.

나는 이 패턴을 삶 전체에 대입해보기 시작했다. 그 과정에서 나쁜 습관의 뿌리를 걷어내자, 그동안 보지 못했던 구멍들이 드러났다. 지금 나는 그 구멍들을 하나씩 채워가고 있다. 체중 감량도 같은 방식이었다. 처음에는 무리하지 않았다. 음식에 주의를 기울이고, 일주일에 서너 번 유산소 운동을 했다. 목표는 단순했다. 매일 어제보다 조금 나아지는 것. 첫날은 쉬웠다. 무엇을 하든 이전의 나보다는 나았기 때문이다.

사람들에게 "1년만 운동하면 '날씬해졌다'는 말을 들을 수 있다면 하겠는가"라고 묻는다면 대부분은 그렇다고 답할 것이다. 문제는 그 변화로 가는 분명한 경로가 실제로 존재하는지를 확신하지 못한다는 데 있다. 해야 할 일이 보이면 결과는 생각보다 멀지 않다.

측정하면 변화는 시작된다

내가 다이어트를 지속할 수 있었던 첫 번째 비결은 '자료의 활용'에 있었다. 나는 먼저 기초대사율BMR을 공부했다. 비만인 체중을 유지하는 데 생각보다 엄청난 칼로리가 소모된다는 사실을 알고 깜짝 놀랐다.

이를 통해 두 가지를 깨달았다.

1. 칼로리 섭취를 줄이는 것이 생각보다 어렵지 않다.

2. 내가 그동안 어마어마한 칼로리를 과다하게 섭취해왔다.

다음으로 나는 "4,000칼로리가 지방 1파운드(약 0.45kg)이다"라는 가설을 세웠다. 지나친 단순화일 수 있지만 목표를 향한 수단으로는 충분했다. 내 BMR 이 2,900이고 1,800칼로리만 먹는다면 운동 없이도 하루 1,100칼로리가 부족해진다. 여기에 30분 운동으로 500칼로리를 더 태우면 하루 총 1,600칼로리의 결손이 생긴다. 그렇다면 하루 1,600칼로리를 덜 채우면 이틀에 0.5kg 정도를 뺄 수 있다. 이 계산대로라면 열흘이면 약 2.3kg(5파운드) 감량이 가능하다.

체중이 10파운드 줄어들 때마다 옷 사이즈는 XL에서 L로, 다시 M으로 내려갔다. 이 눈에 보이는 변화는 내게 강력한 동기가 되었다. 거의 1년 동안 입지 않게 된 옷들을 기부할 수 있었고, 덕분에 죄책감 없이 오히려 기분 좋게 새 옷을 고를 수 있었다.

물론 이 수치가 100% 정확하진 않을 것이다. 하지만 '불완전하더라도 올바른 방향을 가리키는 숫자'는 실행을 지속하게 만드는 강력한 동기가 된다. 완벽주의라는 강박에서 벗어나자 모든 것이 달라졌다.

지루함을 이기는 멀티태스킹 운동법

나는 신진대사의 기본 원리를 실천에 옮겼다. 기상 후 30분 내에 아침을 먹었고, 하루에 5~6번 소량의 식사를 했다. 칼로리를 일일이 계산하는 대신 1주일 식단을 완벽히 짜서 종교적인 마음으로 지켰다. 칼로리를 집요하게 계산할수록 기분만 상하고 의욕은 오히려 떨어진다. 대신 1주일 단위의 단순한 계획을 세워 기본적인 길잡이로 삼으면, 부담 없이 유지할 수 있고 과정도 훨씬 즐거워진다.

또한 창조적인 사람들이 운동을 싫어하는 이유가 '따분함' 때문이라는 사실을 깨닫고 나만의 해결책을 찾았다.

- 리컴번트 바이크 책상: 누워서 타는 자전거에 작업대를 설치해 일을 하며 페달을 밟았다. 글을 쓰고 게임을 하며 지루함을 지웠다.
- 심박계 활용: 심박계를 차고 집안일을 하거나 비디오 게임을 하며 소모되는 칼로리를 확인했다. 청소를 빨리하는 것만으로도 상당한 지방이 탄다는 것을 눈으로 확인하니 동기부여가 확실했다.

차드 파울러: 하라주쿠 모멘트 이전과 이후의 극적인 변화

당신도 알다시피, 근육을 키우는 것은 지방을 태우는 가장 효과적인 방법 중 하나다. 하지만 샌님들은 근육을 키우는 법을 잘 모른다. 앞서 말했듯 샌님들은 확신 없는 일을 꺼리고 자료와 전문가의 의견을 중시한다. 나 역시 무엇을 해야 할지 배우기 위해 트레이너를 고용했다. 몇 번 훈련을 받고 나서는 필요한 운동을 익혔다고 생각해 그만둘까도 했지만 결국 1년 내내 도움을 받았다.

한 친구의 말처럼 나는 살을 뺀 비결을 묻는 질문에 딱 잘라 답하지 못한다. 특별한 비결이 없었기 때문이다. 굳이 말하자면 '다이어트와 운동'이다. 누구나 접근할 수 있는 자료를 활용했고, 생물학적 원리가 작동하리라 믿었다. 약 20일 간의 실험으로 상당한 변화를 얻었고, 무엇보다 운동 후 아침에 몸이 가뿐해지는 경험이 계속하게 만든 동력이었다.

그래서 나에게 체중 감량은 생각보다 쉬운 일이었다.

• • •

차드 파울러가 31kg을 뺄 수 있었던 것은 그에게 '하라주쿠 모멘트'라는 강력한 동기가 있었고, 이를 '숫자'로 추적했기 때문이다. 비결은 특별한 마법이 아니라 누구나 접근 가능한 데이터를 적극적으로 활용하고 생물학적 원리를 신뢰한 것에 있었다.

다음 장에서는 당신도 당신만의 숫자를 갖게 될 것이다. 이제 본격적인 게임을 시작해보자.

참고자료

- Practical Pessimism: Stoicism as Productivity System, Google Ignite (실용적 비관주의: 스토아 철학을 생산성 시스템으로 쓰는 법): 내가 겪은 개인적 '하라주쿠 모멘트'를 바탕으로 한 5분 강연. 두려움을 억누르는 대신 활용해 목표에 접근하는 방법을 다룬다. www.youtube.com/watch?v=RwosCDOwRHQ
- Clive Thompson, "Are Your Friends Making You Fat?", *New York Times*, 2009.9.10. (당신의 친구들이 당신을 살찌게 만들고 있는가?): 우리가 닮아가려는 사람들의 집단이 신체 변화에도 영향을 미친다는 점을 분석한다. 목표 달성에서 동료 집단 선택이 왜 중요한지를 설명한 기사다.

중요한 건 몸무게가 아니라 체지방이다

제1원칙은 자신을 속이지 말아야 한다는 것이다.
그런데 자신이야말로 속이기 가장 쉬운 대상이다.

리처드 파인만_ 노벨 물리학상 수상자

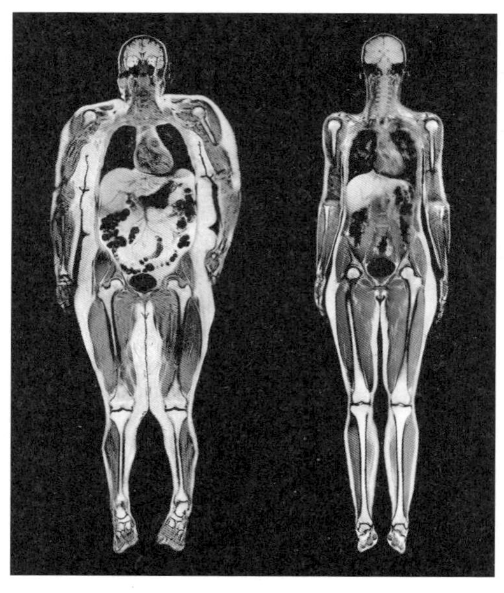

지방은 피부 아래에만 쌓인다고 생각하는가? 그렇다면 다시 생각해보라. 위에 제시된 MRI 이미지는 체중 약 113kg 여성과 약 54kg 여성의 내부를 비교한 것으로, 내장 기관 주변에 축적된 대량의 지방을 선명하게 보여준다. 소화되지 않은 음식물은 독자들의 눈살을 찌푸리게 하는 덤이다.

한 남자의 다이어트 일기

2008년 12월 27일   시작 체중: 약 111.1kg
2009년 1월 30일   1개월 경과: 약 103.4kg
2009년 3월 1일   2개월 경과: 약 100.9kg

처음 4주 동안 아침에 단백질을 거의 섭취하지 않았다. 기상 후 30분 이내에 단백질 30g을 추가하면서 지방 연소가 다시 시작됐다.

2009년 4월 2일   3개월 경과: 약 92.4kg

90일 동안 감량한 체중: 약 18.7kg

2009년 5월 1일   4개월 경과: 약 90.7kg
2009년 6월 1일   5개월 경과: 약 87.5kg
2009년 7월 1일   6개월 경과: 약 84.7kg
2009년 7월 31일   7개월 경과: 약 83.9kg

최근 두 달 동안 약 3.6kg밖에 줄지 않아 다소 실망스럽다.
근육을 키우기 위한 파워리프팅 운동으로는 기본적인 다섯 가지를 한다. 시작할 때의 중량과 현재의 중량을 비교하면 다음과 같다.

숄더 프레스 – 느리게 10회 반복
시작 중량: 약 6.8kg → 현재 중량: 약 34.0kg
랫 풀다운 – 느리게 8회 반복
시작 중량: 약 22.7kg → 현재 중량: 약 61.2kg
벤치 프레스 – 느리게 8회 반복
시작 중량: 약 13.6kg → 현재 중량: 약 40.8kg

로우 – 느리게 8회 반복

시작 중량: 약 22.7kg → 현재 중량: 약 54.4kg

컬 – 느리게 12회 반복

시작 중량: 약 6.8kg → 현재 중량: 약 22.7kg

65세인 이 남성은 최근 체중 감소 폭이 눈에 띄게 줄어든 데 대해 실망을 감추지 못했다.

하지만 과연 그는 정말 실망해야 했을까?

체중이 줄지 않아도 성공일 수 있다

운동일지를 보면, 마지막 3개월 동안 체중 변화는 크지 않았지만 근력은 눈에 띄게 향상됐다. 이는 우연이 아니다. 근력은 전반적으로 거의 세 배 가까이 늘었고, 보수적으로 보아도 이 기간 순수 근육이 약 4.5kg 증가했을 가능성이 크다. 그렇다면 실제로 줄어든 체중은 체중계에 표시된 약 3.6kg이 아니라 약 8kg에 가깝다.

이후 근육 증가 속도는 둔화됐지만 체중은 약 83.9kg에서 78.5kg으로 확연히 감소했다. 결과적으로 8개월 동안 약 32.7kg이 줄었다. 물론 이 전부가 지방이라고 단정할 수는 없다. 시작 당시 체지방률을 측정하지 못했기 때문이다.

그럼에도 변화는 분명했다. 그는 내 아버지였고, 나는 생애 처음으로 나보다 가벼운 아버지를 보았다. 4개월 뒤 정기검진에서 담당 의사는 "1년 전보다 훨씬 젊어 보인다"라고 말했다. 키 167.5cm, 체중 약 111kg이었던 1년 전과는 확연히 달랐다. 아버지는 12개월 만에 10년은 젊어진 듯 보였고, 급성 심장마비의 위험에서도 벗어났다.

그런데도 아버지는 결과에 만족하지 못했다. 이런 의심은 프로그램 전체를 무너뜨릴 수 있다. 이를 막으려면 몇 가지 핵심 수치로 변화를 판단해야 한다. 무엇이 효과 있고 없는지를 구분할 기준이 필요하다.

몸을 평가하는 방법부터 바꿔라

많은 사람이 체중 조절에서 길을 잃는다. 이유는 단순하다. 체중계라는 둔한 도구 하나에만 의존하기 때문이다. 실제로는 큰 변화가 일어나고 있는데도 실패했다고 착각하고, 그 결과 방법을 바꾸거나 무리한 선택을 한다.

체중계는 필요하지만 그것이 전부는 아니다. 체중은 변하지 않았더라도 신체는 분명히 재구성될 수 있다. 느린 탄수화물 식단을 실천한 사례에서도 체중은 정체됐지만 힙과 허벅지 둘레는 눈에 띄게 줄었고 전체 신체 치수는 크게 감소했다.

몸의 재구성에서 목적지는 체중이 아니라 신체 조성이다. 얼마나 많은 근육을 유지하고, 얼마나 많은 지방을 줄였는가가 핵심이다. 신체 부위 둘레 측정은 줄자만 있으면 충분하다. 문제는 체지방률이다. 방법은 많지만 가장 흔한 방식이 가장 부정확한 경우가 많다.

24시간 동안 나는 쉽게 구할 수 있는 여러 장비로 12차례 이상 체지방을 측정했다. 결과 범위는 7%에서 16.5%까지였다.

7%: 3-포인트 슬림가이드 캘리퍼스

7.1~9.4%: 애큐메저

9.5%: 바디메트릭스 초음파

11.3%: 덱사DEXA

13.3%: 보드포드BodPod

14.7~15.4%: 휴대용 생체전기저항기

15.5~16.5%: 4-사이트 슬림가이드 캘리퍼스

그렇다면 무엇이 정확한가? 정확한 값은 없다. 중요한 것은 같은 방법을 일관되게 쓰는 것이다. 방법만 고정하면 변화의 방향은 충분히 읽을 수 있다.

아래의 표는 내가 사용한 장비들을 오차발생 가능성이 높은 것부터 낮은 것의 순서로 정리한 것이다.

편의성·비용·재현성을 기준으로 최종 선택한 장비는 덱사, 보드포드, 바디 메트릭스, 세 가지였다.

	비용	시간(분)	기사의 숙련도	피검사의 평안도	오차율 (퍼센트)	비고
신체 부위 둘레 측정	낮음	5	낮음-중간	높음	3.0~3.6	
생체 전기 체험	낮음	5	낮음	높음	2.5~4.0	체내 수분 정도에 따라 달라진다.
피지층	낮음	5	높음	낮음	2.0~3.5	공식에 따라 달라진다.
초음파	낮음	5	중간	높음	2.3~3.0	적은 비용으로 근육의 두께도 측정할 수 있다.
보드포드	높음	30	높음	중간	2.3~2.8	
수중 체중	높음	30~60	높음	낮음	2.3~2.8	신중한 측정이 필요하며, 피검자에게 해로울 수 있다.
덱사	높음	15~30	높음	높음	1.2~2.5	순수 근육량과 골밀도를 측정할 수 있다.
CT	높음	10~15	높음	높음	1.0~2.0	방사선 조사량이 크다.
MRI	높음	30~45	높음	높음	1.0~2.0	

검사 장비 톱3

덱사

덱사Dual-emission X-ray absorptiometry, DEXA는 검사 비용이 50~100달러로 비교적 저렴하고 반복 측정이 가능하며, 체지방률 외에도 유용한 정보를 제공한다. 내가 사용한 장비GE Lunar Prodigy는 골밀도 측정을 목적으로 설계돼 뼈를 여러 면으로 분할해 보여준다.

골다공증이 걱정되지 않는 사람도 덱사에 주목해야 할 이유가 있다. 덱사는 좌우 근육의 불균형을 매우 선명하게 드러내기 때문이다. 내 경우만 보더라도 다음과 같은 차이가 나타났다.

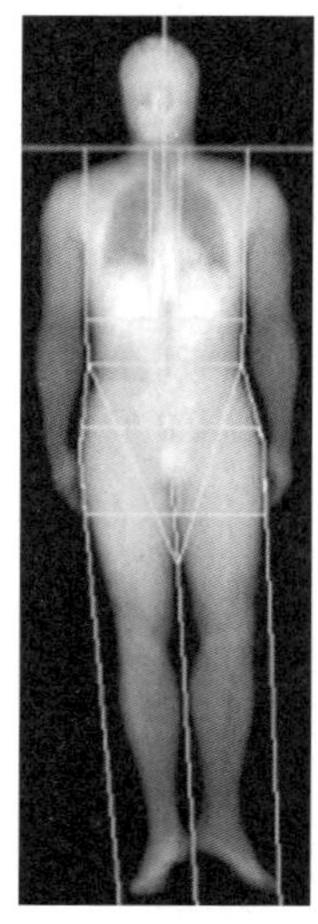

덱사로 스캔한
내 몸의 영상

왼쪽 팔 4.6kg / 오른쪽 팔 4.7kg

왼쪽 다리 12.4kg / 오른쪽 다리 12.8kg

왼쪽 몸통 18.9kg / 오른쪽 몸통 17.9kg

부상을 예방하려면 무엇보다 이런 불균형을 바로잡아야 한다. 숙련된 물리치료사도 놓치기 쉬운 문제를 덱사는 단 5~10분 만에 명확한 영상으로 보여준다.

보드포드

보드포드BodPod는 25~50달러면 검사가 가능하며, 공기 변위를 이용해 신체 조성을 측정한다. 임상용 수중체중 측정법의 '황금 기준'에 견줄 만큼 정확하면서도 훨씬 빠르고 편리하다.

이런 이유로 코치와 스카우터들이 330여 명의 유망한 대학 미식축구 선수를 평가하는 NFL 스카우팅 컴바인Scouting Combine에서도, 체지방 측정 장비로 보드포드가 공식적으로 사용되고 있다. 캘리퍼스와 달리 체중 약 225kg 이상의 고도비만자도 검사할 수 있다.

바디메트릭스

바디메트릭스BodyMetrix는 소형 초음파 장비로, 지방 두께를 밀리미터 단위까지 측정할 수 있다. 그래서 예나 지금이나 내가 가장 자주 사용하는 도구다. 초음파는 오래전부터 가축의 근육과 지방 특성을 분석하는 데 활용되어왔으며, 최근에야 운동선수들에게 본격 적용되기 시작했다.

차세대 바디메트릭스는 재킷 주머니에 들어갈 만큼 소형이고, USB로 컴퓨터에 연결해 데이터를 즉시 저장·분석할 수 있다. 뉴욕 양키스나 AC 밀란 같은 프로팀에서도 사용한다.

나는 체육관을 찾아다니는 대신 개인적으로 장비를 구입했다. 전문가용은 2,000달러였지만 사용 빈도를 고려하면 충분히 값어치를 했다. 개인용 모델은 500달러 가격으로 출시되어 있다.

정밀한 장비 여부보다 더 중요한 것

불편하더라도 캘리퍼스나 생체전기저항기를 사용하려 한다면 혹은 톱 3 장비와 병행해 더 자주 측정하려 한다면 다음 원칙을 지켜야 한다.

1. 서로 다른 장비의 결과를 비교하지 마라.

여러 장비에서 나온 수치는 직접 비교할 수 없다. 내가 24시간 동안 연속 측정했을 때도 보드포드는 13.3%, 덱사는 11.3%로 결과가 달랐다. 만약 덱사에서 11.3%가 나온 뒤 보드포드로 12.3%가 나왔다면 체지방이 1% 늘었다고 오해했을 것이다. 반대로 같은 보드포드로 두 번 측정했다면 1% 줄었다고 해석했을 가능성이 크다. 이처럼 장비 간 차이는 실제 변화가 아니라 측정 방식과 도구의 차이에서 비롯된다. 비교는 오직 같은 장비, 같은 조건에서만 의미가 있다.

2. 생체전기저항법은 수분 상태를 고정하라.

나는 생체전기저항bio-electric impedence, BEI 장치로 두 차례 검사를 받았는데, 두 번째 검사 전 2리터의 물을 마시자 5분 만에 체지방률이 거의 1% 증가했다. 즉 이 방식은 수분 변화에 더 민감하다.

나는 기상 직후 항상 1.5리터의 냉수를 마신 뒤, 30분 후 소변을 보고 측정한다. 측정 전에는 음식이나 음료를 일절 섭취하지 않는다. 중요한 것은 매번 같은 조건을 유지하는 것이다.

3. 캘리퍼스는 알고리즘을 고정하라.

같은 캘리퍼스라도 알고리즘이 달라지면 결과는 달라진다. 내 경험상 톱 3 장비와 비교했을 때 3-포인트 또는 7-포인트 잭슨-폴록 알고리즘이 가장 근접한 값을 보여주었다. 따라서 체육관이나 트레이너에게 측정 시 이 알고리즘을 지정하는 편이 낫다. 알고리즘 변경은 간단하지만 일관성은 반드시 지켜야 한다.

체중이 아니라 방향을 추적하라

내 몸의 현주소도 모른 채 변화를 꿈꾸는 것은, 목적지도 정하지 않고 망망대해로 배를 띄우는 것과 같다. 이렇게 시작하면 나중에 반드시 후회한다. 막연한 짐작에 기대지 마라.

내 아버지는 약 32kg 이상을 감량하고 근력도 세 배 가까이 늘렸지만 시작 전에 체지방률을 측정하지 않은 일을 지금도 아쉬워한다. 약간의 비용을 들여 데이터를 만들어두는 편이 훨씬 현명하다. 몇 잔의 커피나 외식 한 번을 포기하면 충분하다.

시작 전에는 다음 세 가지를 준비하라.

1. 신체 둘레를 측정하라. 줄자 하나면 충분하다. 위팔(좌·우), 허리(배꼽 기준), 힙(가장 넓은 부분), 허벅지(중간)를 잰다. 네 부위의 합계를 총치수 Total Inches로 기록하고 변화 추이를 추적한다.
2. 시각적 추정으로 체지방률을 가늠하라. '눈짐작' 방법을 활용해 대략적인 범위를 잡는다.
3. 자신에게 맞는 도구를 선택하고 계획표를 짜라.

체지방률이 30%를 넘는 경우에는 캘리퍼스를 피하고 덱사 → 보드포드 → 초음파 순으로 사용하는 것이 좋다. 여건상 어렵다면 생체전기저항 장치를 쓰되, 앞서 말한 대로 수분 상태를 엄격히 고정하라.

체지방률이 25% 미만인 경우에도 덱사, 보드포드, 초음파가 적합하다. 이 장비들을 구할 수 없다면 캘리퍼스를 사용하되, 자격을 갖춘 전문가에게 3-포인트 또는 7-포인트 잭슨-폴록 알고리즘으로 측정해달라고 요청하라. 후속 측정도 가능한 한 같은 사람에게 맡기는 편이 낫다. 어떤 알고리즘을 사용했는지는 반드시 기록해두어야 한다.

핵심은 단순하다. 체중이 아니라 방향을 알려줄 데이터부터 확보하라.

눈짐작으로 체지방을 추정하는 법

당신의 체지방 목표는 어디까지인가? 처음에는 다음 수준을 현실적인 목표로 삼는 것이 좋다.

남성 비만인 경우: 20%, 불필요한 살이 약간 있는 경우: 12%

여성 비만인 경우: 25%, 불필요한 살이 약간 있는 경우: 18%

남녀를 불문하고 5%까지 낮추는 목표는 별도의 전략이 필요하므로, 뒤에서 다시 다루겠다. 사진과 설명을 보고, 자신의 현재 체지방률이 어디쯤에 해당하는지 냉정하게 판단해보라. 사진을 먼저 보고, 아래의 설명은 참고용으로만 읽어도 충분하다. 이 체지방률 구분은 고가의 캘리퍼스로 남성을 측정한 결과를 기준으로 했지만 기본적인 방향은 여성에게도 적용된다. 다만 캘리퍼스는 피하지방뿐 아니라 피하수분까지 함께 측정한다는 점을 염두에 두어야 한다.

체지방률별 외형 기준(남성 기준)

체지방 20% 근육은 거의 드러나지 않는다. 전반적으로 근육이 잘 발달한 경우에만 주요 근육군의 분리가 약간 보인다.

체지방 15% 어깨와 위팔 사이에서 근육 분리가 살짝 보이지만 복근은 보이지 않는다.

체지방 12% 가슴과 등에서 근육 분리가 뚜렷해지고, 복근의 윤곽이 나타나기 시작한다. 조명과 그림자에 따라 희미한 포팩이 보이기도 한다.

체지방 10% 팔, 가슴, 다리, 등에서 근육 분리가 확연하다. 복근을 수축하면 식스팩이 분명히 드러난다.

체지방 7-9% 복근이 항상 뚜렷하며, 팔의 혈관이 도드라진다. 가슴과 복부의 경계가 분명하고 얼굴선도 각져 보인다.

체지방 5-7% 근육이 전반적으로 고르게 발달해 수축 시 굵은 줄무늬가 선명하다. 하복부와 다리에서도 혈관이 드러난다. 프로 보디빌더들이 대회 당일 목표로 삼는 수준이다.

남성의 예

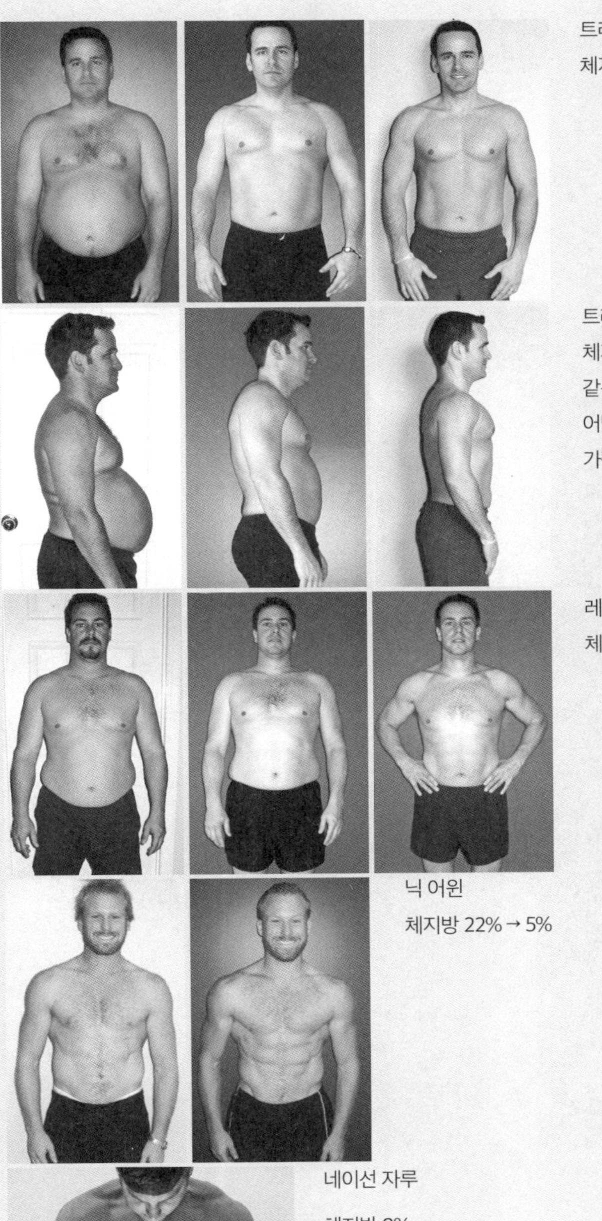

트레버 뉴얼
체지방 33% → 19% → 9%

트레버 뉴얼
체지방 33% → 19% → 9%
같은 인물이 체지방률 변화에 따라
어떻게 달라지는지를
가장 분명하게 보여주는 사례다.

레이 크로니스
체지방 31.56% → 24.7% → 12.65%

닉 어윈
체지방 22% → 5%

네이선 자루

체지방 8%
조명 때문에 다소 과장돼 보이지 만 실제로는 체지방 8%에 근육이 적절
히 발달한 남성의 전형적인 모습에 가깝다. 많은 사람이 자신의 체지방률
을 실제보다 낮게 추정하는 경향이 있다. 약간의 근육을 갖추고 체지방이
10% 미만이라면, 대체로 이와 비슷한 외형을 보여야 한다.

여성의 예

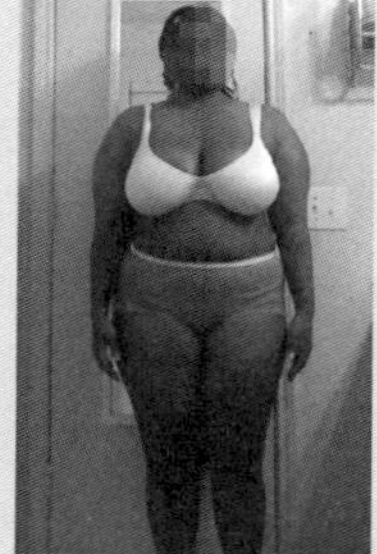

체중 약 103kg, 체지방 39.8%

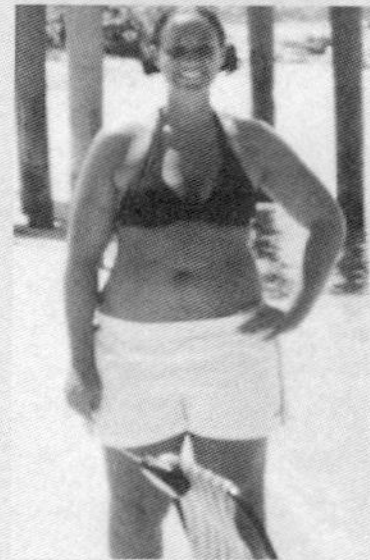
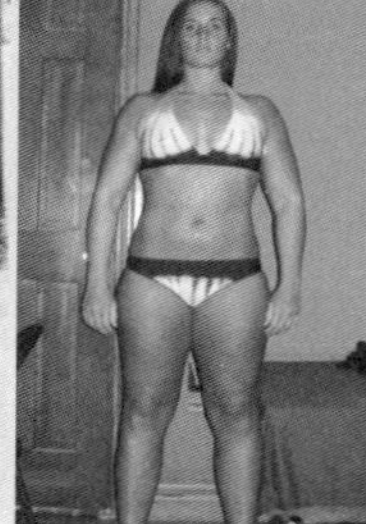

에린 로디스
체지방 30% → 25% → 12%

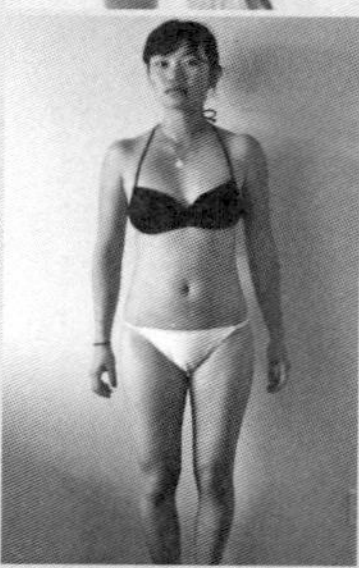
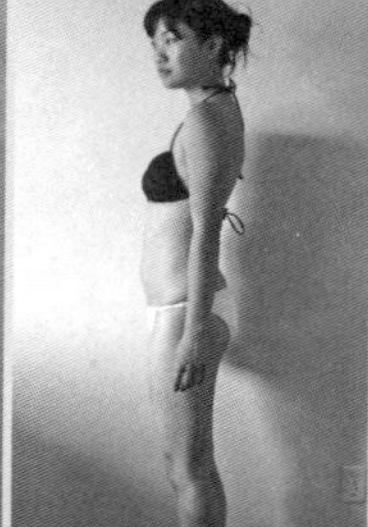
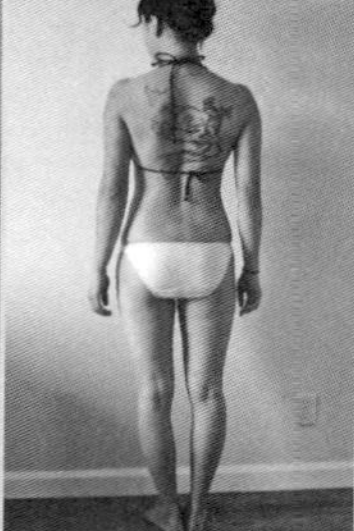

줄리
체지방 22%
트레버와 닉의 체지방이
19~22%일 때의 모습과
비교해보라.
요철이 거의 없는 실루엣이
매우 유사하다.

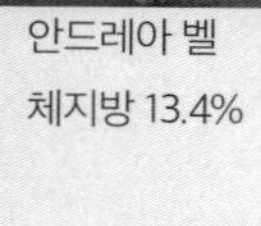

안드레아 벨
체지방 13.4%

- Orbitape One-handed Tape Measure (오비테이프 한 손 사용 신체 측정 줄자): 신체 어느 부위든 정밀하게 측정할 수 있는 줄자. 군부대에서도 신체 측정용으로 채택된 제품이다.
- BodPod Locators (보드포드 검사 기관 찾기): 보드포드는 NFL 스카우팅 컴바인에서 선수들의 지방량, 제지방량, 호흡량을 측정하는 공식 장비로 사용된다.
- BodyMetrix (바디메트릭스 초음파 체성분 측정기): 초음파를 이용해 신체 조성을 밀리미터 단위로 측정하는 소형 장비. 신체 조성 측정을 위해 가장 실용적인 선택지 중 하나로, 나 역시 이 장비를 사용하고 있다.
- Escali Bio-Impedance Scale (에스칼리 생체전기저항 체지방 체중계): 체지방의 무게와 체지방률을 함께 측정하는 생체저항 체중계
- Slim Guide Skinfold Calipers (슬림 가이드 스킨폴드 캘리퍼스): 세계적으로 가장 널리 사용되는 캘리퍼스. 가격 대비 정밀도가 높아 전문가용으로도 손색이 없다. 최소한 다리 한 부위는 여러 지점에서 측정할 수 있어야 한다.
- Cosmetic Fat vs. Evil Fat: How to Measure Visceral Fat (보이는 지방과 위험한 지방: 내장지방을 측정하는 법): 겉으로는 매끈해 보이지만 단단하게 만져지는 복부는 대개 피하지방이 아니라 내장지방 때문이다. 캘리퍼스와 초음파는 피하지방은 측정할 수 있지만 내장지방은 측정하지 못한다는 한계가 있다. 의학박사 마이클 이즈와 메리 댄 이즈는 이 논문에서 첨단 장비 없이도, 체지방률 5% 이상이거나 중·노년층에게 특히 중요한 내장지방을 추정하는 방법을 제시한다.

실패하지 않는 사람들의 기록법

측정되는 것은 무엇이든 관리할 수 있다.

피터 드러커

90.4

트레버는 체중계 액정에서 눈을 떼지 못했다.

눈을 비볐다. 다시 봤다. 여전히 90.4kg였다.

"만세!"

고등학교 3학년에 올라가며 1년 만에 체중이 약 4.5kg 늘었고, 대학을 졸업할 무렵에는 약 109kg까지 불어났다. 그런데 이제, 십 대 이후 처음으로 체중이 90kg 대로 내려간 순간을 맞이한 것이다.

2년 전 처음 트레드밀에 올랐을 때 세운 목표였다. 그때는 너무 멀게 느껴졌다. 90kg이라는 벽은 난공불락처럼 보였다. 하지만 그는 마침내 그 벽을 허물어뜨렸다.

중요한 것은 그가 어떤 방법을 썼느냐가 아니었다.

진짜 질문은 이것이었다.

왜 그 방법이 효과가 있었는가?

이유는 단순했다.

트레버는 동반자와의 약속을 철저히 지켰다. 일주일에 세 번 함께 체육관에 가기로 했고, 한 번이라도 빠지면 상대에게 1달러의 벌금을 내기로 했다.

처음 체육관을 찾은 날, 그는 트레드밀에서 겨우 4분간 걸었다.

잠시 쉰 뒤, 고등학교 이후 처음으로 1마일(1.6km)을 뛰었다.

그리고 시간이 흘러, 이제는 하프 마라톤을 두 차례 완주하는 사람이 됐다.

1달러의 벌금은 장치에 불과했다.

핵심은 심리였다. 1달러든, 1인치든 우리가 원하는 방향으로 꾸준히 나아가기 위해서는 첫걸음이 무엇보다 중요하다는 사실이다.

실패를 예방하는 4가지 원칙

나는 기내 잡지 『스카이몰』을 좋아한다. 그러나 어느 화요일, 풀장 옆에 설치하는 그물침대 광고와 지도 설명을 읽으려다 도저히 집중할 수 없었다. 통로 건너편에서 조용하지만 치열한 전투가 벌어지고 있었기 때문이다.

나는 눈앞의 남자를 보고 아연실색했다. 안전벨트를 끝까지 늘여 매고, 이륙 전부터 트위즐러(젤리형 사탕)를 쉼 없이 씹어대고 있었다. 비행기가 순항 고도에 오르기도 전에 그는 오레오 한 통을 비워냈다. 그 장면은 지금도 생생하다.

'대체 저 사람은 저 행동을 어떻게 합리화할까?'

아마 합리화하지 않았을 것이다. 시도조차 하지 않았을지도 모른다. 그런 행동은 논리로 설명되지 않는다. 그렇다고 내가 나서서 먹지 말라고 훈계할 권리가 있는 것도 아니었다.

문제는 이것이다. 우리는 원대한 계획을 세우지만 채 사흘을 못 가 나약한 본성 앞에 무릎을 꿇는다. 체중을 줄이겠다고 다짐한 사람이 왜 잠들기 전 아이스크림 한 통을 먹는가? 자제력이 강한 기업가들이 왜 "주 30분 운동"조차 지키지 못하는가? 결과를 알고 있으면서도 왜 같은 선택을 반복하는가?

이유는 하나다. 보람이 없기 때문이다. 행동심리학 100년의 역사는 한 단어로 요약된다.

대가 또는 보상.

사람은 즉각적인 보상이 없으면 움직이지 않는다. 이 사실을 알면 계획을 바꿀 수 있다. 나는 여러 연구와 간과되던 자료를 통해 실패를 예방하는 4가지 원칙을 정리했다. 이 원칙들을 인간의 유약함을 보완해주는 보험이라 생각하라. 당신과 나, 우리 모두에게 필요한 보험이다.

여기에는 강한 의지력이 필요 없다. 필요한 것은 구조다.

1. 항상 의식하라: 먹기 전에 사진을 찍어라

잘못된 습관을 가장 빠르게 고치는 방법은, 사후 반성이 아니라 실시간 자각이다. 이 차이를 잘 보여주는 사례가 이른바 '플래시 다이어트'Flash Diet다.

위스콘신대학교 매디슨 캠퍼스의 리디어 제파다 박사와 데이비드 딜은 43명의 피험자에게 식사를 시작하기 전, 식탁 위의 모든 음식을 사진으로 찍게 했다. 간식도 예외는 아니었다. 음식을 먹고 난 뒤 기록하는 음식 일기와 달리, 사진은 즉각 개입해 음식이 해를 끼치기 전에 선택을 다시 생각하게 만들었다.

한 피험자는 이렇게 말했다.

"엠앤엠 큰 봉지를 다시는 못 살 것 같았어요. 그 사진이 계속 떠올라서요. 물론 아예 안 산 건 아니지만 누가 그 커다란 봉지를 또 찍고 싶겠어요?"

연구진의 결론은 명확했다. 사진은 음식 일기보다 효과적이었다. 음식 일기를 쓴 사람이 그렇지 않은 사람보다 체중을 3배나 더 많이 감량했다는 기존 연구를 고려하면 사진의 효용은 분명하다. 결론은 간단하다. 입을 벌리기 전에 스마트폰을 들어라.

현란한 다이어트 처방전보다 강력한 것은, 매 순간 자신의 선택을 의식하는 집요한 시선이다.

지난 50년간 최고의 몸 만들기 대회로 명성을 쌓아온 '바디 포 라이프' 우승자들의 소감을 분석해보면, 하나의 공통점이 드러난다. 바로 '시작 전 사진'이다. 훈련법과 식단은 제각각이었지만 극적인 변화를 이룬 사람들은 입을 모아 말한다. '시작 전 사진' 덕분에 끝까지 포기하지 않을 수 있었다고. 냉장고처럼 눈에 잘 띄는 곳에 붙여둔 사진은 나태함을 막는 강력한 경고등이 된다.

지금의 모습을 정확히 찍어라. 생각보다 더 보기 싫을 수도 있다. 그래도 피하지 마라. 그 사진을 자기혐오의 근거가 아니라 변화를 밀어붙이는 촉매로 사용하라.

2. 게임하듯이 하라: 측정하면 행동은 게임이 된다

1983년, 잭 스택Jack Stack은 초조했다. 그는 직원들과 함께 모회사 인터내셔널 하베스트로부터 파산 직전의 엔진 재생공장 SRCSpringfield Remanufacturing Corporation를 인수했다. 자기자본은 고작 10만 달러, 은행 융자는 890만 달러였다. 부채비율은 89대 1. 이 대출을 승인한 은행 직원은 몇 시간 만에 해고됐을 정도였다.

평생 모은 돈을 모두 투자한 13명의 관리자 역시 불안하긴 마찬가지였다. 그러나 결과는 정반대였다. 1983년 10만 달러였던 회사 가치는 1993년 2,300만 달러로 뛰었고, 2008년 무렵에는 매출이 1,600만 달러에서 4억 달러 이상으로 성장했다. 주가 역시 주당 10센트에서 234달러로 급등했다(이 회사의 주가는 비상장 기업 특성상 공개 시장에서는 형성되지 않는다—편집주).

비결은 무엇이었을까?

게임이었다. 그것도 반복되는 게임.

잭 스택은 직원들에게 재무제표 읽는 법을 가르치고 회계장부를 공개했다. 기름때 묻은 게시판에는 개인별 목표와 성과가 숫자로 적혔다. 일일 목표, 공개된 기록, 즉각적인 보상이 동시에 작동했다.

비슷한 사례는 일리노이주 시서로의 웨스턴 일렉트릭 호손 공장에서도 발견된다. 1955년, 조명을 밝히면 생산성이 오르고, 반대로 어둡게 해도 생산성이 올랐다. 결국 핵심은 조명 밝기가 아니라 변화 자체였다. 노동자들은 '관찰되고 있다'는 인식만으로 더 열심히 일했다. 이것이 이른바 호손 효과Hawthorne effect다. '관찰자 효과'observer effect로도 불린다. 이 사례들은 한 문장으로 요약된다.

측정 항목이 완벽할 필요는 없다. 반복적으로 숫자로 드러나기만 하면 단조로운 행동도 게임처럼 느껴진다. 산업통계학자 조지 박스의 말처럼, "완벽한 모델은 없지만 유용한 모델은 있다".

그렇다면 얼마나 자주 기록해야 할까?

나이키와 아이팟 스포츠 키트 개발팀과 사용자 120만 명의 데이터를 분석한 결과, 답은 명확했다. 마법의 수는 5였다.

2번 기록한 사람은 지속 확률이 반반에 그쳤지만 5번 기록한 사람은 계속할 가능성이 급격히 높아졌다. 다섯 번째에 이르면 사람들은 변화 자체에 빠져든다.

운동이든 식단이든, '5번 해내기'를 첫 목표로 삼아라. 의심스럽다면 규칙으로 받아들여도 좋다. 일단 다섯 번.

3. 동료들과 경쟁하라: 공개된 목표는 배신하지 않는다

다음과 같은 경우 어느 쪽이 더 열심히 하겠는가?

100달러를 벌기 위해서, 아니면 100달러를 잃지 않기 위해서?

뉴욕대 실험사회과학연구소의 연구에 따르면, 상실의 두려움이 보상보다 강력하다. 실험에서 '지면 돈을 돌려줘야 하는 집단'이 '이기면 돈을 받는 집단'보다 훨씬 좋은 성과를 냈다. 경제학자 에릭 쇼터는 인간을 움직이게 만드는 진짜 동력은 달콤한 보상이 아니라 뼈아픈 패배에 대한 공포라고 단언했다.

이 결과를 유익한 방향으로 활용할 수 있다. 실패 가능성을 공개하면 성공 확률은 오히려 높아진다. 체중 감량에서도 마찬가지다. 50만 명 이상이 활동하는 웹사이트 데일리번DailyBurn에서 500명을 분석한 결과, 동료와 경쟁하는 '도전'에 참여한 사람들은 평균 약 2.7kg을 더 감량했다.

사회비교이론에 따르면 집단에는 늘 두 사람이 있다. 나보다 못한 사람 나보다 나은 사람. 전자는 위안을 주고 후자는 의욕을 자극한다. 실제로 데일리번 데이터에서도 세 명 이상의 동기부여자를 둔 사람은 평균 2.6kg을 더 감량했다.

동료의 압력을 부담이 아니라 연료로 받아들여라. 이 원칙은 아이들에게만 통하는 이야기가 아니다.

4. 작은 목표를 세워라

이 원칙을 지킬 때 우리는 비로소 다음 단계로 넘어갈 수 있다. 그 핵심은 뒤에서 다시 다루겠다.

지금 당장 해야 할 것들

다음 장으로 넘어가기 전에, 아래 4가지 행동 중 최소 2가지는 지금 당장 실행하라. 무엇을 고를지는 전적으로 당신의 선택이다.

1. 정말 지금 모습으로 살고 싶은가?

속옷이나 수영복 차림으로 현재 모습을 앞·뒤·옆에서 촬영하라. 누구에게도 보여주고 싶지 않다면 타이머 카메라나 웹캠을 사용하면 된다. 조금도 마음에 들지 않는 이 '사전 사진'을 냉장고, 욕실 거울처럼 시선이 자주 가는 곳에 붙여두라. 이것은 굴욕이 아니라 출발점이다.

2. 정말 지금처럼 먹고 싶은가?

주말을 포함해 3~5일 동안 먹는 모든 음식을 빠짐없이 찍어라. 양을 가늠할 수 있도록 접시 옆에 손을 함께 찍는 것이 좋다. 가능하다면 이 사진들을 온라인에 공개하라. 공개성은 행동을 바꾼다.

3. 경쟁할 상대가 있는가?

총인치TI와 체지방률로 우정 어린 경쟁을 할 사람을 최소 한 명 정하라. 여의치 않다면 체중이라도 좋다. 경쟁심, 죄책감, 약간의 굴욕을 당신 편으로 끌어들여라. 당근과 채찍은 잘 쓰면 최고의 도구다.

4. 무엇을 어떻게 측정할 것인가?

줄자 하나로 6곳을 측정하라. 양쪽 위팔, 허리(배꼽 기준), 히프(가장 넓은 지점),

양쪽 넓적다리 중간이다. 이 여섯 값을 모두 더하면 총인치TI가 된다. 앞에서도 이 이야기를 했다. 그런데 다시 말하는 이유는 하나다. 당신이 아직 측정하지 않았을 가능성이 높기 때문이다. 지금 일어나 측정하라. 5분이면 충분하다.

5. 당신에게 작지만 의미 있는 변화는 무엇인가?

목표는 작다 못해 하찮아야 한다. 그래야 뇌가 저항할 틈도 없이 성취할 수 있다. 현재로서는 위의 4가지 중 2가지만 실행해도 충분하다. 이제 준비는 끝났다. 남은 것은 꾸준히 이어가는 일뿐이다.

열심히 하지 않고, 이기도록 설계하다

래미트 세시는 인도계라는 자신의 배경을 종종 농담거리로 삼아왔다. 그는 약 57.5kg의 마른 체형을 근육질로 바꾸겠다고 여러 차례 도전했지만 번번이 실패했고, 대신 내기만 반복했다. 그의 지메일에는 그동안 친구들과의 내기로 번 돈을 모아둔 폴더가 있었는데, 총액은 약 8,000달러에 달했다.

마침내 그는 석 달 안에 근육을 포함해 약 6.8kg을 늘리겠다고 공언하며 그 돈 전부를 내기에 걸었다. 놀랍게도 첫 7일 만에 약 2.3kg이 늘었고, 생애 최고 체중을 기록했다. 이후 체지방을 낮게 유지한 채 체중을 약 20% 이상(6.8kg 이상) 늘리는 데 성공했다. 3년이 지난 지금도 그는 당시 체중을 약 0.45kg 오차 범위 안에서 유지하고 있다.

그가 반복된 실패 끝에 성공할 수 있었던 이유는 다음 세 가지였다.

1. 내기를 걸고, 결과를 공개했다

래미트는 PBworks(온라인 위키 협업 도구)에 개인 위키 페이지를 만들고 체중 변화를 업데이트할 때마다 그 정보가 내기 참가자들에게 자동으로 전달되게 했다. 동시에 그는 스스로에게 가차 없는 독설을 퍼부었다.

이런 공개적인 설정 덕분에 실패는 곧 조롱으로 돌아올 상황이었다. 그는 노력만 늘리기보다 심리적 압박을 설계했다. 효과 없는 시도를 반복하고 있다면 이런 식으로 공개 기록이나 내기를 활용할 수 있다.

세시의 체중 변화 기록 공개(kg)

현재 체중	"내 실패에 돈 건 사람들은 끝났다."
+1.5kg	"슬슬 무서울거다."
+1.0kg	"최고 체중에 근접."
+1.0kg	"신기록. 허기를 느끼지 않는다."
−0.6kg	"처음으로 체중이 줄었다. 곧 회복한다."
+0.6kg	"다시 정상 궤도."
−0.9kg	"정체기인가?"
+1.7kg	"인생 최고 체중. 진격."

2. 대부분의 조언을 무시했다

래미트는 이렇게 회상한다. "모두가 한마디씩 조언했습니다. 무엇을 먹고 무엇을 마셔야 한다는 식이었죠. 심지어 돈을 받으면 살을 찌워주겠다는 사람도 있었어요. 달리기를 하면 체중이 줄 거라며 비명을 지르는 이들도 있었습니다. 하지만 첫 주에 목표의 3분의 1을 달성하자, 말이 줄어들더군요. 나는 주변의 의견을 거의 모두 무시했습니다."

3. 이론보다 방법에 집중했다

"지질, 탄수화물, 지방산의 작동 원리를 먼저 공부하라는 조언도 들었습니다. 필요 없습니다. 운동하고 더 먹으면 됩니다. 체중을 늘리거나 줄이는 데 천재일 필요는 없죠."

4. 작은 목표부터 시작하라

마이클 레빈(Michael Levin)은 압박을 줄이는 방식을 선택해 큰 성과를 거둔 인물이다. 베스트셀러 논픽션부터 영화 각본까지 60여 권을 쓴 그는 내게 이렇게 조언했다.

"매일 두 페이지만 쓰라는 목표를 세우세요."

이 책을 쓰기로 결심했을 때 나는 막연한 부담에 짓눌려 있었다. 하지만 레빈의 조언대로 목표를 낮추자, 나는 매일 아침 큰 저항 없이 책상 앞에 앉을 수 있었다.

스탠퍼드대학교 설득기술연구소의 설립자 비제이 포그(B. J. Fogg) 박사도 비슷한 방식으로 졸업 논문을 완성했다. 그는 밤새 파티를 즐긴 뒤 새벽 3시에 집에 돌아와서도 하루 한 문장이라도 반드시 썼다. 동급생들이 수년간 과중한 부담에 시달리는 동안, 그는 기록적인 속도로 논문을 마쳤다.

IBM 역시 이 원칙을 일찍이 실무에 적용했다. 판매원에게 부여된 목표치는 업계에서 가장 낮은 수준이었다. 그 덕분에 판매원들은 거절에 대한 두려움 없이 누구에게나 전화를 걸 수 있었고, 그 여유가 성과로 이어져 분기마다 목표를 초과 달성했다.

식이요법이나 운동을 6개월 동안 반드시 지켜야 할 의무처럼 받아들일 필요는 없다. 더 나아가 평생 짊어질 과제로 생각할 이유도 없다. 일주일, 길어야 2주 정도의 시운전이면 충분하다.

하루 한 시간을 걷고 싶다면 처음부터 한 시간을 걸을 이유는 없다. 처음부터 완벽을 고집하면 "시간이 없다"는 핑계와 함께 금세 포기하게 된다. 실패를 피하고 싶다면 5분부터 시작하라.

작지만 의미 있는 변화 하나가 다음 변화를 부른다. 포그 박사의 누이는 5분 걷기를 계기로 러닝화를 사고, 디저트를 끊는 단계까지 나아갔다. 이 결정들은 권유가 아니라 스스로 내린 선택이었다.

새로운 행동을 다섯 번 기록하는 것이 1차 목표라는 사실을 기억하라. 중요한 것은 기간이 아니라 횟수다. 당신이 반드시 이길 수 있도록 게임의 규칙을 바꿔라. 처음 5번을 부담 없이 해내기 위해서라면 어떤 장치든 활용해도 좋다. 식이요법이든 운동이든 처음 5번이 전부다. 그 고비만 넘기면 나머지는 자연스럽게 이어진다.

그러니 압박을 내려놓고, 작은 것부터 시작하라.

변화는 언제나 그 지점에서 시작된다.

의식만 바꿨을 뿐인데 몸이 따라왔다

2008년, 체중 약 117kg의 필 리빈(Phil Libin)은 느긋한 실험을 시작했다. 살을 빼겠다는 결심은 흔했지만 그는 다이어트나 운동을 좋아하지 않았고 늘 작심삼일로 끝났다. 4~8주 프로그램으로 잠시 감량해도 곧바로 요요가 찾아왔다.

그래서 그는 질문을 바꿨다.

"아무것도 하지 않고 살을 뺄 수는 없을까?"

그가 떠올린 방법은 단순했다. 자신의 체중을 끊임없이 의식하는 것이었다.

리빈은 습관을 거의 바꾸지 않은 채 6개월 만에 약 12.7kg을 감량했다. 그는 목표 체중을 약 104kg으로 정하고, 엑셀에 2년간 체중이 117kg에서 104kg으로 서서히 내려가는 '푸른 선'을 그렸다. 하루 목표치는 전날보다 약 0.1%씩 낮게 설정했다. 부담 없는 수준이었다.

여기에 두 개의 선을 더했다. 허용 가능한 최소 체중(초록선)과 최대 체중(붉은선)이다. 매일 목표치를 맞추려 애쓰지 않고, 두 선 사이를 유지하는 것이 전부였다.

실행법도 간단했다. 매일 아침 같은 시간, 공복에 알몸으로 체중을 재고 평균값을 기록했다. 실제 체중은 들쑥날쑥했지만 여행으로 빠진 날만 제외하면 그래프는 꾸준히 이어졌다. 그는 이 스프레드시트를 에버노트에 저장해 어디서든 확인했다. 말하자면 체중을 손에서 놓지 않는 '의식 훈련'이었다.

실험 기간 동안 그는 평소대로 먹었고 운동도 하지 않았다. 다만 체중을 계속 '보고' 있었다. 그 의식이 수많은 작은 선택에 영향을 미쳤을 것이라고 그는 말한다. 무엇이 바뀌었는지는 알 수 없지만 결과는 분명했다.

흥미로운 점은 리빈이 급격한 체중 변화 자체를 경계했다는 사실이다. 체중이 허용 최소치 아래로 떨어지면 일부러 더 먹어 다음 날 안전지대로 돌아왔다. 반대로 최대치를 넘지 않도록 자연스럽게 조절했다. 빠른 감량은 없었지만 아무 노력 없이도 느리게 감량이 가능함을 확인했다.

결론은 분명하다. 의식하며 기록하는 행위는, 무의식적으로 따르는 전문가의 조언보다 강력할 수 있다. 변화를 측정하고 추적하지 않으면, 실패는 시간문제다.

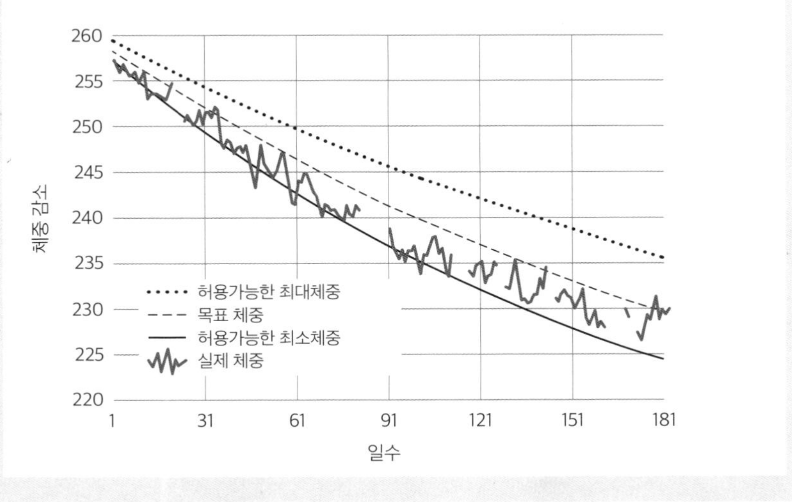

- Grossly Dramatic and Realistic Fat Replicas (과장될 만큼 사실적인 지방 모형): 복제 지방 덩어리는 보기만 해도 불쾌하지만 동기 부여 효과만큼은 확실하다. 나는 냉장고 서랍에 약 0.45kg짜리 복제 지방 덩어리를 넣어두고 있다. 약 2.3kg짜리 복제 지방 덩어리는 시각적 충격이 훨씬 커서, 끝까지 버티던 사람조차 마음을 바꾸게 만든다. 한 생명공학 기업의 최고경영자는 서류가방에 항상 이 2.3kg짜리 복제 지방 덩어리를 넣어 다니며, 살을 빼야 할 사람들에게 직접 보여준다고 한다.
- 전·후 사진 게시 서비스: 다이어트 전후 사진을 기록·공개할 수 있는 웹사이트들이다.
  에버노트 www.evernote.com
  플리커 www.flickr.com
- PBworks 개인 위키 페이지: 래밋 세시(Ramit Sethi)는 PBworks(위키피디아처럼 사용자들이 공동으로 편집하고 작성하는 웹사이트 페이지)에 개인 페이지를 개설해 체중 변화를 업데이트했고, 그 내용이 내기에 참여한 사람들에게 자동으로 전달되도록 했다. 그는 이 페이지를 통해 스스로에게 독설을 퍼부으며 긴장을 유지했다.
- stickK (스틱K: 공개 약속 기반 목표 관리 서비스): 인센티브와 책임 부여가 목표 달성의 핵심이라는 원칙에서 출발한 서비스다. 공동창업자인 예일대 경제학 교수 딘 칼런(Dean Karlan)은 '약속을 공개하면 행동이 달라진다'는 아이디어를 온라인으로 구현했다. 약속을 지키지 못하면 그 사실이 지인들에게 자동으로 공개된다.
  www.stickk.com
- DailyBurn (데일리번: 운동·식단 추적 커뮤니티): 목표 달성에 주변의 도움이 필요하다면 이곳이 적합하다. 데일리번(회원 약 50만 명)은 식단과 운동 결과를 기록하고 추적할 수 있는 대형 커뮤니티다. www.dailyburn.com/superhuman

3장. 잘 먹으면서 한 달에 9kg을 빼는 법

01

먹으면서도
살이 빠진다는 역설

복잡함 속에서 단순함을 찾아라.

알베르트 아인슈타인

2009년 6월 20일 토요일 오전 11시 34분, 샌프란시스코.

여덟 시간 빠른 런던에서 문자 한 통이 도착했다.

"내 저녁식사. 행복한 시간!"

함께 전송된 사진 속에는 페퍼로니와 소시지가 듬뿍 올라간 거대한 피자가 담겨 있었다. 휴대전화 화면에 다 담기지 않을 만큼 컸다. 실험 동료 크리스와 나는 그날도 '주말 먹기 대결'을 벌이고 있었다.

나는 곧바로 답장을 보냈다.

"내 아침식사네. 아침식사! 인슐린이 폭포수처럼 쏟아지는 소리가 들리는 것 같지 않아? 우후! 판돈을 더 올려봐, 뚱보 친구."

나 역시 아침식사를 찍어 보냈다. 베어 클로 두 개, 초콜릿 크라상 두 개, 자몽 주스 그리고 큼직한 커피 한 잔. 곧바로 크리스의 답장이 왔다.

"ㅋㅋ… 군침 도는군…."

이런 식의 '먹기 경쟁'은 지금도 계속된다. 지난 4년 동안 수천 명이 이 실험에 참여했고, 그 결과 한 사람당 평균 약 8.6kg을 감량했다. 45kg 이상을 뺀 사람도 있었다.

기이해 보이지만 이 단순한 방식은 작은 혁명을 일으켰다. 크리스와 내가 돼지처럼 먹으면서도 체지방률을 12%, 때로는 10% 이하로 유지할 수 있었던 이유를 이제부터 설명해보려 한다.

느린 탄수화물 식이요법:
살을 빼는 데는 단순함이 최고다

운동, 식이요법, 보조제 중 단 하나만 제대로 활용해도 30일 안에 약 9kg의 체지방을 줄일 수 있다. 대부분의 사람에게 이 정도 감량은 옷 사이즈가 두 단계 줄어든다는 뜻이다.

여성의 경우 보통 88 사이즈에서 66 사이즈로, 남성은 110XL에서 95M 혹은 100L 수준으로 내려간다. 예컨대 나는 2007년 4월, 6주 만에 체중을 약 81.5kg 에서 75kg으로 줄이면서도 근육량은 약 4.5kg 늘렸다. 즉 지방만 약 11kg을 태워 없앤 셈이다. 이는 특별한 기적이 아니다.

이 장에서 소개하는 느린 탄수화물 식이요법Slow-Carb Diet은, 극단적인 순환적 케톤 식이요법에 필적할 만큼 효과적인 몇 안 되는 방법이다.

그리고 이 식이요법을 실천하는 데 필요한 규칙은 5가지뿐이다.

법칙 #1: '흰' 탄수화물을 피하라

이 책에서 소개하는 저항력 훈련을 마친 뒤 30분 이내가 아니라면 다음 음식은 전부 제외한다.

빵, 쌀(현미 포함), 시리얼, 감자, 파스타, 토르티야, 빵가루를 입혀 튀긴 음식.

여기에 나열되지 않았더라도 흰색을 띤 탄수화물이라면 피한다고 생각하면 안전하다. 이 규칙에는 다소 불편하지만 흥미로운 이유도 있다. 빵을 표백하는 데 사용되는 화학물질 가운데 하나인 이산화염소는 잔류 단백질과 결합해 알록산을 만든다. 알록산은 실험실에서 쥐에게 당뇨를 유발하는 데 사용되는 물질이다. 눈앞의 건강해 보이는 갈색 빵은, 사실 정교하게 설계된 시각적 속임수일 뿐이다.

요지는 단순하다. 살이 찌고 싶지 않다면 흰 탄수화물은 원칙적으로 피하라.

법칙 #2: 똑같은 음식을 반복해서 먹어라

목표가 근육 증가든 체지방 감량이든, 다이어트에 성공하려면 소수의 음식을 반복해서 먹어야 한다. 식료품점에는 약 4만 7천 종의 식품이 있지만 그중 살이 잘 빠지는 음식은 극히 일부다.

원칙은 간단하다. 끼니마다 각 식품군에서 하나씩 선택한다. 아래는 내가 빠른 감량에 특히 효과를 본 음식들이다(★).

단백질류

★ 달걀흰자 + 풍미를 위한 달걀 1~2개(유기농 달걀이라면 달걀 전체 2~5개)

★ 닭가슴살 또는 닭넓적다리살 / ★ 쇠고기(가능하면 풀을 먹고 자란 육우)

★ 생선

돼지고기

콩류

★ 렌즈콩 / ★ 검정콩

얼룩배기 강낭콩 / 팥 / 대두

야채류

채소

★ 시금치

★ 혼합 채소(브로콜리, 콜리플라워 등 십자화과 포함)

★ 소금에 절인 양배추, 김치

아스파라거스 / 완두콩 / 브로콜리 / 덩굴강낭콩

이 목록에서 마음에 드는 것을 배부를 때까지 먹어도 된다. 단, 식단 자체는 단순해야 한다. 하루 서너 끼를 같은 조합으로 반복하라. 외식할 때는 감자튀김이나 밥 대신 샐러드나 채소로 바꿔 주문하라. 의외로 쌀을 채소로 대체하면 멕시코 음식은 이 식이요법에 매우 잘 맞는다. 식당에서 추가로 지불하는 비용은 '식스팩을 위한 세금'이라 생각하라. 그만큼 변화는 빨라진다.

저탄수화물 식단을 하다 중도 포기하는 가장 큰 이유는 에너지 부족이다. 반 컵의 쌀은 약 300칼로리지만 같은 양의 시금치는 15칼로리에 불과하다. 채소만으로는 칼로리가 부족하다. 그래서 콩류를 충분히 먹어야 한다.

식사 횟수를 하루 4회 이상으로 늘리면 폭식을 막는 데는 도움이 될 수 있다. 다만 잦은 식사가 기초대사량을 높인다는 확실한 근거는 없다. 일부 상황에서는 유용하지만 순수한 체지방 감량 목적에는 필수 조건이 아니다.

아래의 식사 시간표는 늦게 자는 사람을 기준으로 했다. 나는 새벽 2시에도 책을 읽거나 와인을 마시는 올빼미형 인간이다. 당신의 생활 패턴에 맞게 조정하되 예외 하나만 기억하라. '기상 후 30분 이내'에 반드시 첫 식사를 하라.

식사는 대략 4시간 간격으로 진행된다.

- 오전 10시: 아침
- 오후 2시: 점심
- 오후 6시 30분: 가벼운 두 번째 점심
- 오후 8~9시: 레크리에이션(일정이 있다면 운동)
- 오후 10시: 저녁
- 자정: 적포도주, 그리고 잠들 때까지 디스커버리 채널

내가 주로 먹는 식단은 다음과 같다.

- 아침(집): 흰자 스크램블 + 달걀 1개, 검정콩, 안전 용기에 담아 전자레인지로 데친 혼합 채소
- 점심(멕시코 식당): 풀을 먹여 키운 유기농 쇠고기, 얼룩배기 강낭콩, 혼합 채

소, 과카몰리(아보카도를 으깨 토마토·양파·향신료를 섞은 샐러드)
- **저녁(집):** 풀을 먹여 키운 유기농 쇠고기, 렌즈콩, 혼합 채소.

분명히 말하지만 이 식단은 재미보다 효율을 우선한 구성이다. 뒤에서 설명하겠지만 변주를 주면 충분히 즐거워진다. 다만 지금 단계에서 목표는 재미가 아니라 결과다.

법칙 #3: 주스와 맥주는 마시지 마라

물을 많이 마셔라. 차나 커피도 괜찮지만 설탕은 넣지 마라. 크림을 넣더라도 두 스푼을 넘기지 말고, 가능하면 계피로 대체하라. 칼로리가 거의 없거나 낮은 음료라면 제한은 없다.

하지만 다음은 제외다. "우유, 두유, 일반 소프트드링크, 과일주스."

다이어트 음료도 하루 약 450ml 이내로 제한하라. 아스파탐이 체중 증가를 자극할 수 있기 때문이다.

나는 거의 매일 저녁 적포도주 한두 잔을 마신다. 적포도주는 체중 감량에 큰 악영향을 주지 않는 듯하다. 필수는 아니지만 허용된다. 단, 백포도주와 맥주는 금물이다.

원칙은 간단하다. 저녁에 두 잔까지. 그 이상은 없다.

법칙 #4: 과일을 먹지 마라

사람은 과일 없이도 충분히 살 수 있다. 1주일에 6일, 아니 1년 내내 먹지 않아도 문제없다. 당신의 조상이 유럽 출신이라면 500년 전 겨울에 과일을 얼마나 먹었을까? 12월에 오렌지를 먹을 수 있었을 리 없다. 그럼에도 그들은 살아남았다. 우리 몸도 크게 다르지 않다.

이 규칙의 예외는 토마토와 아보카도뿐이다. 그래도 아보카도는 하루 한 컵, 혹은 한 끼 이내로 제한하라. 그 외의 과일은 모두 제외한다. 과일의 당분, 즉 과당은 대부분의 탄수화물보다 훨씬 쉽게 "글리세롤 인산염 → 중성지방 → 지방 축적"으로 이어지기 때문이다. 예외가 없지는 않지만 6일간 과일을 피하는 것이 최선의 전략이다.

과일이 정말 간절하다면 일곱 번째 날에 몰아서 먹어라. 복숭아 크레이프든 바나나 빵이든, 만족할 때까지.

법칙 #5: 1주일에 하루는 쉬어라

토요일은 다이어트에서 완전히 해방되는 날이다. 이날만큼은 먹고 싶은 걸 전부 먹어라. 아이스크림, 초콜릿 바, 각종 정크푸드, 맥주까지.

나는 토요일마다 스스로 놀랄 정도로 먹는다. 역설적이지만 주 1회 마음껏 먹는 날을 두면, 나머지 6일 동안 칼로리를 줄여도 몸의 신진대사가 쉽게 느려지지 않는다. 몸이 '에너지 부족 상태'로 착각하지 않기 때문에 지방을 태우는 속도가 유지된다. 즉 쓰레기 같은 음식을 먹어도 체중은 줄어든다. 이날에는 어떤 제한도 두지 마라. 느린 탄수화물 식이요법을 하는 동안에는 칼로리 계산 자체를 잊어도 된다. 단, 순서가 중요하다. 휴식일을 최소 닷새 앞두고 식이요법을 시작하라. 토요일을 휴식일로 정했다면 월요일이 출발점이다.

이게 전부다, 친구들!

미국 건국의 아버지들이 여섯 쪽짜리 헌법으로 정부의 틀을 세웠듯 대다수 사람에게 정말 필요한 지방 감량의 핵심도 이 다섯 가지 법칙이면 충분하다. 이 규칙만 제대로 지키면 실패할 이유가 없다. 정말로.

세부가 헷갈리거나 최신 다이어트법이 정반대 이야기를 해서 혼란스러워질 때는 이 장으로 돌아와라. 기억해야 할 것은 5가지 원칙뿐이다.

법칙 #1: '흰' 탄수화물을 피하라 (흰색을 띤 음식은 모두 제외한다)

법칙 #2: 소수의 음식을 반복해서 먹어라

법칙 #3: 주스와 맥주는 마시지 마라

법칙 #4: 과일을 먹지 마라

법칙 #5: 일주일에 하루는 마음껏 먹어라

　다음 장에서는 이 느린 탄수화물 식이요법을 실제 생활에서 어떻게 적용하고, 어떻게 흔들리지 않고 유지할 수 있는지 더 자세히 살펴본다.

싸게 먹고도 몸은 달라졌다

앤드류 하이드는 콜로라도 볼더에 있는 신생기업 투자사 테크스타스(TechStars)의 사외이사다. 인터넷 세계에서는 값싼 물건을 찾아내는 데로도 유명하다. 상징적인 표현만이 아니라 실제로도 그는 '거물'이다. 키 195.5cm, 체증은 111kg에 달했으니까.
정확히 말하면 그의 체중은 과거형이다. '느린 탄수화물 식이요법'을 시작한 지 불과 2주 만에 그는 약 4.5kg을 감량했다. 더 놀라운 사실은, 그 성과를 거의 돈을 들이지 않고 얻었다는 점이다.
- 주당 식비 총액: 37.70달러
- 끼니당 평균 비용: 1.34달러

이 비용으로 유기농 쇠고기까지 먹었다. 만약 주 3회, 일부 단백질 대신 푸짐한 샐러드로 대체했다면 주당 식비는 31.70달러까지 내려갔을 것이다.

앤드류는 하루 네 끼를 먹었다.
- 아침: 달걀흰자, 달걀 1개, 혼합 채소, 닭가슴살
- 점심: 혼합 채소, 완두콩, 시금치 샐러드
- 두 번째 점심: 닭넓적다리살, 검정콩, 혼합 채소
- 저녁: 쇠고기(또는 돼지고기), 아스파라거스, 얼룩배기 강낭콩

쇼핑 목록도 단순했다. (가격은 총액 기준)
- 달걀(12개): 1.20달러
- 혼합 채소 4팩: 6달러
- 닭가슴살: 2달러
- 유기농 완두콩(약 900g): 2달러
- 시금치 2팩: 6달러
- 닭넓적다리살 3팩: 9달러
- 유기농 쇠고기(약 225g×2): 4달러
- 돼지고기(약 450g×2): 3달러
- 아스파라거스 2단: 2달러
- 얼룩배기 강낭콩: 1.50달러
- 검정콩: 1달러

앤드류는 유통기한이 임박한 할인 상품을 골랐고, 대형 마트 대신 멕시코 식료품점이나 동네 가게를 이용했다. 다시 말하지만 그는 키 195.5cm, 체중 111kg의 26세 청년이었고,

주 3회 운동도 병행했다. 그럼에도 한 끼 평균 1.34달러로 충분히 먹었다.

앤드류만의 이야기가 아니다. 수천 명의 데이터가 증명하듯 건강한 식단은 돈이 많이 든다는 고정관념은 이제 우리가 깨뜨려야 할 낡은 신화일 뿐이다.

주스 한 잔도 체중 감량을 망칠 수 있다

과일주스는 정말 체중 감량을 방해할까?

그렇다. 방해하는 수준이 아니라 완전히 망친다. 나는 과당의 영향을 확인하기 위해 단순한 실험을 했다. 첫 번째 주에는 과일과 과일주스를 전혀 먹지 않았다. 두 번째 주에는 아침에 일어나자마자 그리고 잠들기 직전에 과육 없는 오렌지주스 약 400ml를 마셨다. 두 식단의 차이는 오직 오렌지주스뿐이었다.

결과는 충격적이었다.

- 총콜레스테롤: 203 → 243 (정상 범위 초과)
- LDL 콜레스테롤: 127 → 165 (정상 범위 초과)

예상 밖의 변화도 있었다.

- 알부민: 4.3 → 4.9 (정상 범위 초과)
- 철: 71 → 191 (위험 수준)

알부민은 테스토스테론에 결합해 그 작용을 약화시킨다. 수치가 높아질수록 남성에게 반가울 이유는 없다. 철 수치의 급증은 더 심각했다. 남성은 생리를 하지 않기 때문에 과도한 철을 배출하기 어렵다. 과잉 철은 독성을 띨 수 있다. 이 점에서 나는 콜레스테롤보다 철 수치 상승이 더 걱정스러웠다. 과당의 위험성을 경고한 의학 논문은 이렇게 말한다.

> 과당 섭취는 대사 이상을 유발할 뿐 아니라 미량원소의 항상성에도 영향을 준다. 과당은 철의 흡수를 증가시키고, 항산화 효소의 활성을 억제하며, 체내 구리 농도를 감소시킨다.

이 논문의 결론은 명확하다. 과일주스를 마시지 마라. 과당이 많은 음식은 가능한 한 멀리하라. 한마디로 말해, 과당은 몸에 좋지 않다.

- Still Tasty (지금 먹어도 될까?): 달걀을 먹어도 되는지, 냉장고에 남은 음식이 아직 안전한지 늘 헷갈리는가? 매번 엄마에게 전화해 묻는 것도 지쳤는가? 이 웹사이트에서는 수천 가지 조리·비조리 식품의 보관 가능 기간을 간단히 확인할 수 있다.
www.stilltasty.com
- Food Porn Daily (위험한 음식들의 향연): 이곳에는 맛은 확실하지만 혈관에는 결코 친절하지 않은, 온갖 불량식품이 가득하다. 참고용으로 기억해두라.

유지되는 감량에는 이유가 있다

방법은 수없이 많지만 기본 원리는 극소수에 불과하다.
그 원리를 이해한 사람은 자신에게 맞는 방법을 제대로 선택할 수 있다.

알베르트 아인슈타인

여기서는 느린 탄수화물 식이요법과 관련해 가장 많이 받는 질문에 답하고, 내가 직접 겪으며 얻은 교훈과 사람들이 흔히 저지르는 실수를 정리한다. 답변에서는 토요일을 '휴식일'로 정했지만 요일은 각자 사정에 맞게 정해도 된다. 여기 등장하는 질문의 절반 이상은 당신도 언젠가 반드시 마주하게 될 것이다. 정말 빠르게 체중을 줄이고 싶다면 건너뛰지 말고 읽기 바란다.

효과를 떨어뜨리는 흔한 오해들

이 다이어트, 제대로 할 수 있을까요? 너무 까다로워 보여요

일단 아침식사부터 바꿔라. 그것만으로도 체지방이 눈에 띄게 줄어들 것이다.

이 책 5장의 「완벽한 뒤태를 만드는 법」 부분에 등장하는 플러르 B를 꼭 보라. 그녀는 이 한 가지 변화만으로 4~5주 만에 체지방을 약 3% 감량했다. 결과가 보이기 시작하면 마음 단단히 먹고 6일간은 100% 느린 탄수화물 식이요법으로 가라. 그런 후 24시간 동안은 마음껏 즐기면 된다.

1주일은 너무 긴 실험 아니냐고 묻는다면 나는 그렇지 않다고 답하겠다. 갈색 눈동자를 가진 플러르는 자제심을 유지하는 아주 단순한 방법을 만들어냈다.

그녀는 늘 작은 수첩을 들고 다녔다. 사탕이나 빵, 먹음직스러운 음식이 떠오를 때마다 수첩에 적고, "쉬는 날에 먹자"라고 스스로에게 말했다. 욕구를 억누르는 대신 인정하되 실행만 미루는 방식이었다.

그래도 부족하다면 무가당 젤리를 활용하라. 밤늦게 자제심이 흔들릴 때 한두 조각만 먹어도 통제력을 되찾는 데 충분하다.

하지만 똑같은 음식을 계속 먹는 건 너무 지겹지 않나요?

우리는 스스로 생각하는 것만큼 다양한 음식을 먹지 않는다.

지난주에 여행을 하지 않았다면 아침에는 무엇을 먹었는가? 점심은? 특히 아침식사는 대개 1~3가지 메뉴를 반복했을 가능성이 크다. 따라서 몇 주 동안 대여섯 가지 식사를 번갈아 먹는 것만으로도 지루함은 충분히 관리할 수 있다. 일요일부터 금요일까지는 같은 음식을 먹는다는 압박이 따르지만 몸이 가벼워지고 체형이 눈에 띄게 달라지는 결과가 그 불편함을 상쇄한다. 게다가 토요일은 아무 제한도 없는 완전한 해방일이다.

'다양한 음식이 아니면 버틸 수 없다'는 통념을 깔끔하게 반박한 사례 하나를 소개한다.

2주 만에 체중이 약 7kg 가까이 줄었다.

'서른이 되기 전 14kg 감량'이라는 목표의 절반을 이미 달성했다. 아직 4개월이나 남았는데도 말이다.

아침에는 달걀흰자, 렌즈콩, 브로콜리를 먹는다. 점심에는 닭고기·검정콩·야채를 넣은 부리토 한 그릇. 저녁에는 닭고기와 렌즈콩, 각종 야채. 하루의 마무리는 적포도주 한 잔이다.

솔직히 말하면 지겹다. 하지만 지금까지의 성과를 보면 그 지루함은 금세 사라진다. 가끔은 닭고기에 다양한 향신료나 저칼로리 소스를 더해 변화를 준다.

지금까지 쉬는 날은 한 번뿐이었다. 하지만 내일 다가올 두 번째 휴식일이 벌써부터 기다려진다. 지난 휴식일에는 거의 5,000칼로리를 먹었지만 월요일 아침 체중은 다시 원래 수준으로 돌아와 있었다. 평소 섭취량이 1,200~1,300칼로리라는 점을 생각하면 놀라운 일이다.

나는 운동을 좋아하지 않는다. 그래서 처음에는 운동을 계획에 넣지 않았다. 다만 주변 권유로 주 1~2회, 30~45분 정도 일립티컬 트레이너나 실내 자전거를 타볼 생각이다. 체중 감량에 얼마나 도움이 될지는 모르겠지만 적어도 가만히 앉아 있는 시간은 줄어들 것이다.

2주 뒤의 변화가 기대된다. 오랜만에 체중이 다시 90kg 아래로 내려왔다. 다음 목표는 84kg이다.

보조식품을 먹어야 할까요?

칼륨·마그네슘·칼슘 보충을 권한다. 느린 탄수화물 식이요법을 하면 수분이 빠르게 빠져나가고, 이 과정에서 전해질도 함께 소실되기 쉽기 때문이다.

칼륨은 식사로도 충분히 보충할 수 있다. 저염 소금이나 멕시코 음식에 과카몰리를 곁들이는 방법이 대표적이다. 과카몰리의 주재료인 아보카도는 바나나보다 칼륨 함량이 약 60% 높고, 불용성 식이섬유가 풍부해 전해질 균형 유지에도 도움이 된다. 알약이 편하다면 식후에 칼륨 99mg 보충제를 복용해도 된다. 마그네슘과 칼슘 역시 보충제로 쉽게 섭취할 수 있다. 특히 취침 전 마그네슘 500mg은 수면의 질을 높이는 데 도움이 된다.

음식으로 전해질을 보충하고 싶다면 아래 식품들을 참고하라. 함량이 높은 순서로 정리했다. 참고로 시금치는 칼륨·칼슘·마그네슘이 모두 풍부한, 드문 식품이다.

칼륨 (건강한 25세 남성 기준, 하루 권장량 약 4,700mg)

리마콩(삶은 것) 4.9컵(1컵 = 969mg)

근대(데친 것) 4.9컵(1컵 = 961mg)

준치(조리) 2.6조각(0.5조각 = 916mg)

시금치(데친 것) 5.6컵(1컵 = 839mg)

얼룩배기 강낭콩(삶은 것) 6.3컵(1컵 = 746mg)

렌즈콩(삶은 것) 6.4컵(1컵 = 731mg)

연어(조리) 3.4조각(0.5조각 = 683mg)

검정콩(삶은 것) 7.7컵(1컵 = 611mg)

정어리 7.9컵(1컵 = 592mg)

버섯(조리) 8.5컵(1컵 = 555mg)

칼슘 (건강한 25세 남성 기준, 하루 평균 권장량 1,000mg)

뼈있는 연어 1.1컵(1컵 = 919mg)

뼈있는 정어리 1.8컵(1컵 = 569mg)

고등어(통조림) 2.2컵(1컵 = 458mg)

단단한 두부 3.6컵(1컵 = 280mg)

콜라드 양배추(조리) 3.8컵(1컵 = 266mg)

시금치(데친 것) 4.1컵(1컵 = 245mg)

동부콩(삶은 것) 4.7컵(1컵 = 211mg)

순무 어린잎(데친 것) 5.1컵(1컵 = 197mg)

템페 5.4컵(1컵 = 184mg)

우뭇가사리(말린 것) 5.7컵(1컵 = 175mg)

마그네슘 (건강한 25세 남성 기준, 하루 평균 권장량 400mg)

호박씨 2.6온스(2온스 = 300mg)

수박씨(말린 것) 2.8온스(2온스 = 288mg)

땅콩 1.6컵(1컵 = 245mg)

준치(조리한 것) 1.2조각(0.5조각 = 170mg)

아몬드 5온스(2온스 = 160mg)

시금치 2.5컵(1컵 = 157mg)

대두(삶은 것) 2.7컵(1컵 = 148mg)

캐슈넛 5.5온스(2온스 = 146mg)

잣 5.7온스(2온스 = 140mg)

브라질너트 6.3큰술(2큰술 = 128mg)

유제품을 먹지 말라고요? 정말요? 우유는 혈당지수가 낮지 않나요?

맞다. 우유의 혈당지수glycemic index, GI와 혈당부하glycemic load, GL는 낮은 편이다. 지방을 제거하지 않은 전유(全乳)조차 혈당부하는 27에 불과하다.

문제는 다른 데 있다. 유제품은 인슐린 반응도insulinemic response가 매우 높다는 점이다. 이 사실은 스웨덴 룬드대학교 연구진이 밝혀냈다. 연구에 따르면 모든 유제품은 혈당지수는 15~30으로 낮지만 인슐린 반응도는 90~98로 매우 높았다. 이는 흰빵의 인슐린 지수와 거의 차이가 없다.

결론은 분명하다. 유제품은 혈당지수만으로 예상되는 것보다 3~6배 강한 인슐린 반응을 유발하는 경우가 있다. 실제로 느린 탄수화물 식이요법에 참여한 머피의 사례에서도 이를 확인할 수 있다. 유제품을 제외했을 뿐인데 지방 감량 속도는 눈에 띄게 빨라졌다.

> 팀의 조언을 받아 유제품을 끊은 지 딱 1주일이 지났습니다. 우와! 체중이 3kg 가까이 더 줄었어요. 예전엔 치즈를 잔뜩 얹은 달걀을 먹고, 하루에 우유를 한 컵 이상 마셨다는 게 믿기지 않을 정도예요.

그렇다면 커피는 어떻게 해야 할까? 굳이 무언가를 넣고 싶다면 우유 대신 크림을 사용하라. 단, 두 숟가락을 넘기지 말 것. 나는 계피를 즐겨 쓰고, 가끔 바닐라 추출물로 향만 더한다.

과일은 정말 먹지 말아야 하나요? '균형 잡힌 식사'가 필요하지 않나요?

단호하게 말하자면, 아니다.

'균형식'이라는 개념 자체가 합의된 정의를 갖고 있지 않다. 미국 농무부를 비롯한 여러 연방 기관의 공식 자료를 찾아봤지만 과일을 주 1회 이상 반드시 섭취해야 한다는 객관적 근거는 어디에도 없었다.

이 문제에 대한 자세한 설명은 앞 장의 「법칙 #4: 과일을 먹지 마라」를 다시 참고하라.

콩이 너무 싫습니다. 다른 대안은 없을까요?

정말로 콩이 싫은가, 아니면 콩을 먹고 방귀가 나오는 게 싫은가?

먼저 그 점부터 분명히 하자. 렌즈콩은 방귀와 거의 관련이 없다. 따라서 콩류 식단에서 빠질 수 없다. 또한 유기농 콩류는 가스 발생을 어느 정도 줄여준다. 그래도 문제가 된다면 콩을 몇 시간 물에 불려라. 방귀의 원인인 올리고당oligosaccharides이 분해된다. 내가 말린 콩 대신 통조림 콩을 먹는 이유도 여기에 있다. 물론 끈적한 즙은 모두 버리고 물에 충분히 헹군다.

맛이 문제라면 해결은 더 쉽다. 검고 진한 발사믹 식초에 마늘가루를 조금만 더해도 비린 맛은 사라진다. 개인적으로는 핫소스를 즐긴다. 검정콩이나 얼룩배기 강낭콩 대신 팥을 활용하는 것도 좋은 대안이다.

식감이 싫다면 '가짜 으깬 감자'를 추천한다. 느린 탄수화물 식이요법 애호가 데이너가 알려준 방법이다.

> 프라이팬에 올리브유를 약간 두른다. … 흰강낭콩 통조림 하나(또는 꽃양배추)를 으깨 팬에 올린다. 원하는 농도에 맞춰 물을 조금 넣고, 소금·후추·마늘가루로 간한다. 원한다면 파르메산 치즈를 약간 더해도 된다. …조리 시간은 짧고, 맛은 기대 이상이다.

이 방식으로 멕시코식 레프리토스(말린 콩을 삶아서 으깬 멕시코 전통 요리)도 간단히 만들 수 있다. 단, 콩만 단독으로 먹지 말고 다른 식재료와 섞어라. 나는 혼합 야채와 렌즈콩, 저지방 마요네즈를 소량 사용한 콜슬로(다진 양배추 샐러드)를 함께 섞어 아침에 먹는다. 따로 먹을 때보다 훨씬 낫다.

그렇다면 매 끼니마다 콩을 먹어야 할까? 꼭 그렇지는 않다.

나 역시 점심과 저녁은 주로 외식하기 때문에 매번 콩을 먹지 않는다. 대신 집에서 조리할 때는 렌즈콩과 검정콩을 기본으로 한다. 외식할 때는 단백질과 채소를 넉넉히 주문하고, 빵가루를 입히지 않은 해산물이나 올리브유·식초를 곁들인 샐러드를 추가한다.

핵심은 이것이다. 느린 탄수화물 식이요법을 시작하면 단위 부피당 칼로리가 낮은 음식을 먹게 된다. 따라서 이전보다 의식적으로 더 많이 먹어야 한다. 그렇지 않으면 쉽게 지치고, 결국 실패한다.

휴식일에 실컷 먹었더니 체중이 4kg나 늘었습니다! 그동안의 노력이 도로아미타불이 된 건 아닐까요?

전혀 그렇지 않다.

체중 증가의 대부분은 지방이 아니라 수분이다. 체중이 55kg인 여성이라도 탄수화물을 많이 섭취한 뒤 24시간 이내에 수분 무게만으로 1~2kg까지 늘어나는 경우가 흔하다. 체격이 더 큰 남성이라면 2~3kg까지도 증가할 수 있다. 휴식일 다음 날 체중이 크게 출렁이는 것은 정상적인 현상이다. 걱정하지 마라. 대개 48시간 안에 휴식일 이전 수준으로 돌아온다.

마크의 경험담은 이를 잘 보여준다.

느린 탄수화물 식이요법을 거의 10주째 하고 있고, 첫날부터 매일 체중을 기록해왔다. 휴식일 뒤에는 체중이 최대 2kg까지 늘었지만 늦어도 수요일이면 항상 휴식일 이전 체중으로 돌아왔다. 그리고 다음 휴식일까지 평균 1kg 정도 더 빠졌다.

지금까지 총 12kg을 감량했다. 평일에는 단백질·콩류·야채 위주의 식사를 하고, 주 3~4회 서킷 트레이닝과 주짓수를 병행한다. 멘토인 팀 패리스와 다른 점이 있다면 운동 후 1시간 뒤 유청 단백질 셰이크를 마신다는 정도다.

휴식일에는 첫 식사를 시작하기 전에 체중을 재고, 단기적인 변동에는 신경 쓰지 마라. 이런 변화는 지방의 증감을 의미하지 않는다. 느린 탄수화물 식이요법을 진행하는 동안에는 제지방 근육량(체지방을 제외한 체중, 즉 근육·뼈·수분·장기 등으로 이루어진 순수 체성분)이 늘어나는 경우가 흔하다. 따라서 체중계 숫자만 보지 말고, 신체 부위의 둘레를 반드시 함께 측정해야 한다.

근육 내 미토콘드리아가 늘어나면 지방을 산화시키는 능력이 향상된다. 이 과정에서 지방은 줄지만 근육이 늘어나 1~2주 동안 체중이 거의 변하지 않는 구간이 나타날 수 있다.

체중계의 숫자는 종종 거짓말을 한다. 그러나 신체 둘레는 거짓말하지 않는다. 문제는 단기적인 체중 변동에 좌절해 식이요법 자체를 포기하는 경우다. 앞서 언급한 에인절은 그러지 않았다. 왜일까? 같은 이야기를 반복하는 것 같지만 중요한 대목이므로 다시 인용한다.

[1주 차]

첫 주에 무슨 일이 있었는지 꼭 공유하고 싶다. 체중이 총 3kg 줄었다. 월요일은 항상 신체 측정일인데, 양쪽 허벅지가 각각 1인치씩 줄었고 허리는 1인치, 히프는 0.5인치 줄었다. 한동안 입지 못했던 바지가 다시 맞기 시작했다. 계속하고 싶다는 의욕이 생겼다.

[2주 차]

토요일 휴식일 뒤 체중이 0.5kg 늘었다. 하지만 이미 겪어본 일이었다. 전주에도 그랬고 다시 빠졌다. 2주 차에는 체중이 거의 변하지 않았지만 실망하지 않았다. 히프가 0.5인치, 허벅지가 1인치나 더 줄었기 때문이다. 그 주에만 총 1.5인치가 줄었다. 처음 시작할 때와 비교하면 전체적으로 무려 5인치가 줄었다. 운동은 전혀 하지 않았는데도 말이다.

휴식일은 죄책감 없이 즐겨라. 중요한 것은 언제, 무엇을, 어떻게 측정하느냐다.

양념과 소금, 저칼로리·저지방 소스는 사용해도 될까요? 조리할 때 무엇을 쓰는 게 좋을까요?

양념과 향신료는 대부분 괜찮다. 다만 크림을 기본으로 한 소스는 피하는 편

왜 올리브유를 넘어 마카다미아유인가

마카다미아유는 말하자면 개선된 올리브유다. 수준 높은 보디빌딩 코치들에게 처음 추천받은 뒤, 나는 몇 가지 분명한 이유로 마카다미아유에 빠졌다.

- 맛이 버터에 가깝다. 올리브유는 최상급 초압착유만 샐러드에 어울리고, 달걀 스크램블에 뿌리면 보기에도 좋지 않다.
- 스모킹 포인트가 높다. 마카다미아유는 연기가 나기 시작하는 온도가 약 234℃로, 가열해도 안정적이다. 살짝 튀기는 요리부터 일반 조리까지 폭넓게 사용할 수 있다. 나는 전자레인지 조리에는 유기농 버터, 마카다미아유만 쓴다.
- 산패에 강하다. 보존성이 뛰어나고 빛에 노출돼도 올리브유보다 변질이 적다. 투명한 병의 올리브유를 쓰다 냄새 때문에 버린 경험이 있다면 이 차이를 바로 알 것이다. 실제로 대량 생산 올리브유의 절반 이상은 다 쓰기 전에 상한다고 한다.
- 지방산 조성이 우수하다. 오메가-6 함량이 매우 낮고, 다른 식물성 기름에는 드문 팔미톨레인산이 풍부하다. 이 지방산은 인간의 피지에도 존재해, 마카다미아유가 피부 보습제로 쓰이기도 한다.
- 단일불포화지방이 약 80%. 식용유 가운데 가장 높은 수준이다.

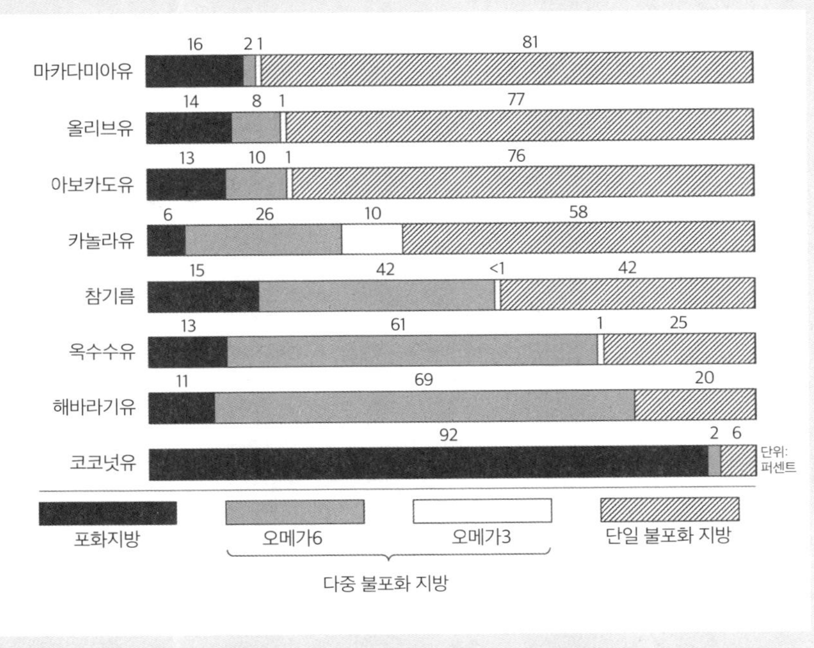

이 낫다. 50달러 정도를 들고 건강식품점에 가서 양념과 조미료를 한번 구매해 두면, 서너 달은 충분히 버틸 수 있다.

시작용으로는 다음 정도면 충분하다. "몬트리올 스테이크 시즈닝/무염 살사소스/천일염/태국 고추소스(스리라차)." 천일염에 사철쑥을 섞어 달걀에 뿌리면 달걀 특유의 냄새도 줄어든다. 샐러드 드레싱은 복잡할 필요가 없다. 식초와 겨자에 스테비아 같은 무가당 감미료를 약간 섞으면 단맛까지 갖춘 훌륭한 드레싱이 된다. 개인적으로는 발사믹 식초와 올리브유를 간단히 섞은 드레싱을 가장 자주 쓴다. 버터는 버터와 소금만으로 만든 제품만 사용하라.

조리할 때는 약한 불에는 올리브유, 강한 불에는 포도씨유나 마카다미아유가 적합하다.

술을 마셔도 될까요? 어떤 포도주가 나은가요?

휴식일에는 제한이 없다. 술이 당기면 얼마든지 마셔도 된다. 다만 식이요법을 지키는 날에는 단맛이 없는 포도주만 허용한다. 기준은 명확하다. 잔류 당분 1.4% 미만의 와인이다.

잔류 당분이 가장 낮은 적포도주로는 피노 누아르, 카베르네 소비뇽, 메를로가 있고, 백포도주로는 쇼비뇽 블랑, 알바리뇨가 대표적이다. 프랑스산이 이상적이지만 개인적으로는 아르헨티나 말벡과 캘리포니아 진판델을 즐겨 마신다. 경험상 지방 감량에는 백포도주보다 적포도주가 더 유리했다.

반대로 리슬링, 화이트 진판델, 샴페인은 피하는 편이 좋다.

간식은 무엇을 먹어야 할까요?

원칙적으로 간식은 필요 없다.

느린 탄수화물 식이요법을 하면서도 배고픔이 지속된다면 단백질이나 콩류를 충분히 먹지 않았을 가능성이 크다. 초보자들이 가장 자주 하는 실수다. 해결책은 단순하다. 더 먹어라.

충분히 먹었는데도 간식이 당긴다면 그것은 대부분 심리적 습관이다. 심심함이 식욕으로 둔갑하는 경우다. 시간이 남으면 괜히 화장실을 가거나 물을 마시거나 무언가를 집어 먹게 된다. 나 역시 세 가지 모두를 경험했다.

그래도 참기 어렵다면 당근 정도는 괜찮다. 다만 과하면 탈이 난다. 정말로 배가 고프다면 밥을 뺀 태국식 닭고기 바질 볶음처럼 단백질·야채 중심의 느린 탄수화물 간식을 200~300칼로리 선에서 먹어도 무방하다.

두통이나 저혈당 증상이 나타난다면 원인의 90%는 섭취량 부족이다. 고탄수화물 식단에 익숙한 사람일수록 느린 탄수화물 식단에서도 무의식적으로 적게 먹는다. 이 식단에서는 이전보다 2~3배 먹어도 괜찮다는 생각으로 접근해야 한다.

배고파 잠을 못 잔다면 취침 전에 단백질을 소량 보충하라. 아몬드 버터 한 두 숟가락이 가장 이상적이고, 첨가물 없는 땅콩버터도 대안이 된다. 단, '한 숟가락'은 잔뜩 담은 양을 말하지 않는다.

정말 1주일에 한 번은 마음껏 먹어야 할까요?

그렇다. 주 1회의 고칼로리 섭취는 핵심 요소다.

가끔 충분히 먹어 주면, 몸은 "기근 상태가 아니다"라고 인식한다. 그 결과 신진대사가 떨어지는 것을 막고, 지방을 태우기 좋은 상태를 유지하게 된다.

하지만 무엇보다 중요한 건 심리적 효과다. "곧 마음껏 먹을 수 있다"는 확신이 식이요법의 지속성을 압도적으로 높인다. 다만 피해를 줄이기 위해 휴식일은 미리 정해두는 것이 좋다. 나는 7년째 이 방식을 유지해왔고, 이보다 지속 가능한 식사 방식은 거의 없다고 생각한다.

누구나 매주 마음껏 먹어도 괜찮을까요?

대부분의 남성에게는 문제가 없다. 다만 일부 여성은 주 1회 휴식일이 맞지 않을 수 있다. 식사 제한이 과해지면 렙틴 수치가 지나치게 떨어져, 일부 여성의 경우 생리 주기가 멈추는 일도 있다. 실제로 한 독자는 7개월 동안 생리가 중단된 뒤, 휴식일을 주 1회에서 2주에 한 번으로 줄이자 증상이 개선됐다. 반대로 계획적으로 충분히 먹는 날은 혈중 렙틴 수치를 일시적으로 최대 40%까지 끌어올리는 효과를 낼 수 있다. 개인적으로는 주 1회 휴식일이 가장 효과적이라고 보지만 체중이 과도하게 늘거나 정체가 길어지면 방법을 바꾸면 된다. 예를 들어 휴식일 아침에는 고단백으로 가볍게 먹고, 점심과 저녁에 충분히 먹는 방식이다. 요즘 내가 쓰는 전략이기도 하다.

물론 매번 토할 때까지 먹을 필요는 없다. 다만 어떤 주에는 그렇게 먹는다. 그 덕분에 나머지 기간을 훨씬 편안하게 보낼 수 있기 때문이다. 한 가지 요령이 있다. 휴식일에는 가능하면 외식을 하라. 그리고 남은 불량식품은 다음 날 아침이 되기 전에 모두 치워라. 집에 남아 있으면, 휴식일이 아닌 날에도 손이 가기 쉽다.

아침식사는 어떻게 할까요?

나는 주로 달걀, 렌즈콩, 시금치로 아침을 먹는다. 통조림 렌즈콩은 조리 없이 바로 먹을 수 있어 특히 편하다. 달걀을 미리 삶아두면 준비 시간도 거의 들지 않는다.

대부분 사람에게 가장 바꾸기 어려운 식사가 아침이다. 토스트와 시리얼에 익숙해졌기 때문이다. 느린 탄수화물 식이요법으로 전환하려면 아침을 점심처럼 먹는 발상 전환이 필요하다. 점심까지 3~5시간이 남아 있으니, 점심보다 약간 적게 먹는다고 생각하면 부담이 줄어든다. 딱 닷새만 시도해보라. 몸의 반응이 확연히 달라진다.

아침 칼로리의 최소 30%를 단백질로 섭취하면 기초대사율이 약 20% 상승하고, 수분 정체(살이 찐 게 아니라 몸이 물을 붙잡고 있는 상태)도 줄어든다. 더 든든한 구성을 원한다면 달걀에 유기농 베이컨과 얇게 썬 토마토를 곁들여보라.

왜 하필 달걀, 시금치, 렌즈콩일까? 과학적 근거까지 알고 싶다면 다음 페이지를 보라.

앞의 목록에 나온 야채만 먹어야 하나요?

그럴 필요는 없다. 다만 경험상 야채 종류를 지나치게 늘리면 쇼핑부터 조리, 설거지까지 복잡해져 식이요법을 중도에 포기할 가능성이 커진다. 이 식이요법은 처음부터 '재미'를 목표로 한 방식이 아니다. 내가 제시한 야채들은 반

무작위 대조 실험 결과에 따르면, 달걀은 지방 감소와 기초대사율 향상에 탁월한 효과를 보였다. 한 연구에서 비만 여성들이 8주 동안(주 5일 이상) 아침식사로 달걀 2개를 섭취했을 때 같은 중량과 칼로리의 베이글을 먹은 집단보다 체중은 65%, 허리둘레는 85% 더 많이 감소했다. 그럼에도 혈중 총콜레스테롤, HDL, LDL, 중성지방 수치에서는 두 집단 간 유의미한 차이가 나타나지 않았다.

달걀 노른자에는 콜린이 풍부하게 들어 있다. 콜린은 체내에서 베타인으로 전환되며, 메틸화 과정을 통해 간을 보호하고 지방 대사를 돕는다. 노스캐롤라이나대 채펄힐 캠퍼스의 스티븐 지셀 교수는 "산화 스트레스는 염증의 주요 원인이며, 베타인은 미토콘드리아의 산화·환원 작용을 활성화한다"라고 설명한다. 이 베타인이 풍부한 대표적 식품이 바로 시금치다.

뽀빠이 덕분에 널리 알려진 시금치는 실제로도 신체 재구성에 핵심적인 식품이다. 시금치에 함유된 파이토엑디스테로이드(20-hydroxyecdysone, 20HE)는 실험 환경에서 근육 조직의 성장률을 약 20%까지 증가시키는 것으로 보고되었다. 근육 증가에 관심이 없더라도, 이 성분이 포도당 대사를 개선한다는 점은 주목할 만하다. 20HE는 곤충의 탈피 호르몬과 구조적으로 유사해 단백질 합성과 근력 모두를 향상시키지만 남성 호르몬 관련 부작용은 나타나지 않는다. 즉 시금치를 많이 먹는다고 남성화 현상이 생기지는 않는다. 러트거스대 연구진은 이러한 효과를 얻으려면 하루 1kg의 시금치가 필요하다고 밝혔지만 나는 직접 실험을 통해 그보다 훨씬 적은 양으로도 충분한 효과를 확인했다. 나는 매일 시금치 2~3컵을 섭취한다. 한 컵이 약 81그램이므로, 이는 1kg의 16~25%에 해당하는 양이다. 연구 결과가 용량에 비례한다고 가정하면 이 정도 섭취만으로도 근섬유 합성과 탄수화물 대사 개선 효과를 기대할 수 있다. 효과가 누적된다면 훨씬 적은 양으로도 의미 있는 변화를 만들어낼 수 있다.

마지막으로 렌즈콩은 저렴하면서도 우수한 단백질 공급원이다. 특히 이소류신과 리신이 풍부한데, 이들은 근육 재생에 중요한 아미노산이다. 이소류신은 포도당 대사를 개선하는 역할도 하는 것으로 알려져 있다.

복 섭취가 가능한 최소한의 선택지다. 원한다면 다른 야채로 바꿔도 되지만 칼로리와 포만감을 위해 콩류는 반드시 포함해야 한다는 점은 잊지 마라.

법칙 #1(흰 식품을 피하라)에 집착해 꽃양배추를 피하는 경우가 많은데, 그럴 필요는 없다. 꽃양배추를 좋아한다면 먹어도 된다. 특히 가짜 으깬 감자를 만들기에 훌륭한 재료다. 다만 꽃양배추를 제외한 다른 흰 식품에는 이 법칙을 엄격히 적용하라.

통조림 식품은 괜찮나요?

괜찮다. 내가 추천한 야채의 대부분은 냉동(약 80%)이거나 통조림(약 20%)이다. 렌즈콩과 다진 양파를 섞은 참치 통조림은 내가 즐겨 먹는 메뉴다.

정제하지 않은 전곡(全穀, whole grain)은 괜찮을까요?

안 된다.

유란 채식주의자(달걀과 제품을 먹는 채식주의자)도 효과를 볼 수 있나요?

물론이다. 고기는 필수가 아니지만 식단을 편하게 만들어준다. 달걀과 콩류만으로도 체중 감량은 충분히 가능하다. 나는 대부분의 유제품을 피하지만 코티지 치즈만큼은 예외로 둔다. 식이요법을 방해하지 않을 뿐 아니라 카세인이 지방 감소에 도움이 되는 듯하다.

일부 동호인은 달걀 외에 고단백 채식 제품으로 단백질을 보충했다. 현미 소화에 문제가 없다면 단백질 보충원으로 활용할 수도 있다. 다만 두유를 포함한 정제 대두식품과 대두 단백질 보충제는 가급적 피하라. 이에 대한 자세한 내용은 '부록. 채식에 도전하는 사람을 위한 팁'을 참고하라.

살사 소스는 괜찮나요?

강력 추천한다. 특히 옥수수나 콩 요리에는 순한 살사가 잘 어울린다. 달걀 흰자만 먹는 게 지겹다면 살사 소스가 훌륭한 구원투수가 된다. 다만 살사 소스와 렌즈콩은 함께 먹지 마라. 위장이 예민한 사람이라면 곤욕을 치를 수 있다.

튀긴 음식은 먹어도 되나요?

센 불에서 빠르게 볶는 요리는 괜찮다. 하지만 기름에 담가 튀긴 음식은 피하라. 빵가루를 입히는 경우가 많고, 칼로리에 비해 영양 밀도가 낮다.

프리홀레스 레프리토스refried beans는 효과적인 식품이다. 실제로 이를 주식으로 삼아 빠른 체중 감량에 성공한 사례도 많다. 다만 나트륨 함량이 높아 수분 정체를 유발할 수 있으므로, 다른 콩류와 섞어 먹는 편이 낫다. 요령을 익힌 뒤에는 특정 음식에 집착하지 말고 선택지를 넓혀라.

여행 중, 특히 비행기에서는 어떻게 하나요?

멕시코 식당을 찾기 어렵다면 공항 매점에서 생아몬드를 사라. 한 봉지로 작은 끼니 2~3번을 대신할 수 있어 12시간도 버틸 수 있다. 치킨 샐러드가 있다면 드레싱은 빼고 먹어라.

원칙에서 벗어나는 것보다는 약간의 허기를 감수하는 편이 낫다. 나는 30개국 이상을 여행하며 이 식이요법을 지켰다. 여행은 규칙을 깨기 위한 핑계가 되지 않는다.

살 빼는 약은 어떤가요?

효과가 있는 지방연소제도 존재한다. 하지만 중독 위험과 장기적인 부작용 가능성을 고려하면 약에 의존해 살을 빼야 하는지는 의문이다. 내가 아는 범위에서 비교적 효과적이면서 부작용이 적은 보조제는 PAGG다. 자세한 내용은 '지방을 죽이는 사두마차'(3장 4절)에서 다루겠다.

밖에서 먹어도 살이 빠지는 사람들의 주문법

요리에 재주가 없거나, 평일에 하루 두 끼 이상을 밖에서 해결해야 하는 사람이라면 식당에서도 당당하게 이렇게 말해야 한다. "녹말 대신 야채를 더 주세요."
쌀밥·빵·감자 대신 시금치 같은 야채로 바꿔 달라는 요청은 대부분 어렵지 않다. 메뉴판에 대체 항목이 없을 때도 걱정할 필요는 없다. 다음 한마디면 충분하다.

"녹말 대신 야채를 더 주세요. 추가 요금이 있어도 괜찮습니다."

그래도 여의치 않다면 야채나 콩류를 별도로 주문하라. 이렇게 해도 끼니당 평균 3달러 정도만 추가된다. 때로는 무료로 바꿔주기도 한다. 이 비용은 '건강을 위한 세금'이라 생각하라. 외식을 하면서 3달러를 아끼겠다고 건강을 포기한다면 그게 훨씬 큰 손해다. 정 아깝게 느껴진다면 커피 한 잔을 줄이면 된다.

내 경험상 느린 탄수화물 식이요법에 가장 잘 맞고 비용 대비 효율이 뛰어난 외식 메뉴는 태국 요리와 멕시코 요리다. 특히 멕시코 요리는 에릭 포스터의 이른바 '치포틀레 다이어트'로 이미 효과가 입증됐다. 에릭은 아래 식단을 약 10개월간 꾸준히 따른 결과, 체중을 41kg 줄였고 체지방률도 44%에서 23.8%까지 낮췄다.

- 아침: 커피 한 잔 + 달걀 1개(스크램블 또는 완숙). 개인적으로는 달걀을 하나 더 먹었으면 감량 속도가 더 빨랐을 거라 본다.
- 점심: 파히타 볼(후추, 양파, 쇠고기, 토마토 살사, 그린 토마틸로 살사, 치즈, 사워크림, 과카몰리, 로메인 상추)
- 저녁: 파히타 볼(점심과 동일)

이 식단은 하루 약 1480칼로리, 비섬유성 탄수화물 29g 수준이다. 또 다른 사례인 브렌트 역시 같은 방식으로 11개월 만에 약 54kg을 감량했다. 문제는 지루하다는 것 아닐까? 에릭도 처음엔 그 점을 걱정했다.

두 달쯤 지나면 부리토가 질릴까 봐 걱정했다. 하지만 다행히 그런 일은 없었다. 원래도 치포틀레를 좋아했지만 메뉴 구성을 저탄수화물로 바꿨을 뿐인데 맛은 거의 그대로였다.

살을 빼는 과정은 벌이 아니다. 불편을 감수해야 할 이유도 없다. 느린 탄수화물 식이요법을 일주일만 해보라. 그 뒤에는 예전 식습관으로 돌아가고 싶지 않을 것이다.

고단백 식품이 신장에 해를 주지 않을까요? 통풍이 걱정됩니다.

먼저 분명히 밝힌다. 나는 의사가 아니다. 인터넷에서도 의사 흉내를 낸 적은 없다. 의학적 치료가 필요하다면 반드시 전문가를 찾아가야 한다. 내가 하는 일은 공개된 자료와 연구 결과를 '해석'하는 정도에 그친다.

식이요법을 시작하기 전부터 심각한 질환이 있는 경우가 아니라면 내가 제안하는 수준의 단백질 섭취가 신장에 해를 준다는 근거는 없다. 단백질이 신장을 손상시킨다는 주장을 뒷받침할 확실한 증거도 발견되지 않았다. 마이클 이즈Michael Eades 박사는 이런 주장을 "증거 없는 뱀파이어 신화"에 가깝다고 표현했다.

그렇다면 통풍은 어떨까? 통풍은 흔히 퓨린이 원인으로 알려져 있고, 이 때문에 통풍 환자에게 저단백 식이요법이 권장되곤 한다. 즉 콩류를 피하라는 처방이다. 그러나 관련 문헌을 면밀히 검토한 과학 저술가 게리 타우브스는, 통풍의 주요 원인이 단백질보다 과당(그리고 설탕, 즉 수크로스)일 가능성이 더 크다고 지적한다. 탄산음료에 들어 있는 인산 역시 피해야 할 대상이다.

내 어머니 역시 통풍을 앓고 있었지만 느린 탄수화물 식이요법에 따라 고단백 식사를 한 뒤 요산 수치가 정상 범위로 돌아왔다. 식이요법 기간에도 알로퓨리놀은 소량으로 계속 복용했다. 달라진 것은 음식뿐이었다.

다시 강조하지만 어떤 식이요법이나 자가 실험을 하더라도 의사의 지시 없이 약을 중단하거나 변경해서는 안 된다.

체중 감량이 멈춘 것 같습니다. 이제 어떻게 해야 하나요?

앞에서 언급한 실수들 가운데 특히 다음 세 가지가 답보 상태의 가장 흔한 원인이다. 너무 늦게 먹고, 단백질을 충분히 섭취하지 않거나, 물을 충분히 마시지 않는 것. 이 세 가지를 먼저 점검하라.

그럼에도 시간이 지나면 월평균 체지방 감소율이 자연스럽게 둔화되는 것은 정상이다. 이는 신체가 새로운 환경에 적응하는 과정이기도 하다. 지방 감량 속도를 좌우하는 핵심 요소는 근육 조직 안의 미토콘드리아 수다. 주당 20분이라도 규칙적으로 운동을 하면 지방 감량 속도는 2배 가까이 증가하지만 그 이후 다시 정체기에 접어들 수 있다.

이 단계에 들어서면 최소 2~4개월은 운동을 지속해야 한다. 이때 선택할 수 있는 최선의 전략에 대해서는 뒤에서 다룰 「4. 최소 투자로 최대 성과를 내는 근육 운동법」(5장)에서 자세히 설명하겠다.

흔히 저지르는 실수와 오해

앞에서 언급한 처음 세 가지 실수만으로도 문제의 90%가 발생하지만 다른 실수들 역시 미리 알아둘 필요가 있다. 가벼운 정체기를 재앙으로 키우고 싶지 않다면 미리 싹을 자르는 예방이 정답이다. 약간의 시간을 들여 원리를 이해하면 같은 시간에 훨씬 더 많은 지방을 줄일 수 있다.

실수 #1: 일어나서 30분(늦어도 1시간) 안에 식사하지 않는다

내 아버지가 대표적으로 저지르던 실수였고, 무언가를 습관적으로 미루는 사람들에게서 흔히 보이는 문제다. 이 실수가 어떤 차이를 만드는지 실제 사례를 보자.

2008년 12월 27일: 시작 체중 약 111kg

2009년 1월 30일 (1개월): 약 103kg

2009년 3월 1일 (2개월): 약 101kg [지난 4주 동안 아침에는 단백질을 거의 섭취하지 않았다. 일어나서 30분 내에 미요플렉스 셰이크로 30그램을 추가함으로써 지방연소를 재개했다.]

2009년 4월 2일 (3개월): 약 92.5kg

90일 총 감량: 약 18.7kg

첫 달에는 약 7.7kg이 줄었지만 두 번째 달에는 아침식사를 제때 하지 않아 감량 폭이 약 2.5kg에 그쳤다. 반면 세 번째 달에는 기상 직후 단백질을 섭취하자 다시 약 8.5kg이 빠졌다.

물론 체중만으로 모든 것을 판단할 수는 없다. 같은 기간 근육량도 늘었기 때문이다. 그럼에도 아침식사를 제때 하는 것만으로 감량 속도가 눈에 띄게 빨라진다는 점은 분명하다. 아침식사를 거르는 습관은 전날·저녁 과식과도 밀접하다. 이유가 무엇이든 아침식사는 거르지 마라. 입맛이 없다면 단백질 위주로 소량만 먹어도 충분하다. 완숙 달걀 2~3개에 천일염을 뿌려 먹는 것만으로도 효과가 있다.

이번에는 제이 씨의 사례다.

> 2008년 10월 18일 → 2009년 2월 14일
>
> 시작 체중 약 118kg → 현재 체중 약 96kg
>
> 크리스마스 무렵 약 100kg까지 떨어진 뒤 한동안 정체 상태였다. 먹는 것도,
> 마시는 것도 같았는데 더 이상 줄지 않았다. 해결책은 뜻밖에도 '더 먹는 것'
> 이었다. 기상 직후 단백질 30g을 섭취하고 물을 충분히 마시라는 조언을 따르
> 자, 체중이 다시 줄기 시작했다.

아침식사를 거르거나, 일어나서 한 시간 이상 아무것도 먹지 않으면 실패는 거의 확실하다.

실수 #2: 단백질을 충분히 섭취하지 않는다

끼니마다 최소 20g의 단백질을 섭취해야 한다. 특히 아침식사가 중요하다. 아침 식사 칼로리의 약 40%를 단백질로 채우면 탄수화물에 대한 갈망이 줄고, 지방 대사도 안정된다. 20%만으로는 느린 탄수화물 식이요법에서는 부족하다.

가장 간단한 방법은 아침에 달걀 2~3개를 먹는 것이다. 부담스럽다면 칠면조 베이컨, 유기농 베이컨이나 소시지, 코티지 치즈 같은 고단백 무가공 식품으로 보완해도 된다. 이마저도 어렵다면 물과 얼음을 넣어 단백질 30g짜리 셰이크를 마셔라.

처음 며칠은 억지로 먹는 느낌이 들 수 있다. 하지만 곧 적응된다. 중요한 건 형태가 아니라 양이다. 어떤 방식이든 끼니당 최소 20g의 단백질을 채워야 한다.

또 하나의 흔한 실수는 음식 자체를 너무 적게 먹는 것이다. 칼로리를 억지로 제한하지 마라. 포만감을 느낄 때까지 먹어도 된다. 허용된 식품이라면 양을 걱정할 필요가 없다. 충분히 먹지 않으면 대사율이 떨어지고 결국 금지된 간식에 손이 가게 된다.

크리스털의 사례가 이를 잘 보여준다. 그녀는 느린 탄수화물 식이요법을 따

르고도 체중이 줄지 않아 답답해했다. 이유는 단순했다. 콩류를 거의 먹지 않고 야채만 잔뜩 먹었기 때문이다. 결과적으로 칼로리가 부족했다.

> 이번 주에는 조언대로 콩류를 우선적으로 먹었습니다. 기운이 확 살아났고, 짜증도 줄었습니다. 처음 2주 동안은 야채 위주로 먹었는데 이번 주는 콩, 콩, 콩…. 벌써 약 4.5kg이 줄었습니다!

실수 #3: 물을 충분히 마시지 않는다

지방을 줄이기 위해 간 기능을 최적화하려면 충분한 수분 섭취가 필수다.

"물을 좋아하지 않는다"며 물을 적게 마시는 사람이 의외로 많다. 내 어머니가 체중 감량이 멈춰 답보 상태에 들어갔을 때 나는 물 마시는 습관부터 살폈다. 그리고 하루에 물을 서너 잔 더 마시도록 권했다. 그 결과, 곧 체중이 다시 줄기 시작했고 다음 주에 약 1.4kg이 빠졌다.

휴식일에는 평소보다 물을 더 많이 마셔야 한다. 탄수화물을 많이 먹으면 몸이 수분을 함께 끌어당기기 때문이다. 이때 물이 부족하면 두통이나 몸의 무거움이 쉽게 나타난다.

실수 #4: 스스로를 요리사라고 착각한다(특히 독신자에게 흔한 착각)

당신이 전문 요리사가 아니라면 처음에는 통조림과 냉동식품을 활용하라.

요리에 재주가 없다면 손이 많이 가는 식재료를 애초에 사지 마라. 제대로 된 요리를 해본 적이 없다면 쉽게 상하는 식품을 구입하는 것도 피하는 편이 낫다. 근거 없는 자신감은 결국 썩은 음식과 실망만 남긴다.

지금 내 냉장고에 있는 양파들이 곧 어떻게 변할지 보여주는 사진이 그 증거다. 찬장에 있는 말린 렌즈콩은 산 지 6개월이 넘었다. 이유는 간단하다. 매 끼니마다 콩을 삶아 먹기에는 내가

오래 보관해 싹이 돋은 양파

너무 게으르기 때문이다.

단순하게 시작하라. 최소한 처음 2주는 냉동식품과 통조림으로 버텨라. 한 번에 하나씩만 바꿔라. 음식은 선택이 먼저이고, 조리는 그다음이다.

실수 #5: 생리 주기에 체중을 잰다(남성은 해당 없음)

여성은 생리 직전에 평소보다 훨씬 많은 수분을 체내에 저장하는 경향이 있다. 식이요법의 효과를 평가할 때 이 점을 반드시 고려해야 한다. 생리 예정일 약 열흘 전부터는 체중계 숫자를 무시하라. 이 시기의 수치는 지방 변화와 거의 무관하다. 식이요법을 제대로 따르고 있다면 지방은 빠지고 있다. 생리가 끝난 직후에 측정한 체중이 실제 결과에 가깝다. 수분 변화로 인한 일시적인 체중 증가에 실망하지 마라. 생리 주기를 이해하면 식이요법이 효과 없다고 섣불리 판단하는 실수를 피할 수 있다.

실수 #6: '도미노 푸드'를 지나치게 먹는다(견과류, 병아리콩, 후머스, 땅콩, 마카다미아 등)

느린 탄수화물 식이요법은 원칙 자체에는 문제가 없다. 하지만 자칫 남용을 부르는 식품들이 있다. 한번 먹기 시작하면 멈추기 어려운 음식들이다. 나는 이를 '도미노 푸드'domino foods라고 부른다.

나 역시 아몬드 때문에 세 번이나 답보 상태에 빠졌다. 아몬드는 집어 먹기 쉽고 '몸에 좋다'는 명분까지 갖췄다. 하지만 아몬드 한 컵은 약 820칼로리로, 패스트푸드 햄버거 하나보다 열량이 더 높다. 아몬드는 5~10알이면 충분하다. 그러나 실제로 그 정도에서 멈추는 사람은 거의 없다.

카로 역시 도미노 푸드의 함정을 뒤늦게 깨달았다.

다시 식이요법을 시작했습니다. 예전에도 시작했지만 팀의 조언을 제대로 따르지 않았습니다. 땅콩과 병아리콩을 계속 먹었고 체중은 줄지 않았습니다. 이번에는 원칙을 정확히 지켰습니다. 닷새 만에 약 2.3kg이 빠졌습니다. 먹는 양도, 음식 종류도 바꾸지 않았습니다. 다만 '먹어도 되는 것'과 '안 되는 것'을 철저히 구분했을 뿐입니다.

당신 옆에 과자 한 조각만 있겠는가? 부엌에 가면 봉지째 있다. 당신의 의지력은 생각보다 훨씬 나약하며, 결코 신뢰할 수 있는 무기가 아니다. 양 조절이 필요한 음식은 처음부터 먹지 마라. 도미노 푸드는 눈에 보이지 않게 치우거나, 아예 집에 들이지 않는 것이 최선이다.

실수 #7: 아가베 시럽 등 감미료를 지나치게 섭취한다(인공이든 '100% 천연'이든)

설탕을 대신하는 대부분의 감미료는 칼로리가 거의 없거나 아예 없지만 인슐린 분비를 자극한다는 공통된 문제를 안고 있다. 예외적으로 아스파탐(뉴트라스위트)은 인슐린에 큰 영향을 주지 않는 것으로 알려져 있지만 그렇다고 안심할 수는 없다. 아스파탐은 대개 아세설팜 K와 함께 사용되는데, 이 성분은 건강에 부정적인 영향을 미칠 수 있기 때문이다.

내 경험상 저칼로리든 무칼로리든 감미료는 체중 감량과 양립하기 어렵다. 거의 모든 감미료가 지방 감소를 방해한다고 봐도 무방하다.

사실 나 역시 다이어트 콜라의 열렬한 팬이다. 거의 중독에 가깝다. 다만 경험적으로 보건대, 하루 약 470ml까지는 체중 감량에 큰 지장을 주지 않는다. 하지만 이 선을 넘기면, 느린 탄수화물 식이요법을 실천한 사람들의 최소 75%가 감량 정체를 겪었다.

문제는 '100% 천연'이라는 이름을 단 감미료들이다. 과당은 대사 장애와 깊은 관련이 있기 때문에 논란의 여지는 있지만 고과당 옥수수시럽HFCS보다 더 해롭다는 주장도 적지 않다.

소위 '무가당' 건강식품을 들여다보면, 실상은 농축 사과즙이나 배즙 같은 감미료로 가득 차 있다. 이런 과즙의 약 3분의 2는 과당이다. 우리가 마지막 안전지대라 믿었던 것이 오히려 더 나쁜 선택인 셈이다. 대표적인 예가 생아가베 시럽이다. 성분의 약 90%가 과당이며, 정제 설탕이나 HFCS보다 항산화 성분이 더 많은 것도 아니다.

결론은 단순하다. 가능하면 감미료를 피하라. 단맛이 필요하다면 감미료 대신 향신료를 활용하라. 계피나 바닐라 추출돌만으로도 충분히 만족스러운 맛을 낼 수 있다.

실수 #8: 체육관을 번질나게 드나든다

한 여성 독자가 보낸 이메일이다.

> 저는 일주일에 평균 다섯 번 체육관에 가서 두 시간씩 트레드밀에서 걷고, 주 2회는 스핀 클래스에서 1시간씩 운동합니다. 거의 3달째 이렇게 합니다. 처음 3주 동안은 체중이 약 9kg 줄었지만 이후 다시 약 3kg이 늘었습니다. 다리, 팔, 히프 근육을 키우기 위해 웨이트 트레이닝도 주 2회 병행하고 있습니다.

늘어난 체중이 근육량 증가 때문이라면 바람직한 변화일 수도 있다. 그러나 이 독자는 주당 12시간 이상을 체육관에서 보내고 있었다. 내가 여러 사례에서 반복해서 보아온 패턴이다. 잘못된 식습관에 대한 자책성 보상으로 운동을 과도하게 늘리는 경우다. 이런 방식은 오래 지속되기 어렵다.

나는 이렇게 답했다.

> 당신의 편지를 꼼꼼히 읽었습니다. 지나친 유산소 운동으로 오히려 근육량이 줄었을 가능성이 큽니다. 과도한 운동은 기초대사율을 떨어뜨리고, 장기적으로는 체중 감량 자체를 방해합니다. 느린 탄수화물 식이요법을 충실히 따르십시오. 운동은 필수가 아닙니다. 굳이 한다면 웨이트 트레이닝을 주 2~3회, 짧게 끝내십시오. 그리고 체중이 아니라 체지방률을 추적하십시오.

과유불급이다. 지나친 운동은 도움이 되지 않을 뿐 아니라 결국 폭식이나 스포츠 음료 섭취 같은 자기파괴적 행동으로 이어지기 쉽다.

최소유효량을 기억하라. 적은 것이 많은 것이다.

03

일주일에 한 번은
마음껏 먹어라

삶 자체가 신나는 잔치판이다.
줄리아 차일드_ 미국 요리연구가

나는 샌프란시스코의 사모바르 찻집에서 첫 데이트를 했다.

은은한 향, 잔잔한 음악, 트랙 조명 덕분에 마치 불교에 감화된 중국과 네덜란드 사이 어딘가의 카페에 앉아 있는 듯한 분위기였다. 우리는 약속이라도 한 듯 똑같이 오미자차를 주문했다. 메뉴 설명에는 이렇게 적혀 있었다.

2,000년 전 『신농본초경』에서 오미자는 '아답토겐 강장제'(정력, 스트레스 완화, 미용, 성기능 등 전반적인 신체 기능을 돕는 약재)로 기록되었다.

상큼한 시작이었다.

가벼운 대화를 나누다 나는 이렇게 말했다. "이상한 짓을 해도 놀라서 도망가지는 마세요." 그리고 주머니에서 식품용 전자저울을 꺼냈다. 남성용 지갑에 늘 넣고 다니던 물건이었다. 찻잔 속 내용물을 하나씩 꺼내 무게를 재기 시작했다.

물론 이 행동은 데이트 파국을 예고하는 첫 신호였다.

아, 사랑이란 그런 것이다. 사랑은 연쇄살인범 같은 행동을 좋아하지 않는다.

하지만 그날의 내 관심은 사랑이 아니었다. 그건 비만을 향한 12시간 실험의 시작이었다. 정확히 말하면 두 번째 시도였다. 첫 번째 실험에서는 유기농 쇠고기 기름 덩어리 4.5kg을 먹으려다 실패했다. 2.7kg까지는 억지로 먹었지만 체중은 단 1g도 늘지 않았다.

왜 굳이 살이 찌는 실험을 했을까?

'섭취 칼로리 − 소비 칼로리'라는 모델이 완전히 틀렸거나, 최소한 심각하게 불완전하다는 걸 증명하고 싶었기 때문이다. 가장 간단한 방법은 짧은 시간에 혐오감이 들 만큼 많은 칼로리를 먹고, 그 결과를 기록하는 것이었다.

이번에는 방식을 바꿨다. 그날 밤 11시 43분, 마지막 남은 2분 동안 너터 버터 Nutter Butter 한 봉지를 억지로 삼켰다. 당시 약 6만 명이던 트위터 팔로워들에게 고칼로리 음식 선호도를 설문조사해 가능한 한 많이 먹겠다고 공언했다. 먹고 마신 모든 것은 사진으로 남기고, 무게와 칼로리를 기록했다.

다음은 그날의 기록이다.

12시간 폭식 실험 기록

오전 11:45 시작   데친 시금치 1컵 (30칼로리), 아몬드버터 3큰술 + 셀러리 줄기 1개 (540칼로리), 애슬레틱 그린스 2큰술 + 물 (86칼로리), 치킨 카레 샐러드 195g (약 350칼로리) / 소계: 1,006칼로리

오후 12:45   자몽주스 (90칼로리), 커피 한 잔 + 계피 1큰술 (5칼로리), 저지방 우유 315ml (190칼로리). 대형 초콜릿 크루아상 2개, 168g (638칼로리)/ 소계: 923칼로리

오후 2:00   감귤 콤부차 470ml(60칼로리)

오후 2:15   배변, AGG, 버터 지방 + 발효 대구 간유

오후 3:00-3:20   웨이트 트레이닝(각 15회 반복)/ 벤트오버 로우, 인클라인 벤치프레스, 레그프레스

오후 3:30   유기농 전유 1쿼터(약 950ml) (600칼로리)

오후 4:00   프로바이오틱스, 얼음 목욕 20분

오후 4:45   퀴노아 230g (859칼로리)

오후 5:55 초코바 1개 (216칼로리), 예르바 다테 (30칼로리) / 소계: 246칼로리

오후 6:20 배변

오후 6:45 스쿼트 40회 + 벽 삼두근 밀기 30회

오후 6:58 모둠 치즈 33g (116칼로리), 꿀 30g (90칼로리), 중간 크기 사과 1개 (71칼로리), 크래커 8g (30칼로리), 두유 차이 티 350ml (175칼로리) / 소계: 482칼로리

오후 9:30 남자 화장실에서 스쿼트 40회

오후 9:36 피자 8조각 (총 1,249칼로리), 적포도주 30ml (124칼로리), 바닐라 아이스크림 59g (140칼로리), 더블 에스프레소 (0칼로리) / 소계: 1,513칼로리

오후 10:37 애슬레틱 그린스 2큰술 + 물 (86칼로리)

오후 10:40 PAGG, 스탠딩 밴드 운동 60회

오후 11:10 배변

오후 11:37 땅콩 쿠키 40g (189칼로리), 너터 버터 소포장 (250칼로리) / 소계: 439칼로리

새벽 2:15 취침

실험 결과 요약

- 총 섭취 칼로리(12시간): 6,214칼로리
- 당시 내 체성분 기준 24시간 기초대사량BMR: 약 1,765칼로리
- 12시간 기준 BMR: 약 882칼로리

운동으로 소모한 칼로리는 다음과 같다.

- 웨이트 트레이닝 20분: 약 80칼로리
- 걷기(약 2.2km): 약 110칼로리 → 총 200칼로리로 계산

즉 나는 이 실험에서 기초대사량의 약 6.8배에 해당하는 칼로리를 섭취했다.

그 결과는 어땠을까? 바디메트릭스 초음파 장비로 3회 측정한 평균값은 다음과 같았다.

- 2009년 8월 29일(폭식 전 아침): 체지방률 9.9% / 체중 약 76.7kg
- 2009년 8월 31일(48시간 후): 체지방률 9.6% / 체중 약 74.8kg

도대체 어떻게 이런 결과가 가능했을까?

이제부터, 내가 무엇을 했는지를 하나씩 해부해보자.

폭식해도 괜찮다, 준비만 되어 있다면

추수감사절에 푸짐한 저녁식사를 앞두고 있는가? 크리스마스에 버터 쿠키가 눈앞에 놓여 있는가?

폭식의 전조처럼 들릴지 모른다. 하지만 폭식 그 자체가 끔찍한 범죄는 아니다. 폭식한다고 해서 다음 날 갑자기 지방 덩어리가 몸에 달라붙는 것도 아니다. 문제는 준비 없이 먹는 폭식이다. 미리 계획하고 최소한의 생리학만 이해하고 있다면 피해를 크게 줄일 수 있다.

나는 매주 토요일, 먹고 싶은 것은 가리지 않고 먹는다. 다만 과식한 에너지가 그대로 지방으로 쌓이지 않도록, 몇 가지 분명한 원칙을 지킨다. 폭식의 목적은 단순하다. 섭취한 에너지를 근육으로 보내거나, 그렇지 않으면 흡수되기 전에 배출되게 만드는 것이다.

이를 위해 나는 다음의 세 가지 원칙을 지킨다.

원칙 #1. 저장 호르몬인 인슐린 분비를 최소화하라

인슐린 분비는 혈당의 급격한 상승을 억제함으로써 조절할 수 있다.

1. 휴식일 첫 식사는 폭식하지 않는다. 단백질 최소 30g과 불용성 식이섬유(콩류)를 충분히 섭취한다. 단백질은 이후 식사에서의 과도한 식욕을 낮추고, 섬유질은 폭식 후 설사를 예방한다. 첫 끼는 300~500칼로리 정도면 충분하다.

2. 두 번째 식사 직전에 과당을 소량 섭취한다. 폭식은 두 번째 식사부터 시작되기 때문이다. 과당은 적은 양으로도 혈당에 영향을 준다. 나는 그레이프프루트 주스를 선호한다. 나린진(그레이프프루트의 쌉싸름한 맛을 만드는 천연 성

분)과 커피를 함께 섭취하면 카페인 효과도 더 오래 지속된다.

3. 인슐린 민감도를 높이는 보조제 사용. AGG 또는 PAGG(다음 장에서 상세히 설명한다)를 섭취한다. 이 장에서 언급한 용량은 평소의 약 2배 수준이다. 포도당 유입이 급격할 때 PAGG는 췌장의 인슐린 분비량을 낮추는 역할을 한다. 나는 이를 '보험'이라 생각한다.

4. 구연산계 음료 섭취. 라임 주스를 음식에 뿌리거나 물에 타 마셔도 좋고, 감귤 콤부차도 효과적이다.

원칙 #2. 음식이 오래 머물지 않게 하라

폭식하는 날만큼은 음식이 최대한 빨리 장을 통과하길 바란다. 흡수되기 전에 지나가면 그만큼 지방으로 남을 여지가 줄어들기 때문이다. 이를 위해 나는 카페인이나 예르바 마테 차를 활용한다.

예르바 마테에는 장의 움직임을 활발하게 만드는 성분이 들어 있다. 그래서 폭식 전에 카페인 100~200mg을 섭취하거나, 차갑게 식힌 예르바 마테 470ml를 마신다. 카페인이 부담스럽다면 다른 선택지도 있다. 애슬레틱 그린스 같은 보조제도 위 배출을 빠르게 하는 데 도움이 된다.

"정말로 위를 인위적으로 빨리 비울 수 있느냐"고 묻는 사람도 많다. 그래서 나는 이론 대신 결과를 확인했다. 먹은 양과 배출된 양이 비슷하다면 흡수된 것은 많지 않다는 뜻이다. 실제로 대변의 양이 많을수록 몸에 남는 음식은 줄어든다. 단순하지만, 폭식 피해를 줄이는 데는 충분히 실용적인 방법이다.

원칙 #3. 폭식 중 짧은 근육 수축을 반복하라

폭식 중 내가 반드시 하는 동작은 세 가지다. 쪼그려 앉기(에어 스쿼트), 벽 밀기(벽에 손을 대고 삼두근 수축), 탄성밴드를 이용한 가슴 늘리기. 이 동작들은 근육 손상을 일으키지 않고, 어디서나 할 수 있다. 특히 벽 밀기와 밴드 동작은 보행이 불편한 사람도 가능하다.

왜 먹기 전과 먹은 뒤 90분 후에 60~90초씩 해야 할까? 근육이 수축하면 제 4형 당수송체GLUT-4가 근육세포 표면으로 이동해, 칼로리가 지방이 아니라 근육으로 들어갈 통로가 열린다.

1995년 무렵, 한 가지 중요한 사실이 밝혀졌다. 운동과 인슐린은 작동 방식은 다르지만, 결과는 같다는 점이다. 둘 다 포도당을 근육 안으로 들여보내는 통로, 즉 GLUT-4를 활성화한다는 것이다.

이게 무슨 뜻일까? 운동을 하면 음식을 먹기 전에 근육 쪽 '문'을 미리 열어둘 수 있다는 말이다. 그러면 식사로 들어온 에너지가 지방으로 가기 전에, 먼저 근육으로 흘러들어간다. 쉽게 말해, 몸의 배선 방향을 사전에 조정하는 셈이다.

이 사실이 알려지면서 GLUT-4에 대한 연구가 본격화됐고, 나 역시 이 원리를 그냥 지나칠 수 없었다. 먹기 전에 움직이는 것만으로도 에너지의 목적지를 바꿀 수 있다는 뜻이었기 때문이다.

얼마나 운동해야 충분할까? 일본 연구진은 쥐를 대상으로 다음을 비교했다.

- 고강도 간헐 운동HIT: 20초 전력질주 × 14회 (총 280초)
- 저강도 장시간 운동LIT: 6시간 지속

8일 후 결과는 놀라웠다. HIT만으로도 GLUT-4 함유량과 포도당 수송 활성도가 LIT와 거의 같은 수준까지 증가했다.

- HIT: GLUT-4 증가 83%
- LIT: GLUT-4 증가 91%

280초로 이 정도라면, 60~90초는 어떨까?

이 질문을 들고 나는 여러 대륙의 연구자들에게 연락했다.

결론은 하나로 모였다. 특히 주목할 연구는 운동 직후의 변화가 아니라 시간차 효과를 보여줬다. 운동이 끝나면 인슐린의 즉각적인 효과는 빠르게 소멸하지만, 인슐린 민감성은 2~4시간 뒤부터 높아지기 시작해 1~2일간 지속된다. 그래서 나는 식사 직전에 60~120초, 식후 약 90분 뒤 다시 60~90초 근육 수축을 한다. 혈당 측정기로 피크를 확인한 뒤 실행한다.

다음 세 가지 동작을 각각 30~50회를 목표로 반복하라. 이 운동들의 장점은 단순하다. 공간이 거의 필요 없고, 옷을 갈아입을 필요도 없으며, 관절에 부담을 주지 않는다. 짧게, 자주, 부담 없이 하는 것이 핵심이다.

쪼그려 앉기

벽밀기

가슴 늘리기

가장 좋은 장소는 화장실 칸막이다. 그게 어렵다면 의자에 앉은 채 허벅지 근육을 수축하는 등척성 운동도 충분하다. 단, 변비 걸린 표정은 피하라.

중국에는 이런 말이 있다. "식후에 백 보를 걸으면 99세까지 산다."

중국인들이 과학자보다 먼저 GLUT-4의 비밀을 알았던 걸까? 그랬을지도 모른다. 결론은 단순하다. 식전과 식후 60~90초의 근육 수축만으로도 폭식의 피해는 크게 줄일 수 있다. 쪼그려 앉기를 잊지 마라.

과식 중에도 지방이 늘지 않았던 이유

키수스 콰드란구알리스(Cissus quadrangularis, CQ)는 인도가 원산지인 약용 식물이다. 최근에서야 식이보충제로 소개되었지만 전통적으로는 관절 회복과 골절 치료에 사용되어왔다. 2009년 7월, 나는 포도상구균 감염으로 팔꿈치 수술을 받은 뒤 CQ를 고용량으로 복용했다. PAGG와 함께 사용하자 예상치 못한 효과가 나타났다. 지방 증가 억제와 근육 성장(합성대사)이 동시에 나타난 것이다. 이후 아유르베다 의술과 골절 치료 문헌을 검토하면서 CQ가 과식 중에도 지방 축적을 줄이는 역할을 한다는 점이 점점 분명해졌다. 중국 농촌 지역에서 나는 하루 3~5회 책상다리로 앉아 쌀밥과 달콤한 반찬을 곁들인 식사를 했다. 살이 찌기 딱 좋은 환경이었다.

그럼에도 30일 동안 복근은 유지됐다. 복용량은 "식사 전 2.4g×하루 3회"로 하루 총 7.2g. 당시 내 제지방체중(lean bodymass, 체중에서 지방량을 제외한 값)은 약 72.7kg이었다. 제지방체중 기준으로 계산하면 파운드당 약 45mg이 최대 효과 용량일 가능성도 있다. 다만 장기 안전성 연구가 충분하지 않으므로 하루 7.2g을 넘기지 말 것을 권한다. CQ는 과식 시 지방 증가를 억제하는 데 매우 효과적이다. 다만, 연구가 더 축적되기 전까지 상시 복용보다는 8~12주 성장 주기, 휴식일, 관절 부상 회복기에 한정해 사용하는 편이 합리적이다.

베이징에서, 3주 동안 북경 돼지처럼 먹은 후의 모습.

비만은 칼로리가 아니라 균형의 문제다
—제2의 뇌, 장내 박테리아의 과학

왜 현대에 비만이 급증했을까? 학자들은 그 해답을 장내 박테리아에서 찾고 있다.

우리 몸에는 인간 세포는 약 10조 개, 박테리아 세포는 약 100조 개가 있다. 즉 우리는 "사람이면서 동시에 박테리아의 생태계"다. 이 박테리아들은 면역을 조절하고 비타민을 합성하며 음식에서 에너지를 얼마나 흡수할지까지 결정한다.

2가지 핵심 박테리아 군이 있는데, 박테로이데테스(Bacteroidetes)는 마른 사람에게 많고 피르미쿠테스(Firmicutes)는 비만한 사람에게 많다. 체중을 줄이면 이 비율은 다시 박테로이데테스가 많은 쪽으로 변한다. 이 발견을 바탕으로 미국 국립보건원은 2007년 말 '인간 미생물군집 프로젝트'(Human Microbiome Project)를 시작했다. 인간 게놈 프로젝트의 박테리아 버전이라 보면 된다.

본격적인 성과가 나타나기까지는 시간이 필요하다. 그러나 그때까지 손 놓고 기다릴 필요는 없다. 우리 위와 장에 서식하며 건강을 지키고 지방 감소를 돕는 박테리아, 즉 장내균(gut flora)을 활성화하기 위해 지금 당장 실천할 수 있는 일들이 있다.

- 인공 감미료 스플렌다를 피하라. 2008년 듀크대 연구에 따르면, 쥐에게 스플렌다를 투여했을 때 장내 유익균이 크게 감소했다. 인공 감미료가 설탕보다 낫다고 보기는 어렵다.
- 발효식품을 일상화하라. 웨스턴 프라이스 박사가 전 세계 장수 지역의 전통 식단을 조사한 결과, 단 하나의 공통점이 있었다. 그들은 모두 매일 발효식품을 먹고 있었다. 김치, 나토, 케피르, 자우어크라우트, 젓갈 등은 문화가 달라도 사라지지 않은 음식들이다. 첨가물이 없는 플레인 요구르트 역시 어떤 식단에서도 제외할 이유가 없다.
- 프로바이오틱스와 프리바이오틱스를 활용하라. 프로바이오틱스는 유익균 자체이고, 프리바이오틱스는 그 먹이다. 나는 과식 후나 항생제 복용 뒤에 프로바이오틱스를 사용했고, 프리바이오틱스로는 이눌린과 프룩토올리고당(FOS)을 실험했다. 이눌린은 단맛이 약하지만 인슐린 분비를 자극하지 않으며, 마늘·리크·치커리에 풍부하다.

연구는 아직 초기 단계지만 식이요법에 프로바이오틱스와 프리바이오틱스를 더하면 알레르기, 노화, 비만 억제는 물론 제2형 당뇨 등 다양한 질환에 긍정적인 영향을 줄 가능성이 크다. 특히 주목할 점은 이눌린과 FOS가 칼슘 흡수를 높인다는 사실이다. 칼슘 흡수가 향상되면, 근력운동에 따른 GLUT-4의 이동성 역시 개선된다.

지방 감량 효과가 기대에 못 미친다면 식단만이 아니라 장내 박테리아의 균형을 점검해야 한다. 위장관이 '제2의 뇌'라 불리는 이유가 여기에 있다. 세로토닌은 우울증과 깊은 관련이 있는 신경전달물질로, 흔히 뇌에서 만들어진다고 생각한다. 그러나 실제로는 단 5%만이 뇌에서 생성되고, 나머지 95%는 장에서 만들어진다. 그래서 장 건강은 곧 정신 건강과 직결된다.

실제로 만성피로증후군 환자를 대상으로 한 연구에서, 락토바실루스 카세이 시로타 균주를 섭취한 집단은 불안 증상이 유의미하게 감소했다. 프로바이오틱스는 염증을 유발하는 시토카인을 억제하고 산화 스트레스를 낮추며, 해로운 박테리아의 과증식을 바로잡는 역할도 한다. 비피더스균은 그 대표적인 예다.

결론은 분명하다. 유익균을 늘려 장내 미생물 생태계를 건강하게 유지하라. 지방 연소 속도가 빨라지는 것은 물론, 정신 건강까지 맑아지는 놀라운 효과를 누리게 될 것이다.

참고자료

- Twelve Hours of Bingeing in Photos (사진으로 기록한 12시간 폭식 실험): 폭식 실험 당일에 먹은 음식들을 실시간으로 촬영해 플리커에 올렸다. 사진만 봐도 섭취량이 어느 정도였는지 짐작할 수 있을 것이다. www.fourhourbody.com/binge
- Athletic Greens (애슬레틱 그린스): 내게 필요한 거의 모든 영양소를 담은 '녹색 보험증권'. 박테리아 균형을 돕는 이눌린을 포함해 총 76가지 성분이 들어 있다. www.athleticgreens.com
- Escali Cesto Portable Nutritional Scale (에스칼리 세스토 휴대용 영양 측정 저울): 음식의 무게와 영양 성분을 측정하기 위해 항상 휴대하는 1파운드 무게의 소형 저울. 약 1000가지 식품의 칼로리, 나트륨, 단백질, 지방, 탄수화물, 콜레스테롤, 식이섬유를 계산할 수 있다. 느린 탄수화물 식이요법을 따른다면 하나쯤 갖춰둘 만하다.
- Thera-Bands (테라밴드 탄성 밴드): 초기에 가슴 늘리기 운동을 할 때 사용한 탄성 밴드(주로 회색). 재활운동 분야에서 널리 쓰인다. 한 번에 75회 이상 가능해진 뒤에는 미니 밴드로 교체했다.
- Mini-bands (미니 밴드): 현재 가슴 늘리기 운동에 사용하는 탄성 밴드. 웨스트사이드 바벨 체육관의 루이 시먼스로 인해 유명해졌으며, 파워리프터들이 저항을 높이는 데 활용한다. 나이가 핑계가 될 수 있을까? 루이는 50세에 417kg의 바벨을 어깨에 메고 일어섰다.

지방을 죽이는 사두마차

마늘이 없다면 나는 조금도 살고 싶지 않을 것이다.

루이 디아(1885-1957)_ 뉴욕 리츠 칼튼 호텔 수석 주방장

마늘에서 시작된 실험

2007년 여름, 북캘리포니아.

한여름 파티장의 소음을 뚫고 하얀 연기가 피어올랐다. 웃음소리, 맥주병 부딪히는 소리, 세 개의 커다란 불판 위에서 트라이팁 스테이크가 지글지글 익어가는 소리까지. 산호세 윌로우 글렌의 오후는 그 자체로 완벽했다. 마침 부모님도 우리 집에 와 계셨다. 나는 집에 남아 있었고, 부모님은 링컨 애비뉴로 나가 산책을 즐기다 라 빌라 이탈리아 식당에 들렀다.

아버지는 한쪽에 서서 석쇠 위에서 구워지는 스테이크를 감탄하며 바라보고 있었다. 그때 호리호리한 노숙자가 슬그머니 다가왔다. 잠시 말없이 고기를 바라보던 그는 입을 열었다.

"제가 살을 어떻게 뺐는지 아십니까? 45kg 넘게 뺐습니다."

당시 아버지는 키 167.5cm에 체중이 약 113kg이었다. 잠시 침묵이 흘렀다. 낯선 사람이 말을 걸어 당황스럽기도 했지만 동시에 궁금증이 생긴 아버지는

물었다.

"어떻게요?"

"마늘입니다. 하루에 한 쪽씩. 그게 전부였습니다."

그는 아무 대가도 요구하지 않았다. 진지하게 그 말만 남기고는 조용히 사라졌다. 기이한 만남이었지만 사실 나 역시 그 무렵 마늘에 주목하고 있었다. 다만 마늘을 본격적으로 실험해보겠다는 마지막 결심을 굳히게 만든 건, 아버지가 전해준 그 노숙자의 이야기였다. 이름도 모르는 그 사람 덕분에 마늘 실험이 시작된 셈이다.

마늘의 효능에 대한 결정적인 확신은 또 다른 곳에서 왔다. 체중 약 91kg, 체지방률 7%에 불과한 세미프로 선수에게서였다. "지난주에만 2.7kg이 빠졌어요. 믿기지 않네요."

마늘의 핵심 성분인 알리신은 내가 거의 2년 동안 다듬어오던 보조식품 스택 PAGG에 마지막으로 추가된 네 번째 성분이었다.

효과는 확실했다, 대가는 컸다: ECA

1995년부터 2000년까지 나는 에페드린 하이드로클로라이드, 카페인, 아스피린을 조합한 지방 감량 칵테일ECA을 실험했다. 나는 순환적 케톤 식이요법을 하며 하루 세 번 이 혼합물을 복용했고, 그 결과 8주 만에 복부 혈관이 도드라지는 변화를 경험했다.

- 에페드린 하이드로클로라이드Ephedrine hydrochloride: 20mg

- 카페인Caffeine: 200mg

- 아스피린Aspirin: 85mg

ECA는 생화학적 효능이 확실히 입증된 조합이며, 수십 편의 연구가 이를 증명한다. 이 셋이 뭉치면 1+1+1=3이 되는 게 아니라, 시너지를 폭발시켜 6에서

10에 달하는 위력을 뿜어낸다.

문제는 안전성이었다. 효과는 강력하고 예측 가능했지만 부작용 역시 만만치 않았다. 각성제에 대한 내성은 빠르게 생겼고, 중단하면 극심한 두통이 뒤따랐다. 이 금단 증상은 오히려 흥분제 의존을 강화하는 악순환을 낳았다.

만성 피로를 없애기 위해 ECA를 끊지 못하거나 그보다 더 강한 자극제를 찾는 사람들도 많았다. 한 세대 동안 극한의 훈련을 견뎌온 운동선수들 중 일부는 ECA 남용으로 인한 부신 피로 증후군 때문에 각성제 없이는 일상생활조차 힘들어졌다. 내가 아는 몇몇은 하루에 더블 에스프레소를 여섯 잔에서 열 잔씩 마신다. 에페드린과 마황은 고용량으로 복용하거나 고온다습한 환경에서 사용하면 심장마비나 사망에 이를 위험도 있다.

나 역시 ECA를 끊은 뒤 부비동염으로 자주 고생했고, 결국 스탠퍼드에서 수련한 의사를 찾아갔다. MRI를 본 그는 첫마디로 이렇게 물었다. "카페인을 과도하게 섭취하거나 강한 흥분제를 쓰고 있습니까?"

부비동이 지나치게 건조한 물질로 막혀 있었던 것이다. 그는 내가 아침에 침대에서 일어난 것 자체가 기적에 가깝다고 말했다. 그때부터 나는 흥분제를 서서히 끊기 시작했다. 고통스러운 과정이었지만 부신 기능을 회복하려면 다른 선택지가 없었다. 지방을 줄이기 위해서는 지속 가능한 방식 그리고 흥분제에 의존하지 않는 방법이 필요했다. 각성제가 전혀 들어가지 않은, 새로운 지방감량 해법을 찾기로 나는 결심했다.

새로운 공식: PAGG

그 결과물이 PAGG였다.

- Policosanol(폴리코사놀): 20~25mg
- Alpha-lipoic acid(알파리포산): 100~300mg (나는 매 끼니마다 300mg을 섭취한다. 다만 100mg 이상에서 위산 역류를 겪는 사람도 있다.)

- Green tea flavanol(카페인을 제거한 녹차 플라바놀, EGCG 기준): 최소 325mg
- Garlic extract(마늘 추출물): 200mg

PAGG는 식사 전과 취침 전에 복용하는 것을 원칙으로 한다. AGG는 PAGG에서 폴리코사놀만 제외한 조합이다. 복용 방식은 다음과 같다.

- 아침 식사 전: AGG
- 점심 식사 전: AGG
- 저녁 식사 전: AGG
- 취침 전: PAGG

이 방식으로 주 6일 복용하고 하루는 쉰다. 또한 두 달마다 반드시 1주일 휴식기를 갖는다. 이 휴식 주간은 매우 중요하다.

이제 네 가지 성분을 하나씩 살펴보자.

폴리코사놀

폴리코사놀은 식물성 왁스, 주로 사탕수수 왁스에서 추출한 물질로 PAGG 구성 성분 중 가장 논란이 많다. 처음에는 HDL(고밀도 지질단백질)을 높이고 LDL(저밀도 지질단백질)을 낮추기 위해 저용량과 고용량을 나눠 실험했다.

시간이 지나면서 니아신 분비, 취침 전 오렌지 섭취 그리고 '샌님에서 괴물' 프로젝트(5장 3절 참조) 기간에 복용한 폴리니코틴산 크롬(피콜린산 크롬이 아니다)이 함께 작용했고, 그 결과 HDL은 거의 두 배로 증가한 반면 총콜레스테롤은 222에서 147로 떨어졌다.

예상치 못한 부수 효과도 있었다. 체지방이 눈에 띄게 감소한 것이다. 우연일 가능성을 배제하기 위해 폴리코사놀만 단독으로 3~4주간 추가 실험을 진행했다.

결론부터 말하면 폴리코사놀의 콜레스테롤 조절 효과는 연구마다 결과가 일관되지 않았다. 다만 자정~새벽 4시, 즉 콜레스테롤 합성이 활발해지기 직전에 복용하지 않았던 점이 변수였을 수 있다. 그럼에도 내 경험과 여러 인간 모르모트의 사례를 종합하면 취침 전 10~25mg의 폴리코사놀을 포함한 PAGG는AGG보다 지방 감소 효과가 분명히 뛰어났다.

세 가지 브랜드, 세 가지 용량(10mg, 23mg, 40mg)을 비교한 결과 23mg이 최적 용량이었다. 그 이상을 늘려도 추가 효과는 거의 없었다.

알파리포산(ALA)

알파리포산은 강력한 항산화물질로, 자유라디칼free radical(세포를 공격해 노화와 손상을 일으키는 불안정한 분자로, 항산화물질은 이들을 중화해 세포를 보호한다—편집주)을 제거하는 역할을 한다. 비타민 C와 E를 재생시키고, 노화와 함께 감소하는 세포 내 항산화 물질인 글루타티온 수치를 회복시키며, 수은 같은 중금속 배출을 돕는 것으로도 알려져 있다.

ALA는 1970년대 만성 간질환 치료를 목적으로 처음 합성되었고, 정맥 주사 임상시험에서 79명 중 75명에게서 호전 반응이 나타났다.

이처럼 강력한 효과도 좋지만 ALA의 가장 큰 장점은 안전성이다. 최대무해용량NOAEL은 체중 1kg당 60mg으로, 체중 68kg인 사람은 하루 약 4,000mg까

더 알고 싶다면

내가 ALA에 주목한 이유는 단순하다. 포도당 흡수 경로를 근육 쪽으로 돌릴 수 있었기 때문이다. 그 결과 중성지방 생성은 줄고, 근육으로 전달되는 칼로리는 늘어났다.

ALA는 GLUT-4 포도당 수송체를 근육세포막으로 이동시키는 작용을 한다. 동시에 인슐린을 흉내 내면서 인슐린 민감성을 높이기 때문에, 현재는 제2형 당뇨나 대사증후군 치료를 위한 인슐린 유사 물질로도 연구되고 있다.

흥미로운 점은, ALA가 포도당 흡수를 높이면서도 중성지방 합성은 억제한다는 것이다. 2009년 발표된 연구에 따르면, 리포산을 투여한 쥐의 간에서는 글리코겐 저장량이 증가했다. 이는 음식으로 섭취한 탄수화물이 지방 합성 경로로 빠지지 않고, 글리코겐 형태로 저장되었음을 의미한다.

지도 안전하다는 의미다.

내가 사용하는 용량은 하루 300~900mg 수준이다.

알파리포산은 내장육이나 시금치, 브로콜리 같은 식품에도 소량 존재하지만 30mg을 섭취하려면 간을 수 톤 먹어야 한다. 현실적으로 불가능하다. 그래서 나는 1995년부터 합성 ALA를 사용해왔다.

알파리포산이 우리 목적에 정확히 들어맞는 이유를 한 문장으로 요약하면 이렇다. "ALA는 섭취한 탄수화물이 지방이 되는 길을 차단하고, 근육과 간으로 우회시키는 물질이다."

녹차 플라바놀

에피갈로카테킨 갈레이트Epigallocatechin gallate, EGCG는 녹차에 함유된 대표적인 카테킨(플라바놀)이다. EGCG는 폭넓게 연구된 성분으로, 자외선으로 인한 피부 손상을 줄이고 암세포 증식을 억제하며, 미토콘드리아의 산화 스트레스를 완화해 노화를 늦추는 효과가 있는 것으로 알려져 있다.

나는 잘 알려지지 않은 효능을 확인하기 위해 녹차와 EGCG를 직접 실험했다. 특히 신체 재구성, 즉 지방과 근육의 배분에 어떤 영향을 미치는지가 핵심 관심사였다.

- ALA와 마찬가지로 EGCG도 포도당이 들어갈 문을 근육 쪽으로 열어준다. 흥미로운 점은, 이 문이 지방세포 쪽으로 열리는 것은 막아준다는 것이다. 그 결과 같은 탄수화물을 먹어도 에너지가 지방으로 저장되기보다 근육으로 먼저 사용되도록 방향을 바꾼다.
- EGCG는 성숙한 지방세포에서 아포토시스(apoptosis, 프로그램된 세포 자살)를 촉진하는 것으로 보인다. 지방이 쉽게 다시 늘어나는 이유는 지방세포의 크기만 줄어들 뿐, 수 자체는 거의 줄지 않기 때문이다. EGCG는 지방세포 자체를 제거함으로써 다이어트 이후 흔히 겪는 '되돌림 현상'을 근본적으로 억제할 가능성이 있다.

인간 대상 연구에서는 EGCG 150mg 1회 복용만으로도 지방 감소 가능성이 관찰되었다. 그러나 실험 참가자들의 체중이 대체로 68~91kg 범위였고, 지방 감소 효과가 900~1100mg 구간에서 급격히 증가했기 때문에 하루 325mg을 3~4회 분할 복용하는 방식을 권한다.

찻잎을 직접 우려 마시는 방법은 용량이 불분명하고 카페인을 과다 섭취할 위험이 있다. 찻잎이 치아에 들러붙는 불편을 피하고 싶다면 카페인을 제거한 녹차 추출물 캡슐이 더 실용적이다.

단, 암 치료 중인 사람은 반드시 주치의와 상의한 뒤 EGCG를 사용해야 한다. EGCG는 일부 약물의 효과를 강화하기도 하고(예: 항에스트로겐제제 타목시펜), 반대로 약효를 약화시키기도 한다(예: 혈액암 치료제 벨케이드). 다발골수종이나 외투세포 림프종 환자 역시 EGCG를 피하는 것이 바람직하다.

마늘 추출물(알리신 전위, S-아릴시스테인)

마늘 추출물과 그 활성 성분들은 콜레스테롤 조절에서부터 메티실린 내성 황색포도알균MRSA 감염 억제까지 폭넓게 활용되어 왔다.

실험 과정에서 흥미로운 점이 발견됐다. 알리신 함량이 높은 추출물을 섭취했을 때 체중 감소 효과가 가장 뚜렷했다는 점이다. 알리신은 안정된 형태로 전달될 경우 체중이 다시 증가하는 현상을 억제하는 데 도움이 되는 것으로 알려져 있다.

문제는 알리신의 안정성이다. 대부분의 연구에 따르면 알리신은 마늘에서 추출된 뒤 시간이 지나면, 특히 위산과 접촉한 이후에는 생물학적 이용도가 급격히 떨어진다. 그럼에도 실험에서 효과가 나타난 이유는 알리신의 전구체인 S-아릴시스테인(알리인)과 다른 유기 성분들의 결합 덕분일 가능성이 크다. S-아릴시스테인은 경구 섭취 시 생물학적 이용도가 매우 높으며 대형 포유류에서는 거의 100%에 가깝다.

추가 연구 결과가 나오기 전까지는 S-아릴시스테인을 포함한 숙성 마늘 추출물aged garlic extract, AGE을 섭취해도 무방하다고 본다.

나는 숙성 마늘을 쪽으로 나눠 그냥 씹어 먹는다. 다만 생마늘을 소화하기 어려운 사람도 많으므로, 위에 부담을 주지 않도록 적절히 조리해서 섭취해도 괜찮다. 정확한 섭취량을 맞추기 위해 나는 보조식품을 활용한다. 동시에 식사 때마다 생마늘을 추가로 먹는 방법도 추천한다. 생마늘은 기준 섭취량을 보장해주는 일종의 유쾌한 보험과 같다. 물론 기준선을 충족할 수 있다면 반드시 생마늘을 먹을 필요는 없다.

반드시 지켜야 할 조건들

PAGG를 복용하는 동안에는 비타민 B군 복합체를 반드시 함께 섭취하라. 또한 고혈압, 저혈당증, 당뇨 증세가 있거나 약물을 복용 중인 경우 PAGG 사용 전 반드시 의사와 상담해야 한다. 특히 혈액 희석제(와파린, 아스피린), 갑상샘약, 클로자핀 계열 항불안제를 복용 중이라면 사전 상담이 필수다.

임산부와 수유 중인 산모는 PAGG를 사용하지 마라. 혈액 희석 성분이 태아나 영아에게 부정적인 영향을 줄 수 있다.

참고자료

아래는 내가 실제로 사용 중인 보조식품들이다. 특정 상표를 언급한다고 해서 그 기업으로부터 어떤 재정적 보상을 받은 적은 없다.

- Vitamin Shoppe, Allicin 6000 Garlic (알리신 6000 마늘 추출물) 650mg, 100정
- Mega Green Tea Extract (디카페인 녹차 추출물) 725mg, 100정
- Vitamin Shoppe, Alpha-Lipoic Acid (알파리포산) 300mg, 60정
- Nature's Life, Policosanol (폴리코사놀), 60정

4장. 지방을 태우는 새로운 관점

01

살 빼는 데 추위를 이용하라

나에게 불가능하다고 말하지 말라. 그런 일은 할 수 없다고 말하지 말라.
지금까지 한 번도 성공한 적이 없다고 말하지 말라. …
우리가 진짜로 알고 있는 것은 맥스웰 방정식, 뉴턴의 세 법칙, 두 개의 상대성 이론,
그리고 주기율표뿐이다. 우리가 '진실'이라고 믿는 것은 그것들이 전부다.
나머지는 인간이 만들어낸 규칙일 뿐이다.

딘 카먼_ 세그웨이 발명가, 국립기술상 · 레멀슨-MIT상 수상자

"마이클 펠프스는 하루에 1만 2000칼로리를 섭취한다…."

방 한구석에서 스프레드시트를 들여다보고 있던 레이 크로니스의 귀가 번쩍 뜨였다. 그는 리모컨을 집어 들어 화면을 정지시켰다.

1만 2000칼로리.

레이 크로니스는 미국 항공우주국NASA에서 15년 넘게 일해온 재료공학자였다. 생물물리학과 분석화학이 그의 전공이었고, 다수의 특수 연구 프로그램에도 참여한 고위 연구자였다. 그러나 컴퓨터 앞에서 보낸 반평생은 그에게 다른 문제를 안겨주었다.

매년 1~2kg씩 늘어난 체중은 어느새 약 104kg에 이른 것이다. 키는 175cm에 불과했다.

그는 체중을 꾸준히 줄여 95kg까지 감량한 상태였지만, 목표 체중까지는 여전히 14kg이나 남아 있었다. 지금 속도라면 앞으로도 4~6개월은 지루한 '살과의 전쟁'을 버텨야만 했다.

스프레드시트에는 인간의 거의 모든 활동이 체중 대비 시간당 칼로리 소

모량으로 정리돼 있었다. 그는 정말로 살을 빨리 빼고 싶었다. 하지만 숫자들은 절망적이었다. 예컨대 42.195km 풀코스를 달려도 소모되는 칼로리는 약 2,600칼로리에 불과했다. 다시 말해 고작 300g 남짓한 지방을 줄이는 데 그친다는 계산이었다.

그렇다면 의문이 생긴다. 어떻게 마이클 펠프스는 보통 사람보다 하루에 9,000칼로리를 더 섭취하면서도 날씬한 몸을 유지할 수 있었을까? 레이는 스프레드시트를 다시 훑으며 계산을 반복했다.

결과는 터무니없었다. 훗날 그는 이렇게 회상했다.

"펠프스가 섭취한 칼로리를 모두 태우려면, 제 계산이 맞다면 수영을 하면서 시간당 860칼로리를 소모해야 했습니다. 그걸 10시간 연속으로 접영으로 해야 했죠. 펠프스라도 그건 불가능합니다."

그렇다면 펠프스가 기자들에게 거짓말을 한 것일까? 경쟁자들을 혼란에 빠뜨리기 위한 연막이었을까? 물리학으로는 도무지 답이 나오지 않았다.

그때였다. 15년간의 좌절을 단번에 무너뜨릴 해답이 섬광처럼 떠올랐다.

"해답은 물의 열부하thermal load에 있었습니다. 물은 공기보다 열전도율이 24배나 높습니다. 펠프스는 하루 서너 시간을 물속에서 보냅니다."

물속에 있는 것은, 세라믹 컵이 아니라 금속 컵에 뜨거운 커피를 붓는 것과 같다. 금속 컵에서는 열이 훨씬 빠르게 빠져나간다. 레이는 이 변수를 스프레드시트에 추가해 다시 계산했다. 결과는 놀라울 정도로 정확하게 맞아떨어졌다.

체중 감량의 게임 규칙이 완전히 바뀐 순간이었다.

그 후 6주 동안, 정확히는 10월 27일부터 12월 5일까지, 레이는 약 13kg의 체중을 감량했다. 그리고 그 체중은 다시 늘지 않았다.

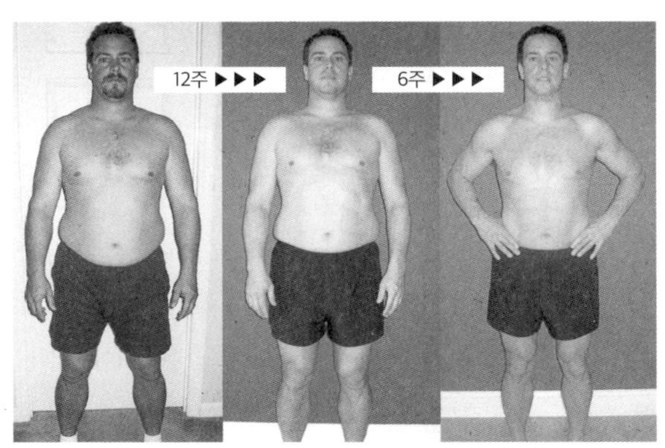

냉기 노출 이전 12주 / 냉기 노출 이후 6주

운동이 아니라 열이었다: 신진대사를 다시 정의하다

결과가 너무 명확했기에, 레이는 오히려 오류를 의심했다. 과학자라면 당연한 반응이었다. 그는 관련 논문들을 샅샅이 뒤졌지만 자신의 결론을 정면으로 반박할 만한 근거는 찾지 못했다. 오히려 늘라운 사실이 하나 드러났다. 체중 감량을 다룬 거의 모든 접근법에서 '열'이라는 변수가 사실상 완전히 배제되어 있었다는 점이었다.

대부분의 문헌이 공유하는 공식은 단순했다.

체중 변화 = 섭취 칼로리 − 소비 칼로리

△체중 = 유입된 칼로리 − 배출된 칼로리

이 방정식 자체가 틀린 것은 아니다. 진짜 문제는 '소비 칼로리'를 오직 신체 활동 하나만으로 계산했다는 점이다. 열역학을 말하면서도 정작 '열'을 계산에서 빼버린 셈이다. 항공우주선과 대기권 재진입을 다루는 레이의 세계에서, 열은 언제나 핵심 변수였다. 다시 말해 열역학을 제대로 이해하지 못한 사람들이 열역학을 운운하고 있었던 것이다.

열역학 제1법칙을 보자. 요지는 단순하다.

고립된 계에서 에너지는 생성되거나 소멸되지 않는다.

다만 형태를 바꿀 뿐이다.

영양학자들은 이 법칙을 제한적으로 해석했다. 섭취한 칼로리가 운동으로 소모되거나 지방으로 저장되는 두 가지 경우만 존재한다고 가정했다. 그러나 인간의 몸은 닫힌 계가 아니다. 열린 열역학적 시스템이다.

당시 체중이 약 95kg이던 레이의 몸속 에너지는 일work, 운동, 열 방출, 배설 등 여러 경로로 전환될 수 있었다. 마라톤을 뛰어 2,600칼로리를 태울 수도 있었지만 열부하를 고려하면 27~28도의 실내 수영장에서 4시간을 보내는 것만으로도 추가로 4,000칼로리를 더 소모할 수 있었다.

그렇지 않고서야 레이의 친구이자 의학박사이자 우주비행사인 스콧 파라진스키가 스팸 통조림과 고지방 식품을 먹으면서도 탄탄한 몸을 유지할 수 있었겠는가? 스콧은 에베레스트에 두 차례 도전해 두 번째에 정상에 오른 인물이다. 한 번의 등반마다 체중이 약 11kg씩 빠졌고, 이를 막기 위해 원정대는 라드와 버터 같은 고지방 식품을 억지로 섭취해야 했다. 등반만으로 5,000칼로리를 더 소비한 것은 아니었다. 추위 자체가 거대한 에너지 소모 요인이었다. 그리고 그 추위는 상상을 초월했다.

이 깨달음 이후, 레이는 스스로를 '이동식 난방기'로 만드는 실험을 시작했다.

그는 다양한 시도를 했다. 기상 후 오전 11시까지 약 3.8리터의 냉수 섭취, 이불을 덮지 않고 취침, 한겨울에도 상체에 티셔츠만 입고 20~30분간 떨며 걷기 등등.

시행착오 끝에 덜 고통스러운 방법을 찾아냈고, 결과는 분명했다.

첫 주에만 약 2.7kg이 빠졌다.

실패를 반복하지 않는 법

레이에게 체중 감량은 처음이 아니었다.

2006년, 그는 빌 필립스의 〈바디 포 라이프〉Body for Life 프로그램을 따르며 식단과 운동을 병행했다. 12주 프로그램이 끝났을 때 체중은 약 8kg 감소했다. 주당 약 0.7kg 감량이었다. 보수적으로 봐도 훌륭한 성과였다. 그러나 프로그램을 중단하자 체중은 다시 늘었다. 이자까지 붙어서.

두 번째 시도는 달랐다. 〈바디 포 라이프〉를 기본으로 하되, 간헐적인 냉기 노출을 추가했다. 결과는 6주 만에 약 13kg 감량. 주당 평균 2.16kg, 이전보다 3배 이상 빠른 속도였다. 시간은 절반, 줄인 지방은 전체의 60% 이상이었다.

성과는 놀라웠지만 여전히 설명되지 않는 부분이 남아 있었다.

첫째, 근육량이 증가했다는 점이다. 단순히 열 손실이 많아졌다는 이유만으로는 근육량이 늘어난 현상을 설명할 수 없다. 기계적인 측정 오차를 감안하더라도 그 한계를 훌쩍 뛰어넘는 극적인 변화였기 때문이다.

둘째, 레이의 계산은 정밀했지만 완전히 설명되지는 않았다. 일반적인 이론에 따르면 냉수에 2시간 노출되면 지방 연소율이 최대 4배까지 증가할 수 있다. 그러나 절대량으로 환산하면 이야기가 달라진다.

	BLF(바디 포 라이프)		BLF+냉기	
	2006-7-10	2006-10-2	2008-10-27	2008-12-8
측정 신체부위(인치)	시작	12주 후	시작	6주 후
오른팔	14.50	14.0	14.25	13.75
왼팔	14.25	14.0	14.25	14.00
배꼽 2인치 위	39.00	34.0	39.00	33.25
배꼽	40.00	36.0	40.50	36.00
배꼽 2인치 아래	41.00	37.3	41.00	37.00
히프(가장 넓은 곳)	42.25	40.00	42.25	39.50
오른쪽 넓적다리	25.25	22.0	25.25	21.75
왼쪽 넓적다리	24.75	22.3	24.75	21.75
총인치	241.00	219.50	241.25	217.00
차이(-)	-	21.50	-	24.25
피지후(mm)	20.0	13.0	20.2	7-8
체지방률(정확한 측정)	24.7	17.8	24.7	12.65
총체지방(kg)	23.3	15.3	23.4	10.5
총제지방량(kg)	71.7	70.6	71.6	72.2
체중(kg)	95	85.9	95	82.7
감량된 체중(kg)	-	9.1	-	12.3
감량된 지방(kg)	-	8	-	12.9
증가한 제지방량(kg)	-	-1.1	-	0.6

레이 크로니시의 체중 감량을 위한 스프레드시트를 보여준다.
냉기노출 이전의 12주 / 냉기노출 이후의 6주

2시간 냉수욕으로 추가 소모되는 지방은 약 15.5g, 종이 클립 10여 개 무게에 불과하다. 2시간의 고통치고는 턱없이 적은 보상이다. 그런데 레이는 주당 약 1.35kg을 추가로 감량했다. 이 결과를 냉수욕만으로 설명하려면 그는 섭씨 10도의 물에서 주당 170시간 이상을 보내야 한다. 현실적으로 불가능하다.

따라서 다른 요인이 개입했음이 분명하다. 추위 속 산책, 이불 없는 수면 등 복합적인 열부하가 작용했을 가능성이 크다. 나는 그 원인을 계속 추적 중인데 현재로서는 두 가지 후보가 유력하다.

첫째는 아디포넥틴adiponectin이다. 지방세포에서 분비되는 이 호르몬은 지방을 더 잘 태우게 하고, 근육이 포도당을 흡수하는 능력을 높인다. 레이의 근육량이 늘어난 것도 이 영향일 수 있다.

둘째는 갈색지방조직BAT이다. 갈색지방은 열을 만들기 위해 에너지를 직접 소모하는 조직으로 체중 감량보다 '대사 효율'과 더 깊이 연결돼 있다.

다만 이 분야의 연구는 아직 초기 단계다. 지금으로서는 흥미로운 실험 결과 정도로 받아들이는 편이 적절하다. 하지만 갈색지방에 대한 연구는 더 주의 깊게 볼 필요가 있다. 이는 단순히 살을 빼는 문제를 넘어, 신진대사 자체를 다시 설계할 가능성을 품고 있기 때문이다.

과학 이야기가 부담스럽다면 "의지 대신 환경을 바꿔라: 간단히 시작하는 네 가지 방법"으로 건너뛰어도 좋다.

더 알고 싶다면

지방의 두 얼굴: 저장하는 지방과 태우는 지방

지방이라고 해서 모두 같은 것은 아니다.

지방은 크게 백색지방조직(WAT)과 갈색지방조직(BAT)으로 나뉜다. 우리가 흔히 지방이라 부르는 것은 대부분 WAT다. 스테이크의 마블링처럼 보이는 지방이 여기에 해당한다. WAT의 지방세포는 하나의 핵과 하나의 커다란 지방 방울로 이루어져 있으며, 주된 역할은 에너지를 저장하는 것이다.

반면 BAT는 전혀 다르다. BAT는 흔히 '지방을 태우는 지방'이라 불리며, 근육세포와 같은 줄기세포에서 유도되는 것으로 알려져 있다. BAT 세포는 하나의 큰 방울이 아니라 여러 개의 작은 지방 방울로 이루어져 있고 색이 갈색을 띤다. 이 갈색은 철을 함유한 미토콘드리아가 매우 많기 때문이다.

미토콘드리아는 근육에서 ATP(adenosine triphosphate, 아데노신3인산)를 생성하고 지방을 태우는 기관으로 잘 알려져 있다. BAT는 이 미토콘드리아를 이용해 과잉 섭취된 칼로리를 열로 분해한다. 이 과정이 일어나지 않으면, 남은 칼로리는 WAT에 저장되고 결국 뱃살로 이어진다. 요약하면 이렇다.

- 냉기 노출 → BAT 활성화
- BAT 활성화 → 지방과 포도당을 열로 소모

베타 아드레날린 작용제 같은 특정 약물뿐 아니라 냉기 자체도 WAT 안에서 BAT의 형성을 유도할 수 있다. 즉 찬 환경에 노출되는 것만으로도 '지방을 태우는 지방'의 양을 늘릴 수 있다는 뜻이다. 이 사실은 체중 감량을 원하는 사람에게 매우 중요한 의미를 지닌다.

위험을 제거한 지방 감량 설계

1995년, 나는 앞에서 언급한 ECA의 효과를 직접 실험했다.

ECA는 열을 발생시키는 데는 매우 강력했다. 너무 강력한 나머지, 나는 세 차례나 열탈진을 겪었고, 그중 두 번은 입원까지 해야 했다. 아무리 몸이 좋아 보여도 죽으면 아무 소용이 없다. 그래서 나는 ECA를 완전히 버렸다.

하지만 이 혹독한 경험 덕분에, 4년 뒤 나는 훨씬 신중한 실험을 할 수 있었다. 1999년, 나는 심장발작 위험을 높이는 요인들—고강도 운동이나 고습 환경—을 제거한 뒤, ECA에 '냉기 노출'을 결합하기 시작했다. 결과는 분명했다. ECA만 사용했을 때 8주 걸리던 감량을 4주 만에 달성했고 부작용도 없었다. 이때 나는 두 가지 방식의 냉기 노출을 실험했다.

방법 A: 냉수욕 + ECA

1. 냉수욕 45분 전, 공복 상태에서 ECA를 복용했다.

개인차는 있지만 나는 경구 섭취 후 60~90분 사이에 혈중 농도가 최고치에 도달한다고 가정했다. 전달 방식은 매우 중요하다. 예컨대 카페인 껌은 15분 만에 최고치에 도달한다.

2. 욕조에 냉수를 채우고, 1kg짜리 얼음팩 두 개를 넣은 뒤 20분간 입수했다. 단계는 다음
   과 같았다.
   - 0~10분: 다리와 허리까지
   - 10~15분: 목까지(손은 물 밖)
   - 15~20분: 손까지 모두 물속
힘들었냐고? 솔직히 말해 상당히 고통스러웠다.

방법 B: 얼음팩 국소 노출
ECA 없이 BAT를 자극하는 더 간단한 방법도 실험했다.
목덜미와 승모근에 얼음팩을 30분간 올려놓는 것이다. 내 경우에는 인슐린 민감성이 저
녁에 더 낮았기 때문에 주로 저녁에 실시했다. 이것으로 끝이었다.
결과를 비교해보았다.
   - 방법 A: 주 3회
   - 방법 B: 주 5회
방법 A는 매우 힘들었고 오한도 심했다. 반면 방법 B는 거의 불편함이 없었다.
체지방 감소 효과는 방법 B가 방법 A의 약 60% 수준이었다. 그러나 고통이 거의 없었다
는 점을 감안하면 결코 나쁜 선택은 아니었다.

1999년 당시만 해도 대부분의 학자는 BAT가 유아에게만 존재하고 성인에게는 거의 없다고 믿었다. 그러나 이 결론은 내 실험 결과와 맞지 않았다. 이후 PET 촬영 등 정밀 장비가 보급되면서 성인에게도 BAT가 존재하며, 특히 목과 윗가슴에 집중되어 있다는 사실이 입증되었다. 그래서 내가 목덜미와 승모근에 얼음팩을 올려놓았던 방법이 효과를 냈던 것이다.

2009년 5월호『비만 리뷰』에는 이런 논문 제목이 실렸다. "우리는 지금 BAT 르네상스 시대에 들어섰는가?"

나라면 이렇게 답하겠다. "그렇다."

논문의 결론은 명확했다. 비만 치료는 이제 갈색지방 생성을 활성화하는 방향으로 전환되어야 한다는 것이다. 찬물과 찬 공기를 피하지 마라. 허튼소리가 아니다. 지방을 빼고 싶다면 차가운 환경은 강력한 무기다.

의지 대신 환경을 바꿔라:
간단히 시작하는 네 가지 방법

레이와 그의 방법을 따라 실험한 50명 이상의 자가실험 자료 그리고 관련 학술 연구를 종합하면 체중 감량을 시도해볼 수 있는 방법은 다음 4가지로 정리된다.

1. 목등과 등세모근에 얼음팩을 20~30분 올려놓는다.

   인슐린 민감성이 가장 낮은 저녁 시간대가 적합하다. 나는 소파에 수건을 깔고 얼음팩을 등받이에 대고 기대앉아 글을 쓰거나 TV를 본다.

2. 기상 직후 공복에 500ml 이상의 찬물을 마신다.

   두 사례에서는 안정 시 대사율이 24~30%까지 증가했으며, 얼음처럼 찬물을 마신 뒤 40~60분 후 최고치에 도달했다. 다만 한 사례에서는 오히려 4.5% 감소하기도 했다. 찬물을 마신 뒤 20~30분 후, 느린 탄수화물 식단으로 아침 식사를 한다.

3. 식전 또는 취침 전, 찬물로 5~10분 샤워한다.

   두 번 모두 해도 무방하다. 먼저 따뜻한 물로 1~2분간 몸을 적신 뒤 물 밖으로 나와 머리와 얼굴을 씻는다. 이후 찬물을 틀어 머리와 얼굴만 헹군 다음, 몸을 돌려 아랫목과 등 윗부분에 집중적으로 1~3분간 찬물을 맞는다. 찬물에 익숙해지면 비누칠을 하고 정상적인 자세로 헹군다. 끝나고 나면 정신이 또렷해진다.

4. 더 빠른 감량을 원한다면 20분간 냉수욕을 한다.

   몸이 떨릴 정도가 기준이며, 방법 A를 따르되 ECA는 복용하지 않는다. 열 발생 효과를 높이고 싶다면 냉수욕 30분 전 단백질 10~20g(닭가슴살 또는 단백질 셰이크)과 카옌 고추 200~450mg을 섭취한다. 단, 공복 상태에서는 카옌 고추나 캡사이신을 절대 먹지 마라.

찬물로 샤워해야 하는 6가지 이유

1. 인체는 단기간(약 30분) 냉기에 노출되면 몸이 떨리며 열을 생성하기 위한 연료로 지방산을 분비한다. 이 떨림(shivering)을 유도하면 GLUT-4가 근육세포 표면에 모여 제지방 근육량 증가에 도움이 된다.
2. 30분에 미치지 않더라도 냉기에 노출돼 몸이 떨리면 아디포넥틴 수치가 상승하고 근육세포의 포도당 흡수력이 향상된다. 이 효과는 노출이 끝난 뒤에도 일정 시간 지속된다.
3. 몸이 떨리지 않더라도 BAT의 열발생을 자극해 '지방을 태우는 지방'을 활성화할 수 있다. 수중운동은 지상운동보다 제지방 근육량을 소폭이나마 더 늘리는 경향이 있다. 이유는 명확히 설명하기 어렵지만 차이는 분명하다.
4. 찬물은 면역력을 높인다. 갑작스러운 냉기 노출은 면역계를 자극하며, 운동이나 따뜻한 물로 몸을 예열하면 효과가 더 커진다. 이는 혈중 노르에피네프린 수치 상승과 관련된 것으로 보인다.
5. 지방 감량과 직접적인 관련은 없지만 냉수 샤워는 우울 증상을 완화하는 데도 효과가 있다. 섭씨 20도의 물로 2~3분 샤워하는 방식이 우울증 치료에 활용된 사례도 있다. 충격을 줄이려면 약 5분에 걸쳐 물 온도를 서서히 낮추는 것이 좋다.
6. 무엇보다도, 아래 사진에서 보듯 눈에 띄는 결과가 나타난다.

전

후

- ColPaC Gel Wrap (젤 타입 얼음찜질팩): 물리치료실에서 사용하는 얼음찜질팩으로 빠르게 냉각할 수 있으며, BAT 활성화를 위해 목을 포함한 신체 여러 부위에 사용할 수 있다.
- TED Talks: Lewis Pugh Swims the North Pole (TED 강연: 루이스 퓨, 북극해를 수영하다): '인간 북극곰'이라 불리는 루이스 퓨가 얼음처럼 찬 북극 바다를 수영으로 횡단한 영상이다. 그는 지금도 정기적으로 찬물에서 수영을 한다.
- Ray Cronise Cold Experiments (레이 크로니스의 냉기 노출 실험)
  레이 크로니스의 냉기 노출 실험을 소개하는 사이트로, 지방 연소를 가속하는 다양한 방법을 확인할 수 있다. 우주왕복선의 대기권 재진입 열을 다루던 사람이라면, 인체에서 열을 빼는 일쯤은 어렵지 않을 것이다. www.raycronise.com

포도당 스위치:
왜 혈당 100이 지방의 방향을 바꾸는가

모든 것은 기적이다. 우리가 샤워할 때 각설탕처럼 녹지 않는 것도 기적이다.

파블로 피카소

주의!

이 장에는 의료 장비 사용에 대한 내용이 포함돼 있다. 신체에 의료 장비를 임의로 삽입하거나 사용하는 일은 피해야 하며 반드시 전문 의료인의 상담과 지도를 거치기 바란다.

아침 7시, 태평양 연안 표준시. 보안검색대, 델타항공.

손바닥에 땀이 흥건했다. 머릿속에서 변명거리를 되뇌는 것도 지겨웠다. 앞에 늘어선 줄은 좀처럼 줄어들지 않았다. 나는 벨소리를 기다리는 권투선수처럼, 아니 혼자 화장실에 가려는 세 살배기 아이처럼 초조한 걸음으로 한 발짝씩 앞으로 나아갔다. 내 오른쪽에 서 있던 중서부 출신의 중년 부부마저 덩달아 불안해 보였다.

그들은 '플랜 A를 시도하지 않아서 다행이군요'라고 말하는 것처럼 보였다. 사실 플랜 A를 실행했다면 상황은 훨씬 나빴을 것이다. 플랜 A는 솔직히 말해 완전히 미친 계획이었다. 23kg짜리 조끼를 입은 채 보안검색대를 통과해 중앙아메리카행 비행기에 오르려고 했기 때문이었다.

이틀 전, 나는 친구에게 그 이야기를 꺼냈다.

"체육관에 필요한 게 다 있는지 모르겠어서 조끼를 준비했어."

"흠… 알겠어."

"조끼가 너무 무거워서 기내 수하물로는 안 될 것 같아. 그래서 그냥 입고 검색대를 통과하려고. 수하물칸에도 못 넣을 테니 비행기 안에서도 계속 입고 있어야겠지. 1kg짜리 벽돌도 금속이 아니라 플라스틱이라 검색대는 통과할 수 있을 것 같고."

"벽돌이라고?" 그가 웃었다. "하여간 자네는 대단해. 문제 생기면 전화해. 하지만 정말 끔찍한 생각이네."

"그래?"

"자네도 그렇게 생각하지?"

"자살폭탄 조끼처럼 보일까 싶긴 하지."

그래서 23kg 조끼는 포기했다. 하지만 그것은 기내에 들여오려던 물품 중 하나에 불과했다. 다행히 플랜 B는 무사히 금속탐지기를 통과했다. 플랜 B는 몸 밖이 아니라 몸 안에 있었다. 그래서 약간의 '기술'이 필요했다.

검색대를 통과하자마자 나는 근처 식당으로 들어갔다. 뭔가 잘못된 느낌이 들어 확인이 필요했다. 어두운 구석에 앉아 셔츠를 걷어 올리고 상태를 점검했다. 센서가 작동하지 않았기 때문이다.

"젠장."

나는 얼굴을 찌푸리며 옆구리에서 센서를 조심스럽게 꺼냈다. 그러곤 전날 밤 복부에 꽂아둔 금속 침 두 개를 마치 다이아몬드라도 감정하듯 이리저리 훑어보았다. 눈에 띄는 이상은 없었다. 금속탐지기를 통과하면서 센서가 망가진 게 분명했다. 옆 테이블에서 식사하던 니카라과 사람들이 입을 벌린 채 나를 바라보고 있었다.

"아무 일도 아닙니다. 당뇨 때문이에요."

순간 떠올린 가장 간단한 변명이었다. 물론 나는 당뇨환자가 아니었다. 하지만 그들은 고개를 끄덕이며 다시 식사에 집중했다. 나는 커피를 주문하고 공책을 꺼냈다. 돌발 상황이 있었지만 사소한 문제였다. 무엇보다 이미 상당히 흥미로운 자료를 얻은 상태였다. 니카라과 마나과에 도착하자마자 센서를 다시 삽입하면 그만이었다.

이 장치가 모든 걸 바꿀 줄은 몰랐다

"정말 그렇게 흥미롭습니까?"

지인들과 저녁 식사를 하던 자리였다. 내 맞은편에 앉은 남자는 내가 얌전한 사람이라고 생각했던 모양이다. 그에게 무슨 일을 하느냐고 묻자 그는 의료기기 설계자라고 답했다. 나는 "정말입니까?"라고 되물으며 거의 스무 개에 가까운 질문을 쏟아냈다. 포도주는 아직 나오지도 않은 시간이었다.

그의 사촌이자 내 절친한 친구가 웃으며 끼어들었다.

"괜찮아. 이 친구는 원래 이런 걸 즐겨. 항상 엉뚱한 생각만 하지."

그 무렵, 나는 이미 머릿속에서 실험을 설계하고 있었다. 그날 처음으로 '덱스컴'Dexcom이라는 이름을 들었다. 나는 재빨리 그 이름을 적어두었고, 흥분을 감추려 애썼지만 쉽지 않았다. 곧 덱스컴에 관한 모든 것을 파고들었다. 본사에 전화해 마케팅 책임자와 교육 담당자, 최고 연구개발 책임자와도 통화했다. 찰리 킴벌Charlie Kimball에 관한 기사와 인터뷰도 찾아 읽었다.

찰리 킴벌은 프로 카레이서이자 제1형 당뇨환자다. 그는 하루에도 여러 차례 인슐린 주사를 맞아야 했다. 2006년, 그는 미국인 최초로 F3 유럽 시리즈에서 우승했다. 그러나 2007년, 22세의 나이에 병원을 찾았다가 제1형 당뇨 진단을 받았다. 이는 곧 레이싱 인생의 종말을 의미했다. 시속 240킬로미터로 코너를 도는 와중에 손끝을 찔러 혈당을 측정하는 건 불가능했기 때문이다.

하지만 2008년, 그는 다시 트랙으로 돌아왔고 첫 레이스에서 시상대에 올랐다. 비결은 무엇이었을까?

그는 세계 최초로 연속혈당측정기 '덱스컴 세븐'Dexcom SEVEN을 장착한 카레이서였다. 핸들에 달린 작은 수신 장치가 그의 혈당을 실시간으로 보여주고 있었다.

나는 트랙을 달릴 때 덱스컴을 경주차의 한 부품처럼 점검한다. 이 장치는 내 몸의 상태를 보여준다. 쓸데없는 정보는 하나도 없다.

덱스컴은 손바닥 크기의 수신 장치로, 혈당 수치를 5분마다 업데이트한다. 화살표는 변화 방향과 속도를 나타내며, 1·3·6·12·24시간 단위의 추세 그래프를 확인할 수 있다. 혈당이 설정 범위를 벗어나면 경고음이 울린다.

찰리는 5초마다 혈당을 샘플링하는 센서를 옆구리에 이식했다. 수집된 데이터는 수신 장치로 전달되고, 그는 그래프를 통해 혈당의 흐름과 위험 신호를 즉각 파악할 수 있었다.

그런데 당뇨환자도 아닌 내가 왜 이 장치를 쓰려 했을까? 아침·점심·저녁 중 어떤 식사가 당신을 가장 살찌게 만드는지 정확히 알려주는 장치가 있다면? 음식이 혈당에 미치는 영향을 예측해 운동 타이밍을 정밀하게 설계할 수 있다면? 지구력 운동 선수가 '감'이 아니라 실제 데이터로 탄수화물 섭취 시점을 결정할 수 있다면? 이런 질문은 끝없이 이어진다. 내가 하고 싶었던 건 단 하나였다. 덱스컴이 이런 질문들에 실제로 답해줄 수 있는지 직접 확인해보고 싶었다.

덱스컴으로 실험하고 싶었던 것들

파이어플라이 식당에서 저녁을 마친 뒤, 나는 실험해보고 싶은 것들을 떠오르는 대로 적기 시작했다. 그 작은 장치 하나로 오랫동안 풀리지 않던 이론적 의문들을 한꺼번에 검증할 수 있을 것 같았다.

나는 오래전부터 혈당지수GI와 혈당부하GL에 관심을 가져왔다. 두 지표는 특정 음식이 기준치(흰빵이나 포도당을 100으로 설정)에 비해 혈당을 얼마나 올리는지를 보여준다. 일반적으로 GI나 GL이 높을수록 혈당 상승 가능성도 커지고 이는 체중 증가와도 연결된다. 물론 GL의 경우 섭취량까지 고려해야 한다.

그러나 이 지표들에는 분명한 한계가 있다. 첫째, 실험실 음식과 우리가 실제로 먹는 음식은 다르다. 식사 중에 감자 녹말만 100g씩 먹는 사람은 없다. 둘째, GI와 GL이 모든 사람에게 동일하게 적용된다는 가정이다.

현실은 하나의 기준으로 설명되지 않는다. 예컨대 바게트를 주식으로 먹어온 유럽인의 후손과, 역사적으로 녹말 섭취가 적었던 목축민의 후손이 흰빵을 먹었을 때 혈당 반응이 같을 리 없다. 전자는 녹말을 당으로 분해하는 아밀라아제 효소를 상대적으로 더 많이 보유하고 있기 때문이다. 혈당 반응은 개인의 체질에도 크게 좌우된다.

도넛이 멜론보다 혈당을 더 높인다는 건 쉽게 예측할 수 있다. 하지만 애매한 식품들은 어떻게 판단할 것인가? 민간요법이나 보디빌딩 세계에서 전해지는 일화들은 어디까지 신뢰할 수 있을까? 덱스컴으로 확인해보고 싶었던 질문들은 다음과 같았다.

- 레몬이나 식초는 식사의 혈당부하를 실제로 낮출까?
- 단백질과 채소·식이섬유 중 어느 쪽이 혈당 반응을 더 낮출까?
- 고탄수화물 식사에 지방과 단백질을 함께 먹는 것과, 식전에 먹는 것 중 어느 쪽이 유리할까?
- 식사 중 물 섭취는 혈당부하를 높일까, 낮출까?

혈당 그래프가 말해준 것들

9월 23일은 몸에 장치를 삽입한 뒤 처음으로 본격적인 실험을 진행한 날 중 하나였다. 나는 하루 동안 다양한 상황을 만들어 혈당 변화를 추적했다. 아래의 두 그래프는 그날 24시간 동안 수집한 데이터다. 첫 번째 그래프에서 화살표는 혈당측정기로 직접 측정한 시점을 표시한다.

이 실험에서 가장 어려운 점은 혈당을 정확히 판독하는 것이었다. 덱스컴 세븐은 정확한 수치를 보여주기보다는 혈당의 추세와 급격한 변화를 감지하도록 설계된 장치다. 따라서 하루 최소 두 번은 혈당측정기glucometer로 보정해야 한다.

당뇨병은 누구도 원하지 않는다. 만약 단 음식에 대한 욕구를 억제하고 싶다면 24시간 혈당을 추적해보는 것만큼 효과적인 방법도 드물다. 혈당측정은 손가락을 바늘(랜싯)로 찔러 혈액을 검사지에 떨어뜨린 뒤, 휴대용 측정기로 수치를 읽는 방식이다. 제1형 당뇨환자들은 하루 네 번 이상 이 과정을 반복한다.

처음에는 미국에서 가장 널리 쓰이는 원터치 울트라 미니 혈당측정기를 사용했다. 그러나 3주 만에 포기했다. 측정값의 변동이 너무 커 신뢰하기 어려웠기 때문이다. 나는 매번 두 차례 측정해 평균값을 덱스컴에 입력하고 싶었고, 이를 위해 한 번 측정할 때 다섯 방울 정도의 혈액이 필요했다.

하루 2~3번이면 충분할 것이라 생각했지만 실제로는 한 번 측정에 8번씩 손가락을 찔러야 했다. 덱스컴은 하루 두 번 보정을 권장하지만 나는 하루 세 번 이상 보정했다. 결국 하루에 약 24번이나 바늘로 손가락을 찌른 셈이다. 말할 것도 없이 그 과정은 전혀 유쾌하지 않았다.

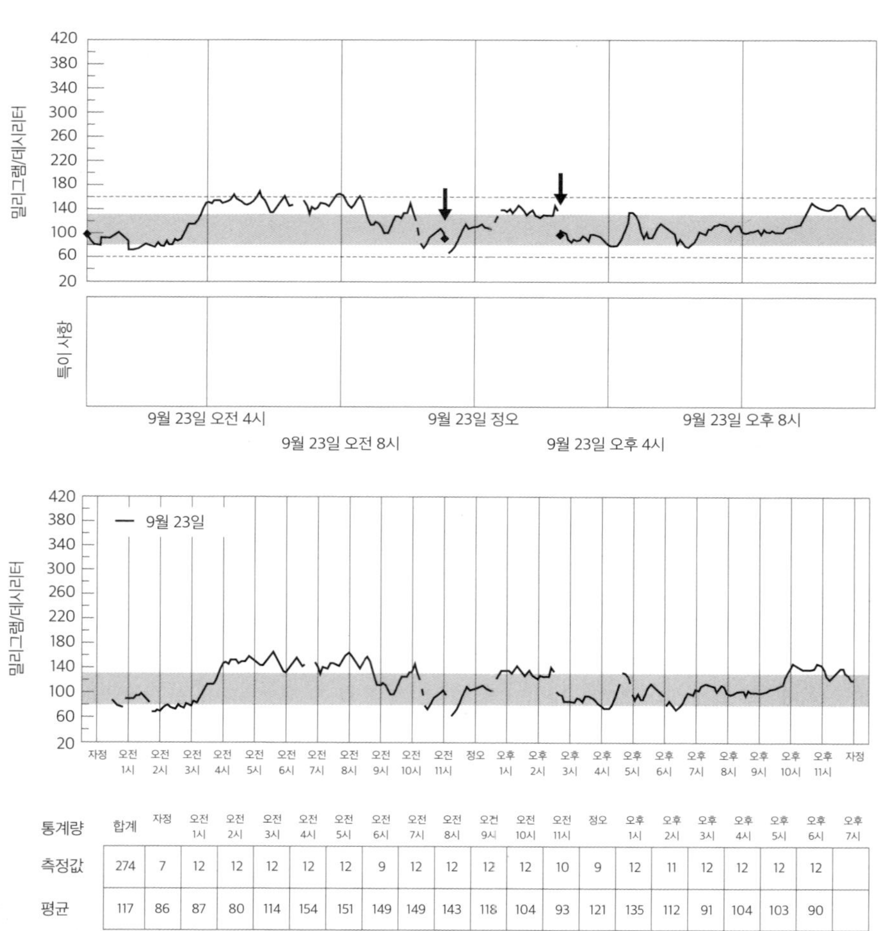

통계량	합계	자정	오전 1시	오전 2시	오전 3시	오전 4시	오전 5시	오전 6시	오전 7시	오전 8시	오건 9시	오전 10시	오전 11시	정오	오후 1시	오후 2시	오후 3시	오후 4시	오후 5시	오후 6시	오후 7시
측정값	274	7	12	12	12	12	12	9	12	12	12	12	10	9	12	11	12	12	12	12	
평균	117	86	87	80	114	154	151	149	149	143	118	104	93	121	135	112	91	104	103	90	

습기와 땀, 체온 변화와 공기 노출까지 모든 요소가 혈당 판독을 방해했다. 결국 나는 웨이브센스 재즈WaveSense Jazz 혈당측정기를 사용하게 됐다. 이 기기는 이런 변수들을 효과적으로 보정해주었고, 손가락을 찌르는 횟수도 기존의 8번에서 2~3번으로 크게 줄여주었다. 개인적으로는 독자에게도 권하는 장비다.

그러나 하루 24시간, 일주일 내내 혈당을 추적하는 것만으로는 수수께끼의 절반밖에 풀지 못했다. 나는 입으로 들어간 모든 것과 행동 하나하나를 빠짐없이 기록했다. 아래는 9월 23일의 기록이다. 특이 사항은 대괄호로 표시했으며, 그래프와 정확히 일치한다. 이때는 원터치 혈당측정기를 사용했다. 숫자 앞의 손가락 이름은 채혈 위치를 뜻한다.

9월 23일 수요일

0:22 혈당 측정: 중지 102 / 약지 88 / 검지 95

1:42 송아지 가슴살 스테이크 약 230g

1:54 혈당 74

1:40~2:30 적포도주 3잔

2:13~2:30 스테이크 200g

취침

10:57 측정 오류 발생

소지 90(공기 노출 5초) / 검지 96 / 검지 114(같은 바늘) / 중지 93(새 바늘)

11:11 아몬드 20알

11:16 혈당 67

11:19 애슬레틱 그린스 2큰술(T) + 비타민 C 2g

11:37 아침식사: 달걀 스크램블 2개, 올리브유 4T, 핫소스

11:56 시금치 1컵, 렌즈콩 133g

12:10 아몬드버터 2~2.5티스푼(t) + 셀러리

13:10 찬물 400ml

13:54 쪼그려 앉기 40회

14:35 덱스컴 128 → 혈당 94~96

14:37 리포-6(체열발생제) 1알 + 비타민 C 2g

15:50 콤부차

16:06 점심: 쇠고기 + 가지

16:46 예르바 마테(설탕 20g)

19:09 무가당 예르바 마테

19:25 아몬드 15알 + 비타민 C

21:00 운동

21:35 고단백 보조식품

22:00 해초 샐러드

22:15 생선회 12~15조각, 쌀밥 약 1.75그릇, 녹차

23:05 알파리포산 300mg

23:33 쪼그려 앉기 50회

9월 23일의 그래프는 들쭉날쭉한 반면 9월 25일의 그래프는 거의 평탄하다. 25일에는 섹스 전 테스토스테론 분비를 자극하기 위해 의도적으로 고지방 식사와 간식을 섭취했다. 여기서 주목할 점은 전날인 9월 24일 밤 10시 15분, 송아지 가슴살 스테이크 200g 두 덩어리와 브로콜리·시금치를 함께 먹었다는 사실이

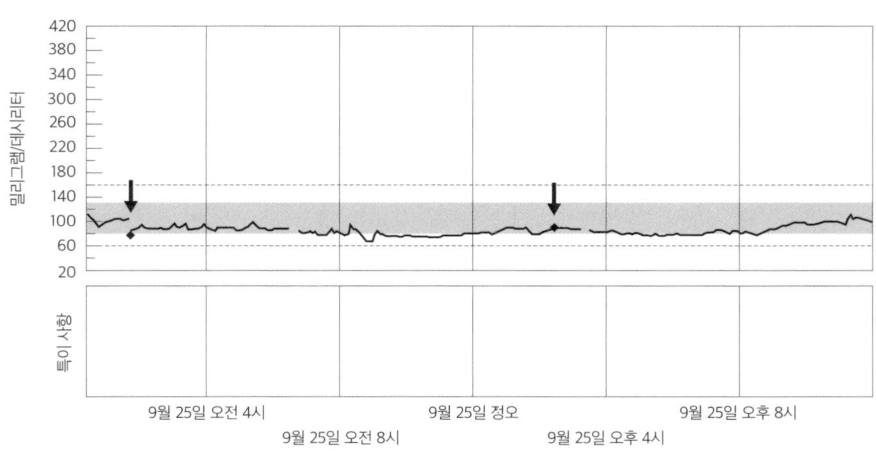

다. 이 식사가 아침 식사 전까지 혈당을 안정적으로 유지하는 데 영향을 미친 것으로 보인다.

9월 25일 금요일 (요약)

11:50 리포-6, 1알

12:10 혈당 91~108

12:30 유기농 미트볼 + 호두 페스토 + 올리브유

12:42 코브 샐러드

17:20 아몬드 25알 + 알파리포산

18:39 브라질너트 4알, 대구간유, 애슬레틱 그린스 2T

20:26 외식(안티파스토, 토마토, 판체타 닭고기)

23:00~24:00 섹스 [혈당 소폭 상승: 당원 분비 영향으로 추정]

9월 26일 토요일은 주 1회 폭식일이었다. 초콜릿 크라상과 여러 고열량 음식을 섭취했음에도, 그래프는 의외로 안정적이었다.

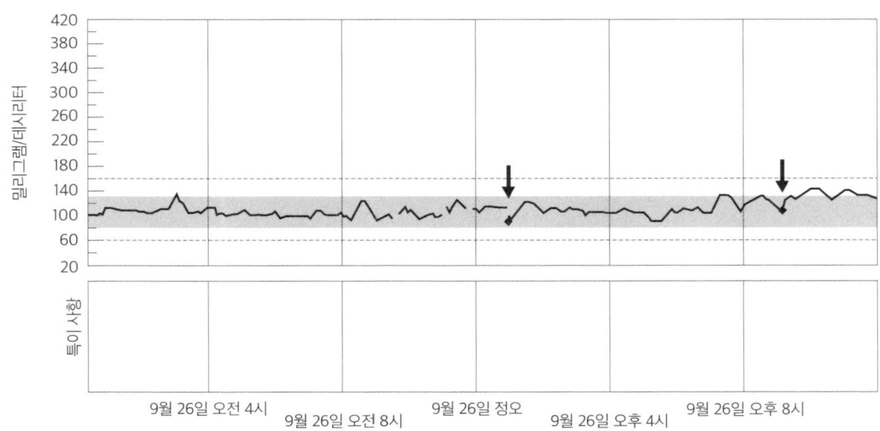

9월 26일 토요일 (요약)

오전: 섹스

오후: 오렌지주스, 초콜릿 크라상 2개, 베어 클로, 커피

이후: 쇠고기·가지·현미, 견과류, 고단백 보조식품

저녁: 닭고기 카레 샐러드 약 230g, 퀴노아 약 180g

밤: 적포도주, 시금치 샐러드, 행어 스테이크

그렇다면 이렇게 폭식했는데도 혈당이 비교적 안정적이었던 이유는 무엇일까? 앞서 「폭식해도 괜찮다, 준비만 되어 있다면」(3장 3절)에서 일부 언급했지만 혈당측정기를 삽입한 채 몇 주간 실험한 결과에서는 더 분명한 패턴들이 드러났다. 그리고 이 패턴들은 특정 체질이 아닌, 누구에게나 적용 가능한 힌트였다.

누구에게나 적용 가능한 규칙들

자료의 양은 많지 않았지만 나는 이 데이터를 바탕으로 몇 가지 일차적 결론을 도출할 수 있었다. 다른 자가실험자들도 유사한 결과에 이를 가능성이 높다고 판단해, 핵심 결론만 정리해본다.

음식의 '섭취 시점'보다 중요한 것은 '도착 시점'이다

중요한 것은 음식이 입에 들어간 시점이 아니라 세포에 도달하는 시점이다. 음식은 생각보다 빠르게 혈류로 흡수되지 않았다.

덱스컴 세븐 센서를 처음 삽입했을 때 나는 지나치게 들떠 있었다. 식사 중에도 5분마다 혈당을 확인했고, 그 결과 원인을 잘못 해석하는 경우가 잦았다. 예컨대 섹스 도중 혈당이 200까지 올라가자 2시간 반 전에 먹은 초밥은 잊은 채 그 원인을 운동 때문이라고 판단했다. 그러나 실제 원인은 초밥일 가능성이 훨씬 컸다.

대부분의 음식은 섭취 후 약 2시간 30분 뒤에 혈당 최고치에 도달했다. 요구르트도 비슷했고 오렌지주스는 약 40분 후 최고치를 찍었다. 이 사실은 실험을 계속할 충분한 동기를 제공했다.

체육관에 가기 직전 간식을 먹는 것이 효과적이라고 생각하는가? 실제로는 그 에너지가 근육에 도달하기까지 한 시간이 더 필요하다. 차라리 한 시간 먼저 먹는 편이 낫다. 마찬가지로 운동 후 단백질 셰이크를 마셔도, '운동 후 30분의 황금 시간'에 근육에 도달하지 않는다. 내 경우에는 운동 전에 단백질을 섭취하고, 운동 직후 식사를 하는 방식이 훨씬 효과적이었다. 운동이 끝난 뒤 1시간 반 후에 마시는 단백질 셰이크는 이미 타이밍을 놓친 셈이다.

지방은 혈당 상승을 강력하게 완충한다

식사 중 지방 섭취를 늘릴수록 혈당 반응은 둔화되었다. 특히 식사의 초반에 지방을 섭취할수록 효과가 컸다. 질 좋은 지방을 앙트레 전에 애피타이저로 먹는 전략이 유효했다. 요즘 나는 기상 직후 브라질너트 4알과 아몬드버터 1큰술로 하루를 시작한다.

과당은 혈당을 낮추지만 체중을 줄이지는 않는다

과당에는 혈당을 낮추는 효과가 있었다. 그렇다고 과당 섭취가 체중 감량을 의미하지는 않는다.

실험 기간 중 나는 일주일 동안 아침마다 오렌지주스 약 400ml를 마시며 이를 기준 음식으로 삼았다. 이후 식초나 레몬주스 같은 변수를 추가해 반응 차이를 비교했다. 오렌지주스는 하루 평균 혈당을 눈에 띄게 낮췄다. 그러나 체중은 정체됐다. 혈당은 안정됐지만 체중은 줄지 않았기 때문이다.

따라서 과당을 소량, 제한적으로 활용하는 전략이 더 적절해 보였다. 예컨대 휴식일처럼 24시간에 한정해, 혈당부하가 높은 식사 30분 전에 과일을 섭취하는 방식이다. 9월 26일 실험에서 크라상을 먹기 전에 오렌지주스 한 컵을 마신 경우가 여기에 해당한다.

워런 버핏의 말처럼, 단순히 측정하는 것만으로는 충분하지 않다. 정말 중요한 것을 측정해야 한다. 체중 감량이 목표라면 혈당 수치보다 체지방률 변화가 성패를 가른다. 숫자 하나에 안주하지 말고 목표를 분명히 해야 한다.

식초는 실패, 레몬은 부분적 성공

식초는 기대와 달리 혈당 반응을 낮추지 못했다. 학술적으로는 식초가 혈당지수를 25% 이상 낮춘다는 근거가 많다. 초산을 5% 이상 함유한 식초를 약 20ml 섭취하면 효과가 있어야 한다는 계산도 성립한다.

그러나 내 실험에서는 백식초와 발사믹 식초 모두 효과가 없었다. 식전에 3티스푼 이상을 마셔보기도 했지만 위에 부담만 주었을 뿐 혈당 변화는 미미했다. 가능한 설명은 두 가지다. 섭취량이 부족했거나, 식초는 과당 대사에는 영향을 주지 못하고 고녹말 식단에만 작용했을 가능성이다.

반면 레몬은 기대 이상의 결과를 보였다. 확실한 연구 문헌은 부족했지만 개인 실험에서는 식전에 갓 짠 레몬주스 3큰술을 섭취했을 때 혈당 최고치가 약 10% 낮아졌다. 단, 방부제나 첨가물이 들어간 시판 레몬주스는 제외다.

계피는 소량으로도 강력하다

계피는 소량으로도 혈당에 뚜렷한 영향을 미쳤다. 연구에 따르면 하루 4~6g만 섭취해도 혈당은 물론 LDL 콜레스테롤과 중성지방 수치까지 낮출 수 있다. 계피 1티스푼은 약 2.8g이므로, 4g은 약 1.5티스푼에 해당한다.

계피는 위 배출 속도를 늦춰 혈당 상승을 완만하게 하고, 포만감도 빠르게 유도한다.

나는 실론 계피, 카시아 계피, 사이공 계피 세 종류를 시험했다. 일부 보디빌더들은 카시아 계피를 폄하하지만 내 실험과 학술 자료 모두 혈당 강하 효과는 분명했다. 효과는 사이공 계피가 가장 강했고, 그다음이 카시아, 실론 계피는 가장 약했다.

계피를 사용할 때 반드시 지켜야 할 점은 세 가지다.

1. 갓 간 계피를 사용하라.

   폴리페놀 등 유효 성분은 시간이 지나고 공기에 노출되면 급격히 감소한다.

2. 계피 종류를 구분하라.

   카시아는 양쪽에서 말린 형태, 실론은 한쪽에서 말린 형태다. 가루 상태에서는 카시아가 더 짙은 색을 띤다.

3. 과용하지 마라.

계피에는 쿠마린처럼 과다 섭취 시 해로운 성분도 있다. 하루 4g이면 충분하다. 다시 말하지만 계피 1티스푼은 약 2.8g이다. 하루 1.5티스푼을 넘기지 마라.

혈당 반응을 좌우하는 것은 음식의 '질'보다 '양과 속도'다

내 실험에서는 단백질과 채소만 먹어도 혈당이 150mg/dL까지 상승했다. 물론 나는 먹는 속도가 빠른 편이다. 맨해튼의 한 식당에서 주먹만 한 황다랑어를 순식간에 먹는 모습을 보고, 친구가 나를 '범고래'라고 부를 정도였다.

혈당을 가장 쉽게 낮추는 방법 중 하나는 천천히 먹는 것이다. 그래서 나는 식사를 세 부분으로 나누는 훈련을 했다. 3분의 1을 먹고 5분을 기다린 뒤 다음을 먹는 방식이다. 그사이 레몬을 띄운 아이스티를 마셨다. 이 방법은 자연스럽게 물 섭취를 늘리고, 적은 양을 더 오래 씹게 만들었다.

결국 혈당을 결정하는 것은 분당 소화되는 음식량이다. 이를 줄이기 위해서는 다음 4가지가 동시에 필요하다. 천천히 먹기, 물 충분히 마시기, 섭취량 줄이기, 오래 씹기.

두 가지 사례만 보자.

1. 워드프레스라는 블로깅 플랫폼을 개발한 매트 멀렌웨그Matt Mullenweg는 음식을 20번 씹고 삼키기를 실천하는 것만으로 체중을 약 8kg 줄였다. 중요한 것은 정확한 횟수가 아니라 씹는 횟수를 세는 과정에서 먹는 속도와 양이 함께 줄었다는 점이다.

2. 부에노스아이레스에서 지내며 관찰한 결과, 아르헨티나 여성들은 고열량 음식을 가리지 않지만 소량을 오래 먹는다. 반면 미국이나 유럽에 가면 상대적으로 많이 빨리 먹게 되고, 곧 5~9kg 정도의 체중이 늘어난다. 유전의 문제가 아니라 식사 속도와 양의 문제다.

냄새를 음미하며 천천히 먹어라. 식사 시간은 최소 30분으로 잡아라.

지방을 빠르게 줄이고 싶다면 혈당 100mg/dL 초과를 하루 두 번 이하로

하루에 혈당이 100mg/dL을 넘는 횟수를 두 번 이하로 유지했을 때 나는 가장 안정적으로 지방을 줄일 수 있었다. 특히 90mg/dL 이하를 유지할 때 지방 감소가 가장 뚜렷했지만 콩류를 포함한 케톤 식이를 하지 않는 이상 이를 지속하기는 쉽지 않았다.

체지방률을 8% 이하로 낮출 필요가 없다면 현실성과 지속성을 고려해 느린 탄수화물 식이요법이 더 낫다. 다만 혈당 100을 엄격히 지키려면 '무제한 휴식일'은 포기해야 한다. 평소에 혈당을 억지로 낮추기 위해 과당을 쓰거나 반쯤 굶는 방식은 오히려 식욕을 자극한다.

그렇다면 혈당측정기를 쓰지 않고도 100 이하를 유지하려면 어떻게 해야 할까? 다음 원칙이면 충분하다.

- 식사를 푸짐하게 할수록 지방을 함께 섭취하라. 항생제·호르몬 처리되지 않은 고기라면 포화지방도 무방하다.
- 점심과 저녁은 30분 이상 천천히 먹어라. 아침은 상대적으로 짧아도 된다.
- 식전 또는 식사 중 계피와 레몬주스를 실험해보라.
- 폭식한 날에는 「폭식해도 괜찮다, 준비만 되어 있다면」(3장 3절)의 원칙을 최대한 활용하라. 24시간 내 회복이 관건이다.

참고자료

- DexCom Seven Plus (덱스컴 세븐 플러스 / 연속혈당측정기, CGM): 내가 과도하게 사용했다고 욕을 들을 정도로 활용한 연속혈당측정기. 5분 간격으로 하루 288회의 혈당 데이터를 제공한다. 비당뇨인에게도 매우 유용했다. www.dexcom.com
- WaveSense Jazz Glucometer (웨이브센스 재즈 혈당측정기): 내가 찾은 가장 정확한 혈당측정기. 환경 변수를 자동 보정해 신뢰도가 높다. 센서 이식 없이 혈당 반응을 점검하려는 사람에게 적합하다.
- Glucose Buddy (글루코스 버디 / 혈당 기록 앱): 아이폰용 무료 앱. 혈당, 탄수화물 섭취, 인슐린 투약 등을 직접 기록할 수 있다.

03

마지막 3~4kg을 빼려면

나는 이 대리석 덩어리에서 천사를 보았다.
나는 대리석을 깎아내 천사를 해방시켰을 뿐이다.

미켈란젤로

나는 수첩을 들여다보며 첫 질문을 읽었다.

"약물에 의존하지 않는 '진짜' 보디빌더들이 저지르는 가장 큰 실수는 무엇입니까?"

존 로마노John Romano는 웃으며 답했다.

"진짜 보디빌더요? 천연 보디빌더들이 저지르는 가장 큰 실수는 자기들이 진짜라고 믿는 것입니다. 하루에 닭가슴살을 스무 조각씩 먹는 사람이 진짜일 수 있겠습니까? 내가 뭔가를 준다면 처방전 없는 일반 의약품 정도겠죠."

이 대화로 인터뷰는 본격적으로 시작됐다. 로마노는 잡지 『근육 발달*Muscular Development*』에서 20년 넘게 편집자로 일하며 이론과 현장을 꿰뚫어온 인물이다. 이후 그는 독립해 Rx Muscle(www.rxmuscle.com)이란 웹사이트를 개설했다. 그는 수많은 실험 사례와 결과를 직접 목격해왔다. 50대를 넘겼지만 30대로 보이는 그는, 그 비결을 HIT 방식의 간헐적 고강도 저항훈련, 단순한 식이요법 그리고 '소량의 적절한 약'이라 설명했다.

그가 지방 감량을 위해 사용하는 식이요법은 그의 비즈니스 파트너 데이브

'점보' 팔럼보Dave Jumbo Palumbo와 함께 정립한 방식으로 체지방 10% 이하로 떨어뜨릴 때 가장 힘든 마지막 3~4kg을 빼는 데 효과적이다.

아래 식단은 체지방 10~12%, 체중 약 91kg 남성을 기준으로 한다. 단백질 섭취량은 제지방체중 4.5kg당 약 28g을 기준으로 조절한다. 끼니당 최소 110g(약 4온스)은 유지한다.

- 견과류 반 컵 ≈ 아몬드 60알
- 저지방 단백질 225g ≈ 성인 주먹 크기

깨어 있는 동안 3시간마다 식사, 기상 후 1시간 이내와 취침 전 1시간 이내에도 섭취한다. 허기는 기준이 아니다. 시계가 기준이다. 식사 준비는 필수다. 따라서 음식을 미리 사두어야 한다.

체중이 68kg 미만이어도 단백질 최소 110g은 유지하고, 추가 섭취만 줄인다. 지방은 견과류 4분의 1컵, 땅콩버터 1T, 혹은 엑스트라버진 올리브유EVOO 또는 마카다미아유 1T로 보완한다.

일어나서 활동하는 동안에는 3시간마다 아래 식단 중 하나를 선택해 먹어라.

1) 분리유청단백질 50g + 견과류 반 컵 또는 땅콩버터 2T

2) 저지방 흰살 생선 225g + 견과류 반 컵 또는 땅콩버터 2T

3) 닭·칠면조 225g + 견과류 반 컵 또는 땅콩버터 2T

4) 지방 포함 단백질 225g(붉은 살코기/지방 있는 생선/가금류) + EVOO 또는 마카다미아유 1T

5) 완숙 달걀 5개

- 매 끼니 무제한 허용 채소: 시금치, 아스파라거스, 방울양배추, 케일, 콜라드 그린, 브로콜리 라베, 기타 십자화과 채소
- 견과류 대신 올리브유·마카다미아유 1T를 드레싱으로 사용해도 된다. 저지방 옵션을 선택했다면 드레싱을 각각 최대 2T까지 허용한다.
- 금지: 옥수수, 콩류, 토마토, 당근 → 단, 7~10일마다 한 끼는 자유식 허용.

간단하지만 마지막 1마일을 통과하는 데는 충분히 강력한 식이요법이다.

보디빌딩의 마지막 단계

위의 식이요법을 엄격히 따르면 체지방을 8% 이하로 낮출 수 있다. 이 단계에서 중요한 것은 추가로 1%를 더 줄이는 과정이 처음 5%를 줄일 때보다 훨씬 어렵다는 사실을 받아들이고, 과거로 되돌아가지 않는 것이다.

그렇다면 운동과 식단이 한계에 이르렀을 때 바디빌더들은 어떻게 피하 체지방 4% 이하에 도달할까?

한마디로 말하면 약물이다. 아래에 요약된 로마노의 경기 전 스케줄은, 체중 90~100kg, 체지방 10~12%의 바디빌더가 약물 투입 전 훈련만으로 81.5~86kg, 체지방 6~8%까지 낮춘 상태를 전제로 한다. 이후 약물 요법을 통해 체중 91~93kg, 체지방 4% 이하로 끌어올려 경기에 출전한다. (경고: 여기서 언급되는 약물 대부분은 오남용 시 심각한 부작용을 유발한다. 전문가 상담 없이 개인이 모방해서는 안 된다.

로마노의 요지(요약)

- 약물 준비가 가장 효율적이지만 무엇보다 인내가 관건이다.
- 주 5일 초고강도 저항훈련 + 매일 유산소 30~40분을 병행하며,
- 탄수화물 제로에 가까운 식단으로 8% 이하까지 낮추는 데 약 10~12주가 걸린다.

이 과정에서 근육 일부를 희생하고, 극도의 피로를 감수해야 한다. 로마노의 말을 들어보자.

그다음 약물요법을 시작합니다. 이틀마다 서스타논(Sustanon) 1회분을 트렌볼론 75mg 또는 데카 두라볼린 200mg과 함께 주사합니다. 성장호르몬은 매일 2IU를 투여합니다. 하루 첫 세 끼에는 각각 탄수화물 75g을 섭취합니다. 취침 전에는 분리유청단백질 40g을 마시고, 4시간 뒤 다시 같은 양을 섭취합니다. 유산소 운동은 주 4회, 회당 30분으로 줄이되 웨이트 트레이닝의 강도는 지속적으로 높입니다.

8주 후에는 서스타논과 트렌볼론을 중단하고, 이퀴포이즈(Equipoise) 150mg을 이틀마다 투여합니다. 프리모 데포(Primo Depot)는 주 1회 400mg을 주사합니다. 성장호르몬은 4IU로 늘려 매일 투여합니다. 탄수화물 섭취는 단계적으로 줄여 첫 주 말에는 완전히 배제합니다. 웨이트는 다소 가볍게 전환하되 반복 횟수를 늘리고, 고강도 원칙은 유지합니다. 유산소 운동은 주 6회, 하루 30분으로 늘립니다. 이때부터 매일 저녁 필수 포징을 30분씩 연습하며 각 자세는 1분 이상 유지합니다.

4주가 지나면 마스테론(Masterone) 100mg을 이틀마다 추가하고, 윈스톨 100mg을 매일 복용합니다. 클렌부테롤은 4시간마다 2정, 매일 아침 T-3(트리요오드티로닌) 25마이크

로그램을 섭취하며, 취침 전에는 GHB 1캡슐을 추가합니다. 포징 연습은 아침 30분, 저녁 30분으로 늘려 4~6주간 지속합니다.

2주 후에는 클렌부테롤을 중단하고, 취침 전 T-3 25마이크로그램을 추가로 복용합니다. 이 시점부터 지방 섭취는 완전히 배제합니다.

다시 1주가 지나면 클렌부테롤을 하루 2정으로 재개하고, 성장호르몬 투여는 중단합니다. 사흘 뒤에는 나트륨 섭취를 끊고 첫 식사에 탄수화물 50g을 추가합니다. 유산소 운동을 중단하고 수분 섭취를 늘려 하루 최소 약 7.6리터를 마십니다.

이틀 후 마지막 트레이닝 단계에 들어갑니다. 고강도 전신 운동으로 전환해 반복 횟수를 늘리고, 첫 두 끼에 각각 탄수화물 50g을 추가합니다. 한밤중 단백질 셰이크는 중단합니다. 그다음 날에는 마지막 두 끼에도 탄수화물 75g씩을 추가합니다. 물은 저녁 8시까지 섭취하지 않으며 이후에는 최소한으로만 마십니다. 클렌부테롤과 취침 전 단백질 셰이크도 모두 중단합니다.

개인별 반응에 따라 미세 조정은 필요하지만 이 과정을 끝까지 수행하면 무대에 설 수 있는 몸을 만들 수 있습니다.

몸의 미학과 의학은 별개의 세계다.

스테로이드를 둘러싼 오해와 사실

2001년 9월 13일, 휴스턴 시장 리 브라운은 이날을 '넬슨 버절의 날'로 선포했다. 1987년 HIV 양성 진단을 받은 이후, 넬슨 버절은 에이즈 예방과 치료 연구에 평생을 바쳤다. 그는 세계 최대 규모의 에이즈 연구 기관인 워싱턴 에이즈 임상실험연구소(AIDS Clinical Trials Group, ACTG)에서 2년간 대사장애위원회 위원으로 활동했다. 넬슨은 비교적 단순한 개입으로 수많은 생명을 구하고, 더 많은 환자의 삶의 질을 높인 인물로 평가받는다. 그는 자신의 치료 경험을 이렇게 회고했다.

에이즈 환자의 중요한 지표 중 하나인 CD8 세포수가 mm^2당 900에서 2500으로 증가했다. 에이즈 증상이 사라졌다는 뜻이었다. 평생 이보다 기뻤던 순간은 없었다. HIV 음성 판정을 받았을 때보다도 더.

비슷한 사례도 있다. 제프 테일러는 25년간 HIV 양성 환자로 지내며 폐 기능이 거의 상실되고 T세포가 2개만 남은 상태에서 동일한 치료를 시작했다. 6주 후 T세포 수는 600으로 증가했고, 그는 목숨을 건졌다.

이 극적인 결과의 주인공은 새로운 항바이러스제가 아니었다. 정확히 말하면 전혀 새로운 약도 아니었다. 바로 합성대사 스테로이드(anabolic steroid)였다.

넬슨은 테스토스테론 사이피오네이트와 데카 두라볼린(난드롤론 데카노에이트)을 사용했고, 제프는 아나바르(옥산드롤론)를 사용했다. 이 지점에서 많은 독자는 혼란을 느낄 것이다. 스테로이드는 암을 유발하고 간을 망가뜨리는 위험한 약물로 알려져 있지 않은가? 그렇다면 어떻게 옥산드롤론은 죽음을 앞둔 환자에게 "비용 대비 효과가 뛰어나고 독성이 낮은 치료법 중 하나"가 될 수 있었을까?

이에 대해 HBO「리얼 스포츠」의 진행자 브라이언트 검벨은 연구 문헌과 전문가 인터뷰를 종합해 2005년 6월, 다음과 같은 결론을 내렸다.

> 미국인들은 약물 문제 앞에서 거의 히스테리적 반응을 보인다. 스테로이드 논란이 그 대표적 사례다. 언론 보도만 보면 스테로이드가 치명적인 해를 끼친다는 과학적 증거가 확실한 것처럼 보이지만 실제 연구 결과는 그렇지 않다. 성인 남성의 스테로이드 사용이 실제로 심각한 재앙으로 이어졌다는 증거는 없다.

이 결론은 통념과 정면으로 배치된다.

스테로이드는 정확히 무엇인가?

피임약 역시 스테로이드제제라는 사실을 알고 있는가?

커트 실링이 2004년 월드시리즈에서 사용한 코티손, 안드레 아가시가 US 오픈에서 사용한 소염제도 마찬가지다. 스테로이드는 호르몬의 한 종류로, 식물·동물·균류 전반에 수백 가지 변이가 존재한다. 인체에서 스테로이드를 모두 제거하면 생존 자체가 불가능하다.

언론이 말하는 '스테로이드'는 주로 합성대사 남성화 스테로이드(anabolic-androgenic steroid, AAS)를 가리킨다. 이는 테스토스테론의 변형이거나, 그 효과를 강화하기 위해 인

테스토스테론
난드롤론

위적으로 합성한 약물이다. 예컨대 난드롤론은 테스토스테론이 에스트로겐이나 DHT로 전환되는 과정을 억제하도록 설계된 화합물이다. DHT는 체모, 탈모, 성대 변화 등 이차 성징에 영향을 주지만 근육 합성 효과는 상대적으로 약하다.

아래 화학식은 정상 테스토스테론과 난드롤론(데카 두라볼린)의 구조를 비교한 것이다. 데카 두라볼린은 배리 본즈와 로저 클레멘스가 사용했을 것으로 추정되는 AAS이기도 하다.

 나는 관절 수술 전후에 의사의 엄격한 감독 아래, 합법적으로 허용된 저용량 합성대사 스테로이드와 성장 촉진제를 사용한 적이 있다. 2~4주 간격으로 혈액검사를 받았고, 사용 목적은 단백질 합성 촉진과 회복 가속이었다. 수술 환자에게 적절히 사용될 경우 스테로이드는 유용한 치료 수단이 될 수 있다.

그렇다고 무분별한 사용을 권하는 것은 결코 아니다. 합성대사 스테로이드는 미국에서 3급 관리물질로, 불법 소지 시 최대 3년, 밀거래 시 최대 10년형을 받을 수 있다. 어린이, 청소년, 여성에게는 절대 사용해서는 안 되며, 스포츠 규정을 어긴 선수는 당연히 제재를 받아야 한다.

그러나 과학까지 왜곡해서는 안 된다. 합성대사 스테로이드는 정확한 용법만 지킨다면 분명 의학적 가치가 충분한 약물이다.

남용하면 독이 된다

미국 국립보건원이 제시한 '어떤 약품'의 주요 부작용은 다음과 같다.

- 얼굴·입술·혀·목의 부종
- 호흡 곤란
- 심박수 증가
- 차고 끈적한 피부
- 이명과 청력 저하
- 토혈 및 혈변

목록만 보아도 섬뜩하다.

하지만 이것이 우리가 흔히 복용하는 '아스피린'의 부작용 목록이라면 어떤 생각이 드는가?

약물 사용 제1원칙: 안전한 약은 없다

상대적으로 안전한 약은 있을 수 있다. 그러나 어떤 약이든 남용하면 독이 된다. 효과가 있다고 더 많이 쓰면 더 좋아질 것이라는 생각은 착각이다.

수술 환자를 위해 계획적으로 투여되는 저용량 테스토스테론과, 보디빌더가 무계획적으로 사용하는 고용량 경구 스테로이드는 전혀 다르다. 유아용 아스피린 한 알과, 아스피린 반 병의 차이를 떠올리면 이해하기 쉽다.

선정적인 보도와 과학적 사실은 다르다. 이 차이를 구분하는 것이 중요하다.

- RXMuscle with John Romano and Dave Palumbo (RX머슬-존 로마노 & 데이브 팔럼보): 존 로마노와 데이브 팔럼보는 수십 년간 프로 보디빌더들과 함께하며, 합성대사 스테로이드와 경기력 향상 약물(PED)이 낳은 최선과 최악의 결과를 모두 목격한 인물들이다. RXMuscle은 이러한 약물과 관련한 질문을 실제 전문가들에게 직접 던질 수 있는 웹사이트다. www.rxmuscle.com

- Bigger, Stronger, Faster (DVD) (《비거, 스트롱거, 패스터》):《볼링 포 콜럼바인》과《화씨 9/11》제작진이 만든 다큐멘터리로, "세계에서 가장 크고, 강하고, 빠른 나라" 미국에서 스테로이드가 어떻게 사용되고 있는지를 추적한다. 의학박사부터 칼 루이스, 웨스트사이드 바벨 체육관의 루이 시먼스까지 다양한 인물이 등장하며, 로튼토마토닷컴에서 평점 9.5를 받았다.

- Medibolics (메디볼릭스): 마이클 무니(Michael Mooney)가 운영하는 사이트로, 합성대사 스테로이드와 성장호르몬뿐 아니라 에이즈 등 근육 소모 질환 환자들이 제지방 조직 손실을 줄이기 위해 활용할 수 있는 보조제 정보까지 폭넓게 다룬다.

- *Anabolics* 9판 (『아나볼릭스』제9판): 800쪽 분량의 방대한 참고서로, 합성대사 관련 분야에서 가장 널리 읽히는 책이다. 200여 종의 약학적 화합물 평가, 실제 위험에 대한 설명, 부작용 예방 전략, 정품·위조·불법 제품을 구분하는 3,000여 장의 컬러 사진이 수록되어 있다.

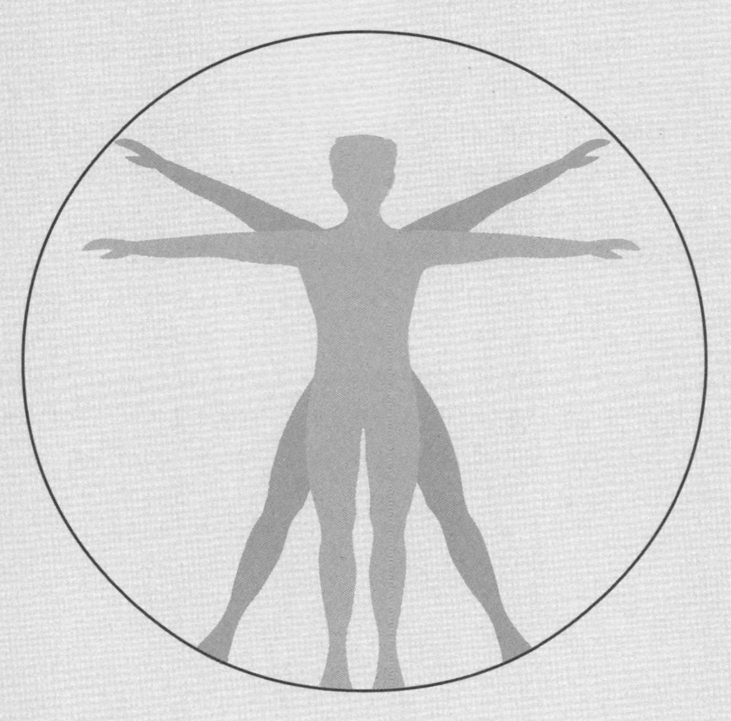

5장. 짧은 시간에 완벽한 몸매 만들기

완벽한 뒤태를 만드는 법

나는 실험작이다. 나는 나 자신이 창작해낸 예술품이다.
마돈나

뒷모습과 역도 선수의 관계는 이두근과 바디빌더의 관계와 같다.
랜들 스트로센 박사, 잡지 『밀로』의 편집자

이 장에서는 남녀 모두가 목부터 아킬레스건까지 이어지는 뒷모습 근육, 즉 뒤태를 집중적으로 단련하는 방법을 다룬다. 여성 독자에게는 탄탄한 엉덩이를 만들면서 지방을 효과적으로 줄이는 방법까지 함께 제시한다. 짧은 시간에 근력을 키우고 시각적으로도 매력적인 몸을 만들려면 전면이 아니라 후면에 집중해야 한다.

운명을 바꾼 내기

"트레이시, 너도 내기에 낄래?"

그날 저녁, 트레이시 레이프킨드가 평소처럼 체육관에 들어서자 친구들이 먼저 말을 걸었다. 함께 운동하던 여자 여섯 명은 이미 내기를 시작한 상태였다. 각자 100달러씩을 내고, 12주 동안 체지방률을 가장 많이 줄인 사람이 상금을 독식하기로 한 것이다. 트레이시가 일곱 번째로 합류하면서 판돈은 700달러가 됐다.

타이밍은 절묘했다. 트레이시는 어릴 때부터 비만이었고, 41세 당시 체중은 약 111kg을 넘었다. 그녀는 탱크톱 같은 옷은 평생 자신과 무관하다고 생각하며 살아왔다. 비만은 그녀의 정체성이자 피할 수 없는 운명처럼 느껴졌다.

문제는 외모만이 아니었다. 오랫동안 꿈꿔온 이탈리아 여행을 앞두고, 비만으로 인한 심각한 위장 장애가 발생해 여행 자체가 무산될 위기에 놓였다.

"내 삶의 문제는 거의 다 비만과 연결돼 있었어요. 당뇨나 심장병 진단을 받을까 봐 병원에 가는 것도 두려웠죠. 먹는 즐거움을 포기할 각오는 돼 있지 않았고요. 그 내기가 나 자신에게 행동할 명분을 줬어요."

트레이시는 내기에 이길 수 있다는 확신까지 갖고 있었다. 그 근거는 무엇이었을까? 의외로 그 답은 스트롱맨 훈련에 있었다.

케틀벨 스윙 하나로 충분했던 이유

트레이시는 산호세의 한 옷가게에서 거울 앞에 섰다가 깜짝 놀랐다. 새로 산 청바지를 입고 뒤를 돌아보고, 다시 앞을 보았다. 몇 번을 반복해도 거울 속 모습은 달라지지 않았다.

"이게… 나라고?"

전에는 쳐다보지도 않던 자신의 팔을 유심히 바라보며, 그녀는 탱크톱을 입고 있었다. 트레이시 레이프킨드는 12주 만에 체중을 45kg 이상 감량했고(지방만 20kg), 내기에서 승리했다. 그러나 숫자보다 중요한 건 변화의 질이었다. 두 아이를 둔 맞벌이 엄마였던 그녀는 58.8kg의 몸으로 완전히 달라 보였고, 최소 10년은 젊어 보였다.

비결은 장시간 유산소 운동도, 극단적인 칼로리 제한도 아니었다.

놀랍게도 핵심은 단 하나, 일주일에 딱 두 번 15~20분씩 한 '러시안 케틀벨 스윙'이었다. 가장 길었던 날도 35분을 넘지 않았다.

케틀벨은 남편 마크 레이프킨드를 통해 알게 됐다. 그는 전 파워리프팅 국가

계획적으로 완성한 몸매. 트레이시는 마음에 들지 않던 곡선을 지우고, 몸의 라인을 자신의 의도대로 재구성했다. 벽에 나란히 놓인 도구들 중에 손잡이가 달린 대포알처럼 생긴 것이 케틀벨이다.

대표팀 감독이자, 올림픽 체조 선수 커트 토머스와 경쟁했던 체조 선수였다.

"모두가 미셸 오바마 같은 팔을 원하죠. 누구나 가질 수 있어요. 4주면 몸이 완전히 달라져요. 평생 운동 하나만 할 수 있다면 케틀벨 스윙을 하세요."

나는 이 말에 전적으로 동의하지만 그 가치를 깨닫기까지는 시간이 필요했다.

1999년, 나는 주 3회 프린스턴에서 필라델피아까지 왕복하며 '맥서사이즈' 체육관에서 훈련을 받았다. 45분 운동을 위해 2시간 넘게 이동한 셈이다. 관장이던 스티브 맥스웰은 브라질 주짓수 범아메리카 대회 6회 우승자였고, 운동과학 석사학위까지 갖춘 실력자였다. 그의 고객은 FBI부터 메이저리그 구단까지 다양했으며, 그는 측정 가능한 결과만을 중시했다.

혹한의 겨울 저녁, 체육관 2층에서 나는 처음으로 케틀벨을 접했다. 당시 케틀벨은 격투기 선수와 스트롱맨의 전유물처럼 여겨졌고, 스내치 같은 고속 동작은 어깨 부상이 있던 나에게 적합하지 않았다. 몇 차례 훈련 후 나는 케틀벨을 포기했다.

그리고 6년이 지나서야 깨달았다.

하나의 동작이면 충분했다. 스윙 swing 하나면.

웨이트를 버리고 스윙을 택하다:
복근과 엉덩이를 동시에 바꾼 방법

트레이시를 만나기 훨씬 전, 나는 아르헨티나 부에노스아이레스에서 '더 키위'The Kiwi를 만났다.

2006년 초, 이 원고를 마무리하던 카페에서 그는 스페인어 개인교습을 받고 있었고, 우리는 금세 친구가 됐다. 뉴질랜드에서 한때 유명한 럭비 선수였던 그는, 운동생리학 지식을 여성의 뒤태를 만드는 데 적용한 일을 유난히 자랑스러워했다.

그는 아르헨티나의 유명한 포도주, 카테나 말베크를 마시며 계기를 들려주었다. 어느 댄스클럽에서 브라질 삼바 댄서가 양쪽 엉덩이 위에 테킬라 잔을 올려 균형을 잡는 모습을 본 뒤, 완벽한 엉덩이에 집착하게 됐다는 것이다. 뉴질랜드에서는 그런 장면을 볼 수 없다는 아쉬움이, 결국 '테킬라 잔을 올릴 수 있는 엉덩이'를 만드는 최적의 운동을 찾겠다는 목표로 이어졌다.

2000년, 그는 자신이 고안한 운동법을 과학적으로 다듬었고, 당시 중국계 여자친구를 단 4주 만에 오클랜드대 3만 9000명 학생 중 '가장 섹시한 여학생 10인'에 들게 만들었다. 그 결과는 곧 소문이 났고, 비결을 묻는 질문이 쏟아졌다. 그의 대답은 간단했을 것이다.

"웨이트만 하지 말고, 스윙을 하세요."

2005년 케틀벨에 대한 관심이 되살아나자, 나는 미국으로 돌아와 24kg 케틀벨 하나를 샀다. 고단백 아침 식사를 가볍게 하고 한 시간 뒤, 스윙 75회를 했다. 주 2회, 월요일과 금요일뿐이었다. 처음엔 연속이 어려워 60초 간격으로 나눠 수행했다.

일주일 동안 스윙에 쓴 시간은 총 10~20분. 목표는 테킬라 잔을 올리는 엉덩이가 아니라 복근이었다. 6주 후 체지방률은 1999년 이후

2005년, 케틀벨 스윙만으로
만들어낸 복근

최저치로 떨어졌다.

당시의 주간 스케줄은 단출했다. 월·수·금에는 10~20분 냉수욕을 했다.

첫째 날(월요일)

- 케틀벨(24kg) 스윙 75회 이상(이후 150회 이상 가능)
- 체중을 실어 마이오테틱 크런치 10~15회(천천히, 다음 장 참조)

둘째 날(수요일)

나는 아래 두 가지 운동을 각각 5회씩 번갈아 3라운드 수행했다.

각 동작이 끝날 때마다 2분간 휴식했기 때문에, 동일한 운동 사이에는 최소 4분의 간격이 생겼다(예: 덤벨 프레스 → 2분 휴식 → 벤트 로우 → 2분 휴식 → 덤벨 프레스).

- 아이소 래터럴 덤벨 인클라인 벤치 프레스: 상체를 살짝 세운 벤치에 누워, 양손에 덤벨을 들고 가슴을 밀어 올리는 운동
- EZ바EZ-bar를 사용한 '예이츠' 벤트 로우 (손바닥이 위를 향하도록 잡고, 상체를 약 20~30도 앞으로 기울인다)
- 이후에는 올림픽 바보다 직경이 두 배인 철봉을 사용해, 이번에는 손바닥을 아래로 향한 오버그립으로 당겼다. 이 동작은 6회씩 2세트, 세트 사이 휴식은 3분으로 설정했다.

셋째 날 (금요일)

- 케틀벨(24kg) 스윙 75회 이상
- 마이오테틱 크런치 10~15회(느리게, 다음 장 참조)
- 격주로 한 팔 스윙 25회 이상(양팔 모두)

솔직히 말해 1~3일 간격을 두고 운동했기어 부지런하다고 할 수는 없었다. 그러나 중요한 건 양이 아니었다. 생각을 바꾸는 데 필요한 운동량은 의외로 적다.

다른 운동을 덧붙이긴 했지만 두 손으로 흔드는 케틀벨 스윙은 '운동의 왕'이라 불러도 과언이 아니다. 스윙만으로도 극적인 변화를 만들 수 있다. 핵심

요령은 다음과 같다.

- 발은 어깨너비보다 15~30cm 넓게, 발끝은 바깥으로 약 30도.
- 어깨를 살짝 뒤로 당기되 등은 중립 유지.
- 백스윙(낮추는 동작)은 의자에 엉덩이를 대고 앉는 느낌이지, 스쿼트가 아니다.
- 어떤 경우에도 어깨가 무릎 앞으로 나오지 않게 한다.
- 엉덩이를 뒤로 강하게 밀어낼 때는 엉덩이 사이에 동전을 끼워 꽉 조인다고 상상하라. 동작의 끝에서는 더 이상 수축할 수 없을 만큼 엉덩이에 힘을 집중해 단단히 조여준다.
- 시선이 흔들리면 방해가 되는 모든 불을 끄고 해도 좋다.

75분의 반전:
체중은 거의 줄지 않았지만 몸은 완전히 달라졌다

플뢰르 B는 트레이시만큼 극적인 감량을 하지는 못했다. 많은 사람처럼 마지막 몇 파운드 앞에서 벽에 부딪친 전형적인 사례였다. 주 3회 수 킬로미터를 달렸지만 결과는 미미했다. "이 정도 운동량이면 더 빠져야 하는 거 아닌가요?"라며 답답해했지만 속성 다이어트 대신 곡선미를 유지하는 감량을 원했다.

문제는 노력의 부족이 아니라 방향이었다. 몸을 완전히 바꾸려면 머릿속 지식이 아니라 매일의 습관부터 뜯어고쳐야 한다. 요령을 외운다고 몸은 바뀌지 않는다. 나는 플뢰르에게 케틀벨 스윙 중심의 최소 개입 전략과 식단의 작은 수정만을 제안했고, 그녀는 이를 그대로 실행했다.

변경 사항은 단 두 가지였다.

1. 아침식사를 고단백 위주의 느린 탄수화물 식단으로 전환했다.

단백질 비중은 30% 이상으로 유지했고, 시금치와 검정콩, 달걀흰자(액상 달걀흰자 약 3분의 1팩)에 카옌 페퍼를 곁들였다.

2. 주 3회(월·수·금), 아침 식사 전에 짧은 운동을 했다.

- 두 다리 글루트 브리지(누워서 엉덩이 들기) 20회
- 플라잉 독, 좌우 각 15회
- 케틀벨 스윙 50회(초보자는 완벽한 자세로 20회를 할 수 있는 무게로 시작하고, 처음에는 30회를 넘기지 않는다. 대개 9kg 이하가 적당하다.)

이것이 전부였다. 하루 운동 시간은 약 5분, 주당 15분. 한 달로 계산해도 고작 1시간이다. 플뢰르의 출장 일정 때문에 5주 후에 측정했는데, 총 운동 시간은 75분에 불과했다.

결과는 분명했다.

전후 비교

- 체중: 63.0kg → 61.7kg
- 체지방률: 21.1% → 18%
- 넓적다리 지방 두께: 10.4mm → 10.2mm
- 삼두근 지방 두께: 9.7mm → 7.7mm
- 허리 지방 두께: 7.0mm → 4.1mm

체중 변화보다 체지방과 둘레 변화가 훨씬 컸다. 체중계는 진짜 중요한 변화를 숨긴다. 최소한 체지방률이나 신체 치수 중 하나는 반드시 측정해야 한다. 75분의 운동만으로 플뢰르의 몸매는 확연히 달라졌다. 지방은 줄고, 엉덩이는 탄력 있게 올라갔다.

뜻밖의 효과도 있었다. 장시간 좌식 업두로 생긴 척주후만증이 완화되며 자세가 교정된 것이다. 어깨는 펴지고 흉곽은 작아 보였으며, 결과적으로 더 건강하고 섹시한 인상이 만들어졌다.

체중을 45kg 이상 감량한 트레이시가 케틀벨 스윙의 다운스윙 동작을 완벽한 자세로 보여주고 있다.

가장 안전한 케틀벨 입문법

아래에 소개하는 케틀벨 스윙은 자르 호턴(Zar Horton)이 개발한 방법을 바탕으로, 가장 쉽고 안전하게 동작을 익히도록 구성했다.

1. 포인트 A: 터치앤고 데드리프트(Touch-and-Go Deadlift)
5회 × 3세트

두 발 사이 중앙에 케틀벨을 놓고 똑바로 선다. 시선은 정면을 향한 채 허리를 접어 케틀벨을 들어 올린다. 처음에는 천천히, 익숙해지면 케틀벨이 바닥에 닿자마자 곧바로 다시 들어 올린다. 이것이 '터치앤고' 방식이다. 케틀벨이 항상 같은 지점에 닿도록 하는데, 이 지점이 바로 포인트 A다. 벽에서 약 15cm 떨어진 곳에 서서 벽을 바라보고 실시하면 고개를 세운 자세를 유지하기 쉽다. 쪼그려 앉지 말고, 엉덩이를 뒤로 빼 의자에 앉는 느낌으로 내려가며 발목은 접히지 않도록 한다.

2. 포인트 B: 터치앤고 데드리프트
5회 × 3세트

동작은 같지만 케틀벨의 위치를 약간 뒤로 옮긴다. 케틀벨의 앞면이 뒤꿈치와 일직선이 되도록 둔다. 이 지점이 포인트 B다. 케틀벨을 잡고 일어서며 엉덩이를 앞으로 강하게 밀어내면, 케틀벨이 자연스럽게 각을 그리며 진자처럼 움직이기 시작한다.

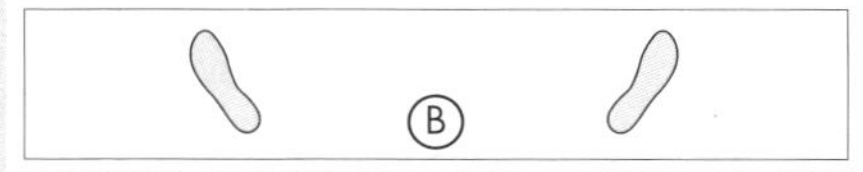

3. 포인트 C: 스윙

처음에는 10회씩 나누어 실시한다.

케틀벨을 포인트 A에 놓고 다음 쪽 사진을 참고해 동작을 연결한다. 처음에는 작은 스윙으로 시작해 점차 범위를 넓힌다. 균형을 잃지 않는 것이 핵심이다.

포인트 C는 엉덩이 바로 아래, 허공에 위치한다. 케틀벨은 항상 이 지점까지 밀려나야 한다(그림 5 참조).

이 세 단계만 익히면 양손 케틀벨 스윙의 기본은 완성이다.

캐틀벨 스윙

올바른 높이에 도달하면(마지막 사진), 각 반복 동작은 마지막 두 장의 사진 사이를 오가며 이루어진다.

아래는 플뢰르가 이 프로그램을 시작한 뒤 보내온 첫 이메일이다. 길이가 다소 길어 핵심만 발췌했다.

안녕하세요.

요즘 정말 잘 지내고 있습니다. 생각했던 것보다 훨씬 잘해내고 있어요.

이 식이요법이 이렇게 재미있을 줄은 몰랐습니다. 허브와 향료만 바꿔도 같은 음식이 전혀 다른 맛이 나더군요. 덕분에 식사가 즐겁습니다. 예전 다이어트가 실패한 건 의지가 아니라 방법 때문이었던 것 같습니다.

무엇보다 공복감이 완전히 달라졌습니다. 단 음식과 나쁜 탄수화물에서 오던 극심한 허기가 사라졌어요. 아침을 제대로 먹는 것만으로도 이렇게 달라질 줄 몰랐습니다.

지난주에는 '자유의 날'에 팬케이크와 오믈렛을 먹었지만 예전처럼 폭식하지 않았습니다. 초콜릿도 한 번도 생각나지 않았고, 크라상은 한 입 먹고 버렸습니다. 맥주도 한 병을 다 마시지 못했죠. 다음 날 아침, 몸이 다시 가벼워졌습니다.

지금은 커피 대신 물과 녹차를 더 마십니다. 잠깐 반짝하는 기운이 아니라 지속되는 에너지가 느껴집니다.

아직 1주일뿐이지만 몸이 날아갈 것처럼 가볍습니다. 감사합니다.

플뢰르의 편지는 새로운 습관이 시작만 넘기면 생각보다 어렵지 않다는 사실을 잘 보여준다.

매력적인 엉덩이 만들기

엉덩이 프로그램의 발전편을 원하는 독자를 위해, 더 키위가 개발한 운동법을 핵심만 정리해 소개한다. 그는 아래 운동을 순서대로 3~4회 반복하길 권하지만 실제로는 2회만으로도 대부분의 남녀가 80~90%의 효과를 얻는다.

두 발을 바닥에 대고 엉덩이 들어올리기: 등을 바닥에 대고 무릎을 세운 상태에서 엉덩이를 들어 올린다.

플라잉 독: 오른팔과 왼쪽 다리를 곧게 뻗은 뒤, 왼팔과 오른쪽 다리를 번갈아 뻗으며 반복한다.

이 프로그램은 남성에게는 히프 드라이브hip drive를 강화해 거의 모든 스포츠와 파워 리프팅 능력을 끌어올리고, 여성에게는 엉덩이 라인을 선명하게 만든다.

더 키위의 루틴을 따르고 싶다면 월요일에는 운동법 A, 금요일에는 운동법 B를 실시하라. 단, 두 루틴 모두 시작 전에 '두 발을 바닥에 대고 엉덩이를 들어올리기(글루트 브리지)'로 충분히 몸을 깨운다.

운동법 A

케틀벨 스윙을 제외한 모든 운동은 최대 반복 13회가 가능한 중량으로 10회를 기준으로 한다.

1. 헤비 덤벨 프런트 스쿼트: 엉덩이가 발꿈치에 닿을 때까지 내려간 뒤, 일어서기

직전 1초간 둔근을 강하게 수축한다.

2. 한 팔·한 다리 덤벨 로우: 한쪽 팔로 아령을 당기고, 반대쪽 다리로 몸을 지탱하는 등 운동

3. 워킹 런지: 단거리 선수처럼 무릎을 높이 들어 올린다.

4. 와이드 그립 푸시업: 어깨를 넓게 편 자세에서 팔굽혀펴기

5. 양손 케틀벨 스윙 20~25회

→ 전 과정을 2~4회 반복

운동법 B

1. 한 다리 루마니안 데드리프트, 각 10~12회

   (한쪽 다리로 서서 엉덩이와 허벅지 뒤쪽[햄스트링]을 쓰는 동작)

2. 친업(내려오는 동작만): 10회 또는 통제 가능한 범위까지

   (chin-up, 턱걸이를 "올라가는 것"이 아니라 천천히 내려오는 것만 한다.)

3. 짐볼 한 다리 햄스트링 컬, 각 6~12회

   (짐볼에 다리를 올리고, 한쪽 다리로만 공을 굴리며 허벅지 뒤쪽을 쓰는 운동)

4. 플랭크 시퀀스: 프론트 30초 → 사이드 좌·우 각 30초 (총 90초 이내)

5. 리버스 하이퍼 15~25회

   (엎드린 상태에서 다리를 뒤로 들어 올리는 허리·엉덩이 운동)

→ 전 과정을 2~4회 반복

위에서 언급한 모든 운동은 www.fourhourbody.com/exercises에서 사진으로 볼 수 있다. 이 프로그램은 글로만 읽기보다 시각 자료를 함께 보는 것이 훨씬 정확하다(유튜브에서 운동 이름을 검색하면 자세와 운동법 영상을 쉽게 찾을 수 있다—편집주).

빼는 기술보다 지키는 구조

트레이시는 지방 감량이 정체돼 고민한 적이 거의 없다. 그 비결을 그녀는 휴식일과 케틀벨에서 찾는다. 휴식일 덕분에 평소 식이요법을 엄격히 지킬 수 있었고, 감량 속도가 느려질 때는 케틀벨 운동으로 다시 지방 연소를 끌어올렸다.

그녀는 일주일에 하루가 아니라 한 끼, 주로 금요일 저녁을 휴식일로 정했다. 남편과의 데이트 시간이기도 한 이 식사를 제외하면 나머지 식단은 놀랄 만큼 단순했다. 매일, 최소 주 5일은 같은 식단을 반복했다. 그래서 그녀는 자신의 방식을 '선택하지 않는 사치'라 부른다.

"20~45kg을 빼야 한다면 그것만으로도 큰 스트레스다. 하지만 무엇을 먹을지 고민하는 생각은 충분히 지울 수 있다."

진지하게 살을 빼고 싶다면 다음 조언을 귀담아들어야 한다.

- 주 1kg 감량은 한계가 아니다. "30~40kg을 빼야 하는데도 초반 몇 주에 주당 2~3kg 가까이 줄지 않는다면 방법에 문제가 있다."
- 도미노 푸드를 피하라. "단것은 시작하면 멈추기 어렵다. 쿠키 하나로는 끝나지 않는다. 결국 1,200~1,800칼로리까지 간다. 그래서 나는 아예 시작하지 않는다."
- 유기농은 선택, 필수는 아니다. "유기농 채소를 전혀 먹지 않고도 45kg을 뺐다. 여유가 되면 좋지만 그렇지 않다고 스트레스받을 필요는 없다."
- 야채 먼저, 단백질은 그다음. "매 끼니를 야채로 시작한다. 그다음에 단백질을 더한다. 이것이 다시 살이 찌지 않는 이유다."

가장 매력적인 비율을 만드는 단 하나의 운동

마릴린 먼로, 소피아 로렌, 엘 맥퍼슨의 공통점은 0.7이다. 즉 허리-엉덩이 비율(WHR)이 그렇다는 말이다. 허리 둘레가 엉덩이의 70%일 때 인간의 뇌는 이를 강한 매력 신호로 인식한다.

텍텍사스 오스틴 대학교의 디벤드라 싱(Devendra Singh) 교수는 0.7이라는 '서양배형' 체형을 분석한 연구에서, 이 비율이 유럽과 아시아 전역에서 약 2,500년 전 제작된 비너스상, 1923년부터 1987년까지의 모든 미스 아메리카 수상자(0.69~0.72), 그리고 1955~1965년과 1976~1990년 사이 『플레이보이』 표지 모델들(0.68~0.71)에게서 반복적으로 나타난다는 사실을 밝혀냈다.

이 비율은 인도네시아와 인도 노동자, 아프리카계 미국인, 카프카스인을 가리지 않고 문화권을 초월해 거의 동일하게 관찰됐다.

하지만 걱정할 필요는 없다. 엉덩이를 줄이기보다 허리를 잘록하게 만드는 것이 훨씬 효과적이다. WHR을 조금만 낮춰도 건강미와 섹시함은 크게 살아난다. 남성의 이상적인 WHR은 0.8~0.9, 허리-어깨 비율(WSR)은 0.6이다. 어깨는 훈련으로 충분히 넓힐 수 있다.

그렇다면 남녀 모두에게 WHR을 개선하는 가장 간단한 운동은?

놀랍게도 답은 하나다. 케틀벨 스윙.

참고자료

• 케틀벨(Kettlebells)

　특별히 약한 경우가 아니라면, 남성: 20~24kg, 여성: 16~20kg 케틀벨로 시작하는 것이 적절하다. T-핸들을 활용하면 20회 스윙에 적합한 중량을 빠르게 결정할 수 있다.

3주 만에 식스팩을 만든 2가지 동작

"7분 복근! 시중에 떠도는 8분 복근법만큼 효과 있다는 걸 장담하지. …
처음 7분에 만족하지 못하면 그 이후는 공짜로 해주겠소!"
"괜찮네요. 물론 누군가 6분 복근법을 들고 나오지 않는다면 말이죠."
"말도 안 돼! 6분은 불가능하오. 내가 분명히 7분이라 했잖소. 6분 만에 복근을 만든다니?
그러다간 심장이 터질 거요. 마우스를 움직일 힘도 없을 테고…
눈앞에 떡을 두고 엉뚱한 걸 찾는 격이라니까!"

영화 《메리에게는 뭔가 특별한 것이 있다》에서

2009년 5월, 캘리포니아 내파의 한 호텔 객실.

"지금 완전 토하려는 고양이 같아."

샤워를 마치고 나온 여자친구가, 내가 침대 위에 엎드린 채 끙끙거리는 모습을 보고 말했다.

나는 깊게 숨을 들이마신 뒤 고개를 들어 묘한 미소를 지으며 답했다.

"30초만 더…."

그녀는 래브라도 리트리버처럼 고개를 갸웃거리며 잠시 나를 보더니, 다시 욕실로 들어가 머리를 말리고 이를 닦았다. 친구 결혼식에 갈 준비를 해야 했고, 내가 네 발로 엎드려 괴상한 운동을 하는 모습도 이제는 그리 낯설지 않았기 때문이다.

나는 그대로 운동을 이어갔다. 그리고 그날, 평생 처음으로 남부럽지 않은 식스팩을 얻었다.

방금 전까지 토할 것 같던 고양이는, 이제 옆으로 비틀거리며 숨을 고르고 있었다.

10년의 오해를 깨고 3주 만에 얻은 식스팩

나는 태어나서 한 번도 선명한 복근을 가져본 적이 없었다. 체지방이 극단적으로 낮아져 혈관이 온몸에 도드라질 때조차, 식스팩—정확히는 복직근rectus abdominis—은 뚜렷하게 나타나지 않았다.

낮은 체지방은 필요조건일 뿐, 충분조건은 아니었다. 10년 넘게 전통적인 복근 운동을 해왔지만 결과는 늘 같았다. 그런데도 나는 '하다 보면 언젠간 되겠지'라며 같은 짓만 반복했다. 알베르트 아인슈타인이 보았다면 분명 미친 짓이라 했을 것이다.

상황이 바뀐 건 2009년이었다. 나는 기존의 가정을 직접 실험해보기로 했다. 일주일간 고민한 끝에 두 가지 동작을 고안했고, 월요일과 금요일, 케틀벨 스윙을 마친 뒤 이 두 동작을 연달아 수행했다.

간접적인 복부 운동 6개월 후의 드류 베이. 복근 발달에서 식이요법이 결정적 변수임을 보여주는 사례다.

결과는 명확했다. 3주 만에 식스팩이 나타났다.

단, 전제조건이 하나 있다. 체지방률을 12% 이하로 유지해야 한다는 점이다. 이를 위해 나는 수용성이 높은 느린 탄수화물 식이요법을 추천한다. 물론 케톤 식이요법(특히 순환형)이나 간헐적 단식도 대안이 될 수 있다. 이에 대해서는 뒤에서 다시 다룬다.

동작 1: 마이오테틱 크런치

기존의 복근 운동이 효과 없었던 이유를 분석해보니 공통점이 하나 있었다.

대부분 복부의 가동 범위를 절반만 깔짝대고 있었던 것이다.

전통적인 크런치는 상체를 무릎 쪽으로 말아 올리거나, 등을 고정한 채 무릎을 가슴 쪽으로 끌어당긴다. 나는 이런 '태아 자세'에 가까운 동작을 8주간 완전히 배제하고, 등을 완전히 편 상태에서 팔을 최대한 뻗는 동작에 집중했다. 그 결과 탄생한 것이 마이오테틱 크런치myotatic crunch다. 상체를 최대한 신장시켜, 강한 수축을 유도하는 근신장 반사myotatic reflex를 활용한 동작이다. 다른 복근 운동에서는 얻기 힘든 자극이었다.

효과를 확인하는 데 8주는 필요 없었다. 3주면 충분했다. 이 동작은 특히 복횡근을 되살리는 데 탁월하다. 복근 운동을 하나만 선택해야 한다면 망설일 필요 없이 이 동작을 권한다.

보수BOSU, Both Sides Up 볼이 없다면 지름 45~55cm의 짐볼이나, 단단한 방

마이오테틱 크런치

석을 적당히 쌓아 대체해도 된다. 단, 엉덩이가 바닥에서 약 15cm 이상 뜨지 않도록 주의한다. 이런 자세에서 다음과 같은 단계로 운동한다.

1. 두 팔을 머리 위로 최대한 뻗어, 다이빙하듯 손을 포갠다. 팔은 귀 옆이나 뒤에 고정한다.
2. 4초 동안 천천히 상체를 내려, 손끝이 바닥에 닿게 한다. 공에서 최대한 멀어지려는 느낌을 유지한다.
3. 손끝을 살짝 띄운 상태로 2초간 정지하며 최대 신장을 유지한다.
4. 천천히 상체를 들어 올려 완전 수축 상태에서 2초간 멈춘다. 팔이 수직을 넘지 않게 한다.
5. 10회 반복. 여유가 생기면 책 등으로 부하를 추가한다. 여성은 4.5kg을 넘기지 않는 것이 좋다.

동작 2: 고양이가 토하는 동작

크런치를 아무리 해도 뱃살이 들어가지 않는 이유는 간단하다. 식스팩을 만드는 복직근은 섬유가 수직으로 배열돼 있다. 반면 우리가 원하는 '잘록한 허리'를 만드는 근육은 복횡근, 즉 배를 가로로 감싸는 깊은 근육이다.

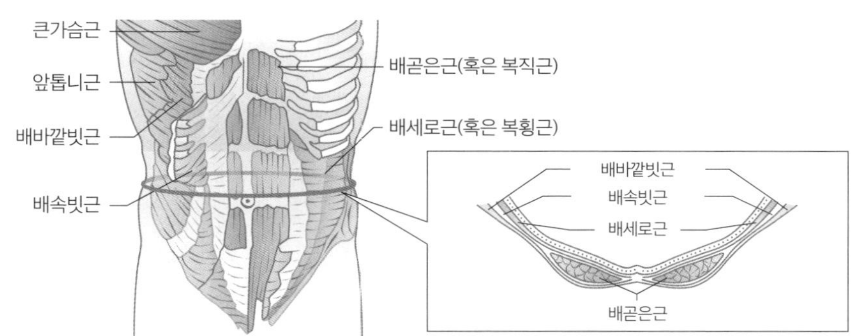

복횡근은 허리띠처럼 몸을 둘러싸고 있어 흔히 '코르셋 근육'이라 불린다. 웃거나 기침할 때 배 속이 뻐근하게 아픈 적이 있다면 바로 이 근육이 강하게 수축하고 있었던 것이다.

복근을 단련하려고 체육관에서 복근이 아프도록 웃고 있다면 트레이너가 달려올지도 모른다. 그래서 나는 효과는 확실하고 방법은 간단한 운동을 하나 찾아냈다.

1. 엎드린 자세에서 시선은 바로 아래나 약간 앞쪽에 둔다. 등을 둥글게 말거나 목을 과하게 긴장시키지 않는다.
2. 입으로 숨을 강하게 내쉬어 공기를 완전히 뱉는다. 이 과정에서 복근, 특히 복횡근이 수축된다.
3. 숨을 멈춘 상태에서 배꼽을 등뼈 쪽으로 8~12초간 힘껏 끌어올린다.
4. 코로 깊게 숨을 들이마신다.
5. 입으로 천천히 내쉬고 코로 다시 들이마시며 한 번의 호흡 주기를 마친다.

이 과정을 총 10회 반복하면 된다. 이것으로 끝이다. 마이오테틱 크런치와 '고양이가 토하는 동작'을 꾸준히 연습하면 누구나 식스팩에 가까워질 수 있다. 끙끙거리며, 그러나 즐겁게 해보라.

고양이가 토하는 동작

여성의 경우 빗근이 발달해도 몸통이 네모로 보이면 매력이 크게 떨어진다. 점진적 저항 운동은 이런 빗근을 과도하게 키우기 쉽다. 다행히 마이오테틱 크런치와 고양이 토하는 동작은 그런 부작용이 없다.

체지방이 낮아도 아랫배가 불룩한 여성은 적지 않다. 이럴 때 굳이 강한 복근 운동을 더할 필요는 없다. 대신 플랭크가 훨씬 낫다. 플랭크는 복부뿐 아니라 중둔근까지 함께 강화해 몸의 실루엣을 정리해준다.

- 프론트 플랭크 30초
- 사이드 플랭크 좌·우 각 30초

세 동작을 합해 90초를 넘기지 않도록 한다. 운동할 때마다 이 정도면 충분하다.

또 하나. 몸매 관리에 신경 쓰는 여성에게도 흔한 '작은 올챙이배'를 없애고 싶다면 고관절 굴곡근 스트레칭이 필수다. 골반이 틀어져 생긴 문제이기 때문이다. 아래 사진의 동작을 좌우 각각 30초씩, 하루 한 번만 해보라. 케틀벨 운동을 본격적으로 시작하기 전까지도 충분한 예방 효과를 볼 수 있다.

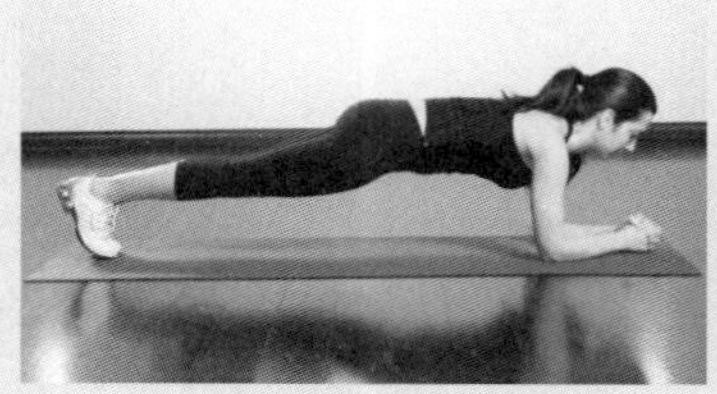
프론트 플랭크

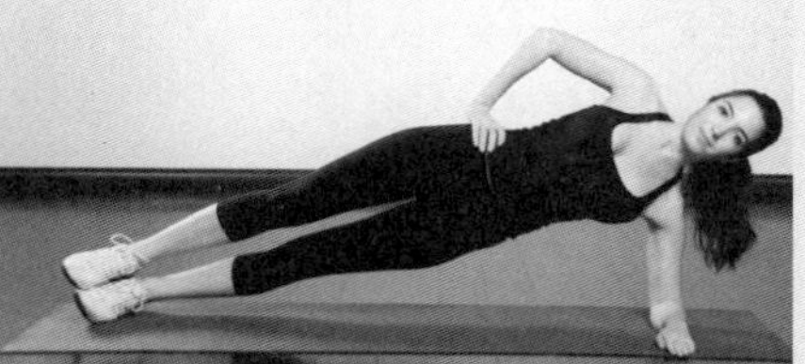
사이드 플랭크

고관절 굴곡근 스트레칭 / 이 자세를 30초 동안 유지한다.

일반적인 복근 운동의 실제 효과

내가 소개한 두 운동을 믿지 않아도 상관없다. 다만 전통적인 크런치를 맹신하지는 말라.
근전도(EMG) 측정 결과는 분명하다. 전통적인 크런치를 100으로 두었을 때 다른 운동들
의 복직근 활성도는 다음과 같았다.

- 바이시클 크런치(bicycle crunch)   248%
- 캡틴스 체어(captain's chair)   212%
- 운동용 볼(exercise ball)   139%
- 버티컬 레그 크런치(vertical leg crunch)   129%
- 토르소 트랙(torso track)   127%
- 롱암 크런치(long arm crunch)   119%
- 리버스 크런치(reverse crunch)   109%
- 발꿈치로 미는 크런치(crunch with heel push)   107%
- AB 롤러(Ab roller)   105%
- 호버(Hover)   100%
- 전통적인 크런치(traditional crunch)   100%
- 튜빙 당기기(Exercise tubing pull)   92%
- AB 로커(Ab rocker)   21%

참고자료

- BOSU Balance Trainer (보수 밸런스 트레이너): 짐볼을 반으로 자른 형태의 도구. 마이오
테틱 크런치와 몸비틀기 운동에 활용했다.
- GoFit Stability Ball (고핏 스태빌리티 볼): 직경 55cm 짐볼. 가격은 저렴하지만 보관성과
활용도는 떨어졌다.

한 달 안에 근육질 몸매로 만드는 법

우리는 어느 순간부터 안락함을 행복으로 착각해왔다.

딘 카나시스_ 울트라마라토너 (2006년, 미국 50개 주에서 50일 연속 마라톤 완주)

정당성을 뒷받침하는 근거가 빈약할수록,
사람들은 오히려 그 관습에서 벗어나지 못한다.

마크 트웨인

7월 6일, 65세 남성 존의 이두근 둘레는 약 36.8cm였다.

그리고 6주 후, 그의 이두근은 약 38.7cm로 약 1.9cm 더 굵어져 있었다.

존은 운동 횟수를 주 3회에서 주 2회로 줄였다. 즉흥적인 선택이 아니라 계획된 변화였고 점진적으로 운동량을 줄이는 방식이었다. 마치 마법처럼 들릴지 모르지만 전혀 마법은 아니었다.

보면 알겠지만 근육 성장에 관한 통념 대부분은 완전히 틀렸다.

정말 유전자 탓일까?

우리 집안 남자들은 대체로 근육이 잘 붙지 않는 체형이다. 반면 외가 쪽은 엉덩이가 유난히 크다. 두 쪽의 특징이 적절히 섞여 태어난 사람이 브라질 여성이라면 오히려 장점이 되었을지도 모르겠다.

2009년 8월, 나는 한 가지를 분명히 확인하고 싶었다. 그래서 DNA 샘플을 호주의 지스트 스포츠 프로파일 실험실로 보냈다. 목적은 단 하나, ACTN3 유전자의 존재 여부였다. ACTN3는 속근섬유(fast-twitch fiber, 빠른연축근섬유)와 관련된 단백질을 만드는 유전자다. 속근섬유는 폭발적인 힘과 근비대에 유리하고, 지근섬유slow-twitch fiber는 지구력에는 강하지만 성장 잠재력은 낮다.

근육은 근원섬유(myofibril)로 이루어져 있고, 근원섬유는 다시 두 종류의 미세섬유로 구성된다.

- 액틴(actin): 가는 미세섬유
- 미오신(myosin): 굵은 미세섬유

이 두 섬유가 서로 미끄러지듯 겹쳐질 때 근육은 수축한다. 즉 실제로 근육의 길이가 짧아진다. 이 과정에서 중요한 역할을 하는 것이 알파 액티닌-3(alpha-actinin-3)다. 이 단백질은 액틴을 안정화시키며, 속근섬유에만 존재한다. 그래서 ACTN3를 가진 사람은 투포환 선수나 보디빌더에게 특히 유리하다. 말 그대로 근육 성장의 핵심 요소다.

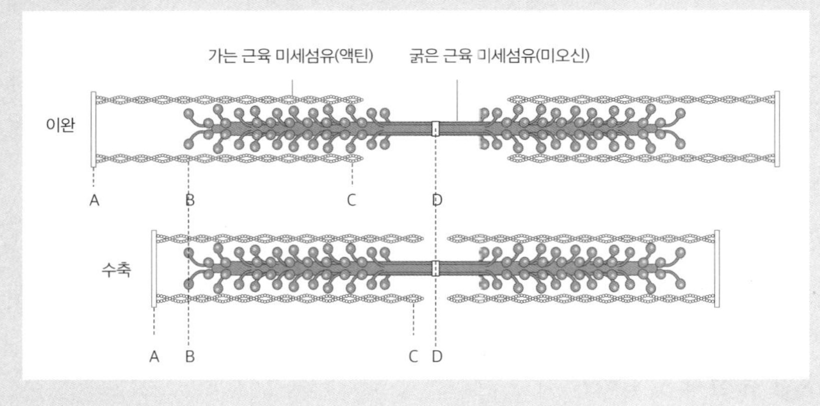

검사 결과는 냉정했다. 나는 부모에게서 물려받은 두 염색체 모두에 ACTN3 변이형R577X을 갖고 있었다. 다시 말해, ACTN3가 아예 없는 체질이었다. 이 변이는 '넌센스 대립유전자'nonsense allele로 불리며, 전 세계적으로 10억 명 이상에게서 발견된다.

그해 크리스마스는 썩 유쾌하지 않았다. 지스트 스포츠가 보내온 결과지는 이렇게 시작했다.

축하합니다, 팀 페리스.
고객님의 유전자 표준: 지구력 운동형

쉽게 말해, 나는 올림픽 단거리 종목에서 메달을 딸 가능성이 거의 없고 유전적으로 '불끈대는 근육'을 타고나지 않았다는 뜻이다. 보디빌더에게 유리한 속근섬유라는 복권에 나는 당첨되지 못했다. 아마 당신도 비슷할 가능성이 크다. 가족사진을 찬찬히 살펴보면 고개가 끄덕여질 것이다.

그럼에도 중요한 사실이 하나 있다. 이 유전적 한계는 극복 가능하다는 점이다. 나는 4주 만에 제지방량fat-free mass을 약 9kg 늘린 실험을 네 차례나 해냈다. 최근 사례는 2005년이었다. 첫 두 번은 1995~1996년, 프린스턴 대학 재학 시절에 이루어졌다. 당시 대학의 건강·체력·컨디션 연구실 책임자였던 매트 브르지키는 내게 '그로스'Growth라는 별명까지 붙여주었다.

이 장에서는 2005년, 단 28일 만에 제지방량을 약 15kg 늘렸던 방법을 정확히 설명한다. 덧붙이자면, 헐크 같은 몸을 원하지 않는 여성 독자라도 걱정할 필요는 없다. 느린 탄수화물 식이요법을 따르고, 운동 사이 휴식 시간을 30초로 제한하면 이 장에서 소개하는 방식만으로도 28일에 약 4.5~9kg의 지방 감량은 충분히 가능하다.

체중은 늘고 체지방은 줄어든 실험 기록

나는 고등학교 재학 시절 체중 69kg을 꾸준히 유지했다.

2005년 부에노스아이레스에서 탱고를 배우며 생활한 뒤에는 66.2kg까지 줄어들었다.

그 상태에서 나는 아서 존스, 마이크 멘처, 켄 허친스의 훈련 원리를 바탕으로 구성한 28일 프로그램을 실행해 본격적으로 근육을 불리기 시작했다.

산호세 주립대학교 인체수행능력연구소의 페기 플레이토 박사는 수중체중법까지 동원해 실험 전후를 정밀 측정했다. 이 실험은 겉보기엔 무모해 보일 수 있었지만 나는 전 과정에서 혈액 지표를 면밀히 추적했다. 그 결과, 스타틴을 전혀 사용하지 않고도 총콜레스테롤 수치는 222에서 147로 감소했다.

전체적인 결과를 더 자세히 밝히면 다음과 같다.

연령: 27세(2005년)

실험 전 체중: 66.2kg

실험 후 체중: 80.3kg (3일 후 83.0kg)

실험 전 체지방률: 16.72%

실험 후 체지방률: 12.23%

증가한 제지방량(근육): 약 15.4kg

감소한 지방량: 약 1.4kg

소요 기간: 4주

15.4kg의 근육이 어느 정도인지 감이 오지 않는다면 이렇게 생각해보라. 사진 속에서 내 주먹 옆에 놓인 덩어리 하나가 약 0.45kg(1파운드)이다. 그런 덩어

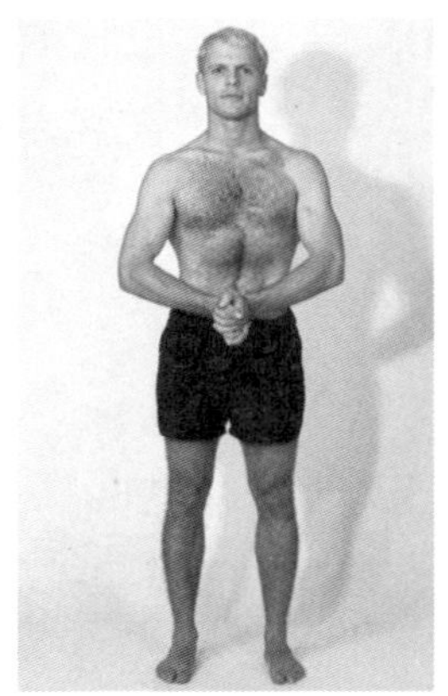

변화를 분명히 보여주기 위해 반바지를 걷어 올린 모습.

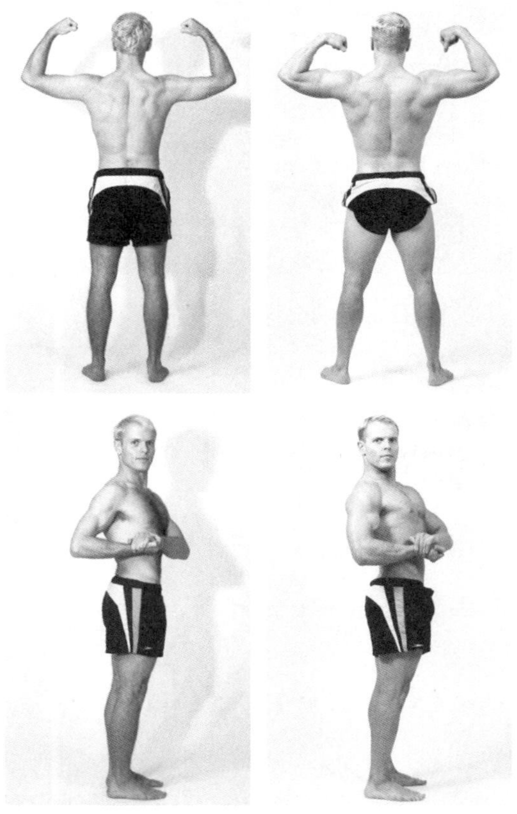

리 34개가 몸에 더해졌다고 상상해보라. 결코 적은 양이 아니다. 플레이토 박사의 측정값과 브룩스 브라더스 매장에서 잰 수치를 종합하면 4주 동안(9월 21일 ~10월 23일) 신체 치수는 다음과 같이 변했다.

재킷 사이즈: 40 → 44

목 둘레: 40.1cm → 45.7cm

가슴 둘레: 95.3cm → 109.2cm

어깨 둘레: 109.2cm → 132.1cm

허벅지 둘레: 54.6cm → 64.8cm

장딴지 둘레: 34.3cm → 37.8cm

위팔 둘레: 30.5cm → 37.1cm

아래팔 둘레: 27.4cm → 30.5cm

허리 둘레: 74.9cm → 84.1cm (29.5인치 → 33.1인치)

엉덩이 둘레(최대): 86.4cm → 97.1cm

덧붙이자면, 이 모든 변화는 주 2회, 회당 30분 운동으로 만들어졌다. 즉 체육관에서 보낸 총 시간은 4시간에 불과했다.

스테로이드 없이 벌크업하다

1. 보조식품 섭취

나는 다음과 같은 보조식품을 계획적으로 복용했다.

- 아침: 노-익스플로드No-Xplode 2스쿱, 슬로 니아신(Slo-Niacin, 지속형 니아신아미드) 500mg
- 매 끼니: 크롬메이트ChromeMate 200μg(피콜린산 크롬이 아니라 폴리니코틴산 크롬), 알파리포산 200mg
- 운동 30분 전: 바디퀵BodyQUICK 2캡슐
- 운동 직후: 미셀라 카세인 단백질 30g
- 취침 전: 폴리코사놀 23mg, 크롬메이트 200μg, 알파리포산 200mg, 슬로 니아신 500mg

합성대사 스테로이드는 전혀 사용하지 않았다.

2. 운동 프로그램의 4가지 원칙

내 훈련은 다음 4가지 원칙에 기반해 구성됐다.

(1) 모든 운동은 한계까지. 아서 존스의 원칙에 따라 모든 세트는 한계상황

(one-set-to-failure, 웨이트를 더는 움직일 수 없는 상황)까지 수행했다. 근육이 긴장된 상태에서의 총 운동 시간은 80~120초. 세트 간 휴식은 최소 3분을 지켰다.

(2) 5대 5 리듬. 관성을 제거하기 위해 5초 들어 올리고, 5초 내리는 리듬을 철저히 지켰다.

(3) 소수의 복합 운동에 집중

운동 수는 2~10가지로 제한했다. 반드시 누르기·당기기·하체를 포함한 복합관절 운동을 넣었다. 나는 테스토스테론, 성장호르몬, IGF-1 반응을 극대화하기 위해 매번 전신 운동을 선택했다.

실험 기간에 실제로 수행한 운동은 다음과 같다.
(*로 묶인 항목은 각각 한 세트, +는 슈퍼세트로 휴식 없이 진행)
 *풀오버 + 예이츠 벤트 로우
 *어깨너비 레그 프레스
 *펙덱 버터플라이 + 웨이티드 딥
 *레그 컬
 *굵은 봉(약 5cm)으로 리버스 컬
 *시티드 카프 레이즈
 *수동 저항 넥 운동
 *머신 크런치
모든 운동 사진은 www.fourhourbody.com/geek-to-freak에서 확인할 수 있다.

(4) 근육이 늘수록 회복 시간도 늘어난다

이 원칙은 다음 장에서 다룰 '오컴의 프로토콜'의 핵심이다. 근육을 늘리고 싶다면 나는 이 프로토콜부터 시작하라고 강력히 권한다.

콜로라도 실험: 28일 안에 근육 15kg 증량은 가능한가

28일 만에 약 15kg의 근육 증가가 불가능
하다고 느껴지는가?

1973년의 콜로라도 실험을 알기 전까지
는 나 역시 그렇게 생각했다. 이 실험은
1973년 5월, 콜로라도 주립대학교 포트
콜린스 캠퍼스에서 아서 존스가 설계하
고, 운동생리학자 엘리엇 플레즈 박사가
감독했다. 케이시 바이어터가 1주일에 3
번 운동해서 얻은 성과는 그야말로 상상
을 초월했다.

케이시 바이어터의 결과 (주 3회 훈련)

체중 증가: 약 20.6kg

체지방 감소: 약 8.1kg

근육 증가: 약 28.7kg

같은 달, 아서 존스 역시 동일한 방식으로 22일 만에 약 6.8kg의 근육을 늘렸다. 평균 운
동 시간은 회당 약 34분에 불과했다. 어떻게 이런 결과가 가능했을까?

1. 내릴 때를 더 중요하게 쓴 운동. 무게를 드는 동작은 큰 근육의 힘을 빌려 빠르게 끝내
   고, 정작 목표 근육이 버텨야 하는 '내리는 순간'을 아주 천천히 길게 가져갔다. 근육이
   가장 힘든 구간에 오래 머물게 한 것이다.

2. 한 근육을 지치게 만든 뒤, 쉬지 않고 다음 운동으로 연결. 먼저 단순한 동작으로 특정
   근육을 충분히 지치게 만든 다음, 곧바로 그 근육이 포함된 복합 운동을 이어갔다. 예를
   들어 허벅지 앞쪽을 레그 익스텐션으로 먼저 소진시킨 뒤, 쉬지 않고 스쿼트로 밀어붙
   였다.

3. 극단적인 식사량. 케이시는 하루 6~8끼를 먹었다. 늘어난 근육량만큼 현금 보상을 받
   았기 때문에, 말 그대로 먹는 것이 직업이었다.

케이시가 실험 기간 동안 실제로 수행한 운동 프로그램은 다음과 같다. 별도로 '휴식'이
명기되지 않은 경우에는 운동 사이에 휴식이 전혀 없었다.

- 레그 프레스 340kg, 20회
- 레그 익스텐션 102kg, 20회
- 스쿼트 228kg, 13회
- 레그 컬 79kg, 12회
- 한 다리 카프 레이즈(한 손에 18kg 덤벨을 들고 수행) 15회
  [2분 휴식]
- 풀오버 132kg, 11회
- 비하인드 더 넥 랫 아이솔레이션 91kg, 10회
- 로우 머신 91kg, 10회
- 비하인드 더 넥 랫 풀다운 95kg, 10회
  [2분 휴식]
- 스트레이트 암 레터럴 레이즈(18kg 덤벨) 9회
- 비하인드 더 넥 숄더 프레스 84kg, 10회
- 바벨 이두근 컬 50kg, 10회
- 친업 12회
- 삼두근 익스텐션 57kg, 9회
- 평행봉 딥 22회

일반인이 그대로 따라 하면 토하거나 쓰러질 가능성이 높다. 실제로 덴버 브롱코스 선수들과 NFL 전설 딕 버커스까지 이 훈련을 직접 보러 올 정도였다. 하지만 이 프로그램은 직접 해보지 않으면 평가하기 어렵다.

다행히 원리는 같되, 훨씬 단순한 버전이 있다. 다음 프로그램은 케이시 바이어터가 직접 보내준 것이다.

- 레그 프레스 20회
- 레그 익스텐션 20회
- 스쿼트 20회(20회를 완벽하게 수행할 수 있으면 중량을 약 9kg 늘려 다시 20회)
  [2분 휴식]
- 레그 컬 12회
- 카프 레이즈 15회 × 3세트
- 비하인드 더 넥 랫 풀다운 10회
- 로우 머신 10회

- 비하인드 더 넥 랫 풀다운 10회

  [2분 휴식]

- 레터럴 레이즈(팔을 옆으로 올리기) 8회

- 비하인드 더 넥 프레스 10회

  [2분 휴식]

- 컬 8회

- 언더핸드 친업

  [2분 휴식]

- 삼두근 익스텐션 22회

- 평행봉 딥 22회

콜로라도 실험에 비판이 쏟아진 것은 어찌 보면 당연했다. 초기에는 연구 결과가 공개되지 않았고, 이후 동일한 실험도 반복되지 않았다. 케이시 역시 교통사고로 잃었던 근육을 원래대로 회복했을 뿐이라는 비난을 받았다. 나는 막연한 추측에 머물지 않고 그에게 직접 물어보았다.

그의 설명을 요약하면 이렇다. 실험 시작 두 달 전부터 지시에 따라 식이요법을 시행해, 근육량을 약 9kg 정도 의도적으로 줄인 상태에서 실험에 들어갔다. 20년이 지난 뒤 이 실험을 미화해 얻을 실익은 없었고, 나는 그가 사실대로 말하고 있다고 판단했다. 스테로이드 사용 여부에 대해서도 그의 답은 단호했다.

그 실험을 위해 스테로이드를 사용했다고 주장하는 사람이 많았지. 하지만 내 명예를 걸고 맹세하네. 실험이 진행되는 동안 스테로이드는 단 한 번도 쓰지 않았어. 나는 완전히 통제된 환경에서 감시를 받았고, 만약 그렇지 않았다면 잃었던 근육을 되찾기 위해 무엇이든 했을지도 몰라. 하지만 나는 내 회복 잠재력을 믿었어. 실험을 시작하기 전부터, 잃은 근육 이상을 늘릴 수 있다고 확신했네.

결과는 명확했다. 약 28.7kg 증가 — 사전 감량 9kg = 순증 약 19.6kg. 즉 28일 만에 이전 상태보다 약 19kg 이상의 근육량을 늘린 셈이다. 설령 약물을 사용했다 해도, 이 정도 변화는 훈련 자극이 극단적으로 강력했음을 보여주는 증거다.

스테로이드를 쓰면 4주 만에 13kg 이상의 근육을 쉽게 늘릴 수 있다고 생각하는가? 그렇다면 임상 연구를 읽고 실제 사용자들에게 물어보라. 거의 불가능하다는 답을 듣게 될 것이다. 케이시가 유전적으로 특이한 사례일 가능성을 배제할 수는 없지만 콜로라도 실험이 던지는 의미는 분명하다.

첫째, 28일 만에 대규모 제지방량을 합성하는 것이 생리학적으로 가능하다는 점이다. 따라서 "그렇게 하려면 하루에 수만 칼로리를 먹어야 한다"는 반박은 성립하지 않는다. 약물을 쓰든 쓰지 않든, 단순한 열량 계산만으로는 설명할 수 없는 메커니즘이 존재한다.

둘째, 그 정도의 변화를 이끌어내는 데 필요한 훈련 자극량은 주당 2시간 이내라는 점이다. 아서 존스 역시 동일한 원리로 3주 만에 근육량 약 7kg을 늘렸다. 케이시는 답장에서 이렇게 적었다. "나는 콜로라도 실험의 결과를 자랑스럽게 생각해. 무엇보다 사람들이 운동에 너무 많은 시간을 낭비하고 있다는 사실을 알리는 데 이 실험이 기여했다고 믿어."

목표 체중에 기록적인 속도로 도달하고 싶더라도, 체육관에서 한 달에 4시간 이상을 땀흘릴 필요는 없다. 쓸데없이 운동기구와 씨름하지 말고, 집에 가라. 그리고 그렇게 되찾은 시간으로 무엇을 할지 고민할 필요도 없다. 먹는 데 써라.

단백질은 나눠 먹을 필요가 없다

끼니당 단백질은 얼마나 먹어야 할까?

"인간의 몸은 한 끼에 단백질을 30그램 이상 흡수하지 못한다"는 말이 널리 퍼져 있지만 이는 과학적 근거가 없는 신화다.

프랑스 연구진은 단백질을 한 끼에 몰아 섭취하든, 여러 끼로 나누어 섭취하든, 체내 흡수와 이용 효율에는 차이가 없다는 사실을 확인했다. 26세 여성들을 두 집단으로 나누어, 한 집단에는 하루 필요 단백질의 80%를 한 끼에, 다른 집단에는 여러 끼로 분산 제공했다. 2주 후 측정 결과, 질소 평형·단백질 합성·분해 등 모든 지표에서 차이는 없었다.

두 집단 모두 제지방량 1kg당 하루 1.7g의 단백질을 섭취했다. 예컨대 체중 약 57kg 여성은 하루 약 77g의 단백질을 한 끼에 먹든 나누어 먹든 동일한 효과를 얻었다. 이 실험은 중·장년층에서도 반복되었는데, 오히려 이 연령대에서는 단백질을 한 끼에 집중 섭취하는 편이 더 효율적이었다. 하루 필요량의 80%를 한 끼에 섭취했을 때 단백질 합성과 보존 능력이 약 20% 향상되었다. 결론은 분명하다. 끼니당 단백질 양보다, 하루 전체 단백질 총량이 더 중요하다.

음식 무게와 단백질 무게는 다르다. 닭가슴살 140g을 먹었다고 해서 단백질 140g을 섭취한 것은 아니다. 실제 단백질은 약 43g에 불과하다. 대부분의 식품은 수분 비중이 크다는 점을 간과하기 쉽다.

여러 연구를 종합하면 안전한 일일 단백질 섭취 범위는 체중 1kg당 0.8~2.5g이다. 근육량 증가를 목표로 한다면 제지방량 1kg당 약 2.75g이 적절하다(제지방량 = 총체중 - 체지방량).

제지방량 기준(몸무게가 아니다!) 하루 단백질 예시

- 45kg → 125g
- 50kg → 138g
- 55kg → 150g
- 60kg → 163g
- 64kg → 175g
- 68kg → 188g
- 73kg → 200g
- 77kg → 213g
- 82kg → 225g
- 86kg → 238g
- 91kg → 250g

근육이 늘지 않는다면 먼저 하루 단백질 섭취량부터 계산해보라. 부족하다면 더 먹는 게 답이다.

참고자료

- Chris Jarmey, *The Concise Book of Muscles* (크리스 자미, 『근육 해부학 핵심 가이드』): 근력 트레이닝 전문가 찰스 폴리킨이 추천한 해부학 입문서. 국내에는 『근골격 해부학』(군자출판사)으로 번역되었다.
- Smith, D., S., Strength Training Methods and the Work of Arthur Jones: A Review. *Journal of Exercise Physiology Online* (『아서 존스의 작업과 근력 트레이닝 방법: 문헌 고찰』): 단일 운동 프로그램과 다중 프로그램의 근육 증가 효과를 비교한 연구. 근육량 증가만 놓고 보면, 단일 프로그램이 더 효율적이라는 결론을 제시한다.
- Cartman and Weight Gain 4000 (『카트맨과 체중 증가 4000』, 애니메이션 『사우스 파크』 에피소드): 애니메이션 『사우스 파크』의 과식 풍자 에피소드. 폭식을 경계하고 싶다면 식전에 보길 권한다.
- *Arthur Jones Collection* (아서 존스 아카이브 컬렉션): 아서 존스의 글과 자료를 집대성한 아카이브. 『노틸러스 불레틴』과 미공개 원고까지 포함돼 있다.
  www.fourhourbody.com/jones

04

최소 투자로 최대 성과를 내는 근육 운동법

적은 것으로도 할 수 있는 일을 많은 것으로 하는 것은 쓸데없는 짓이다.

월리엄 오컴, '오컴의 면도날'

말리부 해변에서 시작된 실험이었다.

캘리포니아 말리부 해변에서, 나는 『더 게임』의 저자 닐 스트라우스와 함께 서프보드 위에 앉아 있었다. 그는 파도를 온몸으로 받아내고 있었고, 나는 그보다 얌전히 물 위에 떠 있었다. 그날 나는 그에게 4주 만에 근육량을 늘리는 실험 이야기를 꺼냈다. 당시 닐의 체중은 약 56kg였다.

몇 달 뒤, 실험은 시작됐다. 하와이 파라다이스 코브의 식당에서 나는 닐이 소량의 음식을 지나치게 느리게 먹는 모습을 지켜봤다. 그는 포크를 입가에 든 채 한참을 멍하니 있곤 했다. 결국 인내심이 바닥난 나는 제발 좀 계속 먹으라고 그를 다그쳤다.

닐은 어릴 적부터 식사를 느리게 한다는 이유로 혼이 났고, 그 결과 음식 섭취에 왜곡된 습관이 생겼다고 했다. 그러나 이 느린 식사 습관은 실험 초기 단계에서는 오히려 적응 과정이었다.

프로토콜 시행 5일 후, 닐에게서 메시지가 왔다.

"이제는 완전히 달라졌네. 먹는 속도도, 식욕도, 몸 상태도."

그는 이전보다 훨씬 빠르게 음식을 먹기 시작했고, 남은 음식까지 자연스럽게 처리했다. 이는 탐욕이 아니라 소화 효소와 장내 미생물이 증가한 섭취량에 적응했다는 신호였다.

10일이 지나자 그의 성욕과 활력도 눈에 띄게 증가했다. 이는 단백질 합성과 호르몬 반응이 활발해졌다는 간접적인 신호였다.

4주 후, 닐은 이전에는 상상도 못 했던 변화를 맞았다. 근육량 약 4.5kg 증가, 체중은 약 56kg에서 61kg으로 늘었다. 단순한 체중 증가는 아니었다. 몸 자체가 달라졌다.

이 장의 핵심은 더 이상 줄일 수 없을 때까지 단순화하는 것이다. 이를 이해하려면 '자전거 보관소 효과'를 알아야 한다. 사람들은 원자력 발전소 같은 복잡한 문제 앞에서는 입을 다물지만 자전거 보관소처럼 만만해 보이는 사안에는 쓸데없이 참견하기를 좋아한다. 운동과 식단도 마찬가지다. 누구나 한마디씩 얹으려 든다.

앞으로 2~4주만큼은 모르는 척하라. 고개를 끄덕이고, 감사 인사만 하고, 계획대로 실행하라. 더하지도, 덜지도 말고, 흔들리지 말라.

성과보다 먼저 안전

식이요법과 운동 산업의 철칙은 하나다. "어렵게 득을 보게 하라."

그러나 실제로 성과를 내려면 반대로 가야 한다. 이 책에서 말하는 미니멀리스트 접근법의 목표는 분명하다. 당신을 프로 운동선수로 만들려는 것이 아니다. 극단적인 근력이나 체력을 추구하지도 않는다. 목표는 하나다. 근육 성장을 유발하는 최소 유효 자극만 사용하고, 섭취한 영양이 근육으로 우선 배분되게 만드는 것이다. 단, 전제 조건은 언제나 안전이다.

모든 운동은 제대로 하면 안전하다. 그러나 일부 동작은 사소한 실수가 치명적 부상으로 이어질 수 있다. 이런 부상이 잘 알려지지 않는 이유는 두 가지다. 해당 동작을 신봉하는 집단에서 배제되기 싫어서, 그리고 부상자 자신이 오랫동안 옹호해온 동작이기에 이를 공개적으로 비판하는 일을 꺼리게 된다. 그래서 부상은 늘 이렇게 설명된다. "제대로 하지 않아서 다친 것이다."

그러나 같은 효과의 80%를 훨씬 안전하게 얻을 수 있다면 그 대안을 선택하는 것이 합리적이다. 나는 15년 넘게 저항 운동을 해왔고, 이 프로토콜을 철저히 지킨 덕분에 중대한 부상은 한 번도 없었다.

NFL 근력훈련 고문 켄 레이스트너의 원칙을 여기서 다시 강조하고 싶다. "근력훈련의 첫 번째 목적은 부상 가능성을 줄이는 것이고, 경기력 향상은 그다음이다." 이 원칙은 지금도 변하지 않는다.

적게 해서 더 얻는다:
오컴의 프로토콜, 근육 성장의 최소 유효 공식

프린스턴 대학교의 매트 브르지키가 내게 '종양'이라는 별명을 붙여주었다는 사실을 기억하는가? 그는 근력과 컨디션 조절을 주제로 400편이 넘는 논문을 쓴 연구자이자, SWAT부터 NFL 프로팀까지 지도해온 전문가였다. 그렇다면 성과를 내지 못한 사람들과 나는 무엇이 달랐을까?

답은 단순하다. 나는 회복력이 뛰어나지 않았고, 그래서 의도적으로 운동을 줄였다. 다시 말해, 적게 하는 자제심을 택했다.

'오컴의 프로토콜'Occam's Protocol은 1979년 헤비급 미스터 올림피아 마이크 멘처의 훈련법을 단순화해 변형한 것이다. 일주일에 체육관에서 30분 남짓만 투자해도 충분한 성과를 얻을 수 있다. 머신이든 프리 웨이트든, 아래의 프로그램 A와 B를 번갈아 실시하면 된다.

중요한 원칙은 하나다. 운동은 한 번으로 끝낸다. 목표는 한계상태 도달이다. 즉 5대 5의 리듬(5초 상승, 5초 하강)으로 약 7회 반복해 더는 중량을 움직일 수 없는 지점까지 간다. 레그 프레스는 같은 리듬으로 10회 실시한다. 복부 운동과 케틀벨 스윙은 이 리듬에 구애받지 않는다.

이 방식은 국부적 차원(근육·신경)과 전신 차원(호르몬)을 동시에 자극한다. 특히 하체에서 긴장지속시간TUT, time under tension이 늘어나면 성장호르몬 반응이 커지고, 모세혈관 형성이 촉진되어 영양분 전달 효율이 높아진다.

운동 프로그램 A와 B는 두 가지 핵심 리프트로만 구성된다.

운동 프로그램 A: 머신 사용

1. 클로즈 그립 풀다운(손바닥이 위로), 7회(5대 5 리듬)
2. 머신 숄더 프레스, 7회(5대 5 리듬)

   (선택: '6분 복근'의 복부 운동)

풀다운(Pull-down)

머신 운동에서는 좌석 위치를 반드시 기록하라. 좌석 높이가 1~2인치만 달라져도 지렛대 효과가 변해, 실제 근력 변화와 무관한 착각을 낳는다. 특히 프레스 동작에서 이런 현상이 잦다. 항상 동일한 세팅을 유지하라.

머신 숄더 프레스(Machine Shoulder Press)

잠금 자세가 부상을 막는다

단순함과 안전을 동시에 확보하려면, 한 가지 원칙만은 강력히 권한다. 케틀벨 스윙, 벤치 프레스, 데드리프트처럼 중량을 다루는 모든 운동에서는 어깨를 보호하기 위해 '잠금 자세'(locked position)를 해야 한다.

문제를 자초하는 자세: 마리의 일반적인 어깨 위치다. 이 상태에서는 내가 그녀의 어깨를 쉽게 앞으로 끌어당길 수 있으며, 상체 전체가 불안정해 보인다.

잠금 자세: 어깨뼈를 단단히 뒤로 모은 뒤, 히프 쪽으로 1~2인치가량 내려 고정한 자세다. 위의 사진에서는 보이지 않던 어깨끈이 이 사진에서는 분명히 드러난다. 이때 등은 활처럼 살짝 아치형이 되고, 팔을 앞으로 뻗으면 팔꿈치 위치는 쇄골보다는 가슴 중앙에 더 가까워진다. 몸 전체가 훨씬 단단하고 안정돼 보이며, 이런 자세라면 한 팔로도 충분히 몸을 들어 올릴 수 있을 만큼 지지력이 생긴다.

1. 인클라인 또는 디클라인 벤치 프레스, 7회(5대 5 리듬)

2. 레그 프레스, 10회(5대 5 리듬)

　(선택: 케틀벨 또는 T-핸들 스윙 50회)

3. 실내 자전거 3분(85rpm 이상, 통증이 남지 않는 범위)

인클라인/디클라인 벤치 프레스(Incline/Decline Bench Press)

사진 속 기구는 해머 머신Hammer Machine이다. 어깨 부상은 대개 플랫 벤치 프레스Flat Bench Press에서 발생할 가능성이 가장 높다. 이 때문에 가능하면 20도 이하로 약간 위나 아래로 기울어진 벤치 프레스를 사용하는 편이 상대적으로 안전하다. 도리언 예이츠는 가슴 근육 발달을 위해 디클라인 벤치 프레스를 추천

레그 프레스(Leg Press)

대부분의 사람에게는 위 사진과 같은 일반적인 레그 프레스 머신이면 충분하다.

한다. 플랫 벤치밖에 없다면 전화번호부나 수건을 두툼하게 말아 등 아랫부분에 받쳐 디클라인 벤치 프레스에 가까운 각도를 만들어도 된다.

어깨 염좌를 예방하려면 동작이 가장 아래로 내려왔을 때 손가락 관절이 가슴에서 주먹 하나 정도 위에 오도록 머신의 핀(또는 좌석 높이)을 조절하라. 또한 무게를 내릴 때 무게추weight stack에 닿기 직전 1초간 멈추면, 가슴 근육 자극은 커지고 부상 위험은 줄어든다.

운동 프로그램 A: 프리 웨이트

여행을 자주 해서 세계에 어디에나 있는 표준적인 운동기구를 사용할 수밖에 없는 사람이라면 프리 웨이트를 사용하는 편이 낫다.

1. 예이츠 로우(EZ-bar 또는 바벨), 7회(5대 5)
2. 바벨 오버헤드 프레스(어깨너비), 7회(5대 5)
   (선택: '6분 복근')

바벨 오버헤드 프레스(Barbell Overhead Press)

팔꿈치는 항상 어깨보다 앞쪽에 두고, 어깨 너비 바깥으로 벌어지지 않도록 한다. 바는 얼굴 앞을 스쳐 지나가지만 바가 머리를 넘은 뒤에는 얼굴과 상체를 바 아래로 약간 밀어 넣어 정렬을 맞춘다. 한쪽 발을 앞으로 내미는 스플릿 스탠스split stance는 허리가 과도하게 꺾이는 것을 막아주며, 필요에 따라 양발을 어깨 너비로 평행하게 두고 실시해도 무방하다.

운동 프로그램 B: 프리 웨이트

1. 어깨너비로 잡는 인클라인 벤치 프레스, 7회(5대 5의 리듬). 파워 랙이 없다 면 덤벨을 사용하되, 중량 증가는 신중해야 한다.

2. 스쿼트, 10회(5대 5)

   (선택: 케틀벨 또는 T-핸들 스윙 50회)

3. 실내 자전거: 분당 85rpm 이상으로 3분. 운동 후 다리가 과도하게 욱신거 리지 않는 수준

스쿼트(스미스 머신을 이용해서)

발은 어깨보다 약간 넓게, 히프보다 약 30cm 앞에 둔다. 골반에 물을 붓는다 고 상상하며 뒤로 앉아, 넓적다리가 바닥과 수평이 될 때까지 내려간다. 시선은 약 45도 위, 동작 중 정지는 없다.

오컴의 프로토콜 실행 규칙:
한계까지만 가라, 그 이상은 회복을 망친다

1. 복근 운동과 케틀벨을 제외한 모든 운동에서 목표한 최소 반복 횟수를 완 벽히 달성했다면 다음 훈련부터는 중량을 최소 5kg 증량하라. 5kg을 올려 2~3회 실시해도 여전히 여유가 있다면 운동을 멈추고 5분 휴식한 뒤, 다시

2.5~5kg을 추가해 진정한 한계상황에 이를 때까지 프로그램 전체를 수행한다.

2. 한계상황에서도 중량을 던지듯 내려놓지 마라. 1mm라도 움직이려 애쓰며 한계점에서 5초간 버티고, 이후 5~10초에 걸쳐 천천히 내려놓는다. 초보자들이 흔히 저지르는 가장 큰 실수는 '한계상황'을 너무 얕본다는 것이다. 진짜 한계란 간신히 마지막 횟수를 채우는 수준이 아니라 단 한 번을 더 시도하려 해도 도저히 들어 올릴 수 없는 완전한 탈진 상태를 말한다. 아서 존스는 이렇게 말했다. "바벨 컬 한 세트를 마치고 구역질이 난 적이 없다면 진짜 힘든 운동을 해본 적이 없는 것이다." 1분 뒤 같은 프로그램을 다시 할 수 있을 것 같다면 아직 한계에 도달한 게 아니다. 마지막 한 반복만이 중요하며, 그 이전의 반복은 모두 그 순간을 위한 준비일 뿐이다.

3. 동작의 시작과 끝에서 멈추지 마라(벤치 프레스는 예외). 단, 운동 사이에는 정확히 3분 휴식한다. 벽시계나 스톱워치를 사용해 휴식 시간을 표준화하라. 즉흥적인 휴식은 데이터를 오염시킨다. 휴식 효과와 훈련 효과를 혼동하지 않기 위해서다.

4. 발전에 따라 중량과 반복 횟수는 달라질 수 있다. 그러나 속도, 동작 형태, 휴식 간격 등 다른 모든 변수는 동일하게 유지해야 한다. 하나의 변수만 바꿔야 그 효과를 정확히 읽을 수 있다. 실험실 실험처럼 관리해야 정확한 조정이 가능하다.

이것이 전부다. 다른 운동을 더하고 싶은 유혹이 강하게 들 것이다. 참아라. 지금까지 근육을 제대로 늘려본 적이 없다면 더하기보다 줄이는 편이 오히려 효과적이다. 닐의 사례가 이를 증명한다. 그의 프로그램과 4주 동안의 발전 정도를 요약하면 다음과 같다.

운동 프로그램 A
- 풀다운: 8회 × 약 36kg → 8회 × 약 50kg
- 머신 숄더 프레스: 8회 × 약 14kg → 5회 × 약 27kg

운동 프로그램 B

- 시티드 딥: 6회 × 약 64kg → 6회 × 약 77kg

- 시티드 레그 프레스: 11회 × 약 64kg → 12회 × 약 86kg

오컴의 프로토콜은 성장 반응을 자극하기에 충분하다. 앞에서 선탠과 최소유효량을 비교한 이야기를 기억하는가? 1분이라도 더 운동하겠다는 강박은 버려라. 우리 몸의 생물학적 원리는 무식하게 힘만 쓴다고 작동하지 않는다. 쓸데없는 데 소중한 에너지를 낭비하지 마라.

정체기의 해답은 훈련이 아니라 휴식이다

마이클, 난 정말 아무것도 안 했어.
아무것도 안 할 수 있다고 생각한 게 전부였지.

피터 기반스_ 영화 《오피스 스페이스》의 등장인물

운동 프로그램 A와 B의 빈도는 '근육량이 늘수록 회복에 필요한 시간도 늘어난다'는 단순한 전제에서 결정된다. 근육량은 유전적 한계에 이르기 전까지 100% 이상 증가할 수 있지만 회복 능력은 효소·면역 체계의 상향 조절로 20~30% 정도만 향상된다. 즉 9kg의 근육을 회복시키는 데는 4.5kg일 때보다 훨씬 더 긴 휴식이 필요하다는 뜻이다. 따라서 근육량과 근력이 늘수록 체육관에 가는 빈도는 줄어들어야 한다.

1996년, 나는 베이징에서 체중을 약 89kg까지 늘렸고, 근력 역시 생애 최고 수준에 도달했다. 보조식품은 사용하지 않았으며, 자연식으로 하루 최대 약 6,000칼로리를 섭취했다. 정체기에 들어서면 운동을 늘리는 대신 휴식일을 추가했고, 4개월 후에는 약 12일 간격으로 훈련하며 '근육 불리기 사이클'을 마무리했다.

시작 단계

단계 1: 근육에 큰 손상을 주는 훈련 후에는 최소 7일 휴식한다. 이 기간에는 체중 부하 웨이트 트레이닝을 허용하지 않는다.

단계 2: 운동 프로그램 A와 B 사이에 이틀 휴식을 두고 시작한다. A와 B를 모두 실시한 뒤에는 휴식일을 3일로 늘린다. 만약 어느 날이라도 목표한 운동을 완수하지 못했다면 즉시 휴식일을 4일로 늘려야 한다. 이 과정을 반복하면 결국 목표 체중에 도달하게 된다.

오컴의 프로토콜로 주당 최소 약 1.1kg(2.5파운드)의 근육 증가에 실패한 사람의 95%는 칼로리와 영양 섭취 부족이 원인이었다. 나머지 5%만이 장 흡수 장애 등 의학적 진료가 필요한 경우였다. 대부분은 그 5%가 아니다. 문제는 거의 언제나 덜 먹는 데 있다. 사실, 오컴의 프로토콜에서 가장 어려운 부분은 운동이 아니라 먹는 일이다.

그러니 잘 먹어라.

근육을 키우는 식사 설계:
완벽한 식단보다, 끝까지 가는 식단

1995년 근육 불리기 실험 당시, 나는 잠든 지 4시간 뒤 알람을 맞춰 비몽사몽한 상태로 완숙 달걀 5개를 먹곤 했다. 효과는 있었지만 극도로 불편했다. 불편한 식사 스케줄은 단기 성과를 내더라도, 열의가 식는 순간 포기로 이어지기 쉽다. 그래서 나는 목표 달성이 2~3주 늦어지더라도 지속 가능한 방식을 선호한다. 불평하며 중도 포기하는 것보다 훨씬 낫기 때문이다.

일부 선수들은 하루 섭취 칼로리를 10번으로 나눠 먹는다. 나는 이를 불필요하게 번거로운 방식이라 본다. 특히 인슐린 민감성과 GLUT-4 활성화를 보조 식품으로 관리하는 경우엔 더 그렇다. 체지방 감량이든 근육 증가든, 나는 하루 4끼가 적절하다고 판단한다.

나의 전형적인 올빼미 스케줄

오전 10시: 기상 → 곧바로 아침식사 + 단백질 셰이크 절반(뒤에서 자세히 다룸)

오후 2시: 점심식사

오후 6시: 첫 저녁식사

오후 7시 30분: 스케줄에 있는 경우 운동(운동 전·중 저지방 단백질 소량 섭취)

오후 8시(운동하고 30분 후): 저녁식사

잠자리에 들기 15분 전: 아침에 먹다 남은 단벅질 셰이크 절반

식단의 기본은 느린 탄수화물 식이요법이다. 단, 여기서는 현미나 퀴노아 같은 녹말을 추가한다. 스케줄을 그대로 따를 필요는 없지만 운동이 추가될 때 식사 간격을 어떻게 조정하는지는 참고할 만하다.

닐 스트라우스는 사정이 달랐다. 아침을 거르고 식욕도 약해 초기부터 많은 양을 먹기 어려웠다. 그래서 아침에는 고칼로리 단백질 셰이크, 이후에는 식사 횟수를 늘려 총량을 확보하는 방식이 필요했다.

닐의 식사 스케줄

오전 9시: 단백질 셰이크

오전 11시: 단백질 바

오후 1시: 고단백·고탄수 점심(닭가슴살·감자)

오후 3시: 단백질 바

오후 5시: 고단백·고탄수 저녁(주로 생선초밥 + 밥)

오후 7시: 단백질 바

오후 9시: 탄수화물이 첨가된 단백질 스낵(닭고기나 달걀 혹은 참치)

오후 11시: 단백질 셰이크

많이 먹을 것인가, 자주 먹을 것인가? 선택은 자유다. 전자는 지방이 약간 늘 수 있고, 후자는 번거롭다. 다만 전자로 늘어난 지방을 줄이는 일은 상대적으로 쉽다. 어떤 방식을 택하든 4주간은 흔들리지 말고 유지하라.

아침식사를 건너뛰고 싶은가?

주 1회라도 아침을 거르거나 커피·토스트로 때웠다면 일어나자마자 믹서로 가라. 다음은 한 끼 대용 또는 취침 전 간식으로 적합하다.

- 2% 또는 유기농 우유 3컵
- 분리유청단백질 30g
- 바나나 1개
- 무가당 아몬드버터 3큰술
- 얼음 5개

  2% 유기농 우유 기준: 약 970칼로리, 단백질 75g

먹는 것을 늘리면, 근육은 따라온다

고중량 스쿼트 프로그램 중 우유를 충분히 마신 사람은 예외 없이 근육이 늘었다.

랜들 스트로센 박사

앞선 식단과 간식으로도 주당 약 1.1kg 증가가 안 된다면 식간에 2% 유기농 우유를 하루 총 4리터 마셔보라GOMAD, Gallon Of Milk A Day. 이 방법은 75년간 검증되어 왔고, 폴 앤더슨(1956년 올림픽 역도 금메달리스트)을 비롯한 파워리프터들을 길러냈다.

권장 방식은 주당 1리터씩 단계적 추가, 그리고 지방 증가의 면밀한 관찰이다. 장비가 없다면 배꼽 기준 복부 둘레 측정으로 충분하다. 실제로 한 실험 참가자는 하루 우유 4리터만으로 3주간 주당 평균 약 2.7kg의 근육을 늘렸고, 복부 피하지방은 4mm를 유지했다.

주식에서 충분히 먹는다면 우유는 하루 1리터면 충분하다. 우유가 맞지 않으면 1컵부터 시작해 1~2주에 걸쳐 적응하라. 근육을 늘리고 싶다면 현재 식단에 GOMAD 또는 LOMAD(하루 1리터)를 더하면 된다. 목표가 단순할 때는 방법도 가장 직관적이고 단순한 것이 최선이다.

보조식품 없이도 효과는 충분하다. 다만 여유가 있다면 4가지를 권한다.

• 지방 증가 억제용

1) 키수스 콰드란구알리스 2,400mg(하루 3회 분할 섭취)

2) 알파리포산 300mg(식사 30분 전)

• 회복·성장 보조

3) L-글루타민

음식은 흡수되어야 의미가 있다. 장 흡수 문제(새는장증후군 등) 개선에도 도움이 된다. 초기 5일간 하루 80g을 2시간마다 10g씩 섭취하라. 이후에는 운동 후 10~30g으로 유지한다.

• 근력·파워 증강

4) 크레아틴 모노하이드레이트creatine monohydrate

최대장력과 단백질 합성을 높인다. 신장질환자는 반드시 의료 감독 하에 사용해야 한다. '부하 단계' 없이 아침·취침 전 각 3.5g을 28일 복용하라. 분말은 손실을 고려해 5~6g을 물에 섞는다.

고칼로리 식사: 맛보다 중요한 것은 반복 가능성

내가 즐겨 먹는 조합은 통밀 마카로니 + 참치 통조림 + 무지방 칠면조 다짐육과 콩을 섞은 칠리소스다. 마카로니에는 전유나 버터를 쓰고, 치즈 가루는 3분의 1만 사용한다.

조리법은 단순하다. 준비한 마카로니에 참치 통조림 1개와 칠리소스를 입맛에 맞게 섞어 전자레인지에서 1분간 '강'으로 데운다. 그릇에 옮겨 담아 아침식사로 먹는다. 나는 때로 하루 2~3끼를 이 식사로 대신한다. 마카로니를 미리 만들어두면 3분 이내로 식사 준비를 끝낼 수 있다. 단백질을 더 빠르게 섭취하고 싶다면 마카로니 대신 퀴노아를 사용해도 무방하다. 냄새가 강할 것 같지만 실제로는 그렇지 않다. 잡탕처럼 보이지만 맛은 충분히 훌륭하다. 믿어도 좋다.

4주, 숫자가 증명한 변화

닐 스트라우스는 오컴의 프로토콜을 통해 생전 처음으로 눈에 띄는 근육 증가를 경험했다. 4주 만에 마른 체형에 약 4.5kg의 근육이 붙었고, 근력 역시 큰 폭으로 향상됐다. 레그 프레스 중량은 약 23kg, 숄더 프레스는 두 배로 늘었다. 가장 적은 향상 폭조차 약 21%에 달했다. 닐은 전 과정에서 머신만 사용했으며, 체육관 사정상 인클라인 벤치 프레스 대신 딥 머신을 선택했다.

운동 프로그램 A

- 풀다운: 8회 × 약 36kg → 8회 × 약 50kg (+37.5%)
- 머신 숄더 프레스: 8회 × 약 14kg → 5회 × 약 27kg (+100%)

운동 프로그램 B

- 시티드 딥: 6회 × 약 64kg → 6회 × 약 77kg (+21.4%)
- 시티드 레그 프레스: 11회 × 약 64kg → 12회 × 약 86kg (+35.7%)

당신이 직접 몸을 던져가며 처음부터 다시 실험할 필요는 없다. 닐이 생생하게 남긴 기록만 보아도, 우리가 무엇을 해야 하고 어떤 결과를 얻게 될지는 이미 차고 넘치게 증명되었다.

"실험 초반에는 음식이 목구멍을 억지로 막아 넣는 것처럼 괴로웠다. 하지만 며칠이 지나자 말로 설명하기 힘든 즐거움과 행복감이 밀려왔다. 안전지대를 벗어날 때는 반드시 고통이 따른다. 대부분은 이 구간을 넘기지 못하고 포기한다. 이 식이요법의 원리를 제대로 이해하지 못했거나 그 결과를 끝까지 믿지 않기 때문이다. 하지만 그 고비를 넘기면 곧 자유로워지고, 그 방식이 마치 평생 해온 습관처럼 느껴진다. 왜 진작 이렇게 먹지 않았을까 싶을 정도다.

의외로 운동은 가장 덜 힘든 부분이었다. 체육관에 자주 가지도 않았고, 가서도 짧게 운동했기 때문에 오히려 더 하고 싶은 욕구가 생겼다. 하지만 근육은 포기하고 싶은 한계 지점에서 마지막 반복을 해낼 때 성장한다. 그 순간까지 밀고

나가는 과정은 철저한 내면의 싸움이다.

내가 조언한다면 식사와 보조식품 계획표를 만들어 항상 지니고 다니라는 것이다. 함께 격려하며 운동할 동료가 있다면 더 좋다. 일정이 고정돼 있다면 보조식품과 단백질 바를 차에 두고 다니고, 일정이 자주 바뀐다면 늘 몸에 지니고 다녀라.

처음 며칠간은 크레아틴 때문에 소변을 자주 봤지만 나흘쯤 지나자 몸이 적응했다. 허리에 지방이 붙을까 걱정했지만 기우였다. 섭취한 영양은 모두 제자리를 찾았고, 주변 사람들은 달라진 내 몸에 놀라워했다. 팀의 지시를 따르지 않을 이유는 없었다.”

남자를 위하여: 이두근을 만드는 3가지 운동

이두근은 많은 남성이 가장 먼저 떠올리는 근육이다. 굵고 선명한 이두근을 만들기 위해 팔 운동만 집요하게 반복하는 경우도 많다. 그러나 강한 이두근을 만드는 데 반드시 별도의 컬 운동만 필요한 것은 아니다.

핵심은 두 가지 복합운동이다. 하나는 고반복·고속 동작, 다른 하나는 저반복·저속 동작이다. 여기에 이두근을 보완적으로 더 자극하고 싶다면 일반적인 컬 대신 비교적 덜 알려진 리버스 드래그 컬을 추가하는 것이 효과적이다.

첫 번째 복합운동: 양손 케틀벨 스윙

이 동작은 ‘완벽한 뒤태를 만드는 법’(1절)에서 자세히 다뤘다. 최소 50회 이상을 권한다.

두 번째 복합운동: 예이츠 벤트 로우

여섯 차례 미스터 올림피아에 오른 도리언 예이츠가 즐겨 사용한 등 운동이다. 서서 허리를 20~30도 굽힌 상태에서 손바닥을 위로 향하게 바를 잡고, 바를 무릎 위까지 끌어올린 뒤 팔이 완전히 펴질 때까지 내린다. 손목 부담을 줄이려면 이지바(EZ-bar)를 권한다. 바는 사타구니 주름에 닿게 끌어올리고 1초간 멈춘다.

예이츠 벤트 로우

리버스 드래그 컬(Reverse Drag Curl)

위팔근 발달에 특히 효과적이며,
전통적인 컬보다 장력을 오래 유
지한다. 굵은 바가 이상적이다.
일반 컬은 팔꿈치를 바 아래에 두
어 저항을 줄이지만 드래그 컬
은 바를 수직으로 끌어올려 몸 앞
을 스치듯 지나가게 하여 동작 내
내 긴장을 유지한다. 표준형은 손
바닥을 위로 잡고, 리버스 드래그
컬은 손바닥을 아래로 향해 어깨
폭으로 잡는다.
예이츠 벤트 로우와 드래그 컬
의 템포와 반복 수는 오컴의 프로
토콜과 동일하며, 템포는 5초 상
승·5초 하강이다.

차선인 전통적인 컬

드래그 컬

데이브 팔럼보의 벌크업 실험
63.5kg에서 140.5kg으로

데이브 팔럼보는 의대를 다니다가 근육질 육상선수들의 몸에 매료되어 진로를 바꿨다.
의대 실험실을 떠나 자신의 몸을 실험 대상으로 삼은 것이다.

1986년 실험을 시작할 당시 체중은 63.5kg에 못 미쳤지만 1997년에는 체지방 10% 미만
의 140.5kg 거구로 변했다.

2008년 한 해에만 WWE 스타와 프로 선수들을 포함해 150명 이상의 보디빌더를 지도
했다. 체지방을 3.5%까지 낮추거나 체중을 두 배로 늘리는 '비정상적 결과'가 그의 전문
이었다.

그러나 시작은 순탄치 않았다. 하루에 식사대용 제품 6~8회, 완전식 4~5회를 먹어도 체
중은 늘지 않았다. 더 먹고 싶어도 고형식을 소화할 수 없었고, 결국 유동식에 의존할 수
밖에 없었다. 할머니의 조언으로 그는 달걀을 활용한 고칼로리 유동식을 고안했다.

- 달걀 12개(혼합 후 가열)
- 사과주스 1컵
- 생오트밀
- 유청단백질 분말 2스푼

모두 섞자 시멘트처럼 걸쭉해졌고, 그는 싱크대 앞에서 이를 삼켜야 했다. 토하면 모든 노력이 수포로 돌아갔다. 하루 세 번 이 유동식을 먹은 뒤에는 최소 15분간 움직이지 않는 것이 필수였다. 조금만 움직여도 구역질이 올라왔기 때문이다.

한 번은 급히 차를 몰다 신호에 급정거하며 전부 토해냈다. 그는 집에 도착하자마자 다시 같은 유동식을 만들어 마셨다. 칼로리 섭취는 선택이 아니라 생존 조건이었다.

그의 원칙은 단순했다.

"먹는 일이 항상 즐거울 필요는 없다." 특별한 결과를 원한다면 행동 역시 평범해서는 안 된다. 특히 첫 주는 극도로 고통스럽다. 각오를 단단히 하고, 끝까지 버텨라.

참고자료

- Cyril Northcote Parkinson, Parkinson's Law (시릴 노스코트 파킨슨, 『파킨슨의 법칙』)
  이 책을 읽고 나면, 누구나 운동법이나 올바른 식사법에 대해 한마디씩 보태고 싶어 하는 주변의 소음이 왜 문제가 되는지 분명해진다. 도움이 되기는커녕 우리를 엉뚱한 방향으로 끌고 가는 '자전거 보관소 효과'를 깨닫는 순간, 불필요한 조언에는 입과 귀를 닫고 싶어질 것이다. www.amazon.com/gp/product/1568490151

적게, 정확하게, 끝까지:
왜 이것으로 충분한가

사소한 것들이 중요하다.
작은 것들이 모여 큰 차이를 만든다.
존 우든_ NCAA 농구 명예의 전당 헌액 감독. UCLA를 이끌고 12시즌 동안 10회 우승

오컴의 프로토콜에 대한 모든 질문

그 정도의 빈도로 정말 충분한가?

충분하다. 더그 맥거프Doug McGuff 박사는 이를 화상 치료에 비유한다.

일반적인 화상은 1~2주 안에 회복된다. 이는 화상이 외배엽 계통에서 치유되고, 상피세포의 전환 속도가 빠르기 때문이다. 예컨대 각막이 긁혀도 8~12시간 안에 회복된다. 반면 근육은 중배엽 계통에서 회복되며, 치유 속도가 훨씬 느리다. 땀 흘린 뒤의 쾌감이나 주관적인 만족감을 배제하라. 철저히 측정 가능한 생물학적 지표만 놓고 보면, 우리 몸에 가장 완벽한 훈련 빈도는 '주 1회'에 가깝다.

근육 회복 시간에 대한 과학적 근거를 더 알고 싶다면 더그 맥거프의 『과학으로 보는 몸Body by Science』을 참고하라.

처음 시작할 때 웨이트는 어떻게 정해야 하나?

초기에는 시행착오가 불가피하다. 그래서 첫 회차 운동은 시간이 더 걸린다. 처음에는 각 운동을 5회까지만 수행하고, 운동 간 1분 휴식을 취한다. 웨이트를 들어 올릴 때는 철저히 통제된 속도를 유지하고, 내릴 때는 2~3초에 걸쳐 천천히 저항하며 버텨라. 어떤 운동이든 5회를 넘겨선 안 된다.

더 무거운 중량이 가능해 보이면 1분을 쉰 뒤, 10kg 또는 기존 중량의 10% 중 더 작은 값을 추가해 다시 5회를 시도한다. 이 과정을 5회를 완수하지 못할 때까지 반복한다.

5회를 채우지 못했다면 마지막으로 5회를 완벽히 수행한 중량의 70%를 계산한다(숄더 프레스는 60%). 3분 휴식 후, 그 중량으로 5대 5의 리듬을 유지하며 완전한 한계까지 수행하라. 이 중량이 오컴의 프로토콜을 위한 출발 중량이다.

가령 운동 프로그램 A를 월요일에 처음 시작한다고 해보자. 운동 경험이 많지 않은 체중 약 68kg의 남성이 풀다운을 시도한다면 대략 다음과 같은 시행착오를 겪게 된다. 물론 적정 중량은 개인차가 크므로, 프로그램을 처음 시도하는 날에는 약 1시간 정도의 소요 시간을 염두에 두는 편이 좋다.

[예시] 체중 약 68kg 남성이 풀다운을 처음 시도하는 경우

40kg × 5회

(1분 휴식)

45kg × 5회

(1분 휴식)

50kg × 5회

(1분 휴식)

55kg × 5회

(1분 휴식)

60kg × 4회 → 실패

→ 출발 중량: 55kg × 0.7 ≈ 38kg

→ 실제 사용 중량: 40kg

3분 휴식 후, 40kg으로 한계 반복(약 8회 내외)을 5대 5 리듬으로 수행한다. 같은 방식으로 숄더 프레스를 진행하고, 이후 이 중량을 기록해 둔다.

운동 스케줄 예시

월요일: 프로그램 A

목요일: 프로그램 B

일요일: 프로그램 A

수요일: 프로그램 B

일요일: 프로그램 A (휴식일이 점차 늘어나는 점에 주목하라)

웨이트는 언제, 얼마나 올려야 하나?

목표 최소 반복수를 완벽하게 달성하면 다음 운동에서 10kg 또는 총중량의 10% 중 더 큰 값을 추가한다. 예컨대 40kg으로 7회를 넘겼다면 다음에는 50kg이 아니라 45kg으로 올린다. 이 상승을 2개월 이상 유지하려면, 먹는 것 자체를 일처럼 해야 한다. 고형식이 버겁다면 단백질 셰이크나 우유를 무기로 삼아라.

여행 중에는 어떻게 해야 하나?

다른 장비로 대충 대체하기보다는 1~3일 더 쉬는 편이 낫다. 어설픈 운동은 귀국 후 적정 중량 설정을 망친다. 굳이 해야 한다면 어디서나 동일한 올림픽 바벨을 사용하는 프리 웨이트 프로그램을 선택하라.

목표 반복수를 못 채우면?

두 가지 중 하나다. 지난 운동에서 완전한 한계까지 가지 않았거나, 회복이 부족한 경우다(휴식·영양 부족). 프로그램의 첫 운동부터 목표를 채우지 못하면 즉시 중단하라.

예를 들어 월요일에 프로그램 A를 시작했는데 첫 동작인 풀다운에서 7회 목표 중 6회도 못 했다면 그 자리에서 짐을 싸고 집에 가라. 이틀간 충분히 쉬고, 충분히 먹은 뒤 다시 돌아와 두 운동을 모두 박살내겠다는 각오로 임하라.

목표 횟수를 맞추기 위해 중량을 낮추지 마라. 그 선택은 대개 정체를 길게 만든다. 운동을 멈추는 일이 체육관 문화에서는 패배처럼 느껴질 수 있다. 그러나 이틀을 푹 쉬는 것이 2~3주 동안 제자리를 맴도는 것보다 훨씬 현명하고 값싼 투자다.

덧붙이자면 목표 실패로 프로그램을 중단했다면 다음 사이클에서는 휴식일을 하루 더 늘려라. 하루 더 쉰다고 몸이 망가지지 않는다. 회복되지 않은 상태에서 고집을 부리는 것이야말로 전체 과정을 망친다.

칼로리는 얼마나 섭취해야 하는가?

우유와 셰이크를 추가로 섭취했음에도 체중이 늘지 않는다면 의학적 문제가 있을 가능성을 먼저 의심해봐야 한다. 또한 칼로리를 매번 치밀하게 계산할 필요는 없다. 나 역시 평소에는 칼로리를 거의 계산하지 않는다.

다만 예외는 있다. 모든 지침을 충실히 따르고 있다고 확신하는데도 체중 변화가 없다면 실제 섭취량을 스스로 과대평가하고 있을 가능성이 크다. 이 경우에는 24시간 동안 섭취한 모든 음식의 무게와 칼로리를 정확히 기록해보는 것이 좋다. 이때 나는 에스칼리 식품용 저울을 사용한다. 매뉴얼에 따라 식품 코드를 입력하면 단백질, 탄수화물, 지방 함량을 자동으로 분석해주는 저울이다.

기본 원칙은 간단하다. 현재의 제지방 체중에 약 4.5kg을 더한 값을 기준으로, 체중 1kg당 하루 약 44칼로리를 섭취한다. 이는 목표 체중이 반드시 '현재 제지방 체중 + 4.5kg'이어야 한다는 뜻은 아니다. 목표 체중은 주 단위로 조정하면 된다.

예를 들어 제지방 체중이 약 73kg이고, 목표 제지방량을 82kg으로 설정했다면 중간값인 77kg을 기준으로 하루 약 3,400칼로리를 섭취해야 한다. 이 수치는 협상의 대상이 아니며 운동을 하지 않는 날에도 동일하게 유지해야 한다.

결론은 하나다. 칼로리에 집착할 필요는 없다. 체중이 늘지 않으면, 더 먹어라.

심혈관 능력은 어떻게 단련해야 하는가?

유산소 능력을 유지하거나 향상시키기 위해 반드시 러닝머신이나 실내 자전거 위에서 오랜 시간을 보내야 할까? 꼭 그렇지는 않다. 다시 한번 더그 맥거프 박사의 설명을 인용해보자.

> 유산소 능력을 높이려면, 우리 몸이 젖산산증 상태에서 회복되는 과정이 필수
> 적이다. 고강도 운동 이후에는 산소를 활용한 대사 작용이 활성화되며, 이는
> 유산소 체계의 핵심 역할이다. 근육은 기본적으로 기계적 구조이며 유산소 체
> 계의 지원 없이는 제대로 작동할 수 없다. 따라서 근력이 향상되면 이를 뒷받
> 침하는 유산소 체계 역시 자연스럽게 발달한다.

단거리 선수나 마라톤 선수가 웨이트 트레이닝만으로 경기력을 유지할 수는 없다. 그러나 심혈관 질환 예방이나 일반적인 건강을 목표로 하는 아마추어가 트레드밀 위에서 몇 시간씩 땀을 흘릴 필요 역시 없다. 운동을 유산소와 무산소로 무 자르듯 나누는 방식은 '에어로빅(aerobics, 유산소 운동)'이라는 상품을 팔아먹기엔 편했을지 모른다. 하지만 우리 몸의 실제 생리적 메커니즘은 그렇게 단순하게 돌아가지 않는다. 이 용어는 1968년 케네스 쿠퍼가 대중화한 마케팅 개념에 가깝다.

오컴의 프로토콜은 유산소 체계와 무산소 체계를 동시에 자극한다.

운동선수는 어떻게 해야 하는가?

종목에 따라 다르지만 잦은 훈련이 필요한 프로 선수라면 체중 증가를 최소화하면서 근력 향상을 극대화하는 접근법을 택하는 것이 바람직하다. 이에 대해서는 8장을 참고하기 바란다.

느린 운동 속도 때문에 동작도 느려지지 않을까?

이 프로그램은 운동선수를 위해 설계된 것은 아니지만 5대 5의 리듬이 운동 능력을 저하시킨다는 근거는 어디에도 없다. 오히려 그 반대 사례가 존재한다.

1973년 플로리다 딜랜드 고등학교에 창단된 역도팀은 전원 초보자였다. 이들의 훈련은 상식을 거스르는 방식이었다. 바벨을 빠르게 들어올리는 대신, 느

리게 내려놓는 훈련에 집중했다. 그 결과 이 팀은 거의 7년 동안 무패 행진을 이어갔다.

문제는 웨이트 트레이닝 자체가 아니라 기술 훈련을 소홀히 하는 데 있다. 근력 강화는 어디까지나 목적을 위한 수단일 뿐이며 종목 고유의 기술 훈련을 방해해서는 안 된다.

준비운동은 어떻게 해야 하는가?

각 운동에서 목표 중량의 약 60%를 사용해 1대 2의 리듬(올리는 데 1초, 내리는 데 2초)으로 3회 실시한다. 이는 관절 상태를 점검하기 위한 절차다. 준비운동에서 과도한 중량을 사용하는 것은 오히려 부상의 원인이 된다. 모든 운동에서 준비운동은 5대 5 리듬으로 실제 운동 전에 실시해야 한다.

사실 엄밀한 의미에서 준비운동은 필수는 아니다. 각 운동의 첫 2~3회 반복이 자연스럽게 준비운동 역할을 하기 때문이다. 어쨌든 오컴의 프로토콜을 적용해 관절 부상을 입은 사례는 한 번도 없었다.

동반자와 함께 운동한다면 어떻게 해야 하는가?

동반자와 운동하더라도 휴식 간격은 철저히 지켜야 한다. 잡담이나 중량 교체로 휴식 시간이 늘어나서는 안 된다. 휴식 시간은 타협 대상이 아니다.

나는 주로 혼자 운동하며 그 시간을 명상처럼 활용한다. 리듬을 속으로 세다 보면 자연스럽게 몰입 상태에 들어간다. 물론 동반자의 도움이 큰 사람도 있다. 다만 나에게는 해당되지 않을 뿐이다.

혼자 운동할 때는 반드시 안전한 동작만 선택해야 한다. 동반자가 있더라도 웨이트를 거들게 해서는 안 된다. 누군가 중량을 거들어주면 실제로 내가 들어 올린 무게가 무엇인지 알 수 없게 된다. 함께 들면 순간은 통쾌할지 몰라도, 남는 것은 실패의 기록뿐이다.

운동 종류를 줄이고 휴식 시간을 단축해 한계 시간을 늘리는 방법은 어떤가?

그럴 필요는 없다. 오히려 변수 통제 능력을 상실하기 쉽다. 경험 많은 트레이너들은 입을 모아 말한다. 운동을 단순화하고, 각 동작을 명확한 한계 지점까지 정확히 수행할 때 한계를 억지로 늘리지 않아도 오히려 성과가 더 좋아진다는 것이다. 웨이트가 더 이상 움직이지 않는 순간이 곧 한계다. 그 상태를 인위적으로 끌고 가는 행위는, 성장을 위해 쓰여야 할 에너지를 낭비할 뿐이다.

오컴의 프로토콜보다 더 나은 방법이 있을 것 같은데, 임의로 수정해도 될까?

강력한 파워리프터가 되고 싶은 사람에게는 다른 프로그램이 필요하다. 특정 운동기구에서만 두각을 나타내고 싶은 사람에게도 다른 프로그램이 필요하다.

그러나 4주 만에 제지방 체중을 약 4.5kg 늘리는 것이 목적이라면, 이 프로그램은 수정할 필요가 없다. 목적이 다르다면 다른 프로그램을 선택하라. 그렇지 않다면 프로그램에 손대지 마라.

12일이나 24일 간격으로 운동하고 있는데도 근력이 계속 좋아지는데?

근력을 높이기 위해 가능한 한 띄엄띄엄 운동하라고 권하는 트레이너들도 적지 않다. 심지어 한 달에 한 번만 운동하라고 조언하는 경우도 있다. 이런 접근이 전적으로 나쁘다고 할 수는 없다. 다만 반드시 구분해야 할 점이 있다.

- 최소한의 운동으로 근력 향상을 '느끼는 것'
- 최소한의 운동으로 근육량을 '극대화하는 것'

오컴의 프로토콜이 지향하는 목표는 후자다. 이 프로토콜을 따르면 근력 역시 눈에 띄게 향상되지만 궁극적인 목표는 근육 조직의 성장이다. 닐 스트라우스를 비롯한 많은 초보자가 경험했듯 한두 달 만에 리프팅 능력이 2~3배 늘어나는 일은 드물지 않다.

근육을 늘리려면 충분히 먹는 것만으로는 부족하다. 먹은 칼로리가 지방이 아니라 근육으로 바로 가도록 만들어야 한다. 이를 위해서는 단백질 합성을 활성화하고, 운동을 통해 근육이 포도당을 잘 받아들이는 상태를 만드는 것이 핵심이다. 이렇게 하면 인슐린을 과도하게 쓰지 않아도, 운동만으로 섭취한 에너지를 근육으로 보낼 수 있다.

한 달에 한 번만 운동한다는 것은, 과식으로 얻은 칼로리를 근육으로 보내는 창을 한 달에 한 번만 연다는 뜻일 수 있다. 이는 우리의 목적에 부합하지 않는다. 따라서 최소한 주 1회 운동을 기준으로 삼아야 한다.

주 1회 운동으로 근육 증가 속도가 너무 느리다면 어떻게 해야 하는가?

10~14일마다 전신운동을 하겠다는 생각은 버려라. 대신 근력 향상을 위한 분할법을 도입하고, 주 2회 이상 제4형 포도당 수송체GLUT-4 창을 여는 방식을 고려해보라. 이 방법을 사용하면 체지방 증가를 억제하면서도 더 빠르게 몸집을 키울 수 있다.

나는 1997년에 다음과 같은 3분할 프로그램으로 성공적으로 체중을 늘렸다.

- 프로그램 1: 밀기 운동
- 프로그램 2: 당기기 운동
- 프로그램 3: 다리 운동

몸 상태가 좋지 않다면 첫 2주간은 프로그램 사이에 하루 휴식을 둔다(예: 밀기 – 휴식 – 당기기 – 휴식 – 다리 – 휴식). 이후 3주간은 이틀, 최종적으로는 사흘까지 휴식일을 늘린다. 모든 운동은 5대 5 리듬으로 실시했다.

밀기 운동
- 인클라인 벤치 프레스
- 딥스(가능하면 추가 중량)
- 어깨너비 그립 숄더 프레스(바벨을 목 뒤로 넘기지 말 것)

당기기 운동
- 풀오버
- 벤치 로우

- 손바닥이 위를 향한 클로즈 그립 풀다운
- 덤벨을 쥐고 '천천히' 어깨 움츠리기(천천히, 상단에서 2초 정지)

다리 운동

- 레그 프레스(한계에 이르기 전까지 최소 120초 지속)
- 어덕션 머신
- 햄스트링 컬
- 레그 익스텐션
- 시티드 카프 레이즈

돌이켜보면 이 정도 볼륨은 대부분에게 과도하다. 각 프로그램에서 앞의 두 운동만 충실히 수행해도, 답보 상태에 빠질 위험을 줄이면서 목표의 80%는 달성할 수 있다.

"물무게"라는 오해: 근육 성장의 두 얼굴

"그건 물무게에 불과해!"
이런 오만한 말은 웨이트 트레이닝과 식이요법의 세계에서 흔히 들린다. 물론 피하수분이 넘쳐 얼굴이 찐빵처럼 통통 붓는 게 좋다는 뜻은 결코 아니다. 그러나 근육조직의 특정 부위에 수분과 기질을 의도적으로 더 많이 저장하는 것은 매우 유용할 수 있다. 근육 성장에는 서로 다른 두 가지 유형이 있으며, 이를 정확히 이해하면 근육 발달에 전략적으로 활용할 수 있다. 그 두 가지는 근원섬유와 근형질(sarcoplasm)이다. 이름은 비슷하지만 성격은 완전히 다르다.

근육섬유, 즉 근육세포는 두 부분으로 구성된다. 하나는 수축을 담당하는 원통형 구조물인 근원섬유이고, 다른 하나는 이를 둘러싼 유동체인 근형질이다. 근형질에는 미토콘드리아와 글리코겐 저장고가 포함되어 있다.

근원섬유 비대는 근력 향상으로 해석할 수 있다. 근원섬유의 수가 증가하면서 근력이 우선적으로 발달하고, 근육 크기의 증가는 상대적으로 제한된다. 이는 최대치의 80~90% 중량으로 1~5회 반복하는 고강도 훈련에서 주로 나타난다. 반면 근형질 비대는 근육량 증가 혹은 무산소 피로 저항력의 향상으로 이해할 수 있다. 근형질 내 유동체가 늘어나면서 근육의 부피가 커지며, 이는 최대치의 60~80% 중량으로 한계까지 8~12회 반복하는 대사 적응을 통해 얻어진다.

그렇다면 근형질 비대는 그저 허세 가득한 '물풍선'에 불과할까? 천만의 말씀이다. 우리 몸에서 체중의 4%에 달하는 수분만 빠져나가도, 근지구력은 무려 15~17%나 곤두박질친다. 캘리포니아 샌프란시스코 의과대학의 클라이드 윌슨 박사를 비롯한 여러 연구자들은 "물 역시 테스토스테론이나 성장호르몬처럼 단백질 합성에 관여하는 실질적 전사 인자"라고 말한다.

세포 내 수분량이 최적일 때 세포 용적 조절원소(CVRE, cell volume regulating element)가 DNA에 분열 신호를 보낸다는 사실은 이미 입증되었다. 더그 맥거프 박사의 설명처럼 세포가 최대한 수화되면 호르몬 수용체의 반응성도 극대화된다.

더 나아가 근형질 증가는 단순한 수분 증가에 그치지 않는다. 미토콘드리아와 글리코겐, ATP와 포스포크레아틴(고에너지 저장고) 저장량이 함께 증가하고, 모세혈관 밀도가 높아져 영양 전달 효율도 향상된다.

이러한 이유로 닐 스트라우스는 근형질 중심 훈련만으로도 4주 만에 평균 48.65%의 근력 향상을 기록했다(일부 운동은 100%). 이는 어떤 기준으로 보더라도 인상적인 결과다. 오컴의 프로토콜이 근력 특화 프로그램보다 근력 향상에 더 뛰어나다고 말할 수는 없다. 하지만 근육량과 근력을 동시에 키워 체육관의 대부분을 능가할 수 있느냐고 묻는다면 답은 분명하다. 물론 그렇다.

결국 중요한 것은 목표다. 목표가 분명하고, 훈련 방법이 정확할수록 결과는 확실해진다.

6장. 완벽한 숙면을 위하여

01

빨리, 깊이, 편안하게 잠드는 기술

불면증이 주지 않는 것은 없다.
불면증은 온갖 생각을 불러오고, 생각할 필요 없는 것까지 끌어낸다.

클리프턴 패디먼_ 사이먼 앤 슈스터 전 편집장

"아, 아름다운 해변. 청록빛 바다. 태국에 다시 가고 싶다. 그런데 태국은 지금 몇 시지? 그런데 왜 이 해변에는 더러운 셰퍼드가 시끄럽게 짖는 거야? 저 오렌지색 목띠는 또 왜 저래? 존의 개랑 똑같잖아. 맞다, 존에게 전화해야지. 그런데 그 녀석 생일을 달력에 적어뒀던가? 생일, 어릿광대 모자, 고깔모자… 빌어먹을, 왜 이런 생각이 떠오르는 거야?"

나는 새벽 3시, 4시, 때로는 6시까지 이런 독백을 머릿속에서 반복한다. 이미지와 걱정, 책임과 공상이 끝없이 이어진다. 이를 떨쳐보려 수면 요가도 해보고, 몸을 비틀거나 드라큘라처럼 똑바로 누워보지만 소용없다. 결국 언제나 태아의 자세로 끝난다. 도움이 되지는 않지만 그 자세라도 붙들고 잠을 청한다. 오줌 마려운 강아지가 닫힌 문을 긁어대듯 어떻게든 잠의 문을 열어보려는 처절한 몸부림이다.

나는 '수면시작 불면증'sleep-onset insomnia에 시달렸다. 잠드는 데 유난히 오래 걸리는 유형이다. 부모님도 마찬가지였다. 스트레스 때문이 아니라 깊은 잠에 들지 못하는 체질이었던 것이다. 그래서 나는 민간요법부터 수면제, 광선요법부터 지방 섭취 조절까지 가능한 모든 방법을 시도했다. 그 결과 고질적인 불면증은 이제 내게 옛날 이야기가 되었다.

얼마나 잤느냐보다, 어떻게 잤느냐

숙면은 단순히 '얼마나 오래 자느냐'의 문제일까? 충분히 잤는데도 낮잠이 필요한 경험이 있다면 숙면이 시간만의 문제는 아니라는 걸 이미 알고 있을 것이다. 그렇다면 먼저 '나쁜 잠'부터 살펴보자.

- 잠드는 데 오래 걸리는 경우onset insomnia
- 밤중에 자주 깨는 경우onset insomnia
- 새벽에 일찍 깨어 다시 잠들지 못하는 경우onset insomnia

문제는 우리가 언제 잠에 들었는지 정확히 알기 어렵다는 점이다. 눕는 시간과 깨는 시간은 알 수 있어도, 정작 그 사이에서 벌어진 수면의 질과 과정은 철저히 블랙박스에 갇혀 있다.

나는 스탠퍼드 대학교에서 '잠의 생리학' 강의까지 들었지만 불면증을 곧바로 해결하지는 못했다. 다만 연구를 통해 문제를 구조적으로 이해하게 되었다. 핵심은 세 가지다.

- 기억 공고화를 위해 렘수면(빠른눈운동수면)을 얼마나 경험하는가
- 조직 회복을 위해 델타파 수면을 얼마나 취하는가
- 이 모든 과정을 방해하는 수면무호흡이 있는가

이를 정밀하게 측정하려면 뇌파, 안구 운동, 근전도, 심전도, 호흡 등을 동시에 측정해야 한다. 이른바 수면다원기록polysomnogram인데, 최소 20개 이상의 전선을 몸에 부착해야 한다.

문제는 분명하다. 그런 환경에서 첫날 밤에 편히 잠들 수 있는 사람은 거의 없다. 첫날 자료는 왜곡되고 둘째 날은 전날의 극심한 피로 탓에 또 왜곡된다. 결국 현실적인 수면 상태를 반영하지 못한다. 그래서 나에게 필요한 것은 거창한 실험실이 아니라 현실적인 조건에서 작동하는 작은 수면 실험실이었다. 내 실험은 2009년에 본격적으로 시작됐다.

직관 대신 데이터:
수면을 믿지 않고 검증하기로 한 밤들

2009년 7월, 한 친구가 말했다.

"브래드 펠드가 쓰는 방법을 한번 알아보지 그래? 그러면 자네 수면을 측정할 방법을 알고 있을 거야."

귀가 번쩍 뜨였다. 당시 나는 불면증에 대해 밤마다 불평하고 있었다. 곧바로 브래드에게 접근했다.

콜로라도 볼더에서 활동하던 브래드는 실적과 독설로 유명한 벤처기업가이자 엔젤 투자자였다. 그는 하모닉스 뮤직 시스템즈를 초기에 지원한 소수 투자자 중 한 명이었다. 11년 가까이 적자를 이어가던 회사는 2005년 '기타 히어로'Guitar Hero라는 비디오 게임을 출시하며 대성공을 거뒀고, 2006년 비아콤/MTV에 1억 7,500만 달러에 매각됐다.

브래드의 투자 방식은 반골적이었지만 철저히 논리적이었다. 그런 그가 수면 분석에서 활용하는 방법이 있다면 알아보지 않을 이유는 없었다.

브래드의 수면에 대한 집착은 결국 제오Zeo라는 수면 장치로 이어졌다. 내가 보기에 제오는 논리적으로 설계된 차세대 수면 측정기였다. 이 장치를 중심으로 나는 여러 수면 보조 장치를 동시에 실험하기 시작했다.

이후 약 4개월 동안 휴대용 심박계, 체온계, 연속 혈당 측정기, 가속도계 기반의 피트비트FitBit와 웨이크메이트WakeMate, 수면 중 움직임을 기록하는 비디오 장치까지 동원했다. 때로는 이 모든 장치를 한꺼번에 사용하기도 했다. 그 모습은 거의 혼수상태에 빠진 로보캅에 가까웠다.

손목에 차는 웨이크메이트와 피트비트는 닌텐도 위Wii의 조작 장치와 유사한 가속도계 기술을 사용한다. 이 장치들은 액티그래피 알고리즘actigraphy algorithm을 통해 사용자가 깨어 있는지 혹은 어떤 단계의 수면 상태에 있는지를 추정한다. 웨이크메이트는 설정한 기상 시간보다 최대 30분 이른 구간에서 렘수면 중 비교적 각성이 쉬운 시점을 골라 깨워준다. 수면 부족을 최소화하기 위한 설계다.

반면 제오는 머리띠 형태의 센서를 사용해 뇌의 전기적 패턴을 직접 측정한다. 제오 역시 뇌 활동이 활발한 구간을 포착해 깨우는 지능형 알람 기능을 갖추고 있다.

초기 실험 결과는 그다지 만족스럽지 않았다. 가속도계 기반 장치만으로는 '잠든 시점'을 정확히 포착하기 어려웠다. 이는 잠드는 데 시간이 오래 걸리는 불면증에서는 치명적인 한계다. 실제로 나는 잠들기 전 최대한 움직이지 않은 채 30분 동안 텔레비전을 시청했는데 그 순간부터 가속도계는 이미 내가 '수면 상태'에 들어간 것으로 기록했다. 그저 얌전히 누워 움직임이 없는 상태와 실제로 깊이 잠든 상태를 기계가 제대로 구별해내지 못한 것이다.

그러나 1주일쯤 지나자 반가운 변화가 나타났다. 제오와 웨이크메이트 같은 지능형 자명종이 수면 부족을 어느 정도 줄여주는 듯했다. 아침에 덜 피곤했고, 커피 두 잔 없이도 정신이 비교적 맑았다. 플라세보 효과였든 실제 인과관계였든 분명한 개선이었다. 하지만 나는 거기서 멈추고 싶지 않았다. 단순히 덜 피곤한 아침이 아니라 잠 자체를 더 깊고 편안하게 자는 것이 목표였다. 그 과정에서 제오가 결정적인 역할을 했다.

첫 번째 수면 실험: 패턴을 찾다

나는 매일 아침 눈을 뜨자마자 스스로에게 질문했다.

"지금 기분은 나쁜가(1-3), 아니면 상쾌한가(8-10)?"

4에서 7 사이의 애매한 수치는 기록은 했지만 분석에서는 제외했다. 양극단의 상태에서 반복되는 패턴을 찾는 데 집중했다. 동시에 연속 혈당 측정기를 활용해 음식 일지도 함께 기록했다.

이 실험을 통해 다음과 같은 결과를 얻었다.

1. 숙면(8-10점)은 총 렘수면 시간보다, 전체 수면 시간 대비 렘수면 비율과 더 밀접한 관련이 있었다. 렘수면 비율이 높을수록 잠에서 깬 직후의 기억이 선명했고, 맥박과 체온도 상대적으로 낮았다.

2. 렘수면 비율은 두 가지 방법으로 높일 수 있었다. 하나는 총수면 시간을 약 9시간으로 늘리는 것이고, 다른 하나는 잠든 뒤 약 4시간 30분 후에 5~10분 정도 의도적으로 깨어 있는 것이다. 이 짧은 각성 후 다시 잠들면 렘수면 비율이 극적으로 증가했다. 즉 의도적인 각성이 반드시 '나쁜 잠'을 의미하지는 않았다.

3. 잠들기 30분 전에 후퍼진 AHuperzine-A 200mg을 복용하면 렘수면이 20~30% 증가했다. 후퍼진 A는 중국 석송Huperzia serrata에서 추출한 성분으로, 신경전달물질 아세틸콜린의 분해를 억제한다. 과거 나는 학습 능력 향상과 자각몽을 위해 이를 사용한 적이 있다. 다만 과용 시 부작용으로 불면증이 나타날 수 있고, 다른 약물과의 병용은 위험할 수 있으므로 반드시 의사와 상담해야 한다.

4. 심파수면deep-wave sleep 비율이 높을수록 기상 후 신체 기능이 분명히 개선됐다.

5. 잠들기 4시간 이내에 포도주 두 잔 이상을 마시면 심파수면이 20~50% 감소했다. 반면 6시간 이전에 마신 술은 큰 영향을 주지 않았다. 타이밍이 핵심이다. 흥미롭게도 캘리포니아 양귀비 추출물을 15방울 이상 섭취했을 때는 심파수면이 약 20% 증가했다.

6. 취침 전 간단한 지방 섭취는 아침 기분을 크게 개선했다. 셀러리에 유기농 아몬드 버터 2큰술을 곁들여 먹었을 때 '짜증스러운 아침'이 절반 이상 줄어들었다. 이는 저혈당과 관련 있을 가능성이 크다. 아마인유 1~2큰술(약

120~240칼로리)를 함께 섭취하면 수면 중 세포 회복이 촉진되어 피로감이 줄어들 수 있다. 다만 맛은 최악에 가깝다. 세스 로버츠의 조언대로, 먹을 생각이라면 코를 막고 단번에 삼키는 편이 낫다.

잠들기까지의 30분을 줄여라: 수면 효율의 결정적 변수

다음 단계에서 나는 가장 중요한 문제, 즉 얼마나 빨리 잠들 수 있는가로 초점을 옮겼다. 제오의 기록에 따르면 나는 전반적으로 숙면을 취하고 있었지만 잠들기까지 30분 이상 뒤척이는 불면은 그 자체로 숙면을 방해하는 요인이었다. 잠드는 시간이 길다면 아무리 깊이 자더라도 좋은 수면이라 할 수 없다.

잠드는 시간을 줄이는 데 실제로 효과가 있었던 변화와 방법을 정리하면 다음과 같다. 몇몇 방법은 다른 것보다 훨씬 간단하다. 참고로 나는 약물 사용을 원칙적으로 배제했다. 또한 일시적 개선이 아니라 최소 사흘 이상 연속으로 효과가 확인된 방법만 여기에 포함했다.

침실 온도를 섭씨 19.5~21도로 유지하라

니카라과에 머무르며 민간요법을 탐색하던 시절, 가장 자주 실험했고 가장 일관된 효과를 보인 변수가 침실 온도였다. 침실을 19.5~21도로 유지하고, 시트는 한 장만 덮었을 때 가장 빨리 잠들 수 있었다. 이보다 온도가 높으면 효과가 거의 없었고, 18.5도로 낮출 때는 양말을 신어 발을 따뜻하게 하면 비슷한 효과를 얻을 수 있었다. 침실 온도 조절이 어렵다면 양말 두께를 바꿔가며 체열 손실을 조절하는 방식이 현실적인 대안이다. 이상적인 온도는 개인차가 있지만 범위는 좁다. 위의 기준을 중심으로 자신에게 맞는 지점을 찾기 바란다.

취침하기 3시간 이전에 지방과 단백질을 중심으로 푸짐한 식사를 하라

테스토스테론 변화를 추적하던 과정에서 우연히 발견한 사실이다. 잠자리에

피트비트

zzzz
당신의 수면패턴
수면상태
활동상태
3시 4시 5시 6시 7시 8시 9시
당신의 수면효율성 96퍼센트
잠자리에 든 시간: 오후 2시 49분
잠드는 데 소요된 시간: 6분
잠을 깨는 데 소요된 시간: 7분
침대에 누워 있던 시간: 6시간 55분
실제로 수면을 취한 시간: 6시간 31분

웨이크메이트

오늘밤 당신의 수면 점수: 69.15
우리 자료에 따르면 당신의 수면 점수는 낮은 편이다. 웨이트메이트로 수면 점수를 높여보자.
당신의 시간별 수면 점수: 점수가 높을수록 좋다
10월 24일
설정된 시간 범위: 00:00-05:50
80
60
40
20
0
amCharts.com의 그래프
1시 2시 3시 4시 5시
설정된 시간 범위: 00:00-05:50
2009년 10월 24일의 수면 상태
시간
수면상태에 있던 시간
깨어있던 시간
2009년 10월 24일의 숙면 상태
시간
편안하지 않은 수면/깨어있던 시간
숙면
일반적인 수면
2009년 10월 24일의 운동 자료
수직축: 운동량의 크기 수평축: 시간
잠드는 데 소요된 시간
5분
평균 38.38분
10월 24일
잠을 깬 횟수
3회
평균 4.12회
10월 24일
수면효율성
0.91
평균 0.93
10월 24일
총수면시간
5.4시간
평균 6.8시간
10월 24일

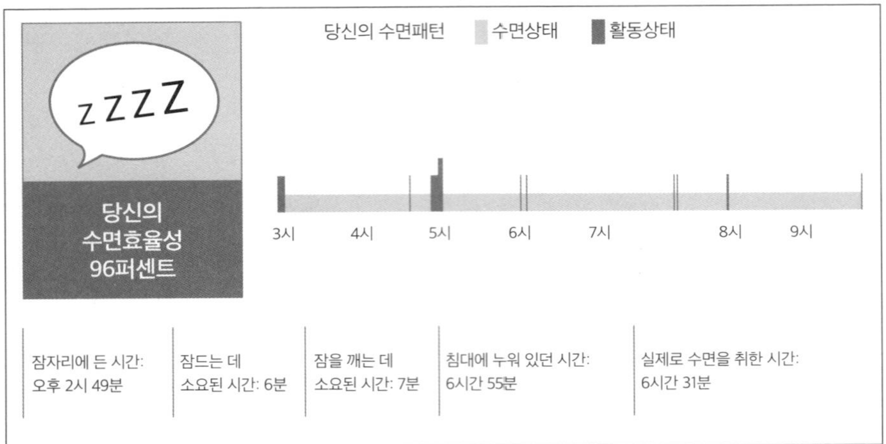

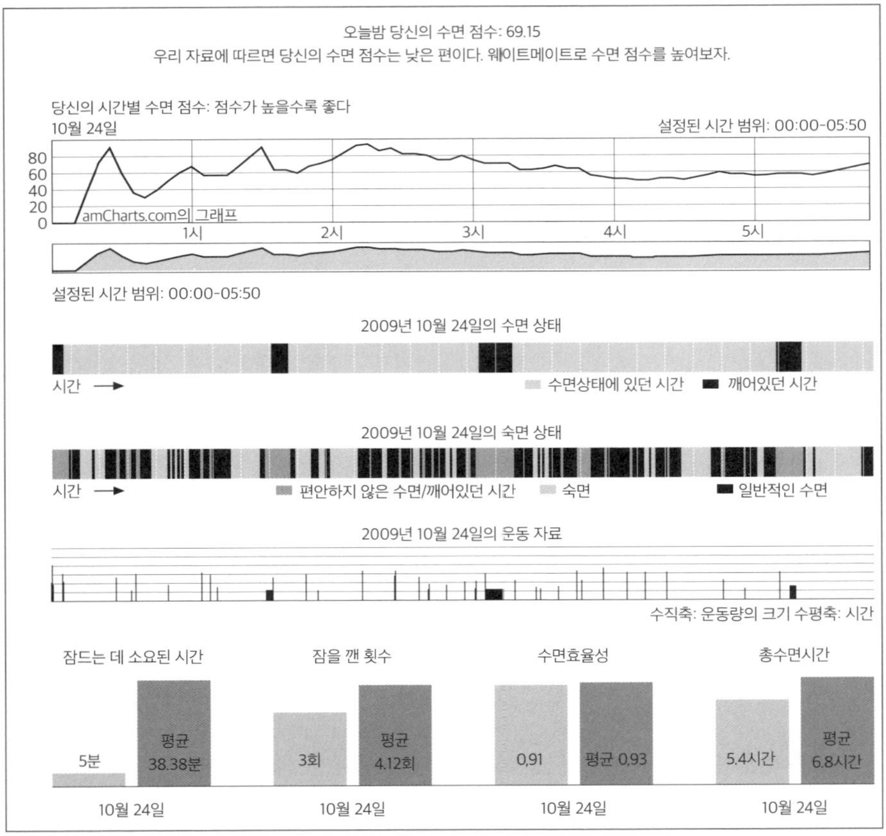

제오: 숙면을 취한 경우

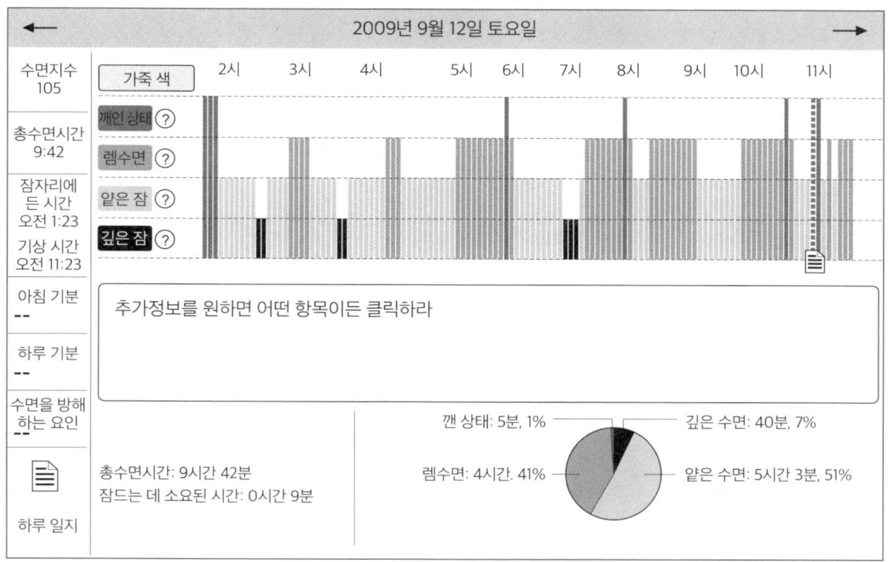

제오: 나쁜 잠을 취한 경우

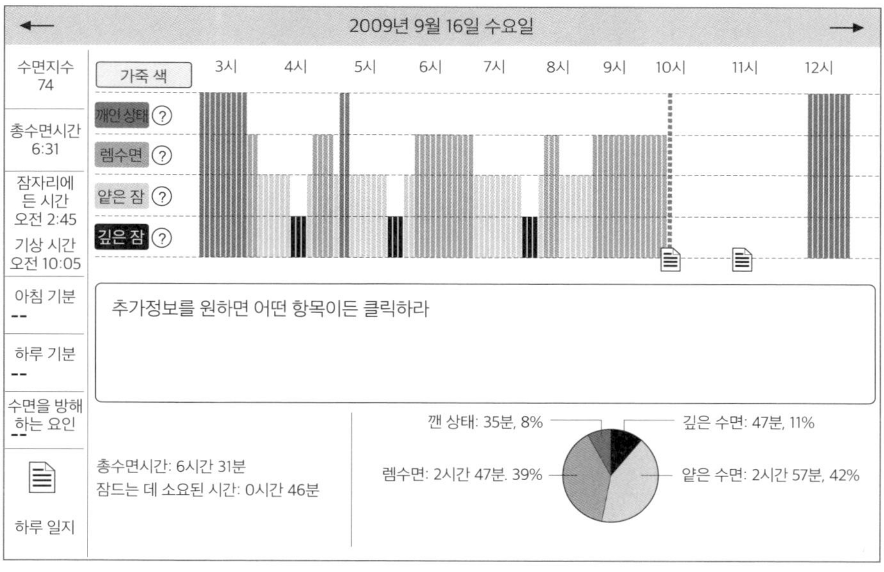

들기 약 3시간 전에 콜레스테롤 800mg 이상(달걀 4개 이상)과 단백질 40g 이상을 섭취하면 소량 식사나 저지방 식단보다 훨씬 빨리 잠들 수 있었다. 약 340g짜리 꽃등심 스테이크 두 덩어리는 내게 강력한 진정제에 가까운 효과를 냈다. 수면은 공복보다 충분히 채워진 상태에서 더 쉽게 찾아왔다.

광선치료를 받아라: 필립스 고라이트(GoLite)

푸른빛을 방출하는 비교적 고가의 장비지만 원래는 계절성 우울증SAD을 앓는 친구에게 선물하려고 구입했다. 그러나 그에게 이미 같은 장비가 있어, 나는 이 기계를 모닝커피 대용으로 사용하기 시작했다.

컴퓨터 옆에 두고, 얼굴에서 약 30도 각도로 광선을 비추며 매일 15분씩 사용했다. 첫날부터 수주 만에 처음으로 10분 이내에 잠들었다. 대략 닷새 중 나흘은 효과가 있었다.

고라이트는 시차 적응이나 겨울철 우울증 완화 용도로 알려져 있지만 늦게 기상한 날에도 정상적인 시간에 잠들 수 있도록 도와주는 데 탁월했다. 배터리 수명이 길고 책 한 권 크기라 여행 시 휴대도 쉽다.

등측면운동으로 신경계를 피로하게 하라

운동이 수면에 도움이 된다는 말은 흔하지만 내 경우 효과는 들쑥날쑥했다. 20분 운동 후 10분 만에 잠든 날도 있었고, 2시간을 운동하고도 두 시간 넘게 뒤척인 날도 있었다. 명확한 법칙을 찾기 어려웠다.

그러나 한 팔·한 다리씩 사용하는 등측면 저항운동을 추가하자 변화가 나타났다. 열 번 중 여덟 번은 잠드는 시간이 확실히 줄었다. 과정이 복잡해질수록 효과도 커졌다. 직접 확인하고 싶다면 「부상을 막는 4가지 예방운동」(7장 3절)에서 소개한 전체 과정을 한 번만이라도 실행해보라.

취침 1시간 전 냉수욕

일본인의 평균 수명이 긴 이유 중 하나로, 취침 전 온수 목욕이 멜라토닌 분비를 촉진한다는 가설이 있다. 하지만 스탠퍼드에서 수강한 수면 생리학 강의에서

들은 바에 따르면, 불면증 환자에게는 오히려 냉수욕이 더 효과적일 수 있다. 온수욕의 효과 역시 이후의 급격한 체온 저하 때문일 가능성이 있다. 나는 고온으로 정자를 혹사시키고 싶지 않아 냉수욕을 택했다.

방법은 간단하다. 욕조에 물을 반쯤 채우고 얼음팩 2~3개를 넣어 80%쯤 녹을 때까지 기다린 뒤 들어간다. 초보자는 하체 5분, 이후 상체까지 담가 5분을 권한다. 팔은 욕조 밖으로 빼두는 것이 좋다.

냉수욕은 멜라토닌 없이도 강력한 수면 유도 효과를 냈다.

초음파 가습기를 사용하라

에어로스위스Air-O-Swiss의 휴대용 초음파 가습기는 기대 이상이었다. 무게는 약 590g, 재킷 주머니에도 들어갈 만큼 작다. 편의점에서 산 생수병을 그대로 끼워 쓰면 된다. 초음파 진동으로 생성된 차갑고 미세한 안개가 공기에 흡수되며, 특히 여행 중 부비동염 예방에 탁월했다. 고라이트와 함께 쓰는 조합이 가장 안정적이었다. 뜻밖에도 피부 주름 완화라는 부수 효과도 있었다. 작은 기기 하나가 여행의 컨디션 관리를 통째로 바꿔놓은 셈이다.

단점이 있다면 집중을 방해하는 푸른 불빛이다. 빛에 민감하다면 안대가 필요하다.

푸른 파동빛을 발산하는 나이트웨이브를 사용하라

절친한 친구 마이클에게 소개받은 장치다. 담배갑 크기의 기계가 느린 파동의 푸른 빛을 내보낸다. 마이클은 이 장치로 7분 이내에 잠든다고 장담했고, 코넬대 심리학과의 제임스 B. 마스 교수도 효과를 인정했다.

나이트웨이브는 어두운 침실에 부드러운 푸른 빛을 발산하며, 빛의 밝기가 서서히 오르내린다. 그 변화에 호흡을 맞추면 호흡 속도도 자연스럽게 느려진다. 설정 시간이 지나면 자동으로 꺼진다. 소리가 없어 동반자의 수면을 방해하지 않는다.

[나이트웨이브 웹사이트 인용]

내 경우 효과는 분명했지만 마이클만큼은 아니었다. 현재는 여행 시 고라이트의 보조 장치로 활용하고 있다.

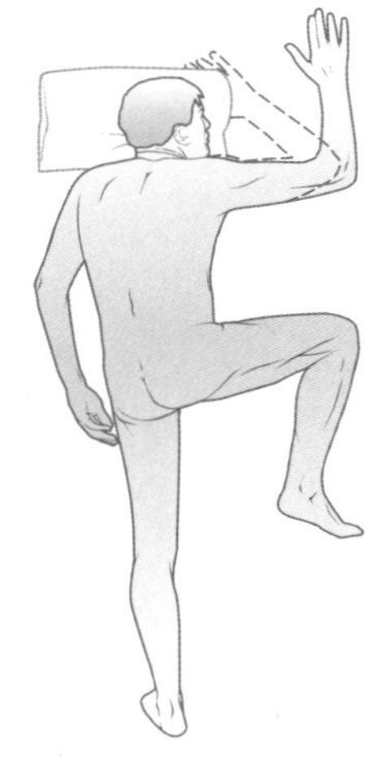

군인의 포복자세를 활용해보라

베개를 베고 오른쪽으로 몸을 틀어 엎드린다. 팔은 몸 옆에 붙이고 손바닥은 위로 향한다. 오른팔을 들어 팔꿈치를 90도로 꺾어 머리 가까이 두고, 오른쪽 무릎 역시 90도로 들어 올린다.

이 반(半)포복 자세는 움직임 자체를 제한한다는 점에서 수면을 유도한다. 이누이트족이 영아를 진정시킬 때 쓰던 자세와 유사하다. 뒤척이려면 몸 전체를 일으켜야 하므로, 자연스럽게 움직임이 줄어든다.

참고자료

- California Poppy Extract (캘리포니아 양귀비 추출물): 가벼운 진정 효과가 있다. 이 성분이 심파수면의 비율을 높이는 데 도움이 된다는 사실을 나는 실험으로 확인했다.
www.fourhourbody.com/poppy
- The Zeo Personal Sleep Coach (제오 개인 수면 코치): 브래드 펠드가 애용한 수면 측정 장치. 머리띠 형태의 센서를 통해 뇌파를 측정하고, 뇌활동이 상승하는 지점에서 깨워 수면 부족을 줄인다. 한때는 수면 상태를 꾸준히 개선하는 데 가장 유용한 기록 장치였다.
www.fourhourbody.com/zeo
- Philips goLITE (필립스 고라이트): 다양한 시도가 실패한 뒤, 이 광선을 쪼인 후에는 10분 이내에 잠들 수 있었다. 컴퓨터 옆에 두고 매일 15분씩 사용한다. 배터리 수명이 길고 크기가 작아 기내 휴대도 쉽다. 2~3일 적응하면 모닝커피가 필요 없어질 수 있다.
- NightWave (나이트웨이브): 담배갑 크기의 느린 파동 빛 발생기. 절친한 친구 마이클은 이 장치로 수면 문제가 크게 개선되었다고 말한다. 나는 여행 시 항상 휴대하며, 고라이트의 보조 장치로 사용한다.
- Air-O-Swiss Travel Ultrasonic Cool Mist Humidifier (에어-오-스위스 여행용 초음파 냉무가습기): 고라이트와 함께 가장 자주 사용하는 수면 보조 장치다. 잠드는 시간뿐 아니라

수면의 깊이까지 개선한다. 피부 건강에 도움이 되고, 부비동염 예방 효과도 있다.
www.fourhourbody.com/humidifier

- Sleep Cycle iPhone Application (슬립 사이클 아이폰 애플리케이션): 아이폰의 가속도계를 활용해 수면 패턴을 분석하고, 가장 얕은 수면 단계에서 깨워주는 수면주기 자명종 앱. 독일·일본·러시아 등 여러 나라에서 높은 판매량을 기록했다(0.99달러).
- Lucid Dreaming: A Beginner's Guide (자각몽 입문 가이드): 스탠퍼드대의 스티븐 라버지 박사는 자각몽을 임상적으로 입증했다. 자각몽이란 렘수면 상태에서 자신이 꿈을 꾸고 있음을 인식하고, 그 내용을 일정 부분 조절할 수 있는 상태를 말한다. 나는 렘수면 비율을 높이기 위해 후퍼진 A를 활용해 자각몽을 유도한 경험이 있다. 이 글에서는 자각몽을 통해 기술 습득 속도를 높이고, 운동 능력이나 한때 사용했지만 잊힌 언어 능력을 되살리는 방법을 초보자도 이해할 수 있도록 간략히 소개한다. www.fourhourbody.com/lucid

02

하루를 두 번 사는 수면법

죽음은 인간을 울게 만들지만 우리는 삶의 3분의 1을 잠으로 보낸다.

바이런 경

그는 하루에 한 시간밖에 잠을 자지 않는다고 한다.
타일러 더든이라는 사람을 아는가?

『파이트 클럽』 척 팔라니의 소설

과학자들은 우리가 왜 인생의 3분의 1을 잠으로 보내야 하는지 아직 명확히 설명하지 못한다. 수면은 단순한 조직 복원 이상의 문제다. 예컨대 완전히 성장한 기린은 체중이 약 800kg에 이르지만 하루 평균 수면 시간은 고작 2시간 남짓이다.

동물 세계에서 하루 8시간을 자는 종은 거의 없다. 그렇다면 인간만이 유독 그렇게 오래 자야 할 이유가 있을까? 총수면 시간을 절반으로 줄이고도 멀쩡히 하루를 보낼 수 있을까?

결론부터 말하면 가능하다.

1996년, 나는 거의 닷새 동안 잠을 자지 않는 실험을 한 적이 있다. 목적은 단순했다. 인간이 며칠까지 잠을 견딜 수 있는지, 그리고 그 부작용이 무엇인지 직접 확인하고 싶었다. 결국 환각 증세로 실험은 중단됐지만 이후에도 나는 수면 주기를 다양한 방식으로 계속 실험했다.

그중 가장 매력적인 접근이 바로 다상수면polyphasic sleep이었다. 짧은 잠을 여러 번 나누어 자는 방식으로, 하루 2시간 남짓한 수면만으로도 비교적 양호한 컨디션을 유지할 수 있다. 신생아 부모나 불가피하게 수면 시간을 줄여야 하는 사람에게는 특히 매력적인 대안이다. 하루에 6시간이 새로 생긴다고 상상해보라. 책을 얼마나 더 읽고, 얼마나 더 많은 것을 배울 수 있을까.

많은 사람이 토머스 에디슨처럼 '잠을 최소화하겠다'고 말하지만 에디슨의 수면 습관은 우리가 막연히 떠올리는 것과는 다르다. 나는 이 장에서 에브리맨Everyman 수면법과 시에스타Siesta 수면법을 중심으로 설명한다. '초인' 수면법은 마감이 코앞인 비상 상황에서만 사용했다. 다상수면에 대해 나보다 훨씬 많은 경험을 가진 더스틴 커티스의 이야기를 통해 각 방법의 장단점을 살펴보자.

잠을 쪼개면 시간이 늘어난다

내 몸은 지구의 시간표와 잘 맞지 않는다. 내 생체리듬은 24시간이 아니라 28시간 주기다. 다시 말해, 나는 대부분 매일 약 4시간을 더 깨어 있는 셈이다. 어떤 날은 밤 11시에 잠에서 깨 다음 날 오후에 잠자리에 들기도 했다. 어릴 적 나는 늘 피곤했고, 종종 '비정상'이라는 시선을 받았다.

그러다 28시간 주기를 따를 때 몸이 가장 편하다는 사실을 깨달았다. 피곤하면 자고, 개운하면 깼다. 문제는 세상이 그런 시간표로 돌아가지 않는다는 점이었다. 결국 나는 스스로 해결책을 찾아야 했다.

여러 연구 끝에, 내게 일주기 리듬 수면장애circadian rhythm sleep disorder가 있을 가능성을 의심하게 됐다. 그때 찾은 해법이 다상수면이었다. 이 방법을 적용하면 이론상 누구나 기존 수면시간에서 최대 6시간을 줄일 수 있다. 물론 대가가 없는 것은 아니다.

다상수면이란

다상수면은 "수면에서 가장 가치 있는 단계는 렘수면"이라는 전제에서 출발한다. 정상적인 수면에서도 렘수면은 밤에 1~2시간 정도에 불과하다. 다상수면의 핵심은 총수면시간 대비 렘수면 비율을 극대화하는 것이다.

방법은 단순하지만 훈련이 필요하다. 뇌가 극도로 피로하다고 느끼면, 수면에 들어가자마자 렘수면으로 진입한다. 밤을 꼴딱 새우고 침대에 쓰러졌을 때 머리가 닿자마자 꿈을 꾸기 시작하는 이유가 이 때문이다. 이 원리를 활용해, 긴 수면 대신 20분짜리 쪽잠을 여러 번 취하면서 빠르게 렘수면에 들어가도록 몸을 재훈련하는 것이다.

수면 방식은 여섯 가지로 나뉜다.

첫 번째는 우리가 평생 익숙했던 단상수면이다.

– 단상수면: 총 8시간 수면, 렘수면 약 2시간

가장 일반적인 방식이지만 나머지 5시간가량은 상대적으로 비효율적인 무의식 상태로 보낼 가능성이 크다. 나머지 다섯 가지가 다상수면 방식이다. 공통점은 20분 쪽잠과, 경우에 따라 1~6시간의 심층수면core sleep을 조합한다는 점이다.

- 시에스타: 쪽잠 1회 + 밤잠 (총수면시간 약 6시간 20분)
- 에브리맨2: 쪽잠 2회 + 심층수면 (총수면시간 약 5시간)
- 에브리맨3: 쪽잠 3회 + 심층수면 (총수면시간 약 4시간)
- 에브리맨4: 쪽잠 4회 + 짧은 심층수면 (총수권시간 약 3시간)
- 초인Uberman: 쪽잠 6회, 심층수면 없음 (총수면시간 약 2시간)

문제점

하루 2시간만 자고도 멀쩡하다면 얼마나 멋질까?

하지만 대가는 분명하다. 쪽잠의 횟수가 늘어날수록, 시간표를 목숨처럼 지켜야 하는 압박감은 기하급수적으로 커진다. 에브리맨 방식에서도 쪽잠을 2시간 이상 넘기면 안 되고, 초인 수면법에서는 30분만 어겨도 전체 리듬이 무너진다. 한번 놓치면 며칠간 극심한 피로가 따라온다. 이 때문에 정해진 출퇴근 시간을 가진 사람에게 다상수면은 현실적이지 않다. 반면 시간 관리의 자율성이 있는 사람이라면 수개월간 성실히 실천해볼 가치는 있다. 낮 시간이 끝없이 늘어난 듯한 감각 그리고 같은 하루를 남들보다 훨씬 풍부하게 쓰고 있다는 묘한 충족감을 경험하게 될 것이다.

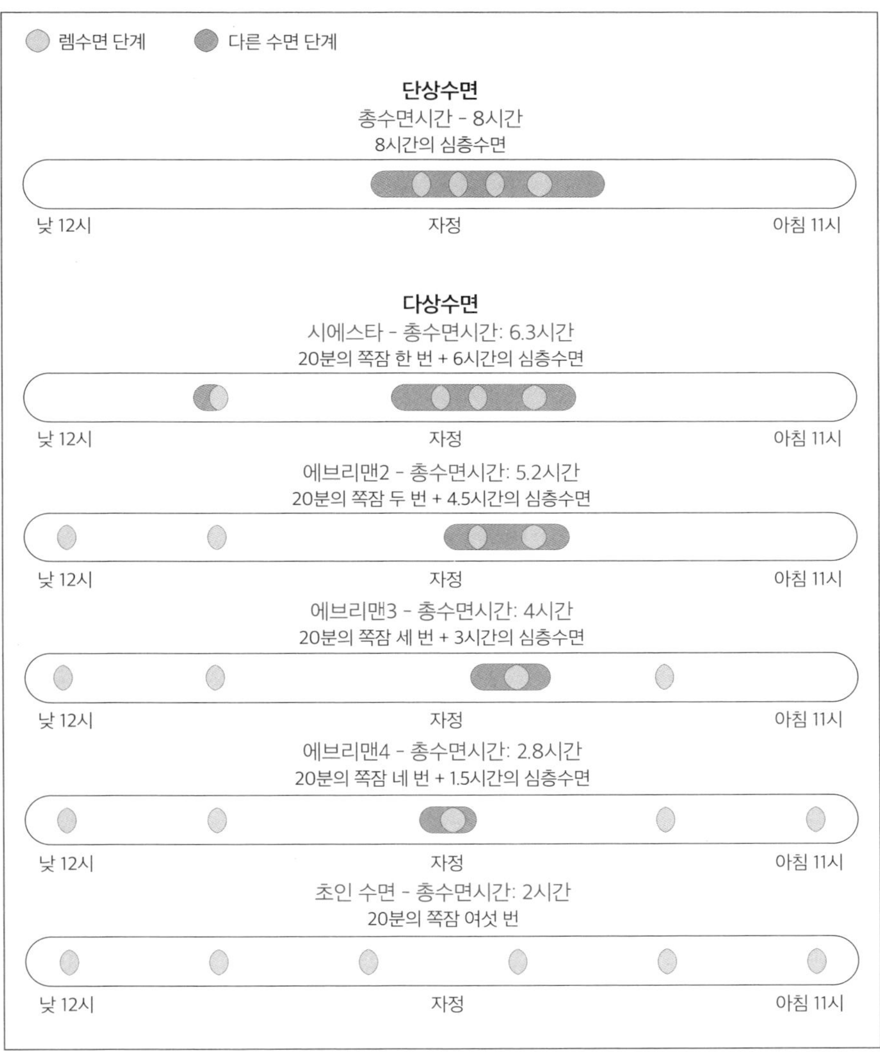

잠을 쪼개는 법: 초인 수면법 4단계

단계 1: 4시간마다 20분 쪽잠을 자는 시간표를 작성한다. 하루 24시간에 6번의 쪽잠을 균등하게 배치한다.

단계 2: 20분을 절대 넘기지 마라. 한 번이라도 초과하면 리듬이 무너진다. 스누즈 버튼은 금물이다. 알람은 침대에서 멀리 둔다.

참고자료

- Dustin Curtis (더스틴 커티스): 이 장의 사실상 공동 저자라 할 수 있는 인물로, 컴퓨터 인터페이스 디자이너이자 초기 화면 디자이너이며 아마추어 신경과학자다. 다상수면에 대한 실험과 경험을 꾸준히 기록한 그의 블로그는 이 장의 핵심적인 참고 자료다. http://blog.dustincurtis.com

- Steve Pavlina's Sleep Logs (스티브 파블리나의 수면 기록): 스티브 파블리나의 다상수면 실험 기록을 정리한 페이지다. 초인 수면법을 포함한 다상수면 전반을 이해하는 데 결정적인 도움을 준 자료로, 관련 정보가 체계적으로 정리돼 있다. www.fourhourbody.com/pavlina

- Uberman Schedule Success Stories (초인 수면법 성공 사례): 워드프레스(WordPress) 개발자 매트 멀렌웨그(Matt Mullenweg)가 초인 수면법을 알게 된 계기이자, 1년간 직접 실천한 경험을 공유한 웹사이트다. 그는 당시를 이렇게 회고했다. "내 삶에서 가장 생산적인 해였다. 처음 3~4주는 거의 좀비처럼 살았지만 일정에 적응한 뒤에는 자명종 없이도 쪽잠에서 깰 수 있었다. 이 기간에 WordPress.org의 대부분을 완성했다. 이후 여자친구를 만나면서 초인 수면법을 그만두었고, 생산성은 눈에 띄게 떨어졌지만 그 선택 역시 나쁘지 않았다. 20분짜리 잠 대신, 누군가와 정상적인 밤을 보내는 삶도 충분히 가치 있었다."

- How the Everyman Sleep Schedule Was Born (에브리맨 수면법의 탄생): 에브리맨 수면법이 어떻게 탄생했고, 사용자들이 각자의 생활 패턴에 맞게 이를 어떻게 변형해 활용했는지를 정리한 글이다. www.fourhourbody.com/everyman

- Clocky Moving Alarm Clock (클로키 무빙 알람 시계): 알람 시간이 되면 약 1미터 높이로 뛰어오른 뒤 바닥을 굴러다니며 소리를 내는 자명종이다. 사용자는 어쩔 수 없이 몸을 일으킬 수밖에 없다. (한국에서는 '클로키', '도망다니는 알람시계' 등의 이름으로 판매된다.) www.fourhourbody.com/clocky

7장. 부상과 통증에서 빠르게 벗어나기

거의 죽을 뻔하고서야
알게 된 회복의 진실

해킹은 컴퓨터의 정교한 방화벽이나 프로그램보다 훨씬 중요하다.
해킹은 우리가 미래를 만들어가는 방식이다.

딘 카먼_ 세그웨이 발명가, 국립기술상·레멀슨-MIT상 수상자

얼마 전 나는 다른 의사에게 진찰을 받으러 갔다.
진료실이 '프로페셔널 빌딩'에 있다는 사실을 확인하는 순간,
몸이 갑자기 좋아지는 느낌이 들었다.

조지 칼린_ 미국 코미디언

2004년부터 2009년까지 촬영한 MRI 및 X선 이미지 일부

프랑스의 탐험가이자 해양생물학자 자크 쿠스토는 과학자를 이렇게 정의했다. "과학자는 자연이라는 열쇠 구멍을 통해 세상에서 무슨 일이 벌어지는지 들여다보는 호기심 많은 사람이다."

2009년 6월, 나는 고통과 절망 속에서 그 '호기심 많은 사람'이 되었다. 머릿속을 떠나지 않던 질문은 극단적이었다. '평생 안고 살아야 할 상처와 통증을 단 14일 만에 없애려 한다면 어떤 일이 벌어질까?' 돈에 구애받지 않고 최고 수준의 의사에게 진료를 받고, 올림픽 대표 선수와 프로선수들이 쓰는 약물을 사용한다면 나도 그들처럼 회복될 수 있을까? 아니면 파산하거나 더 나쁜 결과를 맞게 될까?

결과부터 말하자면 나는 거의 죽을 뻔했다. 다행히 살아남았고 '영구적'이라

고 믿었던 상처의 상당 부분을 뒤바꾸는 데 성공했다. 약 6개월이 걸렸지만 그 시간은 충분히 값진 대가였다. 이제 실패를 피하고 의미 있는 결과를 얻기 위해 반드시 알아야 할 주의사항부터 짚어보자.

고칠 수 없다는 말을 시험하다

나는 애리조나주 템피에서 한 의사의 진찰대 위에 앉아 있었다. 에어컨의 찬 공기와 싸우며, 자크 쿠스토의 '열쇠 구멍'이 아니라 벽에 걸린 해부도 속 불룩한 가로잘록창자transverse colon를 뚫어지게 바라보고 있었다. 이상하게도 그 장기는 유난히 아름다워 보였다.

진찰실에는 다른 장식이 없었다. 나는 목과 어깨, 발목에 길이 약 7.5cm의 주사 바늘을 꽂은 채, 촛불을 보듯 그 해부도를 바라볼 수밖에 없었다. 첫 바늘이 경추를 스치고 지나가자 식은땀이 흘렀다. 그러나 그것은 예열에 불과했다. 두 시간 뒤, 나는 한 번에 가장 많은 주사를 맞은 환자라는 기록을 세웠다.

단번에 가장 많은 주사를 맞는 기록을 세우다

이후 8일 동안 같은 과정을 두 번 더 반복했다. 성장인자를 깨우려 척추 뼈마디를 긁어대는 주삿바늘 소리는 소름 끼치도록 생생하게 귓가를 때렸다. 마취 주사를 열 대 넘게 맞은 덕분에, 발목을 관통해 반대편으로 빠져나오는 주사기를 영화 《에이리언 2》의 장면처럼 차분히 지켜볼 수 있었다. 바늘이 피부를 완전히 뚫고 나온 뒤에는 더 이상 유쾌하지 않았다. 이런 장면을 다른 사람에게 보여주고 싶어 할 의사는 없을 것이다.

우리는 할 수 있는 모든 방법을 동원했다. 가장 강력한 혼합 약물은 말 그대로 잡탕이었다. 올림픽 스키 선수가 무릎 치료에 사용한 약물과, 세계선수권을 앞두고 아킬레스건이 찢어진 단거리 선수가 쓴 약물을 섞었다. 그 육상 선수는 결국 금메달을 땄다.

내가 투여받은 혼합 약물에는 다음과 같은 것들이 포함돼 있었다.

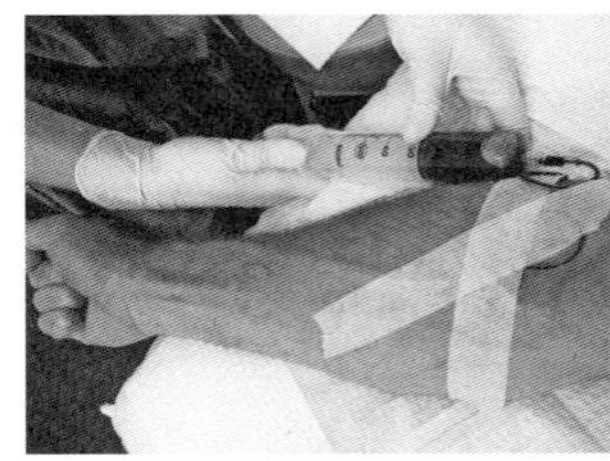

- 혈소판 풍부 혈장PRP: 혈액에서 혈소판을 농축해 얻은 혈장으로, 성장·치유 인자가 풍부하다. 2009년 피츠버그 스틸러스 선수들이 슈퍼볼을 앞두고 사용해 주목받았다.
- 줄기세포 인자SCF: 혈액세포 생성을 촉진하는 물질로, 이스라엘에서 공수했다.
- 뼈형성단백질-7BMP-7: 성인의 중간엽 줄기세포가 뼈와 연골로 분화하도록 돕는다. 지금 생각해보면 가장 위험한 물질이었다.
- 인슐린유사성장인자-1IGF-1: 성장호르몬 자극으로 간에서 생성되며, 강력한 조직 재생 효과를 지닌다. 전문 보디빌더들이 사용하는 고가의 약물이기도 하다.

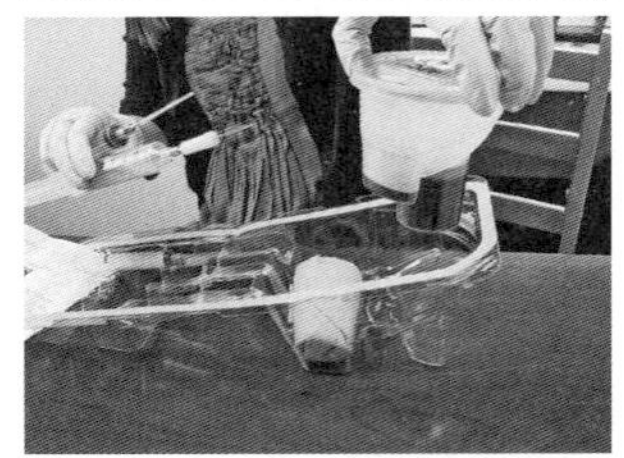

PRP를 만드는 과정

결과는 어땠을까?

4개월 뒤, 하버드대 출신의 세계적 척추 전문의가 치료 전후 MRI를 판독한 결론은 단 한마디였다.

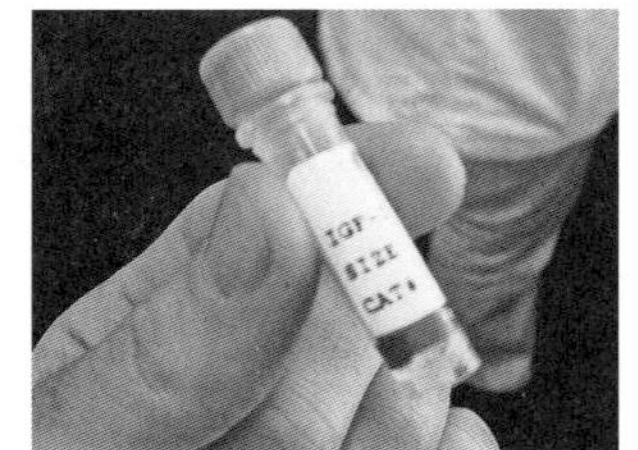

인슐린유사성장인자 1(IGF-1)

"의미 있는 차이를 찾을 수 없습니다."

미세한 생화학적 변화가 있었을지 모르지만 MRI에는 아무 변화도 없었다. 세 차례의 시도로 7,000달러 이상을 날린 셈이었다. 값비싼 실패였다. 설상가상으로 오른쪽 팔꿈치에 맞은 주사로 포도상구균 감염이 발생해 UCSF 메디컬센터에서 응급수술을 받아야 했다. 두 달 가까이 팔을 쓰지 못했고, 병원비만 1만 달러가 넘었다.

일부라도 보상받기 위해 주사 시술을 한 의사에게 1,500달러를 요구했지만 돌아온 답변은 이랬다.

"그 시간에 세상에 나가 일하면 훨씬 더 벌 수 있을 텐데, 왜 저에게 그런 돈을 요구하며 시간을 낭비하십니까?"

모든 것이 엉망이었다. PRP 자체가 잘못은 아니었다. 문제는 그 치료를 제대로 다룰 수 있는 의사를 선택하지 못했다는 점이었다. 첨단에는 항상 위험이 따른다. 특히 절박한 사람들을 노리는 가짜 과학과 사기꾼은 더 그렇다.

수만 달러를 허공에 날리고 싶지 않다면 방법은 하나다. 누군가 먼저 생체 실험의 제물이 되어 그 결과를 중계하는 것. 그 역할을 자처한 '인간 모르모트'가 바로 나였다.

고칠 수 없다는 진단 이후의 선택

먼저 가장 중요한 질문부터 짚고 넘어가자.

나는 왜 스스로 인간 모르모트가 되기를 선택했을까?

이유는 단순하다. 지난 15년 동안 나는 인간의 한계에 도전하며 혹독한 대가를 치렀다. 골절은 20회 이상, 탈구도 20회에 달했고, 어깨와 팔꿈치에 각각 한 차례씩 관절 수술을 받았다. 여기에 평생 안고 살아가야 할 수많은 열상과 염좌까지 더해졌다. 수십 년간 몸을 혹사했고, 이름 끝에 '-boarding'이 붙는 스포츠라면 가리지 않고 도전한 결과였다. 한 정형외과 전문의는 나를 두고 "나이는 서른이지만 몸은 이미 60대"라고 진단했다.

씁쓸했지만 나만의 이야기는 아니었다. 한때 뛰어난 운동선수였던 절친한 친구 역시 서른을 넘기자 온몸이 삐걱거리기 시작했다. 그는 반복된 수술과 만성 통증에 시달렸고, 훈련 중의 사소한 부상들이 결국 평생의 고통으로 이어졌다. 우리는 함께 방에 틀어박혀 분홍빛 흉터들을 바라보며 과거를 회상했지만 현실은 조금도 나아지지 않았다.

내 경우, 결정적인 전환점은 2009년에 처방받은 고용량 프레드니손과 경막외 주사였다. 모든 일은 어깨를 가볍게 부딪친 작은 사고에서 시작됐다. MRI

검사 결과, 어깨에는 이상이 없었지만 목뼈에서 다섯 개의 디스크 퇴행이 발견 됐다.

NHL과 NFL 팀들을 자문하는 척추 전문 정형외과 의사는 쓸쓸한 미소를 지으며 이렇게 말했다. "이건 평생 안고 가셔야 할 짐입니다." 그가 처방한 약 과 주사는 통증을 일시적으로 누그러뜨릴 뿐, 근본적인 해결책은 아니었다. 감 각을 둔하게 만들 뿐인 임시방편이었다. 나는 어느덧 통증 관리의 마지막 단계, 즉 '포기'의 문턱에 서 있었다.

강력한 면역억제제인 프레드니손을 복용한 지 이틀째 되던 날, 나는 몽롱한 상태로 샌프란시스코 미션 지구를 몇 시간이나 비틀거리며 방금 주차한 자동 차를 찾아 헤맸다. 하지만 끝내 포기하고 택시를 타고 약속 장소로 향했다.

다음 날 아침, 눈을 떴지만 몸과 정신은 진흙처럼 짓이겨진 느낌이었다. 전 날 누구와 식사했는지조차 기억나지 않았다. 그 순간, 모든 것이 끝났다는 생각 이 들었다. 현대의학이 내 문제를 해결해주지 못한다면 남은 선택지는 하나뿐 이었다. 극단적인 방법을 시도하는 것. 그리고 어차피 하나를 고칠 바에는 모든 문제를 한꺼번에 해결하고 싶었다.

고치려면, 이 순서를 지켜라: 4단계 복원 전략

돌이켜보면 어떤 방법이 효과가 있었고 어떤 방법이 실패했는지를 기준으 로 판단했더라면 불필요한 비용을 상당히 줄일 수 있었을 것이다. 이상적인 접 근은 단계적으로 진행하는 것이다. 1단계에서 효과가 없을 때만 2단계로 넘어 가고, 외과적 수술은 최후 수단으로 남겨두는 편이 바람직하다.

단계 1 - 운동
특정 운동을 통해 자세와 생체역학biomechanics을 교정한다.
단계 2 - 도수 교정
손이나 도구를 이용해 연부조직의 손상과 유착을 교정한다.

경구 또는 주사 형태로 약물을 투여한다.

외과적 수술을 통한 구조적 복구

아래는 2004년 어깨 관절 재건 수술 이후, 그리고 2009년에 약 5개월간 직접 실험한 접근법 가운데 일부다. 2004년 수술 이후에는 2~4주 간격으로 혈액 검사를 실시했고, 그 결과에 따라 근육 주사를 병행했다.

2009년 직접 실험에 뛰어들게 된 결정적 계기는, 무엇이 가능한지 이미 경험했기 때문이다. 수술 이후 여러 치료법을 신중하게 조합해 적용한 결과, 수술한 어깨가 오히려 '손상되지 않은' 반대쪽 어깨보다 더 좋아지는 놀라운 변화를 겪었다.

단순한 회복을 넘어 과거의 역량을 초과하는 경우도 적지 않았다. 이런 변화는 당신을 '새로운 사람'이 아니라 더 나은 사람으로 만든다. 그리고 때로는 삶 전체를 바꿔놓는다.

즉각적이면서도 지속적인 효과를 보인 방법에는 별표(*)를 표시했고, 특히 효과를 본 신체 부위는 괄호로 명시했다. 핵심 방법들은 뒤에서 자세히 다룰 것이다.

운동

- 펠덴크라이스
- 필라테스
- 보조 스트레칭
- 태극권
- 요가(아슈탕가 요가, 비크람 요가)
- 맨발 보행 또는 비브람Vibram 신발 착용 걷기(허리 하부)*
- 엑오스큐 운동법(목, 등 중부)*

- 마사지(스웨디시 마사지부터 롤핑까지)

- 침, 지압

- 능동이완기법Active Release Technique, ART(어깨)*

- 고급 근육 통합 요법Advanced Muscle Integration Therapy, AMIT(가슴, 둔부, 장딴지)*

- 그라스톤 테크닉

- 국소 약물
  - 안드로겔(테스토스테론 제제)
  - DMSO에 혼합한 MSM
  - 아르니카Arnica
- 경구 약물
  - 사이토멜(Cytomel, 합성 갑상선 호르몬 T3)
  - 고용량 L-글루타민(하루 50~80g)
  - 소 진피·닭발 추출 고용량 콜라겐(1·2·3형)
- 관절 주사
  - PRP
  - 코르티손
  - 증식요법(인대강화주사: 왼쪽 무릎, 오른쪽 손목)*
- 근육 주사
  - 데카 듀라볼린(왼쪽 어깨)*
  - 델라테스트릴
  - 데포 테스토스테론
  - 서스타논(복합 테스토스테론) 250*
  - HCG(인간 융모생식샘자극호르몬)
  - 트라우밀·림포미오소트 미량 주사(아킬레스건, 가시아래근)*

- 피하 주사
  - HGH(인간성장호르몬)
  - 생물학적 주사 요법(상동)*

이 정도면, 내가 어떤 선택을 했고 어디까지 밀어붙였는지 충분히 짐작할 수 있을 것이다.

수많은 시도 끝에 살아남은 방법들

앞서 언급한 여러 방법은 저마다 일정한 도움을 주었지만 효과가 48시간 이상 지속된 방법은 손에 꼽을 정도였다. 또한 일부 운동은 혼자 수행하기조차 어려웠다. 단 1~3회의 치료 혹은 꾸준한 개인 훈련만으로 이른바 '영구적인' 상처를 되돌려놓은 방법은 결국 다섯 가지뿐이었다. 그중 핵심적인 두 가지를 먼저 살펴보자.

1. 신발의 굽을 없애라!

[교정 부위: 등 아랫부분]

굽이 높은 신발은 자세를 무너뜨리고, 그 결과는 거의 예외 없이 통증으로 이어진다. 시카고에서 크로스핏CrossFit을 지도하던 루디 타팔라Rudy Tapalla를 통해 발가락 장갑처럼 생긴 비브람 파이브핑거스Vibram FiveFingers를 접하기 전까지, 나는 굽이 신체에 미치는 악영향을 전혀 인식하지 못하고 있었다.

굽이 높은 신발을 일상적으로 착용하면 척추후만증과 척추전만증lordosis을 유발하기 쉽고, 이는 등 아랫부분과 윗부분 모두에 만성 통증을 남긴다. 다시 말해 골반이 앞으로 기울어지면서 척추가 활처럼 휘고, 허리가 과도하게 안쪽으로 말리는 자세가 고착되는 것이다. 흔히 말하는 '곱사등'과 '말허리'를 동시에 갖춘 상태를 학술적으로 표현한 것에 불과하다.

이런 자세가 굳어지면 체지방률이 낮은 사람조차 복부가 불룩 튀어나와 보

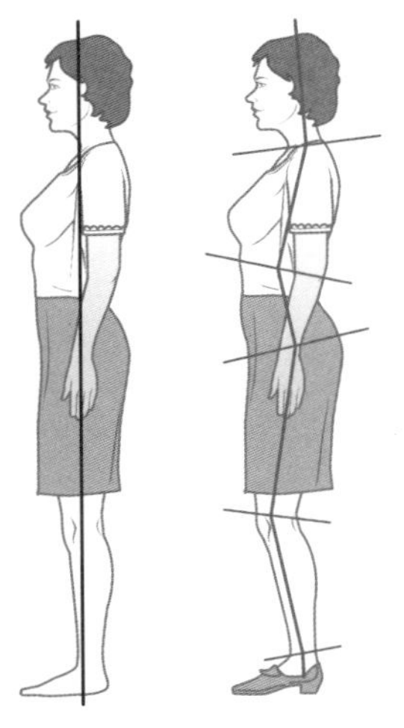

일 수 있다. 이는 실제 지방 때문이 아니라 자세로 인한 시각적 착각이다.

해결책은 단순하다. 발가락부터 뒤꿈치까지 바닥이 평평하고 굽이 거의 없는 신발을 신는 것이다. 나는 신발을 비브람 파이브핑거스와 테라 플라나 베어풋 비보Terra Plana Barefoot Vivo로 바꾼 이후, 거의 10년 동안 나를 괴롭히던 허리 통증에서 벗어났다. 덤으로 발의 기능과 형태도 상당 부분 회복되었다.

굽 없는 신발이 얼마나 회복 효과를 주는지는 1905년 『미국 정형외과 학회지』에 실린 발의 자연 상태 사진만 봐도 충분히 알 수 있다. 물론 오해는 없기를 바란다. 굽이 있는 구두는 여성의 실루엣을 아름답게 만들고, 우아하고 날씬해 보이게 한다. 다만 굽 높은 구두만을 일상화하는 선택은 분명히 재고할 필요가 있다. 핵심은 배제와 균형이다.

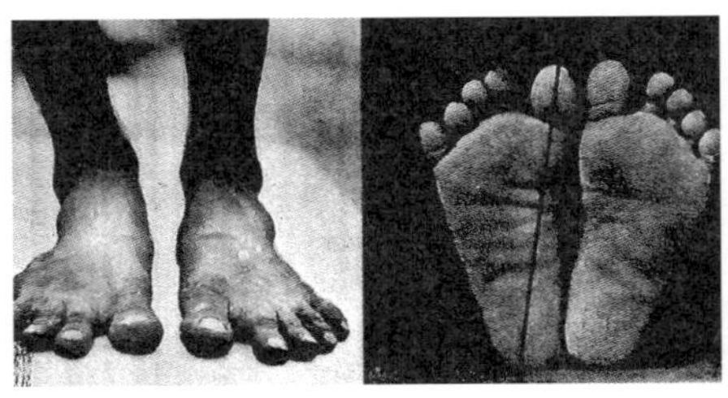

만발로 걷는 사람의 발은 발가락이 부채처럼 자연스럽게 벌어지고, 발바닥 또한 보행에 적합한 형태로 발달한다. 발꿈치 중앙에서 엄지발가락으로 이어지는 축이 자연스럽게 바깥쪽을 향하며, 발가락이 과도하게 안쪽으로 말려드는 현상이 억제된다. 그 결과 무릎과 허리 아랫부분에 가해지는 부담과 통증 역시 예방된다.

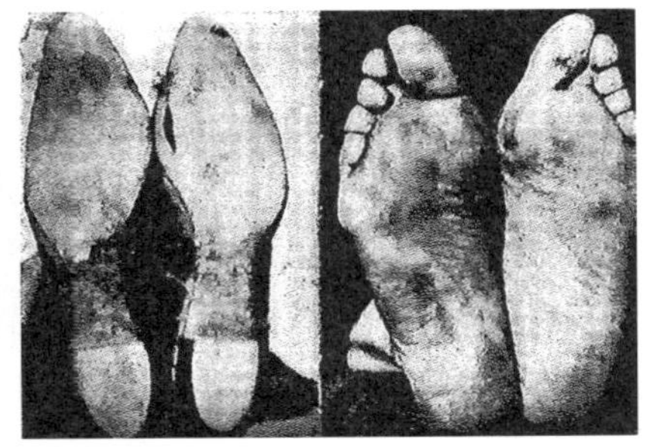

현대인의 발은 구두에 지속적으로 압박을 받으며 변형되었고, 그 모습은 중국의 전족(纏足)과 유사하다. 발꿈치 중앙에서 엄지발가락으로 이어지는 자연스러운 축이 사라지고, 발가락이 안쪽으로 모이며 기능적 구조가 무너진 상태다.

2. 엑오스큐 운동법(Egoscue Method)

[교정 부위: 목, 등 중간부]

엑오스큐 운동법은 현재 전 세계 24곳 이상의 클리닉에서 시행되는 자세 교정 프로그램이다. 창시자인 피터 엑오스큐Peter Egoscue는 전직 해병대원으로, 자신의 부상 경험과 운동선수들을 대상으로 한 실험을 토대로 이 체계를 구축했다.

초기 일화 하나는 지금도 이 운동법을 설명할 때 빠지지 않는다. 피터는 경기 중 발목을 삔 프로레슬러의 라커룸에 들어가, 그에게 바닥에 누운 채 다리를 곧게 펴서 로커 문 위에 올려두라고 지시했다. 특별한 이유가 있었던 것은 아니다. 마땅한 방법이 떠오르지 않았기 때문이다. 그는 전화를 받으러 자리를 비웠고, 15분 뒤 돌아왔을 때 레슬러는 여전히 발목 통증을 호소했다.

하지만 뜻밖의 반응이 이어졌다.

"이상하게도, 늘 괴롭히던 등 통증이 거의 느껴지지 않습니다."

피터는 이 현상에 강한 의문을 품었고, 같은 동작을 반복·변형하며 실험을 이어갔다. 그렇게 탄생한 동작이 바로 이름부터 다소 노골적인 '바로 누운 자세에서 샅굴부위 프로그레시브'supine groin progressive였다. 나는 훗날 이 자세를 가장 신뢰하는 운동 중 하나로 받아들이게 되었다.

수십 년이 흐른 지금도 피터는 엑오스큐 대학교에서 학생들에게 이렇게 말한다.

"나는 아무것도 모른다. 그렇기 때문에 내 세계에서는 모든 것이 가능하다."

솔직히 말하면 나는 오랫동안 엑오스큐 운동법을 탐탁지 않게 여겼다. 운동선수들을 통해 여러 차례 추천받았지만 지나치게 신비주의적이고 사이비적인 분위기가 느껴졌기 때문이다. 알레르기가 사라지고 소화 장애가 저절로 낫는다는 증언, 심지어 운동 중 전신 경련을 보이는 영상까지 접하며 나는 이 방법을 의도적으로 외면했다.

필라테스를 종교처럼 확장한 운동에 기대고 싶지 않았던 것이다. 잭 니클라우스나 슈퍼볼 반지를 낀 NFL 선수들이 추천했음에도 나는 이 방법을 머릿속에서 지워버렸다.

그러다 2009년 6월, 애리조나 템피에서 둘리치료사 존 캐터몰John Cattermole 과 점심을 함께한 것이 전환점이 되었다. 그는 25년 경력의 베테랑 치료사였고, 그날 오후 엑오스큐 운동을 직접 해볼 예정이었다. 나는 반쯤은 호기심, 반쯤은 조롱 섞인 마음으로 그를 따라갔다.

그리고 90분 후, 수련실을 나서며 나는 6개월 만에 처음으로 등 중간부에서 통증을 느끼지 못했다. 그 경험은 분명했다. 내가 엑오스큐를 외면해온 것은, 선입견에서 비롯된 또 하나의 조급한 판단이었다.

이 경험을 통해 두 가지 사실이 다시 확인됐다.

첫째, 어떤 방법이든 그것을 전하는 사람에 따라 메시지가 왜곡될 수 있다는 점.

둘째, 이소룡의 말처럼 "유익한 것은 취하고, 무익한 것은 버리며, 자신만의 것을 더하는 태도"가 핵심이라는 점이다.

이후 나는 컴퓨터 앞에서 장시간 일해 등이 굽은 사람들을 대상으로 수개월간 실험했고, 책상에 오래 앉아 일하는 이들에게 특히 효과적인 6가지 엑오스큐 동작을 추려냈다. 재택근무자이거나 비교적 자유로운 업무 환경이라면, 2~3시간 간격으로 1·2·3번 동작을 수행하고, 주 1회 이상 여섯 가지 전부를 실행해보길 권한다.

그중 가장 번거롭고 이상해 보이는 '바로 누운 자세에서 샅굴부위 프로그레시브'는, 경직된 허리근과 고관절 굴곡근을 풀고 골반을 안정시키며 햄스트링 긴장을 해소하는 데 있어 가장 강력한 효과를 보였다.

#1. 스태틱 백Static Back

세트 1 / 횟수 1 / 소요 시간 5분

운동 방법

1) 바닥에 등을 대고 눕고, 두 다리는 블록이나 의자 위에 올린다.

2) 손바닥을 위로 향하게 한 채 두 팔을 몸통 옆에서 약 45도로 벌려 뻗는다. 엄지는 바닥에

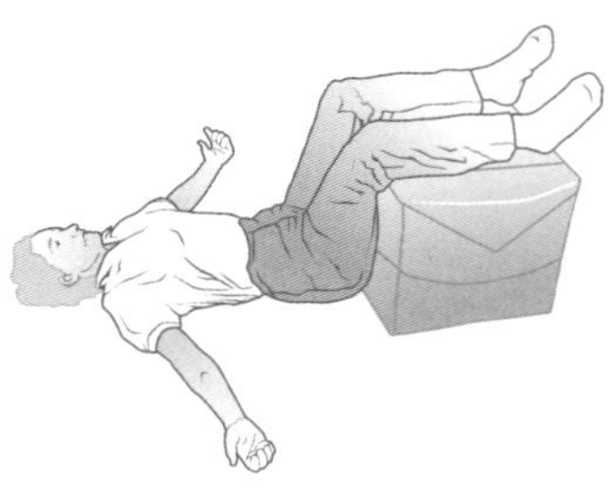

닿도록 둔다.

3) 등 윗부분의 힘을 완전히 빼고, 허리 아래쪽은 왼쪽부터 오른쪽까지 평평하게 바닥에 밀착시킨다.

4) 이 자세를 5분간 유지한다.

#2. 스태틱 익스텐션 포지션 온 엘보우Static Extension Position on Elbows

세트 1 / 횟수 1 / 소요 시간 1분

운동 방법

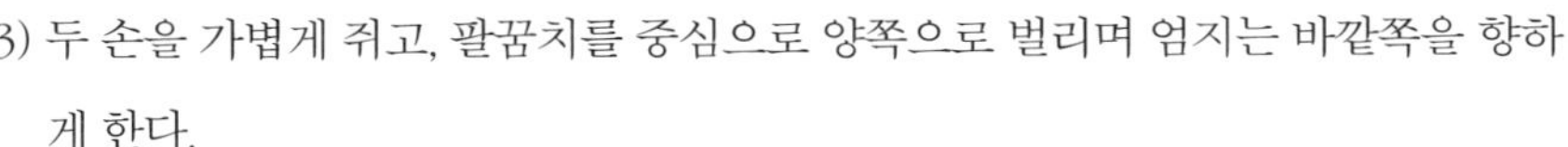

1) 두 손과 두 무릎을 바닥에 댄 자세에서 시작한다. 어깨 – 팔꿈치 – 손목은 일직선을 이루고, 엉덩이는 무릎 위에 수직으로 위치해야 한다.

2) 두 손을 앞으로 약 15cm 이동한 뒤, 그 자리에 팔꿈치를 차례로 내려놓는다.

3) 두 손을 가볍게 쥐고, 팔꿈치를 중심으로 양쪽으로 벌리며 엄지는 바깥쪽을 향하게 한다.

4) 엉덩이를 발꿈치 쪽으로 밀어내며 허리 아랫부분을 부드럽게 활처럼 굽힌다.

5) 머리는 자연스럽게 아래로 숙인다.

6) 이 자세를 60초간 유지한다.

#3. 숄더 브리지 위드 필로우Shoulder Bridge with Pillow

세트 1 / 횟수 1 / 소요 시간 1분

운동 방법

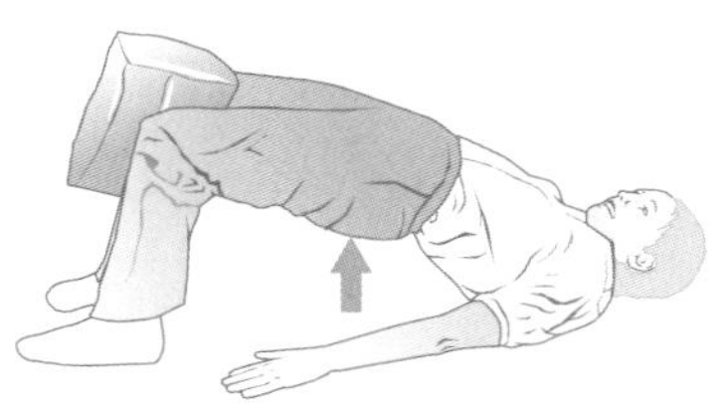

1) 등을 대고 누운 상태에서 무릎을 세우고, 두 발은 정면을 향하게 둔다.

2) 무릎 사이에 베개를 끼우고 안쪽으로 일정한 압력을 유지한다.

3) 상체의 힘을 빼고, 엉덩이와 허리를 바닥

에서 들어 올린다.

4) 이 자세를 1분간 유지한다.

#4. 액티브 브리지스 위드 필로우Active Bridges with Pillow

세트 3 / 횟수 15회

운동 방법

1) #3의 시작 자세를 유지한다.

2) 엉덩이를 최대한 위로 들어 올린 뒤, 천
   천히 내려놓는다.

3) 동작이 끊기지 않도록 주의하면서 부드
   럽게 반복한다.

4) 총 3세트를, 세트당 15회 수행한다.

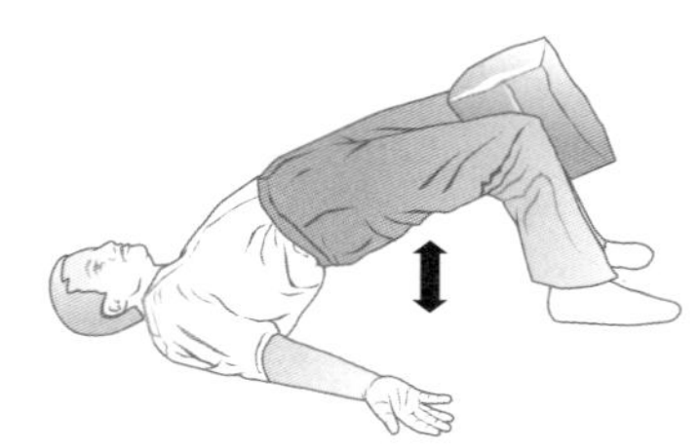

#5A. 바로 누운 자세에서 층층대를 이용한

　　　샅굴부위 프로그레시브Supine Groin Progressive in Tower

소요 시간 좌우 각각 약 25분

운동 방법

1) 등을 대고 누운 상태에서 한쪽 다리를
   90도로 굽혀 블록이나 의자 위에 올린
   다. 손바닥은 위로, 두 팔은 몸통 옆에서
   약 45도로 벌린다.

2) 반대편 다리는 타워 형태의 층층대 위에
   올린다.

3) 반대편 발을 가장 낮은 층부터 시작해,
   허리 아래쪽이 활처럼 굽어지기 직전까지 한 층씩 올린다.

4) 각 단계에서 5분간 자세를 유지한다. 이때 허리가 바닥에서 떨어지지 않도록 주
   의한다.

5) 5분 후 발을 한 층 낮추고 같은 자세를 유지한다.

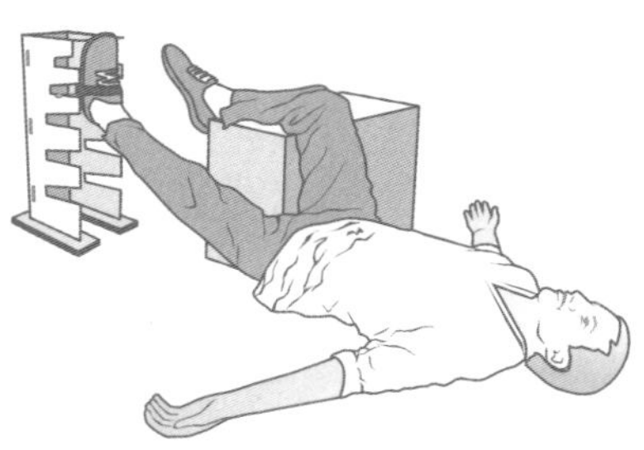

6) 발이 가장 낮은 층까지 내려와 다리가 곧게 펴질 때까지 이 과정을 반복한다.

7) 다리를 바꿔 동일한 과정을 수행한다.

#5B. 대안적 방법: 바로 누운 자세에서 의자를 이용한

　　샅굴부위 스트레치Supine Groin Stretch on Chair

※ 공간이나 도구가 부족한 경우의 차선책으로, #5A보다 효과는 제한적이다.

운동 방법

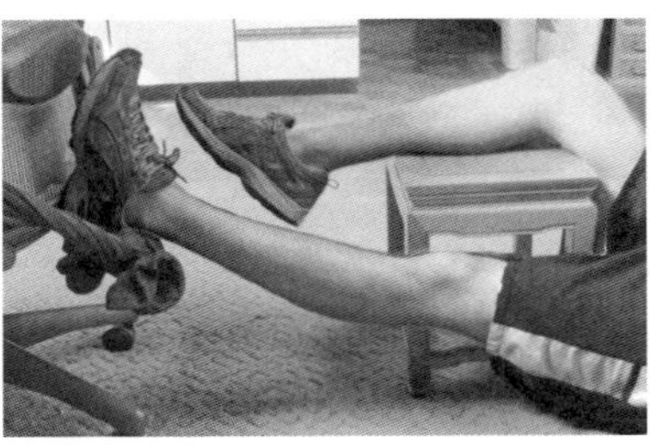

1) 의자나 문손잡이에 헐거운 셔츠나 바지
　를 묶는다.

2) 그 옆에 무릎 높이 정도의 낮은 의자나
　탁자를 둔다.

3) 셔츠나 바지에 한쪽 발꿈치를 걸고, 반대
　편 다리는 의자 위에 편안히 올린다.

4) 이 자세를 10분간 유지한 뒤, 다리를 바꿔 반복한다.

#6. 에어 벤치Air Bench

세트 1 / 횟수 1 / 소요 시간 2분

운동 방법

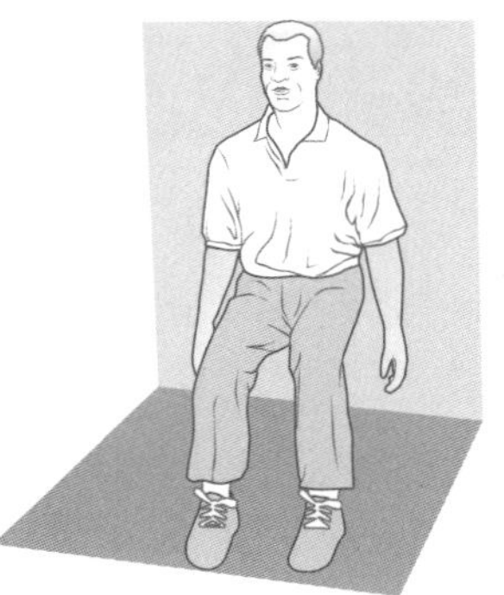

1) 등을 벽에 대고 서서 발과 무릎을 엉덩이 너비로
　벌린다. 발끝은 정면을 향하게 한다.

2) 벽에서 약 30cm 떨어진 상태에서 무릎이 90도가
　될 때까지 천천히 내려간다.

　　- 이때 무릎이 발목보다 앞으로 나오지 않도록
　　한다.

　　- 허리 아랫부분은 벽에 평평하게 밀착시킨다.

　　- 체중은 발꿈치에 싣고, 발가락에 힘을 주지 않
　　는다.

3) 이 자세를 2분간 유지한다.

3. 고급근육통합요법(Advanced Muscle Integration Therapy, AMIT)

[교정 부위: 가슴, 둔부, 장딴지]

나는 상처 복원을 위해 인간 모르모트가 되기로 한 책임을 반(半)직업 운동 선수와 나눠 갖기로 했다. 편의상 그의 이름을 시비스킷Seabiscuit이라 부르자. 대공황 시기 미국인들에게 희망의 상징이었던 경주마의 이름에서 따왔다. 그 이름처럼, 우리도 각자의 방식으로 회복이라는 긴 레이스를 달리고 있었다.

시비스킷은 단거리 훈련 중 햄스트링이 파열됐다. 나 역시 생화학적 실험을 이어가며 수많은 주사를 맞고 있었고, 그는 기이한 치료법과 고통스러운 기계적 교정들을 이미 숱하게 경험한 상태였다. 멕시코에서 마이애미까지, 우리는 각종 치료법을 전전하며 10만 달러가 넘는 비용을 썼지만 뚜렷한 성과는 좀처럼 나타나지 않았다.

그런 그가 찾아낸 유일한 성과가 있었다.

문자 메시지는 이렇게 시작됐다. "이제 끝을 볼 때가 온 것 같네. 두 손가락 박사가 자네를 고쳐줄 수 있을 걸세. 믿게."

그 메시지를 받았을 무렵, 나 역시 여러 '획기적 해결책'을 검토한 끝에 솔트레이크시티로 날아와 있었다. 1시간 넘게 차를 몰아 모르몬교 도시 케이스빌로 향했고, 그곳에 크레이그 뷸러Craig Buhler, 일명 '두 손가락 박사'의 카이로매트ChiroMAT 진료실이 있었다.

대기실 벽은 감사 편지로 빼곡했고, 슈퍼볼을 네 차례나 제패한 라인배커 빌 로마노브스키, NBA의 존 스탁턴과 칼 말론, 알파인 스키의 스타 피커부 스트리트가 직접 사인한 유니폼들이 걸려 있었다.

뷸러의 접근법은 대부분의 치료사와 달랐다.

일반적인 치료가 통증 부위를 직접 다룬다면 그는 '고유감각'proprioception, 즉 신경계가 근육을 어떻게 제어하는가에 집중했다. 통증이 아니라 기능 상실의 근원을 찾으려 한 것이다.

그는 손상되거나 비활성화된 근육을 하나씩 분리해 접근했다. 최상급 운동 선수의 경우, 700개에 달하는 근육을 개별적으로 평가하기도 했다. 한 손가락으로는 근육의 한쪽 끝(힘줄 부착부)을 깊게 누르고, 다른 손가락으로는 반대편

끝을 자극하며 기능 회복 여부를 테스트했다. 이 방식 때문에 시비스킷은 그를 '두 손가락 박사'라 불렀다.

진료실에 비치된 안내문에는 이런 문장이 적혀 있었다. "신체가 감당할 수 있는 범위를 넘는 스트레스를 받으면 근육과 결합조직은 손상되거나, 전기회로의 차단기처럼 고유감각계가 작동을 멈춘다. 그러면 인체는 다른 근육을 동원해 그 부담을 떠안는다. 이 보상은 반복될수록 강화된다."

이른바 '재활성화'는 금세 눈앞에서 확인됐다. 뷸러는 FET 힘센서로 내 가시위근supraspinatus을 측정하더니, "초등학생 수준"이라고 평했다. 그리고 즉시 재활성화 치료를 시작했다. 불과 5분 만에, 6파운드(약 2.7kg)밖에 들지 못하던 힘은 29파운드(약 13kg)까지 회복됐다.

그는 이어서, 아무런 사전 정보도 없이 이렇게 물었다.

"오른쪽 아킬레스건 끝이 아프지 않습니까?"

그 부위는 당시 내가 가장 심각하게 느끼던 문제였다. 놀란 내 표정을 보고 그는 설명했다.

"장딴지 근육이 제대로 활성화되지 않았습니다. 그래서 아킬레스건과 무릎에 부담이 가고, 햄스트링에도 연관통이 생긴 겁니다."

치료를 거듭할수록 명확해졌다. 통증 부위는 원인이 아니었고, 기능을 상실한 근육을 대신해 일하던 다른 근육들이 차례로 문제를 일으키는 보상 악순환이 반복되고 있었다. 기능이 멈춘 진짜 원인은 아픈 부위와는 딴판인 곳, 심지어 몸의 정반대 편에 은밀하게 숨어 있기도 했다.

뷸러의 근원점 탐지 능력은 탁월했다. 한 세계적인 파워리프터는 첫 진료에서 이런 말을 들었다. "당신, 대퇴사두근이 약합니다." 그는 즉각 반박했다. "내가요? 900파운드(약 400kg)를 드는데?" 하지만 경기 영상을 느린 화면으로 분석한 결과, 그는 상대적으로 약한 사두근을 보완하기 위해 다리를 빠르게 펴는 기술에 의존하고 있다는 사실을 인정할 수밖에 없었다. 뷸러의 눈은 숫자나 기록이 아니라 몸이 실제로 움직이는 방식을 읽고 있었다.

치료 비용은 근육 하나당 50달러. 저렴하진 않았다. 나는 네 차례 방문해 50개 이상의 근육을 재활성화했다. 모든 보충 프로그램을 충실히 따르지는 않았지만, 주류 의학이 놓친 지점을 비주류 접근법이 채울 수 있다는 사실만큼은 분명해졌다. 그물을 넓게 던질 필요가 있었다.

끝으로 나는 유일하게 신뢰할 수 있는 기준, 객관적인 무게로 그의 치료법을 평가했다.

변화는 명확했다. 나는 10대에 쇄골 양쪽이 모두 골절된 이후, 가슴 근육 발달에 늘 어려움을 겪어왔다. 벤치프레스나 플라이 계열 운동은 특히 힘들었다. 두 번째 치료를 받기 전까지, 나는 18kg 아령으로 디클라인 덤벨 플라이를 5회 반복하는 것이 고작이었다. 그러나 치료 후 24시간이 지나자, 22.5kg 아령으로 14회를 안정적으로 반복할 수 있었다. 무게는 20%, 반복 횟수는 무려 180%나 증가한 것이다.

근육의 덩치보다 힘의 출력을 높이는 게 우선이다. 그러려면 엔진의 점화 장치인 신경계부터 제대로 깨워야 한다. 힘이 부족한 것인지, 아니면 신경 신호가 차단된 것인지부터 구분해야 한다.

4. 능동이완기법(Active Release Technique, ART)

[교정 부위: 어깨 회전근]

마이클 레이히Michael Leahy는 공군에서 항공공학을 공부하며 구조역학에 대한 탄탄한 공학적 훈련을 받았다. 그의 관심이 인간의 물렁조직 손상으로 옮겨 간 것은 1985년이었다. 이 해는 ART가 체계적인 방법론을 갖추고 특허를 취득한 해이기도 하다. 공학적 사고를 인체 조직 손상에 적용해 실질적인 성과를 거둔 시점이었다.

철인 3종 경기만 25차례 이상 완주한 베테랑이기도 한 레이히는 이후 올림픽 단거리 금메달리스트 도노반 베일리, NHL 토론토 메이플리프스의 게리 로버츠, 미스터 유니버스 밀로슈 샤르체브 등 정상급 선수들을 치료했다.

ART의 기본 원리는 단순하다. 근육을 능동적으로 수축시키고, 치료사는 손으로 압력을 가해 조직을 늘리거나 인접 조직과의 미끄러짐을 회복시킨다. 그러나 단순하다고 해서 쉬운 것은 아니다. 레이히의 표현을 빌리면, "피아노를 치는 것만큼 간단하면서도 어렵다."

ART를 받을 때의 느낌은 솔직히 말해 고통스럽다. 근육이 서로 혹은 뼈에 유착되어 있을 경우 마치 조직을 떼어내는 듯한 감각이 든다. 오른쪽 사진 속 내 표정만 봐도 그 강도를 짐작할 수 있을 것이다.

나는 종합격투기 UFC 미들급 챔피언을 5차례 지낸 프랭크 샴락Frank

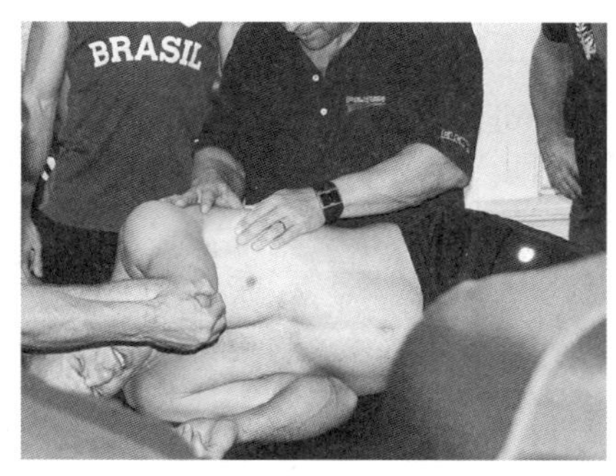

극심한 통증이 동반되는 치료 장면

Shamrock을 통해 2001년 처음 ART를 접했다. 그는 훈련 중에 등 아랫부분에 급성 손상을 입었고, ART로 치료를 받았다. 당시 프랭크는 거의 걷지 못할 정도였고, 큰 기대도 하지 않았다고 한다. 그의 회고는 다음과 같다.

나는 16년 동안 요통과 다리 저림 때문에 전 세계 30명 넘는 치료사를 찾아다녔다. ART를 받으러 갔을 때는 허리를 세울 수도 없었고, 바닥에서 태아처럼 웅크린 채 잠을 자야 했다. 의사들은 척추 고정 수술을 하거나 평생 통증을 안고 살라고 말했을 뿐이었다. 나는 한 달 후로 예정된 K-1 킥복싱 경기를 포기할 수밖에 없는 상태였다.

프랭크는 캘리포니아 산호세의 잰즌 앤 잰즌 스포츠 헬스 클리닉에서 10분씩 네 차례 ART 치료를 받았다. 그 결과, 통증의 원인이던 흉터조직과 유착이 크게 완화됐다. 목요일에 트레이너에게 업혀 나갔던 그는, 다음 주 화요일 정상 컨디션으로 훈련에 복귀했다. 그리고 3주 뒤 K-1 경기에서 1라운드 KO 승리를 거뒀다.

프랭크는 ART를 비 제이 펜에게 소개했다. 수술을 권유받았던 비 제이 펜은 ART 치료를 통해 왼쪽 어깨뿐 아니라 오른쪽 어깨와 햄스트링까지 회복되었다. UFC 경기 2주 전 요통을 호소했지만 15분짜리 ART 치료 두 차례로 통증이 사라졌고 경기에서는 체중이 훨씬 더 나가던 우노 카올을 11초 만에 녹아웃시켰다.

칼로 베지 않고, 신경을 깨우다:
ART에서 생물학적 주사요법까지

2009년 12월, 음산한 겨울비가 내리던 뉴욕의 오후로 장면을 옮겨보자.

나는 피크 퍼포먼스 체육관에서 하루 종일 강의를 듣고 있었다. 강사는 찰스 폴리킨으로, 올림픽 대표선수들까지 훈련시킨 근력 트레이닝의 거장이자, PIMST(Poliquin Instant Muscle Strengthening Technique, 폴리킨 신속근력강화기법)를 개발한 인물이다.

실습 시간에 우리는 서로 짝을 지어 어깨의 외회전·내회전 운동 범위를 점검했다. 내 외회전은 매우 좋았지만 내회전은 거의 움직이지 않았다(내회전근은 팔씨름을 할 때처럼 팔을 몸 안쪽으로 비트는 동작이나, 야구공을 던질 때 팔이 앞으로 감기듯 회전하는 움직임이다. 반대로 외회전근은 팔꿈치를 몸에 붙인 채 팔을 바깥쪽으로 벌리거나, 문을 밖으로 밀어 열 때처럼 팔이 몸 밖으로 돌아가는 동작을 떠올리면 된다). 파트너는 내가 일부러 장난치는 줄 알 정도였다. 그러나 사실이었다. 나는 언제 마지막으로 등을 만졌는지조차 기억나지 않았다.

쉬는 시간에 나는 폴리킨에게 도움을 청했다.

그는 잠시 나를 바라보더니 말했다. "내가 고쳐줄까요?"

나는 주저 없이 대답했다. "그렇다면 정말 고맙겠습니다."

폴리킨은 나를 마사지 테이블로 데려가 학생들을 모두 불러 모았다. ART 시범을 보이기 위해서였다. 체육관에서 가장 왜소한 체구였던 나는, 20분 후 가장 고통스러운 치료를 견뎌낸 사람으로 주목받게 됐다. 폴리킨은 이렇게 말했다.

"내가 두 손을 써야 한다면 그건 상황이 꽤 심각하다는 뜻입니다."

90kg가 넘는 조수 둘이 내 팔을 고정한 상태에서, 그는 유착된 근육을 손가락으로 깊이 밀어 넣었다. 압력은 약 2.5cm에 달했다. 솔직히 말해, 추수감사절 칠면조가 된 기분이었다. 다음 페이지에 실린 치료 전·후 사진에서 ART의 효과는 분명히 드러난다. 폴리킨은 완전한 회복을 위해 서너 차례 추가 치료가 필요할 것이라고 말했다.

그는 예전에 이런 사례도 경험했다고 덧붙였다. IFBB(국제보디빌딩연맹) 프로 보디빌더 밀로슈 샤르체브는 양쪽 어깨 관절경 수술을 앞두고 있었다. 수술비만 1만 8,000달러, 재활 기간까지 감안하면 경기 출전 중단은 확실해 보였다. 폴리킨은 수술 전, 레이히에게 먼저 진료를 받도록 권했다.

치료 당시 밀로슈는 4개월간 훈련을 전혀 하지 못한 상태였다. 올림픽 바(약 20kg)를 내려놓는 것조차 통증 때문에 힘겨워했다. 그러나 레이히가 약 45분간 어깨밑근 부위의 유착을 풀어준 뒤, 그는 곧바로 체육관으로 향했다. 결과는 놀라웠다. 벤치프레스 140kg을 두 번 들어 올렸고, 닷새 뒤에는 같은 무게를 6회 반복하면서도 통증이 없었다.

ART는 보통 회당 5~15분이 소요되며, 비용은 45~100달러 선이다. 대부분의 부상은 1~6회 치료로 호전된다. 특히 회전근개 충돌, 건염, 요부 염좌, 발목·손목 염좌, 정강이 통증, 고관절 굴곡근 충돌, 손목굴 증후군 등 물렁조직 손상에 효과가 뛰어나다.

다만 ART가 만능은 아니다. 폴리킨의 표현을 빌리면 "ART는 70%의 사람에게 100% 효과가 있다". 만성 통증은 대개 하나의 방법으로 해결되지 않는다. 여러 접근을 병행해야 할 때도 많고, 경우에 따라서는 주사 치료가 필요하다. 그래서 우리는 다음 단계, 약물요법으로 나아가게 된다.

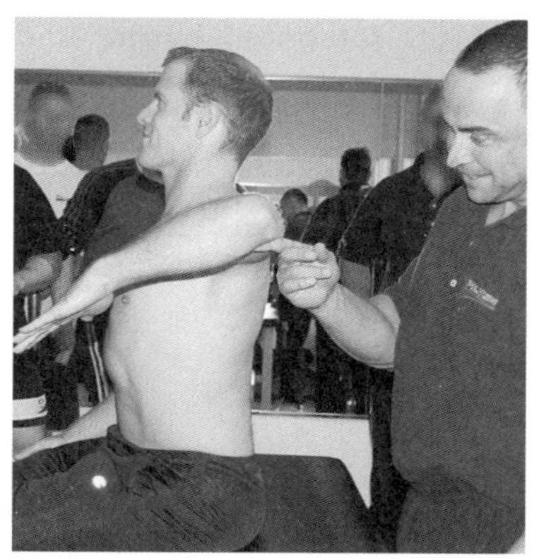

치료 전: 꼭두각시 인형처럼 제한된 운동 범위. 찰스의 표정을 주목하라.

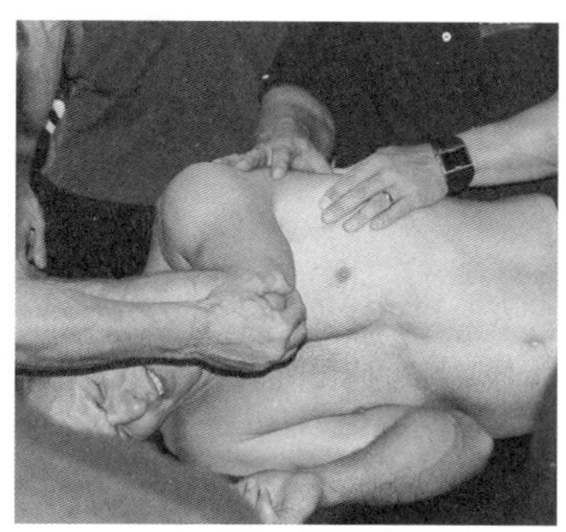

치료 중

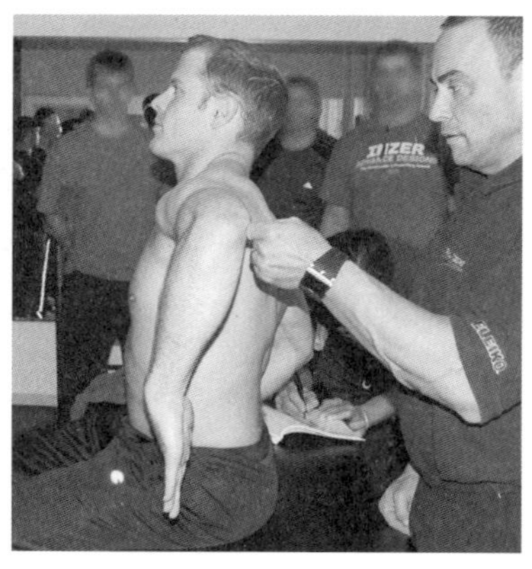

치료 후

5. 인대강화주사요법(prolotherapy)

인대강화주사는 느슨해진 콜라겐 섬유를 강제로 '폭발적 증식'으로 이끌어 조직을 재건하는 강력한 요법이다. 여러 자극제를 혼합한 물질을 힘줄, 인대, 관절 내에 직접 주입해 가벼운 염증 반응을 일으키고, 그 과정을 통해 조직 복원을 촉진하는 것이 목적이다.

가장 단순하면서도 임상적으로 가장 오래된 방식은 이 요법의 창시자 조지 해케트George Hackett가 고안한 혼합물이다. 이 혼합물의 정체는 다소 의외로, 사실상 '설탕물'이었다. 국소 마취제인 리도카인과 식염수를 혼합한 포도당 용액이 그것이다.

미국 제13대 공중보건국장 찰스 에버릿 쿠프Charles Everett Koop는 인대강화주사요법을 공개적으로 지지하며, 관련 연구가 확대되는 계기를 마련했다.

인대강화주사요법을 직접 경험해보지 못한 사람도 많겠지만 이 치료법은 기존의 어떤 방법으로도 해결되지 않던 복합적이고 만성적인 통증 문제에 현실적인 대안이 될 수 있다.

나는 마흔 살 무렵, 두 명의 신경전문의로부터 평생 통증을 안고 살아야 한다는 진단을 받았다. 그러다 시카고 외곽에서 개업하던 인대강화주사요법 전문가, 구스타브 A. 헴월Gustav A. Hemwall을 알게 되었다.

결론부터 말하면 '치료 불가능'하다고 여겨졌던 내 통증은 그렇지 않았다. 인대강화주사요법을 거치며 통증은 일상에서 거의 문제로 느껴지지 않을 정도까지 호전되었다. 이 요법의 장점은 적절히 시행할 경우 인체에 큰 부담을 주지 않는다는 점이다. 인대와 뼈가 만나는 부위에 소량의 포도당 용액을 주입하는 것만으로 심각한 손상이 발생한다면 그 자체가 이미 비정상적인 상태일 것이다.

2005년, 메이요 클리닉의 연구진은 인대강화주사요법을 본격적으로 검증하기 시작했고, 무릎·팔꿈치·발목·요부의 엉치엉덩관절 부상 등에 유의미한 효과가 있음을 확인했다. 그들은 "통증을 일시적으로 완화하는 코르티코스테로이드 주사와 달리, 인대강화주사요법은 조직의 성장을 자극함으로써 구조 자체를 개선한다"라고 결론지었다.

내가 치료받았던 병원에서 사용한 인대강화주사 혼합물에는 다음과 같은 성분들이 포함돼 있었다.

- 포도당
- 마케인(국소 마취제)
- 비타민 B12
- 프롤린
- 리신
- 글루코사민 설페이트

첫 치료에서만 12종류의 주사를 맞았다. 과장이 아니라 상당히 고된 경험이었다. 45분 동안 현기증이 지속됐고, 오른손은 얼음처럼 차갑게 굳었다.

하지만 그 대가는 분명했다. 마지막 치료를 받고 약 3주가 지났을 무렵, 거의 10년 동안 나를 괴롭히던 오른쪽 손목과 왼쪽 무릎의 통증이 사라졌다.

포도당을 기본으로 한 혼합물은 성분 자체의 위험성은 극히 낮다. 다만 감염 가능성은 언제나 존재한다. 바늘이 피부를 통과할 때 피부 표면의 세균이 함께 들어갈 수 있기 때문이다. 특히 관절 내 감염은 패혈증으로 이어질 경우 치명적이며, 관절 연골이 72시간 내에 급격히 손상될 수 있다. 작은 바늘 하나가 열어 놓는 위험의 크기치고는 결코 가볍지 않다.

프랑스의 한 보고서에 따르면, 주사로 인한 패혈증 발생 확률은 약 100만 분의 13이다. 밀봉된 일회용 주사기를 사용할 경우 그 확률은 더욱 낮아진다. 그럼에도 과거 포도상구균 감염을 겪은 이후로, 나는 침습적인 주사 치료에는 최대한 신중을 기하게 되었다. 아무리 낮은 확률이라도, 한 번 감염을 경험한 몸은 그 숫자를 다르게 읽는다. 그 결과 다음 단계의 치료법, 즉 생물학적 주사요법에 관심을 돌리게 되었다.

6. 생물학적 주사요법(biopuncture)

"들리세요?"

정말로 들렸다. 불쾌할 정도로 생생한 소리였다. 리 울퍼Lee Wolfer 박사는 결핵 진단에 사용하는 가느다란 바늘로 내 몸에 40~60회의 주사를 놓고 있었다. 바늘은 피부 아래 1.25cm 정도만 들어갔지만 가시아래근에서는 마치 단단히 얼어붙은 눈밭을 밟는 듯한 소리가 났다. 뽀드득, 뽀드득.

"원래 칼슘이 쌓이면 안 되는 곳에 축적돼 있어서 그래요."

미국에서도 손꼽히는 척추 전문의인 울퍼 박사는 담담하게 설명하며 다시 바늘을 찔렀다. 목, 등 상부, 어깨, 발목까지 치료해야 할 부위가 많았기에 주사는 끝날 기미가 보이지 않았다.

울퍼는 한마디로 고집 센 '파시스트'에 가까운 인물이었다. 근막fascia을 오랫동안 무시하고 단순한 해부학적 아교질 정도로 취급해온 사람들에게는 더욱 그렇게 보였을 것이다. 그럼에도 당시까지 그가 거둔 성과는 인상적이었다.

"의사라는 직업이 얼마나 행복한지 몰라요. 환자의 몸이 스스로 치유되도록 도울 수 있으니까요."

근막은 신체 골격을 지탱하는 삼차원의 섬유성 결합조직망이다. 쉽게 말해, 텐트의 형태를 유지해주는 밧줄과 같다. 근육들을 서로 긴밀하게 연결하고, 내장이 중력에 의해 아래로 처지지 않도록 떠받친다.

육상선수들이 흔히 호소하는 족저근막염plantar fasciitis 역시 근막 문제다. 족저근막은 발꿈치에서 다섯 발가락까지 이어진 두툼한 결합조직 띠로, 발의 아치(족궁)를 지탱한다. 이 부위에 염증이 생기면 족궁까지 영향을 받아 심한 만성 통증으로 이어진다.

그러나 근막 문제는 발에만 국한되지 않는다. 근막은 전신에 분포하며, 구조적 역할뿐 아니라 생화학적 기능까지 수행한다. 리 울퍼 박사의 생물학적 주사요법 연구는 요통 관련 논문에서 출발했다. 그녀는 환자들의 근막이 당뇨병 환자의 근막과 유사하게 보인다는 점, 즉 조직 전반에 비정상적인 칼슘 침착이 나타난다는 사실에 주목했다. 이후 실제 임상에서도 같은 현상을 반복적으로 확인했다.

특히 문제가 되는 부위는 신체의 '그랜드 센트럴 역'이라 할 수 있는 가슴등근막thoraco-dorsal fascia이다. 이 근막은 허리 부위에서 광배근과 대둔근 같은 주요 작용근들을 연결한다. 따라서 이 부위에 문제가 생기면 몸 거의 전반에 통증이 퍼질 수 있다. 더 까다로운 점은, 근막 통증의 원인이 직관적으로 드러나지 않는다는 것이다. 예컨대 근막걸이fascial sling는 오른쪽 어깨의 문제를 왼쪽 허리 통증으로 드러나게 만들 수 있다. 이런 경우 원인을 정확히 찾으려면, 셜록 홈스처럼 겉보기에 무관한 단서들을 연결하는 추론이 필요하다. 때로는 원인이 몸 밖, 즉 생활습관이나 식이에서 비롯되기도 한다.

다이어트가 대표적인 예다. 울퍼는 만성 염증과 칼슘 침착으로 기능을 잃은 조직을 회복시키려면, 영양밀도가 높은 동물성 식품을 섭취할 때 지용성 비타민A, D, E, K을 함께 보충하는 것이 중요하다는 점을 밝혀냈다.

그녀가 실제 치료에 사용한 방법은 생물학적 주사요법biopuncture이었다. 이 기법은 1991년 벨기에 의사 얀 케르스호 Jan Kersschot가 명명한 것으로, 트라우밀Traumeel, 지딜

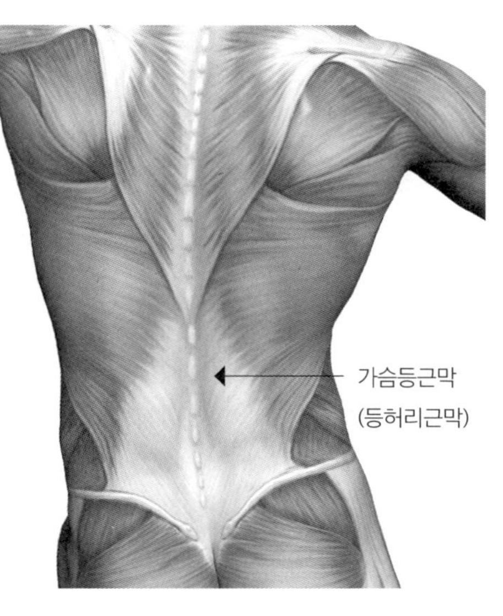

zdeel, 림포미오소트Lymphomyosot 같은 생물학적 제제를 피부 아래에 얕게 주입한다. 트라우밀은 급성 스포츠 외상에서 염증을 줄이는 데, 림포미오소트는 만성 울혈 조직의 림프 배출을 촉진하는 데 사용된다. 트라우밀이 회복 시간을 단축하고 염증 관련 면역 전달물질IL-1β, TNF-α의 분비를 억제한다는 점은 여러 의학 저널에서 보고된 바 있다.

이 요법에 쓰이는 물질들은 동종요법처럼 극단적으로 희석되지는 않지만 비교적 낮은 농도로 사용되기 때문에 '미소량'microdose 주사라 불린다. 울퍼는

내 치료에 트라우밀과 림포미오소트를 함께 사용했다. 여기에 더해, 20% 포도당을 포함한 식염수도 실험적으로 병행했는데, 이는 인대강화주사와 유사하되 훨씬 얕게 주사하는 방식이었다.

30게이지의 가는 주사침으로 약 1.25cm 깊이만 찌르는 이 치료의 결과는 놀라웠다. 양쪽 가시아래근을 1차 치료한 지 12시간 만에, 6년 넘게 지속되던 어깨 뒤쪽 통증이 완전히 사라졌다. 15분 남짓한 단 한 번의 치료로 얻은 결과였다. 글을 쓰는 지금까지도 통증은 재발하지 않았다. 오른쪽 아킬레스건 역시 비슷한 방식으로 치료받았고, 유사한 효과를 얻었다.

내 판단으로는 생물학적 주사요법의 작용 기전이 부위에 따라 다르게 나타나는 듯하다. 가시아래근에서는 축적된 칼슘을 바늘로 긁어내는 듯한 기계적 효과가 두드러진 반면 아킬레스건에서는 피부·근육·신경 반사에 가까운 생물학적 반응이 중심이 되는 것처럼 보였다.

생물학적 주사요법이 동종요법적 기원을 지닌다는 점에서, 트라우밀보다는 림포미오소트의 효과에 여전히 일정한 의문을 품고 있다. 그럼에도 부작용이 거의 없고, 직접 경험한 결과를 고려할 때, 인대강화주사요법이나 PRP보다 먼저 시도해볼 가치가 있는 치료법이라 생각한다. 대부분의 근골격계 문제는 4~8회 치료로 충분한 개선을 기대할 수 있다.

이 장을 읽고 나면, 자칭 전문가들이 우후죽순처럼 등장할까 우려된다. 따라서 당장 훌륭한 의사를 찾기 어렵더라도, 이 책이 처음 출간된 때부터 실제 환자를 치료해온 임상의에게 우선적으로 관심을 두길 권한다.

- Vibram Five Fingers / Terra Plana Shoes (비브람 파이브핑거스 / 테라 플라나 베어풋 비보): 내가 요통 치료를 위해 사용한 신발을 만든 두 회사다. 비브람 파이브핑거스는 기능적으로는 이상적이지만 도마뱀붙이의 발을 연상시키는 외형이 부담스럽다. 반면 테라 플래나 베어푸트 비보는 일반 신발과 거의 동일한 디자인이라 밑창이 거의 없다는 사실을 알아채기 어렵다. www.fourhourbody.com/vibram
- Healthytoes Toe Stretchers (헬시토즈 발가락 스트레처): 발가락을 자연스럽게 벌려주는 보조기구다. 겹치거나 변형된 발가락에서 비롯되는 통증 완화에 도움을 준다. 처음에는 매일 저녁 5분 정도만 사용하는 것으로 충분하다.
www.fourhourbody.com/toe-stretch
- Active Release Technique (능동이완기법, ART): ART 시술 전문가를 가까운 지역에서 찾을 수 있는 웹사이트 https://activerelease.com/patients/find-a-provider/
- 인대강화주사요법(prolotherapy) 전문가 찾기
이 분야에서 내가 신뢰하는 전문가들이 추천한 세 조직은 다음과 같다.
Hackett–Hemwall Foundation (HHF) www.hacketthemwall.org
American Academy of Orthopedic Medicine (AAOM) www.aaomed.org
American College of Osteopathic Sclerotherapeutic Pain Management www.acopms.com
(과거에는 인대강화주사요법을 정골·혈관경화요법이라 불렀다.)
- ChiroMAT (카이로매트): AMIT 기법의 창시자인 크레이그 뷸러(일명 ‘두 손가락 박사’)의 도움으로 NBA, NFL, PGA 소속 선수들까지 최상의 경기력을 유지할 수 있었다.
- Muscle Activation Technique (MAT) Specialists (근육활성화기법, MAT 전문가): 유타까지 날아가 크레이그 뷸러에게 직접 치료받기 어렵다면 이 사이트를 통해 주변의 MAT(근육활성화기법) 전문가를 찾을 수 있다. 여러 단체 간 기법 논쟁은 있지만 이 단체가 가장 많은 전문가를 배출해 접근성 면에서는 유리하다.
www.fourhourbody.com/mat
- Southern California Orthopedic Institute (남캘리포니아 정형외과학 연구소): 남캘리포니아 정형외과학 연구소의 스티븐 스나이더(Stephen Snyder) 박사는 새로운 어깨 관절경 수술법을 개발했다. 그의 친구이자 동료 환자였던 스콧 멘델손은 수술 후 벤치

프레스로 450kg에 달하는 중량을 들어올렸다. www.scoi.com

- Video of My Reconstructive Shoulder Surgery with Dr. Snyder (스나이더 박사와 함께한 어깨 재건 수술 영상): 수술 전 탈구된 어깨의 모습은 상당히 충격적이다. 스위스 볼에서 미끄러져 얼굴을 바닥에 부딪히는 영상들을 유튜브에서 즐겨보는 사람이라면, 이 영상도 흥미롭게 볼 수 있을 것이다. www.fourhourbody.com/surgery

- Egoscue (엑오스큐 운동법): 약물, 수술, 도수교정에 의존하지 않고 근골격계 통증을 치료하기 위해 고안된 자세 교정 프로그램이다. 현재 전 세계에 24곳의 클리닉이 운영되고 있으며, 나 역시 등 통증 완화에 큰 도움을 받았다. www.egoscue.com

- *Atlas of Human Anatomy* - Frank H. Netter (『네터 해부학 아틀라스』): 내가 아는 한, 가장 포괄적이면서도 시각적으로 완성도가 높은 해부학 서적이다. 리 울퍼 박사를 비롯한 많은 의사들이 추천했다. 울퍼 박사는 "이 책 덕분에 다른 분야의 의사들까지 해부학적 이해를 갖게 됐다. 다만 근막과 인대의 복잡성만은 충분히 다루지 못했다"라고 평했다. www.fourhourbody.com/netter

02

병원비로 휴가를 다녀오는 방법

중요한 것은 언제나 밑에 숨겨져 있다고 나는 믿는다.

셀린 디온

에드윈은 셀린 디온의 열성 팬이었고, 그 이야기를 꺼내는 걸 즐겼다. 아이오와에서 방사선학을 수련하던 시절, 그는 WWE의 영웅 스톤 콜드 스티브 오스틴을 직접 본 적도 있었다. 평생의 소원 하나를 이룬 셈이었지만 셀린 디온은 여전히 그의 '만나고 싶은 인물' 목록에서 빠지지 않았다.

"할 일이 많습니다. 움직이지 마세요. 이쪽으로 오세요….."

그날 나는 4시간 동안 몸의 일곱 부위를 MRI로 촬영했고, 에드윈은 그 시간 내내 말동무가 되어주었다. 긴 시간이었지만 주변 풍경은 더할 나위 없이 좋았다. 니카라과 수도 마나과 중심에 있는 메트로폴리타노 비비안 페야스 병원은 소박하면서도 쾌적한 개인병원이었다.

나는 책 집필과 세계적인 서핑 포인트를 즐기기 위해 3주 전 니카라과에 도착했다. '더 키위'와 나는 바다가 내려다보이는 언덕 위, 수영장이 딸린 별장을 빌렸다. 사람들로 붐비는 해변을 피해 보트를 타고 외딴 서핑 포인트로 나가 파도를 탔고, 선장의 도움을 받아 낚시도 즐겼다. 잡은 생선은 손질해 별장 요리사에게 맡겼다.

샌프란시스코로 돌아가기 12시간 전, 나는 메트로폴리타노 병원에서 MRI 를 찍었다. 미국에서 병원 한 번 방문할 비용으로 모든 일정이 해결됐다.

MRI 일곱 번, 그리고 공짜로 다녀온 휴가

먼저 니카라과에서 쓴 비용이다.

여행 비용

- 샌프란시스코 – 니카라과 왕복 항공권: 385달러 + 세금
- 보트 전세(1인): 20달러
- 1주차 별장(9인 공동): 1인당 주 222달러
- 2주차 숙소(침실 2개): 하루 129달러(시내에서 가깝고 침실이 두 개인 호화 주택)
- 랜드로버 렌트(1인): 주 140달러

식비를 제외한 2.5주 총비용은 1,812달러였다. 식비와 와인(600달러 이상)을 포함하면 2,412달러다. 그런데 나는 이 여행을 사실상 공짜로 다녀왔다.

의료비 절약

니카라과에서 MRI 7회를 회당 400달러에 촬영했다. 샌프란시스코에서는 회당 약 750달러이니, 회당 350달러씩 총 2,450달러를 절약한 셈이다.

여기에 혈액·소변 검사를 포함해 추가로 약 640달러를 아꼈다. 의료비 절감액은 총 3,090달러. 즉 서핑 여행을 즐기며 검사까지 받고도 678달러가 남았다.

"나는 MRI를 일곱 번이나 찍을 정도로 과한 사람은 아니다"라고 말할 수도 있다. 하지만 MRI에는 방사선 위험이 없다. 만성 통증을 겪는 사람이라면 한두 번쯤은 충분히 가치가 있다. 암 생존자라면 예방적 MRI의 의미는 더 말할 필요도 없다.

게다가 아름다운 풍경은 덤이다. 나 역시 2009년 이전까지 의료관광을 진지하게 생각해본 적은 없었다. 하지만 호화 여행과 세계적 의료 서비스를 결합한 경험은 생각을 완전히 바꿔놓았다. 스케일링과 종합검진을 겸한 여행이라면 어떨까? 미국에서 병원 한 번 갈 비용으로 휴가와 검진을 동시에 누릴 수 있다면 충분히 고려할 만하지 않은가.

의료관광, 생각보다 쉽다

나는 일요일 밤 10시 30분, 예고 없이 개인병원 응급실을 찾았다. 더 키위가 외이염에 걸려 비행 전 귀의 물을 빼야 했기 때문이다. 나는 이 기회에 오래된 스포츠 부상 부위를 MRI로 확인하기로 했다.

여의사에게 MRI 가능 여부를 묻자, 공식 가격은 회당 600달러였다. 나는 다섯 곳 촬영을 조건으로 할인을 요청했고, 그녀는 2400달러를 제시했다. 나는 다시 제안했다. "일곱 번을 회당 400달러에 찍게 해주면, 보험 없이 바로 결제하겠습니다." 제안은 받아들여졌다.

관리자는 5분 만에 촬영을 승인했고, 집에 있던 MRI 기사 에드윈을 병원으로 불러왔다. 그 비용은 따로 청구되지 않았다. 우리는 기다리는 동안 니카라과 토속 과일 야코테를 나눠 먹었다.

나는 대기 시간에 혈액·소변 검사도 요청했다. 의사들은 검사 목록을 출력해 함께 항목을 골랐고, 10분 뒤 채혈이 이뤄졌다. 결과는 3시간 내 제공. 미국에서는 혈액검사 결과를 알려면 보통 7~10일을 기다려야 했기 때문에 놀랍기만 했다.

당시 나는 그 병원의 응급실에 있었다. 과거, 캘리포니아 대학교 샌프란시스코 분교의 파르나수스 메디컬 센터에서 빈 진료실에 3시간 넘게 앉아 있다가, 지친 나머지 내 진료기록부를 훑어봤다는 이유로 "그건 UCSF의 재산입니다. 환자에게는 기록을 볼 권한이 없습니다. 당장 내놓으세요"라는 질책을 들었던 기억과는 전혀 다른 풍경이었다.

니카라과 병원의 응급실은 깔끔했고, 분위기는 놀라울 만큼 우호적이었다. 나는 그곳에 앉아 있다는 사실조차 잊고 있었고, 그 시간 동안 환자는 나와 더키위 둘뿐이었다.

마침내 에드윈이 도착했고, MRI 촬영이 시작됐다. 그의 집요함 덕분에 참조용 엑스레이까지 서너 장 더 찍었지만 그에 대한 추가 비용은 청구되지 않았다. 에드윈은 모든 영상 자료를 직접 내게 건네준 뒤 접수처로 안내했다. 그곳에서 나는 혈액검사와 소변검사 결과를 받았고, 나를 위해 준비된 물까지 마셨다. 시계는 새벽 3시를 가리키고 있었다.

감독관은 밤이 깊어 택시를 잡기 어렵다며, 병원 부담으로 렌터카를 불러 우리를 호텔까지 데려다주었다. 그는 작별 인사를 건네며 고향까지 안전하게 돌아가길 진심으로 빌어주었다.

미국으로 돌아온 뒤, 니카라과에서 촬영한 MRI는 만성적인 상처를 회복하는 치료 방향을 잡는 데 결정적인 역할을 했다. 미국에서 고가의 MRI를 다시 찍을 필요도 없었고, 부정확한 추측에 기대어 시간을 허비할 위험도 피할 수 있었다. 안타깝게도 미국에서는 한 환자를 진료하는 평균 시간이 11분에 불과해 오진 가능성이 높다. 그럼에도 많은 의사가 MRI 같은 영상 검사를 쉽게 처방하지 않는다. 잦은 처방이 보험사의 심사를 불러올 수 있기 때문이다.

하지만 나는 진료실에서 성급한 진단이 내려질 때 가방에서 MRI를 꺼내 놓고 이렇게 물을 수 있었다. "정말 확실합니까?" 나는 이것이 엉뚱한 행동이 아니라 매우 합리적인 선택이었다고 믿는다. 미국에서 병원을 두세 번 방문할 비용으로, 눈부신 백사장 위에서의 휴식과 정밀 검진을 동시에 거머쥘 수 있는데, 망설일 이유가 대체 무엇인가? 덤으로 야코테의 맛까지 기억에 남을지도 모른다.

- *Patients Beyond Borders* by Josef Woodman (『국경을 넘는 환자들』): 의료관광 전반을 체계적으로 정리한 안내서다. 400쪽이 넘는 분량에 40여 개 주요 의료관광지와 전 세계 유수 병원 목록이 수록되어 있으며, 찾아보기에서는 질환별로 추천 병원을 한눈에 확인할 수 있다. www.fourhourbody.com/woodman
- *International Medical Travel Journal* Medical Tourism Guide (『국제 의료 여행 저널: 의료관광 가이드』): 이 자료가 제시하는 '10단계 의료관광 가이드'는 해외 진료를 겸한 여행을 계획하는 이들에게 실질적인 출발점이 된다. 선택지가 지나치게 많은 상황에서, 점검표를 통해 판단 부담을 크게 줄여준다.
- Bumrungrad Hospital (범룽랏 국제병원): 태국 방콕에 위치한 세계적인 병원으로, 『뉴스위크』가 선정한 '세계 10대 의료관광지', 『월스트리트 저널』이 꼽은 '4대 의료관광 개척 병원' 중 하나다. 이 병원의 시설 사진을 보면, 미국의 다수 병원이 상대적으로 초라해 보일 정도다. www.bumrungrad.com
- Med Retreat (메드 리트릿): 개인의 의료적 필요에 맞춰 세계 각국의 병원을 선별·연결해주는 의료관광 중개 서비스다. 아르헨티나, 코스타리카, 터키 등 주요 의료관광 국가들과 협력 관계를 맺고 있다. www.medretreat.com
- MedTrava (메드트라바): 텍사스 오스틴에 본사를 둔 의료관광 지원 업체로, Med Retreat와 유사한 역할을 한다. 전 세계에서 엄선한 의료 시설을 소개하며, 일반적 질환의 경우 치료 비용을 최대 70%까지 절감할 수 있다. www.medtrava.com

부상을 막는 4가지 예방운동

나는 부상과 싸워본 적이 없었다. 준비를 철저히 했기 때문이다.
특히 스트레칭을 거른 적이 없었다.
에드윈 모지스_ 올림픽 400미터 허들 2회 금메달리스트, 122경기 연속 우승

이 장은 이 책에서 가장 길고 가장 까다롭지만 동시에 대부분의 독자에게 가장 중요한 부분이기도 하다. 부상 예방을 위한 '준비운동'을 건너뛴 채 기록을 빠르게 끌어올리겠다는 생각은, 타이어를 점검하지 않고 F-1 경주용 자동차에 올라타는 것과 다르지 않다. 토대 없이 속도만 좇으면 반드시 대가를 치른다. 아주 짧은 시간을 미리 투자하는 것만으로도(2~4주면 충분하다) 실력은 훨씬 빠르게 향상되고, 심각한 좌절 또한 피할 수 있다. 지금 당장은 읽지 않아도 된다. 그러나 근력 강화나 스피드 향상 훈련을 제대로 하고 싶다면, 이 장만큼은 반드시 읽어야 한다.

남아프리카공화국 케이프타운, 오후 1시 30분.
나는 길이 약 90cm의 금속 파이프를 들고 체육관에 들어가려다 경비원에게 제지당했다. 우산꽂이 받침대를 잘라 한쪽 끝에 지름 약 1.3cm 구멍을 낸 물건이었다.
"무기가 아니라 운동기구입니다." 설명은 통하지 않았다. 순간 이렇게 외치

고 싶었다. "그레이 쿡이 이걸로 운동하라고 했습니다!" 물론 이곳의 경비원이 그 이름을 알 리 없다. 안타깝게도, 그레이 쿡이 몸을 얼마나 단단하게 만들 수 있는지 아는 사람은 아직 많지 않다.

재능은 충분했다, 문제는 버티는 힘이었다

한동안 미셸 위는 '부상'으로 가장 유명한 선수였다.

2008년, 그녀는 팔굽혀펴기 하나도 하지 못했고 한 발로 10초조차 서 있지 못했다. LPGA 출전 자격을 얻은 젊은 선수에게는 충격적인 상황이었다. 나이키의 후원을 받고 『타임』 선정 '세계에서 가장 영향력 있는 100인'에 이름을 올렸지만 전성기를 접어야 할지도 모르는 처지였다. 당시 그녀는 스무 살도 되지 않았다.

"훈련 전에도 미셸은 드라이브를 약 290미터 날렸습니다. 1년이 지난 지금도 비거리는 같습니다. 달라진 건, 하루에 300번을 그렇게 칠 수 있다는 점이죠."

회복의 핵심 인물은 그레이 쿡이었다. 그는 사람들이 쉽게 지나치는 지점을 정확히 짚었다. 미셸은 부상 중에도 강한 샷을 날릴 수 있었다. 그래서 대부분은 '이 정도면 괜찮다'고 생각했다. 그러나 문제는 일관성이었다. 장타력은 전체 퍼즐의 일부에 불과했다.

선수의 '내구성'을 전문으로 다뤄온 그레이는 부상 예방 분야의 핵심 인물이 되었다. 2007년, 시카고 베어스와 인디애나 콜츠는 그를 영입했고, 두 팀은 결국 슈퍼볼에서 맞붙었다. 그의 고객은 NFL, MLB, NHK. NBA에 소속된 프로 선수뿐 아니라 미군 특수부대까지 확장됐다.

"NFL 선수는 3년을 버텨도 되지만 특수부대원은 10년 이상을 버텨야 합니다. 투자 규모는 비슷하지만 요구 조건은 훨씬 가혹하죠."

막대한 투자가 걸린 영역에서 그들이 선택한 방법은 무엇일까?

그렇다면 그레이 쿡을 만날 수 없는 우리는 어떻게 해야 할까? 다시 80/20의 법칙으로 돌아가보자.

힘이 아니라 균형: 부상 예방의 결정적 기준

그레이 쿡에 따르면 부상의 주된 원인은 체력이 약해서도, 근육이 뻣뻣해서도 아니다. 핵심은 불균형이다. 복근 운동을 충분히 하면 심부 근육까지 단련된다고 생각하기 쉽지만 실제 운동은 대부분 고관절의 움직임을 동반한다. 고관절이 움직이는 순간, 좌우 불균형은 고스란히 심부 근육의 과부하로 이어진다. 많은 부상이 바로 이 지점에서 시작된다. 눈에 띄는 약점이 아니라 오랫동안 묵인해온 불균형이 결국 몸을 무너뜨린다.

그레이가 신체 불균형을 확인하는 기본 도구는 기능 동작 검사FMS, Functional Movement Screen다. 이 검사는 그가 직접 고안한 것으로, 전문가가 시행하는 7가지 동작 테스트로 구성되어 있으며, 각 항목은 3점 만점으로 평가된다. 총점이 낮을수록 부상 위험은 가파르게 올라간다.

자가 점검용으로는 다음의 5가지 동작만으로도 충분하다. 결과는 '통과/실패'로만 판단하면 된다.

- 딥 스쿼트
- 허들 스텝
- 인라인 런지
- 누워서 다리 곧게 들어올리기
- 앉아서 몸통 회전

이 간이 FMS는 두 가지를 확인한다. 좌우 비대칭과 운동 조절 문제(흔들림·이동)다. 예컨대 벤치프레스로 270kg을 들 수 있다고 해서, 한쪽 어깨를 몇 분간 안전하게 버틸 수 있다는 뜻은 아니다. 더 무거운 중량을 더 많이 든다고 안정성이 함께 커지지는 않는다.

"대부분은 머리에 이고 오래 걸을 수 있는 무게보다 훨씬 무거운 중량을 머리 위로 밀어 올립니다. 근력이 안정성을 앞지르는 순간, 부상은 거의 필연이 됩니다. 회전근개 같은 안정장치를 조금 강화한다고 해결될 문제도 아닙니다.

그 효과는 미미합니다."

근육의 덩치를 키우면 힘은 세질지 모르지만, 정작 움직임의 안정성은 바닥으로 추락한다. 반대로 기본적인 움직임을 반복 훈련하면 근력과 함께 운동의 안전성도 올라간다. 운동생리학자 폴 체크의 비유를 빌리면 기본 동작은 계산기의 0~9에 해당한다. 복잡한 운동은 이 숫자들의 조합일 뿐이다.

FMS는 실제로 효과가 있을까?

애틀랜타 팰컨스는 2007년까지 7시즌 연속 부상에 시달렸다. 그러나 2008년 시즌 종료 시점까지 수술은 단 한 건뿐이었다. 차이는 단 하나, 새 코치 제프 피시가 FMS를 의무화했다는 점이었다. 선수들은 검사 결과에 따라 불균형 교정과 가동범위 향상을 위한 개별 프로그램을 받았다.

인디애나 콜츠 역시 마찬가지다. 리그에서 가장 소규모 선수단이었지만 9년간 부상은 가장 적었고 승리는 가장 많았다. 근력 코치 존 토리네가 그 기간 내내 FMS를 기본 틀로 활용한 결과였다.

몸의 불균형을 고치는 최소한의 운동 4가지

처음에는 이 장에서 FMS 자체를 깊이 다루려 했다. 그러나 문제 진단은 시작일 뿐이라는 사실을 곧 깨달았다. 더 중요한 것은 검사에서 드러난 결함을 어떻게 교정하느냐였다. 나는 그레이에게 이렇게 물었다. "가장 흔한 불균형을 교정할 수 있는 운동을 단 2~4가지로 압축한다면 무엇을 추천하시겠습니까?"

그레이가 망설임 없이 꼽은 운동은 다음 4가지였다.

- 찹 앤 리프트Chop & Lift, C&L
- 터키식 겟업Turkish get-up, TGU
- 한 발로 두 팔 데드리프트Two-arm single-leg deadlift, 2SDL
- 한 발로 한 팔 데드리프트Cross-body one-arm single-leg deadlift, 1SDL

이 순서대로 익히는 것이 좋다. 뒤로 갈수록 균형 요구도가 높아진다. 처음 몇 주 동안은 첫 단추를 꿰는 기분으로 첫 번째 운동에만 매달려도 충분하다. 그것만으로도 몸은 놀라운 균형을 되찾기 시작한다.

아래의 '4가지 교정운동 스케줄'은 내가 실제로 사용한 틀이다. 세부 설명은 복잡해 보일 수 있다. 글보다 영상이 훨씬 직관적이므로, 참고자료에 제시한 영상을 적극 활용하길 권한다.

그래도 혼란스럽다면 다시 스케줄 표로 돌아가라. 핵심은 단순하다.

4가지 교정운동으로 불균형을 바로잡는 7주 프로그램

아래 일정표는 4가지 교정운동을 체계적으로 적용하기 위해 내가 사용한 기본 틀이다.

1주: 화요일, 30-45분. 동작 조정력 훈련

이 단계는 엄밀히 말해 '운동'이 아니라 동작 학습이다. 춤이나 태권도 품새처럼, 움직임 자체를 익히는 시간이다. 따라서 평소에 데드리프트 같은 고중량 운동을 하더라도 이 단계에서는 반드시 가벼운 중량만 사용한다.

기본적인 동작 조정력이 확보되어야 짧은 연습과 신경 적응만으로도 불균형을 교정한 상태에서 전체 훈련을 진행할 수 있다. 먼저 맨몸으로 TGU와 1SDL을 좌우 모두 연습한 뒤, 몸의 안정성을 유지하는 데 필요한 최소 중량만 추가한다.

1주차: 목요일 · 토요일 (각 45~60분)

테스트

이 단계의 목적은 4가지 교정운동 중 가장 약한 지점을 정확히 찾아내는 것이다. TGU와 SDL은 중량 없이 완벽하게 수행할 수 있을 때만 테스트에 포함한다.

C&L

- 왼쪽 무릎 내리고 찹 × 6~12회
- 오른쪽 무릎 내리고 찹 × 6~12회
- 왼쪽 무릎 내리고 리프트 × 6~12회
- 오른쪽 무릎 내리고 리프트 × 6~12회

TGU

- 양쪽에서 각각 5TGU(16kg 케틀벨)
- 양쪽에서 각각 5TGU(24kg 케틀벨)

여기에서 소개한 TGU 무게는 내가 실제로 사용한 중량이다. 남녀·숙련도에 따라 시작 중량은 달라지므로, 제시된 수치를 기준점으로만 참고하면 된다. 케틀벨 대신 아령을 사용해도 무방하다.

2SDL

- 양쪽 다리로 각각 5회

1SDL

- 양쪽 다리로 각각 5회

풀레인지 스쿼트

- 10회(데드리프트가 목적이더라도, 스쿼트를 제대로 수행하는 능력은 필수다.)

목요일과 토요일, 이틀에 걸쳐 테스트를 반복하는 이유는 단순하다. 오진을 막기 위해서다. 몸 상태는 하루하루 달라진다. 컨디션이 유독 나쁜 날의 결과를 기준으로 삼으면, 실제보다 과장된 불균형이 나타날 수 있다. 토요일에는 횟수보다 목요일 판단이 맞았는지 확인하는 데 집중하면 된다.

2~6주차: 월요일 · 금요일 (각 30~45분)

교정

맨몸으로 딥 스쿼트(엉덩이를 발꿈치까지 내리는 스쿼트) 10회가 가능하다면 다음 운동을 해보라(세트와 횟수는 뒤에서 설명).

- 한쪽 무릎서기 C&L
- TGU
- 1SDL

풀레인지 스쿼트 10회가 가능하다면 다음 운동을 하라.

- 한쪽 무릎서기 C&L
- 양쪽 무릎서기 C&L
- TGU
- 1SDL

세트와 횟수 규칙
- 강한 쪽 : 약한 쪽 = 2 : 5
- 반복 횟수는 3~5회
- 한 세트는 총 7회

예시)
- 강한 쪽 3~5회
- 약한 쪽 3~5회 × 5회
- 세트 간 휴식은 1분.

후반에 5회를 유지하지 못하면 중량을 줄이기보다 횟수를 줄인다. 모든 기록은 반드시 남긴다. 동작 속도는 일정하게 유지한다. 올리는 동작 1~2초, 내리는 동작은 4초가 이상적이다.

7주 이후는 선택 (주 2회, 각 30~45분)

7주 이후에는 대칭성 유지와 근력 강화를 목표로 한다. 양쪽 무릎을 꿇은 자세에서 C&L과 2SDL을 연속으로 수행하면 효과적이다. 부상 위험을 더 낮추고 싶다면 이 두 운동을 주 2회 실시하라.

나는 4~6주 간격으로 불균형을 재점검하고 필요할 때마다 교정한다. 균형이 회복됐다고 느껴지는 순간에도 손을 놓지 않는 것이 중요하다. 몸은 방심하는 틈을 타 다시 비틀어지기 때문이다. 유지 자체가 훈련의 일부다. 이미 근력 차이가 10% 이상 교정된 이후에도 프로그램을 유지하고 싶다면 아래 운동을 좌우 각각 3~5회씩, 2세트 수행한다.

- TGU
- 양쪽무릎을 꿇은 자세에서 C&L
- 2SDL
- 한쪽무릎서기로 C&L
- 1SDL

2SDL은 1SDL과 같은 방식으로 실시하되, 바벨을 양손으로 들거나 한 손에는 아령, 다른 손에는 케틀벨을 드는 방식 등으로 변형할 수 있다.

부상 후 회복에 6개월에서 길게는 2년이 걸린다는 점을 떠올려보라. 그 시간 동안 잃는 것은 단순히 운동 능력만이 아니다. 그렇다면 주 2회, 회당 30~45분을 투자해 위의 운동을 지속하는 편이 훨씬 적은 비용으로 더 큰 성과를 얻는 길이다.

4가지 교정운동만으로도 안정성과 근력은 충분히 유지된다. 동작이 단순할수록 꾸준히 하기 쉽고, 꾸준함이 결국 몸을 지킨다. 시간이 없다는 이유로 아무것도 하지 않는 것보다, 작고 단순한 것이라도 지금 당장 시작하라. 예방운동에 집중하는 사람에게 재활운동은 필요 없다.

운동 #1: 찹과 리프트 (Chop & Lift, C&L)

찹Chop은 몸통을 가로질러 위에서 아래로 대각선 이동하는 하향 동작이고, 리프트Lift는 아래에서 위로 대각선 이동하는 상향 동작이다. 두 움직임은 마치 거울을 사이에 둔 듯 대칭을 이룬다.

C&L에는 여러 자세가 있지만 여기서는 한쪽 무릎서기Half-kneeling에 집중한다. 이유는 두 가지다.

첫째, 좌우 비대칭을 우선적으로 교정하기에 가장 적합하다.

둘째, 이 자세는 상·하체 간 비대칭까지 함께 드러낸다. 실제로 단일 다리 유연성 평가를 해보면, 대부분에서 좌우 차이가 뚜렷하게 나타난다.

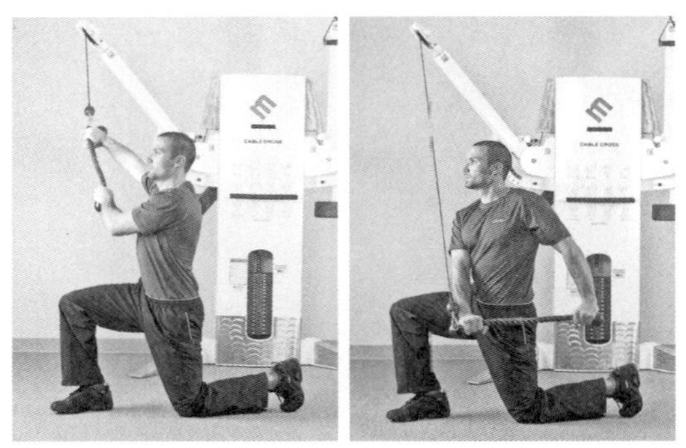

찹 동작의 시작 자세와 마무리 자세

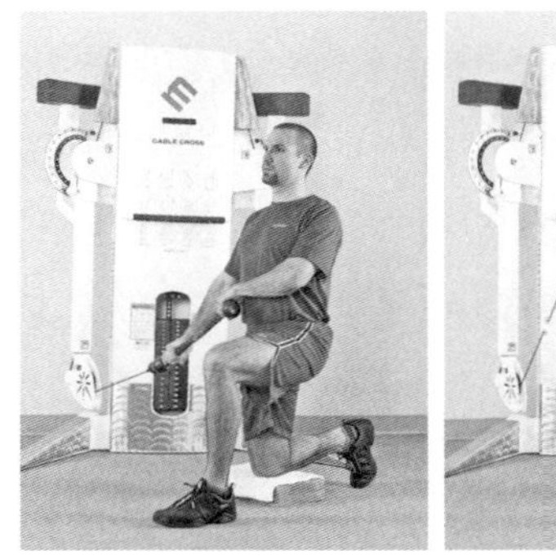

리프트 동작의 시작 자세와 마무리 자세. 무릎 아래 받침은 필수는 아니며, 여기서는 상향 각도를 정확히 보여주기 위해 사용되었다. 실제 훈련에서는 사용하지 않아도 무방하다.

한쪽무릎서기

한쪽 무릎은 바닥에, 반대쪽 무릎
은 세운다. 양쪽 모두 허벅지와 종아
리가 90도를 이루게 한다.

찹은 내린 무릎 쪽, 리프트는 세
운 무릎 쪽으로 수행한다. 모든 동작
은 당긴 뒤 미는 구조다. 찹에서 리
프트로 전환할 때는 두 손을 최대한
가슴 가까이 끌어당겼다가 밀어낸

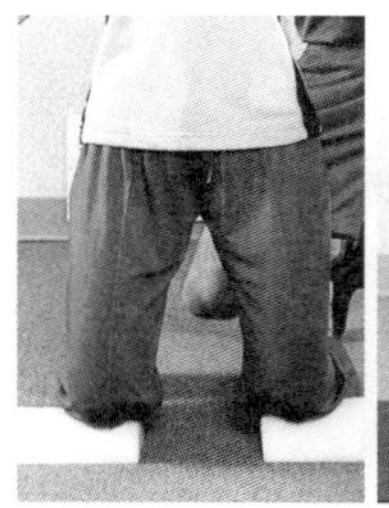

양쪽 무릎을 꿇은 자세와 한쪽 무릎을 세운 자세에서의
하체 정렬 비교

다. 케이블은 항상 팽팽한 직선을 유지해야 한다.

앞발과 내린 무릎은 가능한 한 일직선이 이상적이다. 처음에는 앞발을 무릎
선보다 약 10cm 앞에 두고, 익숙해지면 점차 좁힌다. 중요한 점은 좌우에서 동
일한 거리와 조건을 유지하는 것이다. 그래야 불균형을 정확히 판단할 수 있다.

80/20 법칙을 적용한 찹과 리프트 프로그램

기본 원칙

1. 초반 1~2개월은 '바'에 집중하라.

한쪽 무릎서기로 수행하는 찹과 리프트는 탈착형
바를 사용하거나, 사진처럼 한쪽으로 완전히 휘어 바
형태가 되는 강선 재질의 트라이셉 익스텐션 어태치먼
트tricep extension attachment를 사용한다. 이 트라이셉 로
프 어태치먼트는 가장 흔히 쓰이는 도구로, 나 역시 이
방식을 사용했다.

바나 트라이셉 로프 어태치먼트를 사용하면 팔 힘
으로 동작을 얼버무릴 수 없고, 불리한 역학 조건에 대
응하기 위해 심부 근육의 개입이 필수적이 된다.

집이나 여행 중에도 C&L을 지속하고 싶다면 저항

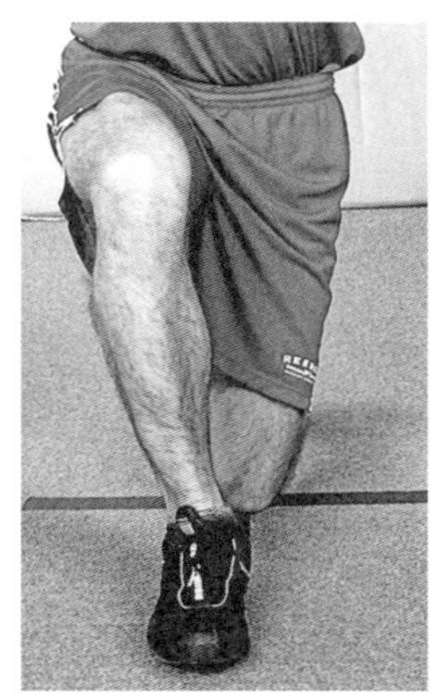

무릎선과 일직선을 이룬
이상적인 발의 위치

밴드로 대체할 수 있다. 이 경우 저항은 몸통을 가로지르기보다 상체 전면에 압력을 가하는 형태로 작용한다.

트라이셉 로프 어태치먼트

바(bar) 형태로 변형된 로프 어태치먼트

한 다리 유연성 평가

직접 시험해보라.
1. 두 발을 모으고 무릎을 굽힌 상태에서 손끝으로 발가락을 만져본다. 쉽게 느껴진다면 손바닥 뒤쪽(손꿈치)으로 발가락을 만져본다.
2. 한 발을 낮은 받침대에 올리고 같은 동작을 반복한다. 이때도 무릎을 굽혀 반동이나 속임 동작을 피한다. 왼쪽과 오른쪽을 각각 확인해보라.

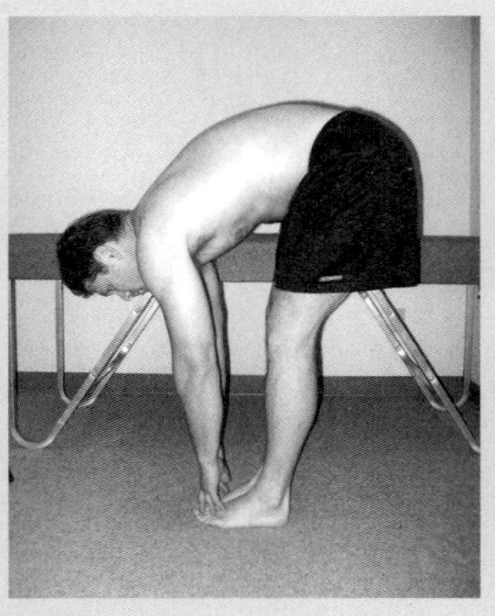

단계 1

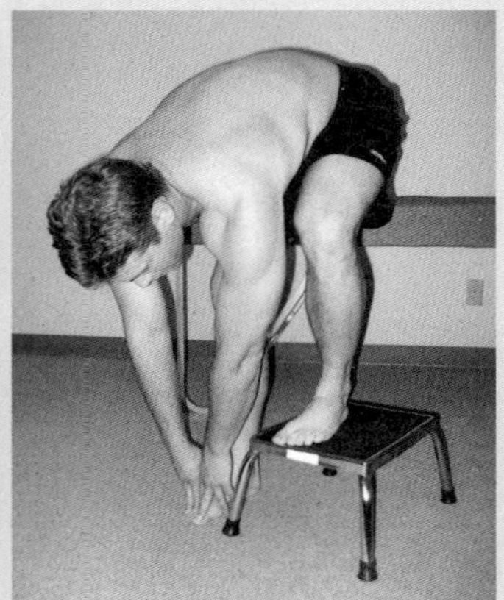

단계 2

어땠는가? 나는 오른쪽이 왼쪽보다 약 7.5cm 더 짧았다.

2. 가능하면 매 반복마다 웨이트를 내려놓아라(무게추를 정지시켜라).

교정운동의 효과를 높이기 위해서는 한 횟수를 마칠 때마다 웨이트를 완전히 정지시키는 것이 바람직하다. 초기에는 웨이트를 내려놓지 않아도 근력 향상과 불균형 교정이 가능하지만 웨이트를 정지시키기 시작하면 효과는 훨씬 분명해진다. 다만 균형 유지가 어려운 경우라면 초반에는 무게추를 내리지 않고 진행해도 좋다.

그레이 쿡은 이렇게 하는 이유를 다음처럼 설명한다. "불균형은 단순한 근력 문제가 아니라 운동 조절 능력의 문제이기도 하다. 무부하 상태에서 부하 상태로, 다시 그 반대로 전환하는 과정이 핵심이며, 이 전환이 신경계를 더 강하게 자극한다."

무게추가 자동으로 멈추지 않는 머신에서는 자세가 쉽게 흐트러질 수 있다. 이럴 때는 케이블을 길게 만들어 몸이 흔들리지 않게 하면 된다. 방법은 간단하다. 케이블과 트라이셉 로프 사이에 연결 고리 하나를 더 달아 거리만 늘리면 된다. 쇠사슬이든, 가벼운 나일론 끈이든 상관없다. 케이블이 몸에서 조금 멀어지면 무게를 내려놓아도 균형을 잡기가 훨씬 쉬워진다.

번거롭다면 굳이 이렇게까지 하지 않아도 된다. 파트너가 무게를 대신 내려주거나, 무게를 멈추지 않은 채로 운동을 계속해도 충분한 교정 효과는 얻을 수 있다.

3. 숨을 참지 마라.

무게가 무거워질수록 숨을 참으려 하기 쉽다. 실제로 최대 중량을 들 때는 이런 호흡이 도움이 될 수 있다. 하지만 참과 리프트에서는 숨을 참는 순간, 동작이 굳고 균형이 무너진다. 이 운동의 목적은 힘이 아니라 조절이기 때문이다. 다음 원칙만 기억하면 된다.

a) 동작을 시작하기 전, 숨을 충분히 들이마신다. 엉덩이와 상체에 힘을 주어 배에 단단한 압력을 만든다. 몸은 긴장시키되, 허리는 곧게 세운다.
b) 당기는 순간부터 이가 맞닿은 사이로 '슈' 소리를 내며 천천히 숨을 내쉰

다. 그 상태로 밀어내는 동작까지 호흡을 이어간다. 팔을 완전히 뻗었을 때
도 들이마신 숨의 절반 이상은 아직 남아 있어야 한다.

c) 무게추가 멈추면 자연스럽게 숨을 두 번 쉰다. 그다음, 다음 회 반복을 시작
한다.

4. 자세는 항상 같아야 한다

교정운동의 핵심은 자세의 일관성이다. 대번 다른 자세로 운동하면 교정 효
과를 기대하기 어렵다.

- 발과 무릎 위치: 자세를 표준화하기 위해 그레이는 스트레칭 매트나 요가
  매트를 머신에 밀착시킨 뒤, 매트 길이의 약 3분의 1 지점에 무릎을 내려놓
  을 것을 권한다. 이때 매트의 좁은 쪽을 머신에 붙인다. 매트가 있다면 찹과
  리프트 두 동작 모두에서 무릎 위치를 표시해두고, 매트가 없다면 테이프로
  바닥에 기준점을 만들어두면 된다. 그레이가 제시한 이상적인 위치와 내가
  사용하는 위치를 그림으로 표시하면 다음과 같다.

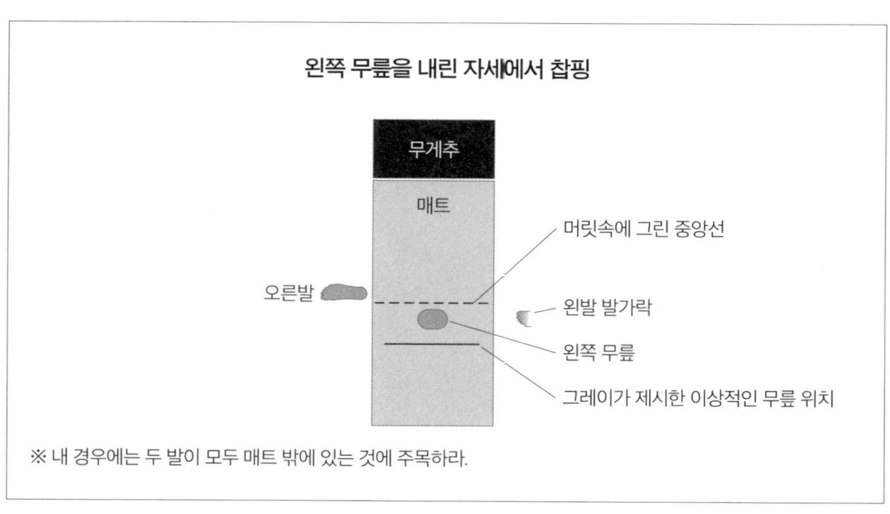

나는 무릎 보호를 위해 매트를 사용하기 시작했지만 결과적으로 매번 같은 위치를 유지하는 데 훨씬 도움이 되었다. 무게추와 매트의 중간 지점에 무릎을 두고, 엉덩이는 무게추 중심보다 약간 앞에 오도록 했다. 그레이가 제시한 이상적인 위치와는 다르지만 발·무릎·엉덩이의 관계를 기억하기는 훨씬 쉬웠다.

그림에서 보듯이 나는 발과 내린 무릎을 일직선으로 두지 않고, 머릿속의 중앙선을 기준으로 서로 반대편에 놓았다. 엉덩이가 무게추와 정확히 90도를 이룰 필요는 없지만 항상 같은 각도를 유지하는 것이 중요하다.

- 손의 위치: 머신에서 먼 손은 바 끝에서 세 손폭 안쪽, 가까운 손은 가능한 한 케이블에 가깝게 바를 잡는다.
- 머리와 어깨의 회전: 머리와 어깨는 따로 움직이지 않는다. 시작 시 엉덩이와 어깨가 직각이라면, 어깨 회전은 15~20도 이내로 제한한다. 이를 넘기면 복근 보상이 개입되어 곧은 척추 자세를 유지하기 어렵다.

자기평가를 위한 테스트

C&L의 불균형은 네 개의 사분면—왼쪽 아래, 오른쪽 아래, 왼쪽 위, 오른쪽 위—을 하나씩 점검해 확인한다. 목적은 네 구역 중 가장 약한 지점을 찾아내는 것이다. 보통 찹에서 더 무거운 중량을 쓰므로, 항상 찹을 먼저 시행한다.

테스트
- 왼쪽 무릎 내리고 찹 × 6~12회
- 오른쪽 무릎 내리고 찹 × 6~12회
- 왼쪽 무릎 내리고 리프트 × 6~12회 (내리는 동작은 반드시 천천히)
- 오른쪽 무릎 내리고 리프트 × 6~12회

테스트는 운동을 시작하기 직전에 하는 것이 가장 좋다. 리프트 중량은 찹에서 사용한 중량의 절반 또는 3분의 1로 설정한다. 6~12회 범위에서 감당 가능한 중량을 선택하고, 좌우에서 최대 반복 수와 동작의 질 차이를 비교한다.

중요한 점은 끝까지 버티는 것이 아니다. 자세가 무너지기 시작하는 지점, 즉 자세의 상실점을 찾는 것이 목표다. 단순한 완력이 아니라, 몸을 얼마나 정교하게 통제할 수 있는지 그 '조절의 임계점'을 찾아야 한다.

테스트 중에는 등은 곧게 세우고 엉덩이는 고정하며 머리는 정면을 유지한다. 머리를 숙이거나 옆으로 흔들리기 시작하면 그 지점이 상실점이다. 그 순간 테스트를 중단한다. 가능하다면 누군가가 지켜보거나 영상 촬영을 해두면 판단이 훨씬 수월하다.

중량을 잘못 골라 12회를 넘어가더라도 괜찮다. 자세가 흐트러질 때까지의 반복 수를 기록하되, 좌우에는 같은 중량을 사용한다.

네 동작(좌우 찹, 좌우 리프트)을 비교해 반복 수가 같더라도 중량 차이가 나거나 중량이 같더라도 반복 수 차이가 10% 이상이면 좌우 불균형으로 판단한다. 네 동작 중 가장 약한 부분을 찾아, 대칭이 회복될 때까지 그 지점에 집중한다.

평가 기준
- 왼쪽 무릎 찹: 약 9kg × 8회
- 오른쪽 무릎 찹: 약 9kg × 15회
- 왼쪽 무릎 리프트: 약 4.5kg × 13회
- 오른쪽 무릎 리프트: 약 4.5kg × 14회

나는 전반적인 프로그램을 세우기 전에 니 불균형을 다시 확인하고 싶어, 이틀 후에 다시 테스트했다. 내 몸의 좌우가 불균형하다는 걸 확인했지만 다음의 결과에서 이틀만에 운동조절력이 크게 향상되었다는 걸 확인할 수 있다. 이런 결과는 근력의 향상으로도 나타났다.

이틀 뒤 재테스트에서는 조절력이 빠르게 개선되었고, 중량도 함께 상승했다. 몇 차례 더 훈련한 뒤에는 찹에서 좌우 모두 약 20kg을 사용하게 되었고, 오래 글을 쓰면 반복되던 등의 통증도 거의 사라졌다.

핵심은 간단하다.

가장 약한 고리를 먼저 고치면, 다른 문제도 함께 사라진다.

운동 #2: 터키식 겟업(Turkish get-up, TGU)

4가지 교정운동 중 하나만 고르라면, 그레이는 주저 없이 TGU를 택할 것이다. TGU는 복잡해 보이지만 단기 성과가 아닌 장기 투자로 접근해야 한다. 막히는 동작이 있다면 중량을 낮춰 각 단계만 잠시 연습하라. 억지로 이어가는 것은 의미가 없다. 처음부터 끝까지 끊김 없이 편안하게 이어지는 것, 그것이 목표다.

그레이는 미셸 위의 재활 과정에서 기본 스윙과 함께 TGU를 핵심으로 활용했다. TGU는 아홉 개의 동작으로 이루어져 있으며, 주요 근육군과 인체가 만들어내는 거의 모든 방향의 움직임을 한 번에 다룬다. 눕기, 일어서기, 버티기, 내려오기—이 흐름 안에 몸이 일상에서 필요로 하는 대부분의 동작 패턴이 압축되어 있다.

그레이의 말은 직설적이다. "터키식 겟업과 스윙은 사진으로 보면 화려하지 않다. 그래서 잡지에 잘 실리지 않는다. 하지만 세계적인 선수라도 이 두 운동만으로 부상을 예방할 수 있느냐고 묻는다면? 대답은 분명하다. 물론이다."

TGU는 흩어져 있던 근력을 하나로 묶어 몸에 새기는 '최종 저장 버튼'과 같다. C&L은 하체를 고정한 채 상체를 다듬고, SDL은 상체를 고정한 채 하체를 다듬는다. 각각의 운동이 부분을 교정한다면, TGU는 그 결과를 전신 움직임으로 통합한다. 말하자면 개별 악기를 조율한 뒤 오케스트라 전체를 하나의 소리로 맞추는 과정이다. 마지막에 TGU를 빠뜨리면, 따로따로 강화된 힘이 실제 동작에서 하나로 연결되지 않는다. 조각은 있지만 완성된 그림이 없는 상태가 된다.

TGU는 단독으로도 강력하다. 인디애나 콜츠의 근력 코치 존 토리네는 이렇게 말한다. "내 일은 운동이고, 부상 예방이며, 경기력 향상이다. 나는 TGU로 시작해 TGU로 끝낸다. 그리고 모든 발전 과정을 TGU로 점검한다." 리그에서 9년간 부상이 가장 적고 승리가 가장 많았던 팀의 코치가 한 말이다. 그 무게를 그대로 받아들이면 된다.

TGU에서 사용할 웨이트는 다른 운동에서의 근력 수준과 무관하다. 벤치프레스 100kg을 드는 사람도 TGU에서는 8kg부터 시작해야 할 수 있다. 기준은 오직 하나, TGU 동작을 얼마나 안정적으로 수행할 수 있는가다. 아령이나 케틀벨을 사용할 경우 권장 중량은 다음과 같다.

여성

- 초급: 4~6kg
- 중급: 6~8kg
- 고급: 8~12kg 이상

남성

- 초급: 8~12kg
- 중급: 12~16kg
- 고급: 16~24kg 이상

TGU에는 여러 변형이 있지만 다음 쪽에 소개된 동작은 교정운동을 목적으로 체계적으로 구성된 형태다. 브렛 존스가 시범 보인 1~9단계 동작을 순서대로 담은 것이다. 케틀벨을 내려놓는 동작은 이 순서를 완전히 거꾸로 진행하면 된다.

단계를 나눈 이유는 단순히 동작을 쪼개기 위해서가 아니다. 이 방식은 각 단계에서 자세에 대한 명확한 피드백을 제공하며, 몸이 어디서 흔들리는지를 스스로 감지하게 만든다. 반대로 동작 사이의 멈춤을 허용하지 않는 변형은 약한 구간을 건너뛰기 쉬워, 이후 더 큰 교정이 필요해질 수 있다.

사진은 참고용으로 충분하지만 실제 시도 전에 정확한 동작을 보여주는 영상을 먼저 보는 것이 좋다. 처음부터 끝까지 수행하기 어렵다면 한 팔로 몸을 지탱하는 5단계에서 멈춰도 된다. 이 지점에서 좌우 차이를 확인하라. 이른바 '반 TGU'는 어깨 재활에도 효과적이며 실제로 일부 물리치료 현장에서 활용되고 있다.

운동 #3, #4: 한 발로 서서 한 팔로 데드리프트
(Cross-body one-arm single-leg deadlift, 1SDL)

표준 데드리프트는 바벨을 두 손으로 잡고 들어 올린 뒤, 허리를 세우고 일어나는 단순한 동작이다. 반면 싱글 레그 데드리프트는 한 발로 서서 수행하는 동작이다. 엉덩이의 심부 근육은 힘을 내는 역할뿐 아니라 몸을 안정시키는 역할도 한다. SDL에서는 이 근육들이 안정근으로 작동하면서 좌우 불균형이 쉽게 드러난다.

여기서 다루는 1SDL은 바벨 대신 아령이나 케틀벨을 한 손으로 들어 올리는 변형 동작이다. 다만, 한 손으로 웨이트를 들기 전에 먼저 해야 할 일이 있다. 한 발로 안정적으로 서는 자세에 충분히 익숙해지는 것이다.

한 발로 서서 두 팔로 데드리프트(Two-arm single-leg deadlift, 2SDL)

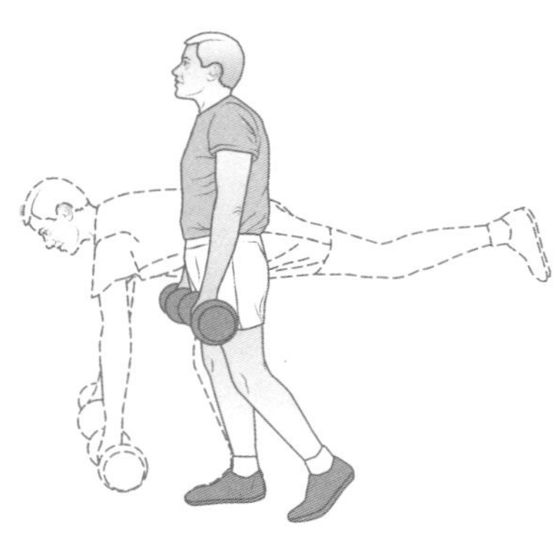

2SDL의 시작 동작과 마무리 동작. 뒷발의 발가락이 바깥쪽으로 벌어지지 않고 항상 바닥을 향하고 있는지에 주의한다.

1SDL을 프로그램에 포함하더라도, 그 전에 반드시 한 발로 서서 두 팔을 사용하는 데드리프트2SDL에 먼저 익숙해져야 한다. 두 손으로 웨이트를 잡으면 균형이 훨씬 안정되기 때문에 데드리프트의 핵심인 엉덩이 움직임에 집중할 수 있다.

2SDL을 익히는 데는 15분도 걸리지 않는다. 가벼운 아령 한 쌍(각각 5~15kg)을 들고, 한 발로 균형을 잡은 상태에서 3~5회씩, 3~5세트 반복해보라. 방법은 뒤에서 설명할 1SDL과 동일하며, 차이는 두 손으로 웨이트를 든다는 점뿐이다.

처음에는 어색하고 발바닥 안쪽이 뻐근할 수도 있다. 하지만 짧은 시간이라도 2SDL을 연습해두면 1SDL로 넘어갈 때 겪는 좌절을 크게 줄일 수 있다. 1SDL은 몸통 회전과 옆으로 구부리는 동작이 있어 훨씬 높은 안정성을 요구하기 때문이다.

한 발로 서서 한 팔로 데드리프트(Owo-arm single-leg deadlift, 1SDL)

- 무릎을 약 20도 굽힌 상태에서 한 발로 선다. 웨이트는 지지하는 발의 안쪽 바닥에 둔다(유연성이 부족하면 약간 높여도 된다).
- 반대쪽 다리는 몸 뒤로 길게 뻗는다. 발끝은 바닥을 향하게 유지한다. 이때 다리가 바깥으로 돌아가면 고관절이 열리며 몸이 틀어지기 쉽다. 뒤로 뻗은

다리는 몸의 연장선이라고 생각하라.

• 고관절을 축으로 삼아, 의자에 앉듯 엉덩이를 뒤로 밀며 상체를 숙인다. 지
  지하는 발의 반대쪽 손으로 웨이트를 잡아 시소처럼 들어 올렸다 내린다.

한 발로 서서 반대편 손으로 웨이트를 들면 강한 회전력이 생긴다. 이때 몸
이 돌아가지 않도록 버티는 힘이 바로 중심 안정성이다. 우리가 이 운동으로 기
르려는 핵심 능력이다.

한 번의 반복이 끝나면 웨이트를 내려놓는다. 이 방식이 안전한 이유는, 실
제 반복 횟수보다 더 많은 준비 동작이 자연스럽게 포함되기 때문이다. 예를 들
어 5회를 목표로 하면 웨이트를 들지 않은 상태의 준비와 정렬 과정이 그 사이
에 반복된다. 즉 무부하 → 부하 → 무부하의 전환 자체가 훈련이 된다.

데드리프트에서 중요한 것은 웨이트를 드는 순간만이 아니다. 고관절을 기
준으로 서서 엉덩이를 뒤로 밀고, 다시 자세를 정리하는 준비 과정 자체가 운동
의 일부다. C&L과 마찬가지로, 부하가 없는 상태와 있는 상태를 오가는 전환
이 핵심이다.

그레이의 데드리프트 원칙

1. 데드리프트는 상체를 숙이는 동작처럼 보이지만 실제로는 엉덩이를 발꿈
   치보다 훨씬 뒤로 빼며 앉는 동작이다. 한 발이든 두 발이든, 데드리프트를
   할 때 정강이는 최대한 수직에 가깝게 유지해야 한다.

2. 웨이트는 단단히 쥔다. 그래야 어깨가 안전하다. 어깨를 일부러 뒤로 당길
   필요는 없다. 무게를 강하게 쥐는 것만으로도 회전근개는 자연스럽게 반사
   수축한다.

3. 뒷다리는 척추의 연장선처럼 곧게 뻗는다. 가슴이 내려가는 만큼 뒤꿈치가
   솟구치고, 가슴이 솟아오르면 뒤꿈치가 가라앉아야 한다. 두 지점은 보이지
   않는 시소로 연결된 하나여야 한다.

4. 운동 범위가 다소 줄어들더라도, 충분히 무게감 있는 웨이트를 사용해야
   한다.

그레이는 일상에서 15~20kg짜리 아이나 가방을 자주 드는 사람에게 2kg
남짓한 아령을 쥐여주는 트레이너를 볼 때마다 고개를 젓는다. 데드리프트처
럼 몸을 접어 웨이트를 들어올리는 동작에서 너무 가벼운 중량은, 팔꿈치를 굽
히고 어깨를 움츠리게 만들기 쉽다. 좋은 신호가 아니다.

데드리프트의 핵심은 반복 횟수가 아니라 신경과 근육의 반응을 끌어내는
것이다. 반복은 1~5회면 충분하다. 이 운동의 목적은 근육을 키우는 데 있지 않
고, 안정적인 힘의 기반을 만드는 데 있다.

운동 범위는 상황에 따라 줄여도 괜찮다. 예를 들어 상자 위의 케틀벨이나
낮은 단 위의 아령을 들어올려도, 고관절을 중심축으로 제대로 사용한다면 짧
은 거리에서도 충분한 효과를 얻을 수 있다. 중요한 것은 데드리프트를 건너뛰
지 않고, 통제 가능한 범위에서 무게를 다루는 경험을 쌓는 것이다. 익숙해지면
웨이트를 천천히 더 낮은 위치로 옮겨가면 된다. 이 과정을 반복하다 보면 결국
웨이트를 바닥에서 자연스럽게 들어올릴 수 있는 상태에 도달하게 된다.

이제 네 가지 교정운동이 머릿속에 정리되는가? 아직 흐릿하다면 7장 앞부
른으로 돌아가 전체 구조를 다시 한번 훑어보라.

- Find a Functional Movement Screen (FMS) Expert (기능적 동작 검사(FMS) 전문가 찾기): FMS는 그레이 쿡이 고안한 불균형 진단 도구다. 이 사이트에서는 가까운 지역의 FMS 전문가를 찾을 수 있다. 총점이 34점 이하면 '위험 구간'으로 분류되며, 부상 확률이 35% 이상으로 높아진다. 나는 처음 검사에서 17점을 받았고, 뉴저지에 있는 원 휴먼 퍼포먼스 센터에서 에릭 다가티에게 평가받았다.

- FMS 자가 테스트: 전문가 도움 없이 스스로 점검하고 싶다면 이 간결한 영상부터 시작하면 된다. www.fourhourbody.com/fms-self

- 터키식 겟업(TGU): 자크 이븐 에슈의 시범 영상. TGU는 끊임없이 이어지는 동작이 아니라, 각 단계 사이에 잠깐 멈춤이 있는 동작이다. 천천히 할수록 숙련도가 높다. 서두르지 말고 속도를 늦춰라. www.fourhourbody.com/tgu

- Cross-Body One-Arm Single-Leg Deadlift (크로스 바디 한 팔·한 발 데드리프트, 1SDL): 1SDL의 올바른 동작을 보여주는 영상이다. www.fourhourbody.com/1SDL

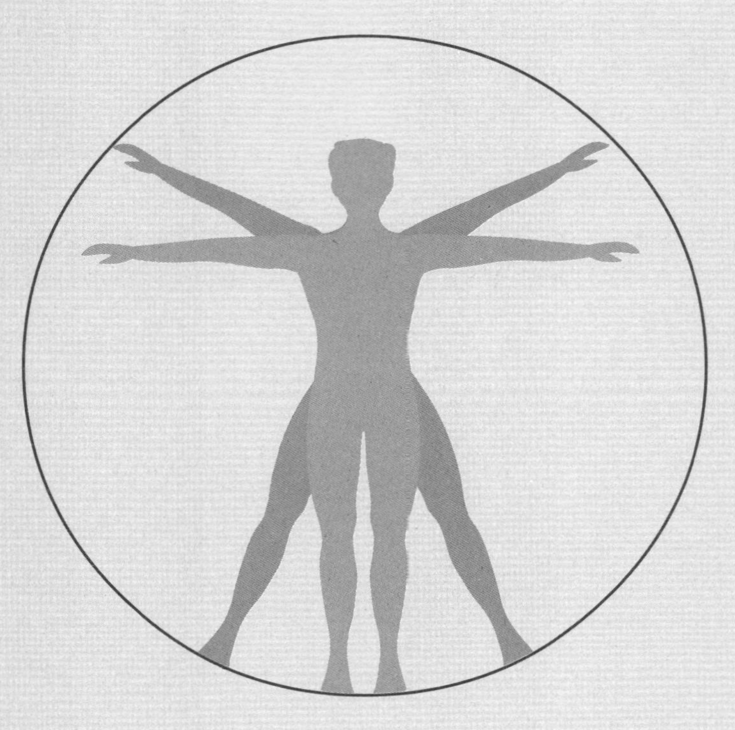

8장. 기록을 10% 이상 향상시키는 법

01

더 높이 뛰는 기술

더 나은 기량을 갖추면 걱정은 줄어든다.

파블로 피카소

뉴저지주 와이코프, 가든 스테이트 산업단지.

"그게 뭡니까?"

내 다리보다 굵은 팔을 지닌 톰이 풀다운을 마치고 팔꿈치에 무언가를 문질렀다.

"말에게 쓰는 도찰제입니다."

정말 경주마용 도찰제(근육통을 완화시키기 위해 피부에 바르는 연고나 기름—옮긴이)였다. 코를 찌르는 냄새에 한걸음 물러섰지만 운동기구 사이를 빠져나오니 병이 놓인 선반이 눈에 들어왔다. 성분을 재빨리 확인했다.

"맥타르나한 흡수성 블루 로션, 살리실산 메틸 3%, 멘톨 1.7%, 캠퍼(장뇌) 1.7%." 상표에는 바람에 갈기를 흩날리는 말이 그려져 있었다. 사람용이 아니라는 점만 빼면, 성분 자체는 시중의 진통 크림과 크게 다르지 않았다. 쉐보레 대리점 옆에 조용히 자리한 조 데프랑코의 체육관은 유행을 따르지 않는다. 합법적이고 효과적인 것이라면 출처를 가리지 않고 쓴다. 실제로 통하는가, 그것이 유일한 기준이다.

0.2초가 수백만 달러를 바꾸는 곳

NFL 스카우팅 대회는 사실상 취업 면접이다.

매년 2월, 걸출한 대학 미식축구 선수 330명이 인디애나 루카스 오일 스타디움에 모여 1주일간 평가를 받는다. 비교의 기준은 철저히 측정 가능한 수치에 기반한다. 서전트 점프, 40야드 전력 질주, 삼각형 달리기(민첩성), 100kg 벤치프레스 반복 횟수 등이 그것이다. 이 결과는 뉴욕 라디오시티 뮤직홀에서 열리는 NFL 드래프트로 이어진다. 지명 순번이 빠를수록 계약금은 커진다.

1인치 혹은 0.2초가 수백만 달러의 몸값 차이를 만든다.

대부분의 선수는 에이전트를 대동한다. 유력 에이전트들은 "데프랑코에게 훈련받게 해주겠다"라는 말로 선수 영입을 설득한다. 그는 스카우팅 대회의 '요다'로 불리며, 더 높이 뛰고 더 빨리 달리는 선수들을 만들어낸 인물이다. NFL이 그에게 휘둘리지 않으려고 규칙을 바꿀 정도였다.

문제의 종목은 삼각형 달리기였다. 출발선에서 삼점 자세(three-point stance, 두 발과 한 손으로 몸을 지탱)로 시작해 5야드(약 4.6미터)를 달려 오른손으로 반대편 선을 찍고 되돌아와 다시 출발선을 찍은 뒤 전력 질주한다.

노트르담대학 시절 데프랑코에게 훈련받은 마이크 리처드슨은 이 종목에서 6.2초를 기록했다. 데프랑코의 설명은 간단하다.

삼각형 달리기는 규칙상 오른손으로만 두 선을 짚어야 한다. 이 제한을 역으로 활용하면 해법이 보인다. 데프랑코는 왼손을 축으로 삼는 전략이 훨씬 효율적이라는 사실을 알아냈다. 이렇게 하면 출발 후 처음 10야드에서 두 걸음가량을 아낄 수 있다. 0.1초를 다투는 세계에서 두 걸음은 결정적이다. 실제로 이 차이는 기록을 최대 0.4초까지 단축시킨다. NFL 스카우팅 대회에서 0.4초는 거의 영원에 가까운 시간이며, 선수의 몸값을 수백만 달러 더 끌어올릴 수 있는 격차다.

요즘 일부 NFL 스카우트들은 왼손을 짚고 출발해 기록한 성적을 인정하지 않는다. 그렇다면 선천적 왼손잡이는 어떻게 해야 한단 말인가. 이런 제약에도 데프랑코는 늘 한발 앞서며 신기록을 만드는 선수들을 꾸준히 배출해왔다. 현재 NFL 32개 팀 곳곳에 그의 제자들이 활약하고 있다.

그렇다면 데프랑코의 명성은 실력일까, 아니면 홍보의 결과일까 혹은 재능 있는 트레이너들을 앞세운 흥행 전략일까. 의문을 풀기 위해 나는 그의 체육관을 직접 찾았다. 그리고 48시간 후, 결과는 분명했다. 나의 서전트 점프는 약 7.5cm 향상되었고(과거 개인 최고 기록과 동일), 40야드 전력질주는 0.33초 단축되며 개인 신기록을 세웠다. 이전 최고 기록은 0.2초 단축에 그쳤다.

이 장과 다음 장에서는, 내가 농구를 포기하고 레슬링을 선택할 수밖에 없었을 정도로 결코 정복할 수 없는 장벽이라 생각했던 서전트 점프부터 시작해서 내가 무엇을 해냈는지 차근차근 풀어보려 한다.

점프력을 높이는 4가지 방법

데프랑코는 비교적 짧은 준비운동부터 시켰다. 이 준비운동은 다음에서 영상으로 확인할 수 있다 www.fourhourbody.com/defranco.

점핑잭 × 10회

실 잭 × 10회(두 팔을 가슴 앞으로 모았다 펴기)

리버스 런지 × 5회(좌우 각각)

사이드 런지 × 5회(좌우 각각)

앞뒤로 다리 흔들기 × 10회(좌우 각각)

포고 점프 × 20회(다리를 편 상태에서 발 앞꿈치로 빠르게 점프)

준비운동을 마친 뒤 우리는 공중의 제단. 베르텍 앞으로 이동했다. 솔직히 말하면 베르텍은 충격을 주면 회전하는 막대들이 달린 장대에 불과하다. 가장 높이 건드린 막대가 곧 서전트 점프 기록이다.

"최선을 다하세요."

나는 젖 먹던 힘까지 쥐어짜 뛰었다. 두 번, 세 번을 시도했지만 기록은 56cm를 넘지 못했다.

출발점: 22인치

첫 강습을 받으려 할 때 어딘가 어수룩해 보이는 사내가 들어왔다. 데프랑코가 손을 들며 소리쳤다.

"어이, 똥구멍!"

"어떻게 지내십니까?" 사내는 웃으며 인사를 건넸다.

데프랑코는 내게 설명했다. "욕이 아닙니다. 저 사람 별명이 정말 '똥구멍'이에요." 체육관 밖에서 그는 마이크 과당고Mike Guadango로 불렸다. 그의 이력은 데프랑코 제자의 전형이었다. 델라웨어대 야구팀에서 퇴출당한 뒤 월리엄 패터슨대로 옮겼고, 데프랑코에게 몸을 맡겼다. 12개월 후 그는 미국을 대표하는 선수로 성장했다.

군대식 턱걸이 50회를 연속으로 해냈고, 키 185cm의 그가 제자리에서 140cm 상자 위로 점프하는 영상은 유튜브에서 화제가 됐다. 선천적 재능이 없다고 알려졌던 과당고에게 결코 나쁘지 않은 결과였다.

과당고는 한쪽에 앉아 내가 훈련받는 모습을 지켜봤다.

그렇게 데프랑코의 첫 교정이 시작됐다.

결함 #1: 어깨의 추진력이 부족하다

"당신의 어깨는 도약 높이의 20%를 책임지는 강력한 추진 엔진입니다. 두 팔을 옆구리에 붙이고 전력질주해보면 바로 알 수 있죠."

서전트 점프에서는 하강 속도와 반동이 핵심이다. 데프랑코는 상체 힘을 활용해 팔을 빠르고 크게 아래로 젖히라고 주문했다. 다이빙 선수처럼 팔을 머리 위로 들고 시작해, 팔을 내리는 속도만큼 충분한 가동 범위를 확보하라는 것이다. 그렇게 하자 가슴의 반동이 커졌고 주로 쓰는 오른팔로 베르텍 막대기를 건드릴 수 있었다.

결함 #2: 점프 정점에서 팔이 뒤로 빠진다

배구 스파이크처럼 팔이 최고점에서 뒤로 밀렸다. 그 결과, 정점이 아닌 내려오는 순간에 막대기를 치고 있었다. 팔을 뒤로 당긴 상태에서 솟구쳐야 했다.

결함 #3: 스쿼트 스탠스가 너무 넓다

두 발 간격이 히프 폭을 넘어섰다. 그 자세만으로도 키가 2~5cm는 줄어든 셈이었다. 발을 히프 안쪽으로 좁히고, 허리를 세운 채 쪼그려 앉아야 했다. 엉덩이가 가장 낮아지는 순간을 제외하고는 시선을 계속 막대기에 고정하라는 지시도 덧붙였다.

나는 교정 포인트를 머릿속에서 다시 정리하며 깊게 숨을 들이마셨다.

그리고 다시, 도약했다.

세 번째 시도: 24인치

자세를 교정하자 서전트 점프가 단번에 2인치 높아졌다.

뒤에서 지켜보던 과당고가 소리쳤다. "누가 두 발을 모으고 점프하라고 가르쳤소?"

다이빙 선수처럼 팔을 머리 위로 올린 채 시작하려다 무의식중에 발까지 모아버린 모양이었다. 그런 자세로 어떻게 스쿼트를 했는지 나조차 의아했다. 속도를 극대화하려면 동시에 떠올려야 할 요소가 적지 않았다.

그때 데프랑코가 스트레칭 매트를 꺼냈다. 본격적인 교정이 시작됐다.

결함 #4: 굳은 고관절 굴곡근

"정적인 스트레칭은 대부분 필요 없습니다. 하지만 고관절 굴곡근은 예외입니다. 이 근육이 다리의 완전한 신전을 방해할 수 있으니까요."

정적인 스트레칭은 흔히 떠올리는 방식, 즉 근육을 늘린 상태로 10초 이상 우지하는 동작을 말한다. 그런데 이런 방식은 일반적으로는 근력을 일시적으로 떨어뜨리고, 결합조직이 늘어난 상태에서는 부상 위험도 커진다. 그래서 우리는 오직 고관절 굴곡근만 예외적으로 스트레칭해 도약을 방해하는 긴장을 잠시 '꺼두기'로 했다.

원칙은 간단하다. 점프 30초~2분 전, 비지배측(주로 사용하지 않는 쪽)부터 실시한다. 내 경우에는 왼쪽이었다. 좌우 각각 30초씩이면 충분했다.

네 번째 시도: 25인치

눈에 띄는 향상이었다. 데프랑코가 웃으며 말했다.

"당신이 NFL 선수였다면 방금 100만 달러를 번 겁니다."

"이 체육관에서 고등학생들의 평균 서전트 점프는 50~60cm입니다. 스카우팅 대회에서 75cm만 넘겨도 완전히 다른 급으로 올라갑니다. 세금도 그만큼 더 내게 되겠죠."

데프랑코의 제자 중에는 예외적인 선수들이 많다. 댈러스 카우보이스의 와이드 리시버 마일스 오스틴은 체중 약 100kg임에도 105cm를 뛰었고, 휴스턴 텍선스의 라인배커 브라이언 쿠싱은 체중 113kg으로 89cm를 기록했다. 쿠싱은 열일곱 살부터 데프랑코에게 훈련받았고, 드래프트 1라운드 지명을 받았다. 당시 그는 100kg 벤치프레스를 35회, 9kg 웨이트 조끼를 입고도 127cm 상자 점프를 해냈다. 솔직히 말해, 보통 인간의 범주는 아니었다.

물론 내 기록은 그들과 비교할 수 없다. 그럼에도 20분 만에 7.5cm 향상이라는 결과는 분명했다. 데프랑코의 체육관에서 단 한 번 훈련으로 세운 타이 기록이었다. 하지만 진짜 시험은 다음 날 아침에 기다리고 있었다.

전력질주, 스프린트였다.

이 자세를 유지하라.

- Probotics Just Jump Mat (프로보틱스 저스트 점프 매트): 체공 시간을 기준으로 서전트 점프를 측정하는 휴대용 매트. 덴버 브롱코스의 근력 코치 리치 투텐이 매년 트라이아웃에서 사용하는 장비다. 얇고 가벼워 침대 밑에도 보관할 수 있다. www.fourhourbody.com/jump-mat
- Mastering the Combine Tests (NFL 스카우팅 테스트 완전 정복, DVD) NFL 스카우팅 대회 주요 테스트—20야드 왕복 달리기, 삼각형 달리기, 벤치 프레스, 멀리뛰기—를 조 데프랑코가 직접 분석한 DVD.
- McTarnahan's Absorbent Blue Lotion (맥타나한 흡수성 블루 로션): 말의 근육통과 근육 경직 완화에 쓰이는 도찰제. 일부 엘리트 선수들도 사용한다. 효과 면에서는 일반 근육통 완화제보다 훨씬 강력하다. http://store.allvet.org/abblloga.html
- Keith Eloi Jumps into a Flatbed Truck (키스 엘로이, 트럭 적재함으로 제자리 점프): 표정 변화 없이 제자리에서 트럭 적재함으로 점프하는 모습. 게다가 슬리퍼 차림이다. www.fourhourbody.com/flatbed
- Keith Eloi Jumping Out of a Swimming Pool Backward (키스 엘로이, 수영장에서 뒤로 점프해 탈출) www.fourhourbody.com/pool-eloi

02

더 빨리 달리는 기술

아프리카의 아침에는 가젤이 먼저 깨어난다.
사자보다 빨리 달리지 못하면 살아남지 못한다는 걸 알기 때문이다.
사자 역시 잠에서 깬다. 가장 느린 가젤보다 빨리 움직이지 않으면
굶주릴 수밖에 없다는 걸 알기 때문이다. 당신이 사자든 가젤이든 상관없다.
해가 떠오를 즈음이면 이미 움직이고 있어야 한다.

모리스 그린_ 100미터 세계 선수권 5회 우승자

킹 조지 식당, 햄버거 턴파이크 721번지.

동부 시간 오전 8시(내 생체시계로는 새벽 5시), 조 데프랑코와 나는 뉴저지의 오래된 식당에서 오믈렛과 계속 리필되는 짙은 커피와 함께 아침을 먹고 있었다. 나는 수첩을 꺼내 질문을 적어 내려갔다.

"아직 널리 알려지지 않은 최고의 근력 코치는 누구입니까?"

→ 버디 모리스(피츠버그대)

"기능성 근력 코치라면요?"

→ 루이 시먼스(웨스트사이드 바벨)

"스트레칭 전문가는요?"

→ 앤 프레더릭. 나는 6개월 전 애리조나 템피의 '스트레치 투 윈' 클리닉을 방문했었다. 단 한 차례 강습 후, 거의 10년 만에 고관절이 편안해졌다는 느낌을 받았다.

"그렇다면 스피드 코치는?"

→ 찰리 프랜시스.

찰리 프랜시스. 내가 떠올리던 이름이었다. 그는 1988년 서울올림픽 100미터에서 금메달을 박탈당한 벤 존슨의 코치로만 알려져 있지만 정작 그의 훈련 철학과 방법론을 제대로 아는 사람은 많지 않다. 그는 진짜 천재였다.

프랜시스는 생화학을 훈련에 정교하게 적용했다. 단거리 훈련에서 그는 최대 속도의 95% 이상에서만 달리게 했다. 75~95% 구간은 의미가 없었다. 95% 미만은 너무 느렸고, 그보다 느린 속도에서 훈련량만 늘리면 24시간 내 회복이 불가능했기 때문이다.

데프랑코는 이 원칙을 그대로 흡수했다. 예를 들어 마일스 오스틴 같은 대학 미식축구 선수들에게 400미터 달리기는 시키지 않았다. 대신 전력 질주 훈련의 80%를 10야드 대시에 쏟아부었다. 출발 자세, 가속 구간의 발걸음 수, 최고 속도를 유지하는 몸의 각도를 반복해서 몸에 새겼다.

10야드 대시를 100회 넘게 훈련하면서도 40야드 대시는 고작 서너 번만 달렸을 뿐이었다. 그런데도 마일스는 스카우팅 대회에서 4.67초, 이후 공식 기록으로는 4.47초를 찍었다.

"열 명 중 아홉은 분명한 효과를 봅니다. 특히 40야드 대시는 거의 전원이 기록을 단축하죠."

자신감에 찬 말이었다.

그리스식 오믈렛과 검은 커피를 앞에 두고, 나는 벤 존슨의 기록을 넘어서는 장면을 상상했다. 그날도 꽤 보람찬 하루가 될 것 같았다.

데프랑코식 스프린트 준비 루틴

우리는 가장 중요한 것부터 시작했다. 준비운동이다. 나는 스파이크가 박힌 단거리용 신발 대신, 미끄럼 방지 징이 달린 축구화를 신었다. 데프랑코는 준비운동 단계부터 팔 동작과 리듬을 강조하며, 좋은 스프린터의 움직임을 흉내 내는 것이 핵심이라고 말했다.

기본 준비 동작

- 20야드(약 18미터) 가볍게 뛰기 × 2회
- 리버스 런지 × 6회(좌우 각각)
- 20야드 뒤로 달리기(사두근·고관절 굴곡근 활성화) × 2회
- 하프 스쿼트 자세로 20야드 사이드 셔플 × 2회

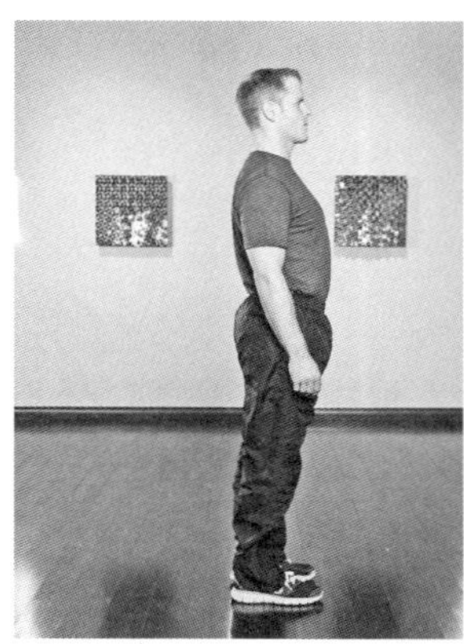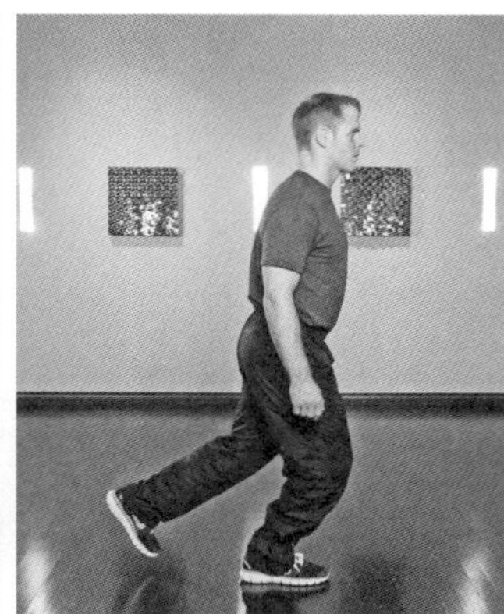

리버스 런지
지지 다리의 무릎을 먼저 굽혀 발가락을 지나 앞으로 이동시킨 뒤, 반대쪽 다리를 뒤로 길게 뻗는다.

동적 스트레칭과 근육 활성화

- 롤오버(앞으로 몸 굴리기) 후 V자 앉기 × 10회
- 파이어 하이드런트 × 10회(좌우 각각)

  (네발로 엎드린 자세에서 한쪽 다리를 옆으로 들어 올렸다가 내리는 동작)
- 마운틴 클라이머 × 10회

  (팔을 짚은 플랭크 자세에서 무릎을 번갈아 가슴 쪽으로 빠르게 끌어오는 동작)

신경계 빈도수 훈련

- 정해진 시간 동안 최대 반복.
- 포고 점프(무릎을 거의 펴고 발앞꿈치로 빠르게 튀어 오르는 연속 점프) × 20초
- 하프 스쿼트 딥 '와이드 아웃' × 5초 × 2회(중간 휴식 10초)

  (반쯤 앉은 스쿼트 자세에서 팔을 옆으로 강하게 벌렸다가 다시 모으는 동작)

데프랑코는 준비운동을 짧게 끝내고, 대신 회복 시간은 충분히 확보했다. 그의 설명에 따르면 훈련 세계에는 아주 흔한 속임수가 하나 있다. 훈련 전에는 준비운동을 길게 늘여 선수를 미리 지치게 만들고, 훈련 후 테스트 직전에는 준비운동을 최소화하는 방식이다. 그렇게 하면 실제보다 훈련 효과가 훨씬 커 보이게 마련이다. 교활한 코치들의 수법이다.

출발 자세 하나로 0.22초를 줄이다

브라우어 시스템

내 기록은 데프랑코의 주관적 판단이 아니라 NFL 스카우팅 대회에서 실제로 사용하는 계측 장비인 브라우어 시스템Brower system으로 측정됐다. 40야드 구간에 설치된 레이저 센서는 내가 통과하는 순간을 자동으로 감지해 시간을 기록했고, 결과는 데프랑코가 손에 쥔 계측기 화면에 즉시 표시됐다.

기준선을 잡기 위해 코치의 개입 없이 먼저 10야드 전력 질주를 두 차례 실시했다. 이후 40야드를 전력으로 달린 첫 기록은 5.94초였다. 데프랑코는 계측기 화면을 보며 만족스러운 표정을 지었다. "6초 안에 들어왔군요. 아주 좋은 신호입니다. 평균 체중이 약 145kg에 달하는 라인맨들과 비교해도 뒤처지지 않는 기록이에요."

그는 가볍게 제자리에서 뛰며 웃었다. "이제 시작해봅시다. 덕분에 오늘 훈련이 꽤 재미있겠군요." 그리고 본격적인 교정이 시작됐다. 첫 단계는 출발 자세였다.

첫 스텝은 거의 전진하지 못했다. 정말 말 그대로 몸은 앞으로 나아가지 않았고 다리만 출발선 뒤에서 허공을 헛돌았다. 마라톤에서는 한 걸음이 대수롭지 않지만 40야드 대시에서는 치명적인 손실이다.

자세교정으로 보낸 첫 강습

1. 오른손잡이는 오른손을 바닥에 짚고 왼쪽 다리를 앞으로, 왼손잡이는 반대로 한다.

2. 발 위치 잡기(오른손잡이 기준): 왼발은 출발선에서 한 발 정도 뒤에 두고 발가락으로 선다. 그 상태에서 오른발 앞부분을 왼발 뒤꿈치 끝에 대고, 두 발 간격이 엉덩이 폭이 되도록 오른발을 약간 바깥으로 벌린다. 발 간격은 엉덩이 폭보다 넓어져서는 안 된다.

3. 손 짚기: 두 손으로 출발선 앞 바닥을 짚은 뒤, 오른손을 출발선 쪽으로 끌어당긴다. 오른손의 세 손가락(검지·중지를 모으고 엄지 포함)을 출발선에 댄다. 이 자세에서 엄지가 상당히 아팠기 때문에 나는 검지·중지 관절과 엄지를 함께 사용했다.

4. 출발 직전, 왼팔을 90도로 굽혀 엉덩이 바로 옆에 둔다.

5. 첫 스텝: 출발과 동시에 뒷다리는 강하게 밀어내고, 첫 발은 왼발에서 약 1야드(약 90cm) 앞에 착지한다.

이 교정을 거친 뒤 다시 시도한 10야드 전력질주 기록은 1.99초였다. 훈련 전 2.07초에서 0.08초 단축된 셈이다.

훈련 전후에 달라진 출발 자세

팔의 위치와 동작 교정

훈련 전에는 체중이 양발에 고르게 실려 있었다. 그 결과 팔이 뒤로 기울어 진 각도를 만들었고, 손끝에서 어깨까지 선을 그리면 몸 뒤쪽으로 넘어가는 형태였다. 이 자세에서는 출발 직전 팔이 한 번 멈췄다가 다시 움직이게 되어, 자연스럽게 속도가 떨어진다.

교정의 핵심은 간단했다. 어깨를 손끝보다 약간 앞에 두고, 팔을 위로 드는 대신 뒤로 강하게 당기는 느낌을 유지하는 것이다. 데프랑코의 표현대로라면, 오른팔을 들어 올리는 것이 아니라 채찍처럼 뒤로 끌어당기는 동작이다. 이렇게 하면 뒷다리가 떨어지는 순간 몸이 자연스럽게 앞으로 기울고, 팔의 반동이 다리의 추진을 돕는다.

문제는 체중이 앞쪽으로 쏠리면서 발바닥의 접지 면적이 줄어든다는 점이었다. 실제로 연습 중 두 차례 뒷발이 미끄러졌다. 데프랑코는 발가락 부분에 미세한 톱니가 있는 나이키 베이퍼스를 대안으로 제시했다. 나는 축구화는 그대로 두고, 앞쪽에 더 강한 압력을 주는 방식으로 마찰 부족을 보완했다.

결과는 분명했다. 다시 측정한 10야드 전력질주 기록은 1.91초, 훈련 전보다 0.16초 단축됐다.

러닝 자세를 유지하고 스텝 수를 줄여라

데프랑코는 내 오른발에서 약 1미터 앞에 끈을 내려놓으며 말했다.

1. 출발 자세에서 고개를 숙이되, 시선은 끈에 둔다. 그 지점이 첫 스텝 착지 위치다.

2. 첫 착지 시 무릎은 발가락보다 앞에 있어야 한다.

3. 10야드를 통과할 때까지 턱을 당기고, 상체를 하체보다 앞에 둔다.

4. 가능한 한 스텝 수를 줄인다. 내 다리 길이 기준으로는 7스텝 이하가 목표 였다. 이상하게 들리겠지만 지면 접촉 횟수가 많을수록 속도는 떨어진다.

점검 항목이 늘어나자 출발 준비 시간도 길어졌고, 매번 더 느려진 느낌이

들었다.

하지만 계측 결과는 정반대였다. 다섯 번째 시도에서 10야드 기록은 1.85초. 처음보다 0.22초 단축된 수치였다. 이제 다시, 40야드 대시를 측정할 차례였다.

강습 시간 15분 만에 신기록을 세우다

"40야드로 넘어가면 대부분의 사람이 10야드에서 배운 걸 전부 잊어버립니다. 오직 눈앞의 10야드에만 영혼을 실으세요. 그 짧은 찰나에 당신의 모든 에너지를 쏟아붓는 겁니다. 나머지는 생각하지 말고 그대로 40야드 선까지 가면 됩니다. 하지만 10야드는 올림픽 금메달을 따겠다는 각오로 달려야 합니다."

이게 끝인가? 10야드 전력질주를 다섯 번 연습했고, 강습 시간은 15분도 채 되지 않았다.

일단 준비운동을 겸해 힘의 60% 정도로 가볍게 한 번 달렸다.

그리고 내가 물었다.

"준비됐습니까?"

"됐습니다."

나는 출발 자세를 다시 잡았다. 하나하나 점검하느라 시간이 유난히 길게 느껴졌다. 마치 열두 개가 넘는 기준점을 정확히 정렬하는 기분이었다.

그리고 출발했다.

오랜만에 '진짜로' 빨리 뛰고 있다는 감각이 들었다. 고개를 숙이고 상체를 약간 기울인 채 10야드 표시를 바람처럼 통과했다. 40야드 결승선이 분명히 다가오고 있었다. 고개가 들리는 순간, 뒤에서 무언가 날카롭게 잡아당기는 느낌이 스쳤다. 눈 깜빡할 새 40야드 지점을 통과했고, 나는 잰걸음으로 속도를 줄였다.

그때 오른쪽 햄스트링이 이상하다는 걸 느꼈다.

출발선에서 데프랑코가 외쳤다.

"잘했소!"

그는 계측기 화면을 내게 보여주며 말했다.

"5.61초. 단 한 번의 코칭으로 이 체육관의 역사에 남을 압도적인 단축 기록을 갈아치운 순간입니다. 이전 최고 향상 폭은 0.2초였는데, 이번엔 훈련 전 기록보다 거의 0.3초를 줄였어요."

"그런데 햄스트링이 좀 뻣뻣해진 것 같습니다."

데프랑코는 잠시 말을 멈추고 나를 바라보다가 말했다.

"그럼 오늘은 여기까지 합시다." 그리고 덧붙였다. "경험상, 나이를 먹을수록 현명해집니다. 햄스트링이 뻣뻣해졌다는 느낌이 들면 중단해야 해요. 그건 '눈물이 맺히기 시작했다'는 신호입니다."

"그럼 스트레칭을 해야 하지 않습니까?"

"아니요. 그게 가장 흔한 실수입니다. 운동 후에 근육이 수축된 느낌이 들면 대부분 스트레칭을 하죠. 하지만 그 시점의 근육은 이미 과도하게 늘어나 있는 상태입니다. 스트레칭은 오히려 독이 됩니다. 이럴 때는 얼음찜질이 정답이에요. 그리고… 해너 몬타나가 필요합니다."

"뭐라고요?"

"얼음찜질, 그리고 아르니카 몬타나요."

내가 잘못 들은 게 아니었다. 아르니카 몬타나는 '늑대의 독'으로 불리는 식물로, 유럽 원산의 꽃식물이다. 헬레날린이라는 성분을 함유하고 있어 프로 선수들 사이에서는 소염제로 널리 쓰인다.

데프랑코는 햄스트링이 뻣뻣해지지 않았다면 나는 40야드를 5.51~5.53초에 주파했을 것이고, 일주일 정도만 더 훈련하면 다시 0.1~0.2초를 줄일 수 있었을 거라고 말했다.

확실히 배운 교훈이 하나 있다. "턱을 당긴 채 고개를 들지 말 것." 상체가 너무 일찍 세워지면 발꿈치로 지면을 찍게 되고, 그 순간 햄스트링은 찢어질 위험에 노출된다. 40야드 전력질주에서 발생하는 힘은 상상을 초월한다. 270kg이 넘는 중량으로 데드리프트를 하는 선수들을 훈련시키는 데프랑코의 말을 믿지 않을 이유는 없었다.

햄스트링을 키우고 싶어 하는 보디빌더들에게 주는 교훈은 단순하다. 전력으로 단거리를 질주하라. 나는 다시 스프린트의 세계로 돌아가고 싶었지만 그보다 급한 건 얼음찜질과 아르니카 몬타나였다. 치료가 우선이었다. 다음 여정에서는 40야드보다 훨씬 먼 거리를 달려야 할 테니까.

왜 햄스트링은 전력질주에서 먼저 무너질까

햄스트링 부상을 예방하려면 무엇을 해야 할까? 조 데프랑코는 그 원인을 명확히 알고 있었고, 그가 제시한 처방은 크게 세 가지로 정리된다.

1. 내추럴 글루트-햄 레이즈로 단련하라

스프린터에게 꼭 맞는 하체 운동을 체육관에서 찾기는 쉽지 않다. 그중에서 가장 효과적인 대안이 내추럴 글루트-햄 레이즈(natural glute-ham raise)다. 이 운동은 햄스트링이 늘어난 상태에서 버티는 힘을 길러준다. 전력질주할 때 발이 땅에 닿는 순간 햄스트링이 강하게 늘어나는데, 이때 버티는 힘이 부족하면 파열로 이어지기 쉽다.

조 데프랑코에 따르면, 이 운동을 꾸준히 하는 선수에게서는 햄스트링 경련이나 파열이 거의 발생하지 않는다. 전용 기구가 없다면 파트너가 발목을 잡아주는 방식으로도 충분히 할 수 있다. 다만 주의할 점이 있다. 이 운동은 생각보다 훨씬 어렵다. 자칫하면 얼굴을 바닥에 부딪힐 수 있으므로, 반드시 두 손을 얼굴 앞에 두고 아주 천천히 시작해야 한다.

2. 엉덩이의 신전 근력을 강화하라

글루트-햄 레이즈를 제외하고, 레그 컬이나 단순한 무릎 굽힘 운동은 잊어도 좋다. 햄스트링 보호와 스프린트 속도 향상을 동시에 노린다면 엉덩이의 신전 근력에 집중하는 편

벤치와 짐볼에서 하는 리버스 하이퍼익스텐션
보기보다 간단하며, 허리와 둔근을 안전하게 활성화한다.

이 훨씬 효과적이다. 특히 다음 동작들이 도움이 된다.

- 리버스 하이퍼익스텐션
- 레귤러 하이퍼익스텐션
- 케틀벨·아령 스윙
- 슬레드 드래깅(썰매끌기: 허리를 세운 자세뿐 아니라 가속을 위해 상체를 약 45도로 기울인 자세 포함)
- 누운 자세에서 히프 쓰러스트(hip thrust, www.four-hourbody.com/hip)

전용 장비가 없어 리버스 하이퍼익스텐션이나 내추럴 글루트-햄 레이즈를 하지 못하는 사람에게, 데프랑코와 그의 제자들이 특히 추천하는 동작이 누운 자세에서 히프 쓰러스트다. 필요하다면 바벨을 허리 위에 올려 저항을 더할 수도 있다. 참고로, 다음 영상에서 내가 사용한 바벨은 약 190kg이었다.

- www.fourhourbody.com/hipthrusts

나는 히프 쓰러스트를 특히 좋아한다. 이 운동은 장시간 앉아서 생기는 요통을 빠르게 완화해주는 효과도 있다. 지금 이 글을 쓰고 있는 시각은 새벽 1시 45분, 남아프리카공화국의 한 호텔 카페다. 아무도 없는 공간에서 소파와 커피 테이블 사이에 몸을 끼워 히프 쓰러스트를 몇 세트 해냈다. 청소부가 잠시 멈춰 나를 쳐다보았지만 아마도 부티 댄스를 춘다고 생각했을 것이다.

3. 고관절 굴곡근의 유연성을 확보하라

보폭을 늘리고 햄스트링 부상을 막는 데 가장 효과적이면서도 가장 과소평가되는 방법이 고관절 굴곡근 스트레칭이다. 고관절 굴곡근이 뻣뻣하면 햄스트링은 항상 뒤로 당겨진 긴장 상태에 놓인다. 이 상태에서는 파열 위험이 커질 수밖에 없다. 또한 다리를 뒤로 뻗을 때 신장 반사가 일어나 보폭을 충분히 확보하지 못한다. 이런 사람들은 발걸음이 잦고 빨라 보이지만 실제 속도는 나오지 않는다. 데프랑코의 표현을 빌리면 "실속 없이 빨라 보일 뿐"이다.

고관절 굴곡근을 꾸준히 스트레칭해 항상 유연한 상태로 유지하라.

- DeFranco Training on Video (데프랑코 트레이닝 영상): 내가 데프랑코에게 훈련을 받던 날 실제로 보았던 영상이다. 역동적인 준비운동, 동적 스트레칭, 단거리 전력질주를 위한 출발 자세 등이 담겨 있다. www.fourhourbody.com/defranco
- Parisi Speed School (패리시 스피드 스쿨): 미국 창던지기 국가대표 출신 빌 패리시(Bill Parisi)가 설립한 스피드 전문 훈련 기관이다. 지금까지 수백 명의 선수를 프로 무대에 진출시켰으며, 특히 NFL 스카우팅 대회를 겨냥한 프로그램을 통해 120명 이상의 훈련생을 NFL에 입성시켰다. www.parisischool.com
- Sorinex Poor Man's Glute-Ham Raise (소리넥스 '푸어 맨' 글루트-햄 레이즈): 비교적 저렴한 가격의 글루트-햄 레이즈(GHR) 머신이다. 나는 파쿠르(Parkour) 선수들을 통해 이 장비를 알게 되었다. 크기가 작아 벽장에 보관할 수 있고, 데프랑코가 권장한 햄스트링 부상 예방 운동을 수행하기에 충분한 기능을 갖추고 있다.

03

더 오래 달리는 기술: 준비편

피로와 고통의 한계를 넘어서면,
예전에는 상상조차 못했던 편안함과 힘이 나타난다.
억지로 자신을 몰아붙이지 않아도 힘의 근원은 조금도 손상되지 않는다.

윌리엄 제임스_
웨스턴 스테이츠 100마일 레이스 7연패를 달성한 스콧 주렉의 이메일에서 인용

"고환을 바에 올려놓으세요."

고환과 강철은 기름과 물만큼이나 어울리지 않는다. 하지만 그 말은 부탁이 아니라 거의 명령이었다. 나는 스모 선수처럼 데드리프트 자세를 취하며 그대로 따랐다.

샌프란시스코 크로스핏의 창립자 켈리 스타레트는 만족스러운 표정으로 고개를 끄덕였다. '케이 스타'로 불리는 그는 파워리프팅의 아이콘 데이브 테이트의 조언을 그대로 반복했다. 바를 내릴 때는 엉덩이를 최대한 바에 붙이라는 것. 전혀 낭만적이지 않지만 놀랍게도 편한 자세였다.

프레시디오 공원은 유난히 아름다웠다. 옛 관사들이 늘어선 언덕과, 크리시 필드 너머로 안개를 밀어내는 태양, 그리고 그 뒤에 모습을 드러낸 금문교까지. 다른 참가자들은 우리보다 뒤처져 달리고 있었고, 대화는 자연스럽게 고강도 훈련에서 '경기 준비' 이야기로 넘어갔다.

나는 켈리에게 경기를 앞두고 어떻게 훈련해야 하는지 물었다. 그는 바로 답하지 않고 걸음을 멈추더니 이렇게 되물었다. "RKC 인상 테스트는 어땠습니

까?"

인상snatch은 바벨을 한 번의 동작으로 머리 위까지 들어올리는 올림픽 역도 종목이다. 나는 러시안 케틀벨 자격증RKC을 준비하며 이 테스트를 통과했다. 체중과 같은 횟수만큼 53kg 케틀벨을 5분 안에, 바닥에 내려놓지 않은 채 들어올려야 했다.

"체중이 77kg이라서 77회를 3분 30초에 끝냈습니다."

"그렇군요. 우리는 훈련의 마지막에 그런 걸 합니다."

그의 말투는 담담했지만 어딘가 나를 나약하다고 평가하는 듯했다. 그는 말을 이었다. "저는 서른여섯입니다. 지금도 136kg을 깔끔하게 들고, 그 자리에서 뒤로 공중회전도 할 수 있죠. 얼마 전에는 해발 5,500미터가 넘는 곳에서 약 45km를 달리는 울트라마라톤에 참가했습니다. 대부분은 그런 레이스 뒤에 몇 주를 쉬지만 저는 다음 주부터 다시 무거운 웨이트를 들었습니다."

그리고 잠시 뜸을 들인 뒤, 결정적인 말을 던졌다. "그런데 울트라마라톤 준비 과정에서 5km 이상은 한 번도 뛰지 않았습니다."

순간 머리가 멈췄다.

"잠깐만요. 그럼 어떻게 훈련했습니까?"

"400미터 반복 훈련만 했습니다."

그는 갑자기 완전히 다른 차원의 인물처럼 보였다. 나 역시 언젠가 마라톤을 완주해보고 싶었다. 걷지 않고, 처음부터 끝까지 달려서!

건강에 좋을 것으로 믿어서가 아니다. 42.195km라는 지루하고 고된 거리를 완주하는 일은, 스카이다이빙(이미 해봤다!)이나 그레이트 배리어 리프(호주 북동 해안에 위치한 세계 자연유산)에서의 스노클링 그리고—가능하다면— 나탈리 포트만과의 데이트처럼, 죽기 전에 꼭 해보고 싶은 목록 중 하나였을 뿐이다.

하지만 현실은 달랐다. 1.6km만 뛰어도 나는 술 취한 오랑우탄처럼 변했다. 마라톤은 애초에 내 체질이 아니라고 생각하며 오래전에 포기했다.

그런데 400미터라면? 그 정도라면 할 수 있을 것 같았다. 켈리는 내 표정을 보며 미소 지었다. 그리고 마치 성배를 내미는 사람처럼 말했다.

"브라이언 맥켄지를 만나보세요."

8주 만에 한계를 넘긴 사람들

콜로라도 루이스빌은 내게 호의적인 곳이 아니었다. 포도주를 반 잔밖에 마시지 않았는데도, 해발 약 1,600미터의 고도 때문인지 이미 몇 잔을 들이킨 듯 머리가 멍했다. 시계는 밤 10시를 가리켰고, 알로프트 호텔 로비는 다음 날 열릴 카페인 뮤직 페스티벌을 기다리는 사람들로 시끌벅적했다. 여기저기서 음악 이야기와 문자 알림음, "혹시 E(환각제인 엑스터시를 가리키는 속어―옮긴이) 있어?"라는 수상한 속삭임이 뒤섞여 흘러나왔다.

나는 맞은편 붉은 벨벳 의자에 앉아 있는 한 남자를 바라보고 있었다. 키가 크고 체격이 단단했으며(188cm의 키에 88kg), 얼굴에는 피어싱이 잔뜩 달려 있었다. 헨리 롤린스와 키아누 리브스 그리고 특수부대원을 섞어놓은 듯한 인상이었다. 브라이언 맥켄지였다.

악수를 나누자 그는 환하게 웃었다. 두 손에는 'UNSCARED'('겁내지 않는다') 라는 문신이 새겨져 있었다. 여덟 손가락에 한 글자씩. 우리는 금세 공감대를 찾았다. 자신의 몸을 아끼지 않고 무모한 실험의 제단에 기꺼이 바칠 줄 아는, 지독한 실험 정신을 공유하고 있었기 때문이다.

브라이언은 지구력 실험을 시작하던 초기에 타바타 훈련Tabata Protocol에 도전했다. 20초 전력질주, 10초 휴식을 반복하는 방식이다. 그는 트레드밀을 가파르게 기울이고 빠른 속도로 시작했지만 2분도 채 버티지 못하고 속도를 줄였다. 그러다 결국 트레드밀에서 밀려나 바닥에 쓰러졌고, 다리에 쥐가 나 한동안 움직이지 못했다. 함께 있던 친구들은 걱정 대신 웃음을 터뜨렸다.

나는 남은 와인을 마시고 본론으로 들어갔다.

"정말 8~12주면 저를 완전히 바꿀 수 있다고 보십니까?"

브라이언은 몸을 기울이며 말했다. "그건 중요하지 않습니다. 8주면 하프 마라톤을 완주하게 만들 수 있습니다. 조건은 하나뿐이에요. 5km를 24분 안에 뛸 수 있어야 합니다."

"전 5km를 뛰어본 적도 없습니다."

"괜찮습니다. 인터벌 훈련으로 준비하면 됩니다. 정강이 통증이나 족저근막

염은 없죠?"

"없습니다."

"그럼 12주면 충분합니다. 기적을 볼 겁니다."

브라이언은 과거에도 '루키'라는 인물을 11주간 훈련시켜 50km 산악 울트라마라톤을 완주하게 만든 경험이 있었다. 그 전까지 루키는 한 번에 6km도 뛰어본 적이 없었다.

또 다른 사례도 있다. 1마일을 8분 30초 정도에 달리던 43세 여성 마라토너는 브라이언을 만나기 전, 400미터 전력 질주를 세 번도 해내지 못했다. 브라이언은 그녀를 "변속기 없는 선수"라고 불렀다. 마일당 7분 30초 페이스를 3분 이상 유지하지도 못했다.

뉴욕 마라톤을 두 달 앞두고, 브라이언은 주당 16분의 전력질주 훈련에 더해 웨이트와 유연성 훈련을 주 4회 병행하게 했다. 전체 훈련 시간은 주당 3시간을 넘지 않았다. 대회를 일주일 앞두고 그녀는 "이 정도 훈련으로는 완주할 수 없다"라며 매일 불안 전화를 걸어왔다.

결과는 달랐다. 그녀는 뉴욕 마라톤을 3시간 32분에 완주했다. 마일당 8분 페이스로, 이전보다 마일당 30초를 단축한 기록이었다. 결승선 직전 다른 주자를 돕느라 멈추지 않았다면 3시간 30분, 즉 마일당 7분 28.8초 페이스도 가능했을 것이라고 브라이언은 보았다. 결국 그녀는 주당 단 16분의 전력 질주 훈련으로 기록을 크게 단축한 셈이었다.

더 적게 훈련하고, 더 멀리 달리다

브라이언은 단거리 수영선수로 스포츠 경력을 시작했다. 100미터만 넘어가도 완전히 지쳐 움직이지 못할 정도였다.

2000년 말, 철인3종경기를 13차례 완주한 47세 친구의 권유로 단축 철인3종경기에 도전했다. 수영 500미터, 자전거 13마일(약 20km), 달리기 5km로 구성된 경기였다. 수영 전문가들과 경쟁하지 않았던 덕분인지 그는 무사히 완주했고, 그날 이후 철인3종경기에 빠져들었다. 곧 정식 대회에 출전했고, 올림픽 코스와 캐나다 철인3종경기에서 세계적 선수 반열에 올랐다.

초기에는 다른 선수들과 마찬가지로 주당 24~30시간을 훈련했다. 수영 8마일, 사이클 200마일 이상, 달리기 50마일 이상. 지구력 세계에서는 당연한 훈련량이었다. 그러나 그 대가는 컸다. 몸 상태는 악화됐고, 부부 관계를 포함한 개인적 삶은 무너졌다.

전환점은 2001년, 니콜라스 로마노프를 만났을 때였다. 브라이언은 '많이, 느리게'라는 전통적 유산소 훈련에 의문을 품기 시작했고, 대신 짧고 강한 훈련을 선택했다.

2006년 6월, 그는 웨스턴 스테이츠 100마일 지구력 경주에 참가했다. 5,180미터를 오르고 6,700미터를 내려오는 가혹한 코스였다. 그는 26시간 남짓 만에 완주했다. 주당 훈련 시간을 30시간에서 10.5시간으로 줄인 후 거둔 성과였다.

그러나 10.5시간조차 과했다. 몸은 여전히 혹사당했고, 결혼생활도 개선되지 않았다.

2007년 9월, 그는 세계에서 네 번째로 힘든 코스로 꼽히는 앤젤레스 크레스트 100을 주당 평균 6.5시간 훈련으로 완주했다. 훈련은 근력 강화(약 3시간), 크로스핏, 인터벌, 페이스 워크로 구성됐다.

이 훈련법을 적용하기 전에는 속도를 높일수록 산소 소비량이 급증했고, 스쿼트 1회 최대 중량은 250파운드(약 113kg)에 불과했다. 그러나 대회 3주 전, 그는 240파운드를 6회 연속으로 가볍게 들어 올릴 수 있었다. 게다가 체중은 늘지 않았다.

이후 그는 100미터든 100마일이든, 더 빠르게 달릴 수 있게 됐다.

몸을 망치지 않고
울트라마라톤급 거리를 완주하려면

콜로라도 루이스빌로 돌아가자. 포도주 한 잔을 겨우 마신 지 14시간 뒤, 나는 분명한 사실 하나를 깨달았다. 가슴과 머리가 터질 듯한 고통을 몇 차례 겪고 나서야 얻은 깨달음이었다.

첫 관문은 400미터 전력 질주였다. 심장이 터질 듯한 95%의 강도로 네 번을 달리며, 짧은 90초의 휴식 사이사이에 가쁜 숨을 몰아쉬었다. 이어서 10분 동안 100미터 반복 달리기를 시도했고, 휴식은 10초였다. 정확히 말하면 그렇게 해보려 애썼다.

하지만 어느 거리도 제대로 끝내지 못했다. 두 번째 400미터부터는 천식 걸린 독일 셰퍼드처럼 입으로 숨을 몰아쉬었고, 네 번째를 마친 뒤에는 골룸처럼 웅크린 채 무릎을 붙잡고 구토를 참아야 했다.

100미터 반복은 여섯 번 만에 중단했고, 쓰러지지 않으려 피크닉 테이블에 몸을 기대야 했다. 다시 시작했지만 가능한 20번 중 4번은 건너뛰었다.

그 순간 깨달았다. 몸을 망치지 않고 울트라마라톤급 거리를 완주하려면 준비·생체역학·훈련이 완벽히 맞물려야 한다. 그리고 훈련은 지나치게 힘들어서도 안 된다. 다행히도, 브라이언에 따르면 고통의 시간은 길지 않을 것이었다.

4주의 준비 기간

장거리 달리기에서 가장 먼저 문제가 되는 것은 폐도, 근섬유도 아니다. 서스펜션, 즉 하체 구조다. 자동차로 치면 차체의 무게를 지탱하고 노면 충격을 흡수하는 장치에 해당한다.

5km를 달리면 발이 약 2,000~2,500번 지면을 친다. 이 반복 충격을 견디려면 인대와 힘줄이 충분히 튼튼해야 하고, 관련 근육들이 올바른 순서로 작동해야 한다. 나는 400미터를 달린 뒤 햄스트링—이전에 40야드 전력질주 훈련 중 살짝 다쳤던 부위—에 통증이 밀려왔고, 이후에는 3시간 넘게 심한 하부 요통에 시달렸다. 장거리 선수들에게 흔한 증상이었다.

왜 이런 일이 생겼을까?

나는 장거리를 달릴 준비가 전혀 돼 있지 않았다. 본격적인 훈련에 들어가기 전에 반드시 서스펜션부터 손봐야 했다. 그렇지 않으면 몇 달, 아니 몇 년을 끌고 갈 부상을 자초했을 것이다.

책상에 오래 앉아 일하는 사람들처럼 나 역시 고관절 굴곡근과 대퇴사두근이 지나치게 뻣뻣했다. 그 결과 전력 질주 시 상체가 히프보다 앞으로 기울어졌고, 햄스트링이 본래 둔근이 맡아야 할 일을 대신 떠맡게 됐다. 과부하가 걸릴 수밖에 없었다. 뻣뻣한 고관절 굴곡근은 하부 요추를 잡아당겨 심한 요통도 유발했다. 또 발 당기기(foot pulls)를 연습한 뒤에는 무릎 안쪽 통증이 생겼는데, 이는 뻣뻣한 대퇴사두근과 약한 빗내측광근 때문이라 판단했다.

마지막으로 발과 발목도 심하게 아팠다. 인대와 힘줄, 작은 근육들이 아직 충격을 견딜 만큼 발달하지 않았기 때문이다.

평균 이하에서 시작하는 훈련의 조건

일본 히에이산의 '마라톤 수도승'들은 6년 동안 매일 울트라마라톤에 가까운 거리를 걷고 뛴다. 특히 마지막 100일 동안은 하루 평균 84km를 그렇게 한다.

나는 수도승 체질은 아닌 듯했다. 남아프리카공화국 스포츠과학연구소에서 터시어스 콘 박사에게 농담 삼아 물었다.

"제가 올림픽에 나갈 준비가 됐습니까?"

닷새 전, 나는 근육의 한계를 직접 확인하겠다며 넓적다리에 연필 크기의 생검 튜브를 찔러 근육 샘플을 채취했다. 결과를 본 그는 잠시 망설이다가 솔직하게 말했다.

"10km도 못 뛸 겁니다."

잠시 후 덧붙였다. "냉정하게 말하면 5km도 쉽지 않겠군요."

듣기 좋은 말은 아니었다. 그러나 지난 석 달 동안 나는 지구력의 비밀을 찾겠다며 온갖 시도를 해왔고, 그중 하나가 에너지 대사 효소였다.

예를 들어 코사족 중장거리 선수들은 젖산 탈수소효소(LDH) 수치가 높아 젖산을 재활용하는 능력이 뛰어나다. 케냐 선수들은 3HAD 효소 수치가 높아, 극한 상황에서도 탄수화물 대신 지방을 에너지원으로 쓴다.

나는 어떤 결과를 받았을까? 웃음밖에 나오지 않았다. 온갖 노력과 훈련에도 불구하고, 내 효소 수치는 집에 틀어박혀 텔레비전만 보는 호머 심슨보다 나빴다. 유전자 검사에서 나온 '지구력 체질'이라는 말은 사실상 아무 의미가 없었다. 나는 재빨리 머릿속으로 내게 알맞는 운동을 생각해보았다. 빨리 많이 먹기 대회? 미끄럼틀 타기?

터시어스는 말했다. "당신은… 지극히 평균입니다. 아니, 평균보다 조금 아래일지도 모르겠군요." 이상하게도 나는 실망하지 않았다. 오히려 안도했다. 만약 앞으로 성과를 낸다면 그것은 전적으로 훈련 덕분이라는 뜻이기 때문이다. 타고난 체질이라는 핑계는 더 이상 필요 없었다.

내가 해낼 수 있다면 다른 사람들도 가능했다. 이제 문제는 하나였다.

어떻게 준비할 것인가.

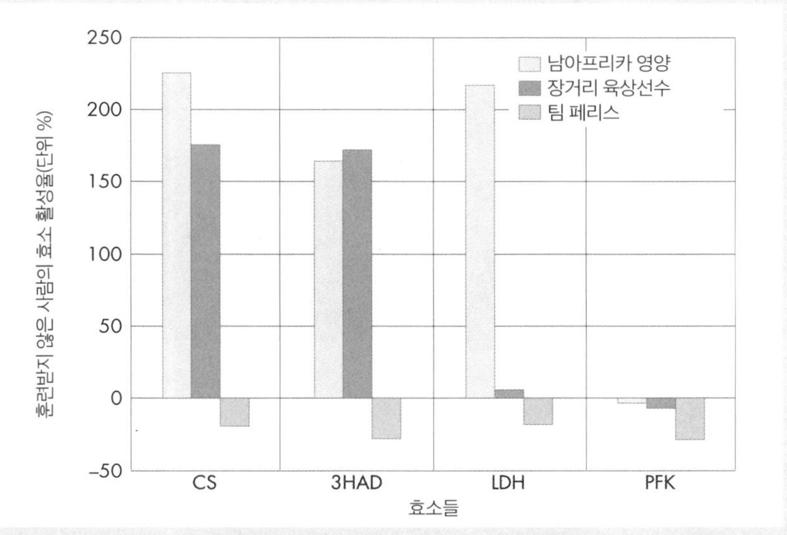

수치는 훈련받지 않은 사람을 기준으로 한 백분율이다. 아프리카 영양과 훈련받은 장거리 육상선수를 비교했다. (출처: 케이프타운 대학교 운동과학과 스포츠 의학부 의학연구실 터시우스 콘 박사)

나는 본격적인 훈련에 앞서 4주간의 준비 기간을 따로 배정했고, 그동안 대퇴사두근·햄스트링·고관절 굴곡근을 중심으로 ART 치료를 병행했다. 특히 아래의 다섯 가지 준비운동에 집중했으며, 모든 스트레칭은 좌우 각각 최소 90초씩 실시했다.

1. 고관절 굴곡근(엉덩허리근)과 대퇴사두근 유연성 운동

켈리는 소파를 활용한 대퇴사두근 스트레칭을 직접 시범 보였다. 사진 1은 A형, 사진 2는 B형으로 A형이 더 쉽다. 나는 주로 바닥에 앉아 B형을 사용했다. 이때 뒷발은 발목을 굽힌 채 방석 위에 올려둔다.

핵심은 척추를 곧게 유지하는 것이다. 사진 2처럼 복근을 가볍게 수축하면 도움이 된다. 반대로 등을 활처럼 휘고 복부를 앞으로 내미는 자세(사진 3)는 피해야 한다.

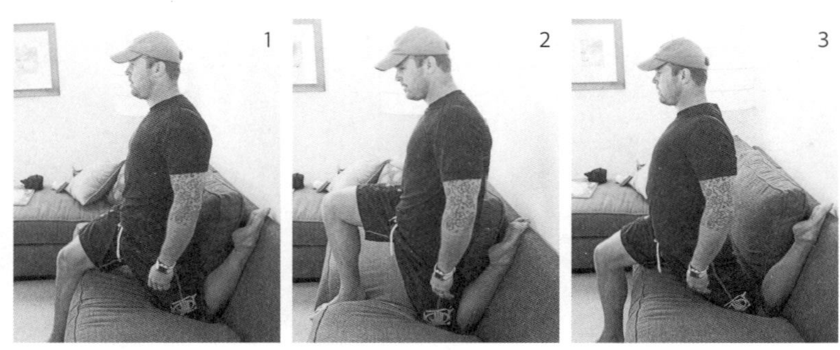

2. 골반 대칭과 둔근 유연성 운동

요가의 비둘기 자세와 유사하지만, 탁자를 이용하면 자세가 흐트러지지 않아 스트레칭 효과가 훨씬 안정적으로 전달된다. 사진 1처럼 다리를 탁자 위에 올려 무릎을 90도로 굽힌 뒤, 몸을 12시 방향으로 숙여 90초 유지한다. 이어서 10시, 2시 방향으로 각각 90초씩 반복한다. 한 손은 발 위에 올려 지지대로 사용한다.

무릎이 불편하면 발목을 탁자 밖으로 빼는 변형 동작(사진 3)을 사용해도 된다. 이때는 손을 발목에 둔다. 무릎 통증이 있으면 베개나 책을 받쳐 높이를 조절한다. 중요한 것은 자세의 완성도가 아니라 불편함 없이 지속할 수 있는 범위를 찾는 것이다.

좌우 스트레칭을 마친 뒤에는 발을 탁자 위에 올리고 몸을 정면으로 숙여 90초 유지한다(사진 4). 이후 무릎 안쪽에 손을 넣고 팔을 뻗은 채 몸을 더 숙여 90초 버틴다(사진 5, 6). 반대쪽도 동일하게 반복한다.

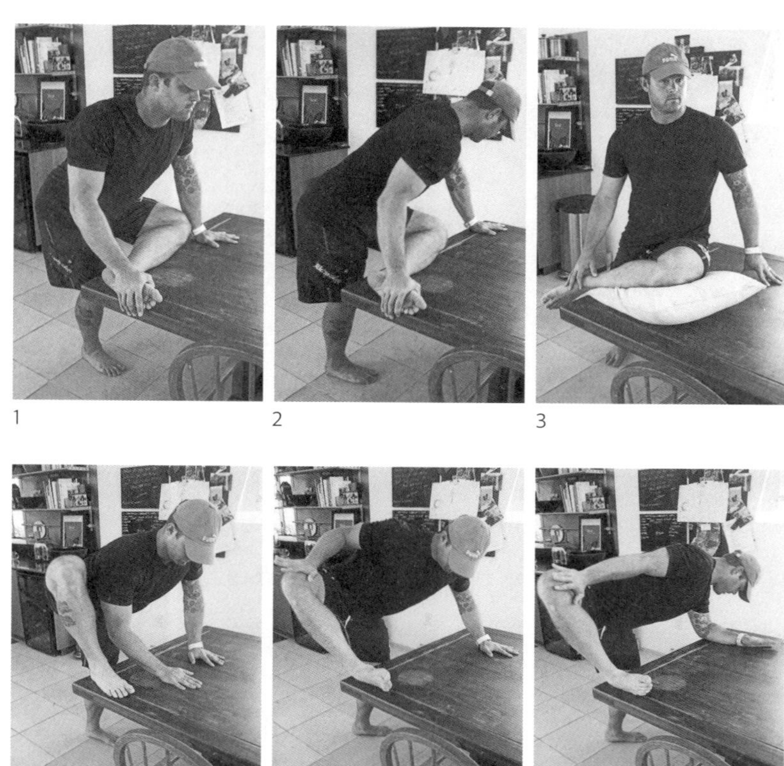

3. 골반 정렬을 위한 운동

장시간 앉아 있으면 넓적다리뼈 앞쪽이 고관절낭 앞으로 밀려나 기능 장애와 통증을 유발할 수 있다. 현대인의 생활 방식에서 피하기 어려운 문제다. 이를 교정하기 위한 동작이다.

다음 쪽의 사진 1처럼 네발기기 자세에서 체중을 한쪽 무릎에 실은 채 90초~2분 유지한다. 이어서 체중을 무릎에서 약 10cm 옮기고 발을 살짝 안쪽으로 돌린다(사진 2). 발을 안쪽으로 돌리는 이유는 고관절의 회전 범위를 단계적으로 자극하기 위해서다. 이때 반대쪽 다리에는 체중이 실리지 않는다. 같은 시간을 유지한 뒤 방향을 바꿔 반복한다.

1

2

4. 웨이트 시작 전 둔근 활성화 운동

먼저 '두 발을 바닥에 대고 엉덩이를 들어올리기'를 10회 실시한다. 발은 둔근에서 약 30cm 앞에 두고, 엉덩이를 최대한 높이 들어올린다.

다음으로 한 다리씩 바닥에 대고 엉덩이를 들어올리기를 좌우 각각 15회 실시한다. 최고점에서 1초간 멈추고, 들린 다리는 양손으로 정강이를 잡아 가슴 쪽으로 강하게 끌어당긴다. 이 다리는 전 과정에서 강한 등척성 수축 상태(근육이 전혀 수축되지 않고, 강하게 당겨지기만 하는 상태)를 유지한다. 바닥에 둔 발은 발꿈치로만 밀어올린다.

이후 다시 두 발을 바닥에 대고 엉덩이를 들어올리기를 시도해 엉덩이 높이가 더 올라가는지 확인한다. 변화가 없다면 한 발 동작을 다시 반복하되, 최고점에서 수축 강도를 더 높인다.

5. 팔과 발목 강화 운동

잔디 위에서 주 3회, 30분씩 맨발 조깅을 한다.

이는 세계 기록을 수십 차례 경신한 하일레 게브르셀라시에를 비롯해 많은 장거리 선수들이 따르는 방법이다. 스탠퍼드대의 전설적인 육상 코치 빈 라난나 역시 훈련의 일부로 잔디 맨발 달리기를 활용했다.

하지만 한 가지 질문이 남는다. 어떻게 달려야 '제대로' 달릴 수 있을까?

이제, 러시아 의사가 등장할 차례다.

달리기는 힘이 아니라 균형이다: 포즈 주법으로 다시 배우는 러닝의 기본

움직임은 균형의 파괴에서 비롯된다.

레오나르도 다 빈치

달리기에도 올바른 방법이 있다.

이 생각은 브라이언 맥켄지 혼자만의 주장이 아니다. 웨스턴 스테이츠 울트라마라톤을 7연패하고 '올해의 울트라마라토너'로 세 차례 선정된 스콧 주렉 Scott Jurek 역시 같은 관점을 공유한다.

브라이언이 강조하는 핵심은 '포즈'다. 이른바 포즈 주법 Pose Method의 창시자 니콜라스 S. 로마노프는 혹독한 시베리아 환경에서 성장했다. 그가 2005년 빙판 위를 달리는 영상으로 인터넷에서 화제가 된 것도 우연은 아니다.

빙판에서도 달릴 수 있다면 마른 땅에서는 어떨까?

로마노프가 제시한 원칙은 단순하다.

1. 밀지 말고 기울여라. 근육의 힘으로 몸을 밀어내지 말고, 상체를 앞으로 기울여 중력으로 전진한다.

2. 중력 중심 아래 착지. 발은 몸 앞이 아니라 중력 중심 바로 아래에, 가능하면 발 앞쪽으로 착지한다.

3. 다리를 완전히 펴지 마라. 다리를 쭉 펴는 순간, 몸을 '밀어내는 달리기'가 된다. 항상 약간 굽힌 상태를 유지한다.

4. 착지 즉시 끌어당겨라. 발이 중력 중심 아래를 지나는 순간, 햄스트링으로 발을 들어 올려 엉덩이 쪽으로 끌어당긴다.

5. 분당 180스텝 이상을 유지한다(한쪽 다리 기준 분당 90회). 이렇게 해야 근육의 탄성 반동을 최대한 활용할 수 있다. 참고로 200미터 세계 기록을 12년간 지킨 마이클 존슨의 케이던스는 분당 약 300스텝에 달했다. 그는 무릎을 높이 들지 않는 '숏 스텝' 주법으로 유명했다.

브라이언은 세이코 DM 메트로놈으로 템포를 맞추라고 권한다. 내 경험상, 메트로놈을 분당 90박자로 설정한 뒤, 발꿈치가 닿는 순간이 아니라 발이 엉덩이 가까이 가장 높이 올라오는 순간에 박자를 맞추는 방식이 가장 쉬웠다.

프레임으로 달리기: 동영상 분석의 힘

브라이언은 달리기를 네 단계로 나눈다.

"기울기 → 내리기 → 착지 → 당기기"

그가 강조하는 핵심 원칙은 단순하다. 착지는 몸을 밀어내는 동작이 아니라 쓰러지지 않기 위해 잠시 버티는 단계라는 것이다. 브라이언은 훈련생들의 달리는 모습을 초당 30프레임으로 촬영해 분석했으며, 그의 말에 따르면 1년간의 감각 훈련보다 1시간의 영상 분석이 훨씬 효과적이다.

브라이언은 프레임 수를 기준으로 내 자세를 점검했다. 그는 내가 눈에 띄게 지친 자세라고 지적했다. 분석 기준은 세 가지였다.

1. 착지 후 질량 중심 GCM에 도달하기까지의 프레임 수

2. 발이 지면에 닿아 있는 프레임 수

3. 두 발이 모두 공중에 떠 있는 프레임 수

시도 1: 교정 전

지면에 착지한 상태에서 질량 중심까지의 프레임 수: 3.5(목표: ¾프레임)

발이 지면에 착지된 상태의 프레임 수: 6(목표: 3 이하)

두 발에 허공에 뜬 상태의 프레임 수: 3(목표: 5)

시도 2: 24시간 후

지면에 착지한 상태에서 질량 중심까지의 프레임 수: 2(목표: ¾프레임)

발이 지면에 착지된 상태의 프레임 수: 4(목표: 3이하)

두 발에 허공에 뜬 상태의 프레임 수: 4(목표: 5)

시도 3: 시도 2 다음 2시간 후

지면에 착지한 상태에서 질량 중심까지의 프레임 수: 1.5(목표: ¾프레임)

발이 지면에 착지된 상태의 프레임 수: 3(목표: 3이하)

두 발에 허공에 뜬 상태의 프레임 수: 4(목표: 5)

　이런 영상 분석을 활용한 결과, 나는 36시간도 지나지 않아 핵심 두 지표에서 달리기의 경제성running economy을 완전히 개선했다. 착지 후 질량 중심까지의 프레임은 3에서 1.5로, 지면 접촉 프레임은 6에서 3으로 줄었고, 두 발이 공중에 떠 있는 시간은 33% 늘어났다. 이틀 동안 우리는 영상을 반복해 확인하며 전자 칠판 앞에서 약 6시간을 보냈다. 그 과정에서 특히 4가지 조언이 결정적인 도움이 되었다.

　　1. 분당 90스텝 이상에 집중하라.　한쪽 다리를 분당 90회 이상 떼는 데 의식을 집중하라. 특히 피로할수록 스텝 수에 더 신경 써야 한다. 스텝이 빨라지면 발끝 착지, 빠른 회수, 올바른 자세 같은 조건들이 자연스럽게 따라온다. 스콧 주렉의 말이 이를 정확히 요약한다. "스텝을 빠르게 하면 달리기의 나머지는 저절로 교정된다."

　이 조언은 내게 특히 중요했다. 철인3종경기 세계 챔피언이자 운동생리학자인 켄 미어크Ken Mierke는 케냐 육상선수들의 달리는 모습을 프레임 단위로 분석한 뒤, 스텝을 좁게 하고 빠르게 움직이는 이른바 '뜨겁게 달궈진 석탄 위를 달리는 주법'을 훈련에 도입했다.

　그 결과는 크리스토퍼 맥두걸의 베스트셀러 『본 투 런』에 소개되어 있다. 세계적인 철인3종경기 선수였던 앨런 멜빈은 처음에는 이 훈련에 적응하지 못했지만 분당 180스텝 훈련을 5개월간 지속한 뒤, 1마일을 4번 반복해 달리면서 모든 400미터 랩타임에서 과거 최고 기록을 넘어섰다.

　　2. 몸을 기울이되, 엉덩이를 빼지 마라.　상체를 앞쪽으로 기울이되, 엉덩이를 뒤로 빼며 달려서는 안 된다. 나무가 쓰러지듯, 골반 전체가 앞으로 기울어진다고 상상하라. 머리부터 숙이는 것도, 엉덩이를 뒤로 빼는 것도 모두 잘못된 자세다. 핵심은 "골반부터 앞으로 쓰러진다"는 이미지다.

　　3. 발꿈치를 비스듬히 끌어당겨라.　발을 바닥에서 떼어낼 때 발꿈치를 수직으로 들어 올린다고 생각하지 말고, 45도 각도로 엉덩이 쪽으로 끌어당긴다

고 상상하라(시도 3의 첫 세 프레임 참조).

이 이미지를 머릿속에 반복해서 그린 것만으로도, 내 자세는 불과 2시간 만에 시도 2에서 시도 3 수준으로 개선됐다. 만약 다리를 수직으로 들어 올린다고 생각했다면 무의식적으로 몸을 덜 기울였을 것이고 결과는 훨씬 나빴을 것이다. 요컨대 '몸은 비스듬히 앞으로, 발꿈치도 비스듬히 뒤로'라는 이미지를 동시에 유지하라.

4. 팔동작은 작게, 짧게. 팔동작은 최대한 작게 하고, 손목이 가슴 부근에서 멀어지지 않도록 주의하라. 처음 100미터 반복 훈련을 할 때 나는 일부러 우리 그룹에서 가장 오래, 가장 잘 달리는 선수 바로 뒤에서 달리며 그의 자세를 흉내냈다. 그는 팔을 짧게 움직였고, 불필요한 동작이 거의 없었다. 그렇게 달리자 스텝을 빠르게 유지하기가 훨씬 쉬워졌다.

이유는 간단하다. 팔과 다리는 항상 반대로 움직이며, 같은 보속stride rate을 공유하기 때문이다. 왼발이 앞으로 나가면 오른팔이 뒤로 움직인다. 따라서 팔동작이 커질수록, 다리는 그 리듬에 맞추느라 보속을 희생하게 된다. 결론은 분명하다. 빠른 스텝을 원한다면 팔은 90도 이상 굽혀 짧고 절제되게 움직여야 한다.

잘못 배우면 더 위험한 달리기

포즈 주법은 허황된 이론이 아니다. 다소 복잡해 보일 뿐, 물리학 법칙을 거스르지도 않는다. 실제로 유용한 측면도 분명히 있다.

문제는 장점만 보고 단점을 외면할 때 발생한다. 포즈 주법의 지지자들은 무릎 착지 부담을 줄일 수 있다는 근거로 2004년 논문 「무릎의 편심부하를 줄여주는 포즈 주법」 (Eccentric Loading of the Knee with the Pose Running Method)을 자주 인용한다. 여기까지는 타당하다. 그러나 이 논문이 함께 제시한 또 다른 결론, 즉 보름 정도의 훈련만으로 발목의 편심부하가 증가한다는 사실은 거의 언급하지 않는다.

이론적으로 보면 포즈 주법은 아킬레스건과 장딴지 근육 부상 위험을 높일 가능성이 있다. 이 논문에 참여했던 포즈 주법 1급 강사이자 생리학자인 로스 터커 박사는 이후 후속 연구에도 관여했다. 피실험자들은 지도 집단과 비지도 집단으로 나뉘었는데 결과는 명확했다. 포즈 주법을 배웠지만 지속적인 지도를 받지 않은 집단은 거의 전원이, 로마노프에게 직접 지도를 받은 집단 역시 절반가량이 아킬레스건이나 장딴지 부상으로 중도 탈락했다. 결국 연구는 끝까지 진행되지 못했다.

로스는 나에게 보낸 이메일에서 이렇게 정리했다. "일부에게는 포즈 주법이 효과적일 수 있다. 그러나 여기에 집착하면 대부분 장딴지·발목·힘줄에 심각한 문제가 생긴다." 이 말이 주는 교훈은 분명하다. 천천히, 신중하게 접근하라. 주법을 포즈 주법 쪽으로 조금씩 바꾸는 것은 가능하지만 통증이 나타난다면 즉시 중단해야 한다.

그럼에도 포즈 주법을 종교처럼 맹신하는 사람들이 많은 이유는 무엇일까? 효과가 나타날 때는 정말 크기 때문이다. 하지만 그렇다고 만병통치약은 아니다. 어떤 사람은 체계적인 훈련에서 효과를 보고, 또 어떤 사람은 나처럼 다른 규칙은 최소화한 채 스텝을 빠르게 하는 핵심만 취해도 충분한 개선을 얻는다.

결론은 하나다. 당신에게 맞는 방식을 찾으라. 어떤 방법이든 극단으로 가면, 남는 것은 성과가 아니라 통증뿐이다.

더 오래 달리는 기술: 50km 실전편

우리는 달린다. 달리기가 건강에 이롭다고 믿어서가 아니라
달리는 즐거움 앞에서 멈출 수 없기 때문이다.
사회와 삶의 반경이 점점 좁아질수록 자유를 향한 욕구는 분출될 출구를 찾는다.
누구도 "당신은 지금보다 더 빨리 뛸 수 없을 것이다",
"지금보다 더 높이 도약할 수 없을 것이다"라고 말할 수 없다.
인간 정신은 결코 어디에서도 꺾이지 않는다.
로저 배니스터_ 1마일 4분의 벽을 최초로 돌파한 육상선수

12주 만에 50km를 달리려면, 먼저 인체의 한계를 정확히 이해해야 한다. 그래야 그 경계를 넘어설 수 있다. 간과 근육은 글리코겐 형태로 약 1800~2200칼로리의 탄수화물만 저장할 수 있다. 다시 말해, 주법이 무산소 쪽으로 치우치면 이 제한된 연료를 빠르게 소진하게 된다. 브라이언에게 훈련받던 43세 여성 마라토너가 '변속기가 없는 사람'으로 평가받은 이유도 여기에 있었다. 속도를 조금만 올려도 곧바로 무산소 영역에 들어섰기 때문이다.

시간당 200~600칼로리를 보충하더라도, 울트라마라톤에서는 결승선 전에 글리코겐이 바닥날 가능성이 크다. 이른바 '봉킹'bonking 상태에 빠지면 그대로 게임은 끝이다. 억지로 먹으며 달리는 방법도 있지만 이는 또 다른 문제를 불러온다.

반면 지방은 전혀 다른 이야기다. 장시간 유산소 운동에서 1파운드의 지방은 약 4000칼로리를 제공한다. 에너지 밀도로 치면 휘발유에 가깝다. 예를 들어 체중이 68kg이고 체지방률이 5%라면, 7.5파운드의 지방만으로도 수백 마일을 달릴 수 있다.

핵심은 속도를 유지한 채 유산소 상태를 지키는 것이다. 브라이언의 훈련 목표도 여기에 있다. 실제로 그의 선수들은 휴식 10초만 두고, 경사 12%에서 8회 전력 질주를 하면서도 유산소 상태를 유지한다. 우리가 숨이 넘어갈 상황에서도 그들은 거의 무한에 가까운 에너지를 지방에서 끌어쓴다.

이 접근은 2가지 가정에 기반한다.

1. 장거리 러너의 근육통 원인은 약한 나트륨-칼륨 펌프(sodium-potassium pump, 뉴런의 세포막에 위치하여 나트륨을 세포 밖으로 내보내고 칼륨을 세포 내로 퍼들이는 단백질 복합체—옮긴이)다. 근력훈련은 이 펌프의 기능을 활성화한다. 메커니즘은 단순하지만 효과는 강력하다. 그 결과 브라이언의 선수들은 울트라마라톤 다음 날에도 침대에 누워 있지 않는다. 그의 말은 직설적이다. "백 스쿼트를 하면 마라톤 기록이 좋아집니다. 말도 안 되는 소리 같지만 사실입니다." 지구력 종목에서 근력훈련은 흔히 간과되지만 최대근력훈련은 수행 능력과 회복 능력을 동시에 끌어올린다.

2. 이미 10km를 완주할 수 있다면 50km를 유산소 상태로 달릴 기본 조건은 갖춘 셈이다. 따라서 핵심 과제는 유산소 영역을 유지한 채 속도를 끌어올리는 것이다. 이를 브라이언은 '유산소 경계의 이동'이라 부른다.

울트라를 만드는 6~8주의 전환: 몸의 연료 사용 방식을 바꾸는 법

브라이언의 선수들은 주당 총 달리기 거리가 48km 정도에 불과하다. 그런데도 실전에서는 160km을 달리고 빠르게 회복한다. 비결은 단순하다. 한 번에 21km 이상 뛰는 장거리 훈련 없이도 에너지 시스템 자체를 끌어올릴 수 있다는 것이다.

핵심은 젖산 시스템이다. 젖산은 고강도 운동 중 근육에 쌓여 피로와 통증을 유발하는 물질이다. 이 시스템을 훈련하면 젖산을 더 빠르게 제거하고 재활용할 수 있어, 같은 거리를 달려도 피로가 덜 쌓인다. 브라이언에 따르면 달리기 능력이 부족한 사람도 에너지 시스템 전반을 일정 수준까지 끌어올리는 데는 6~8주면 충분하다.

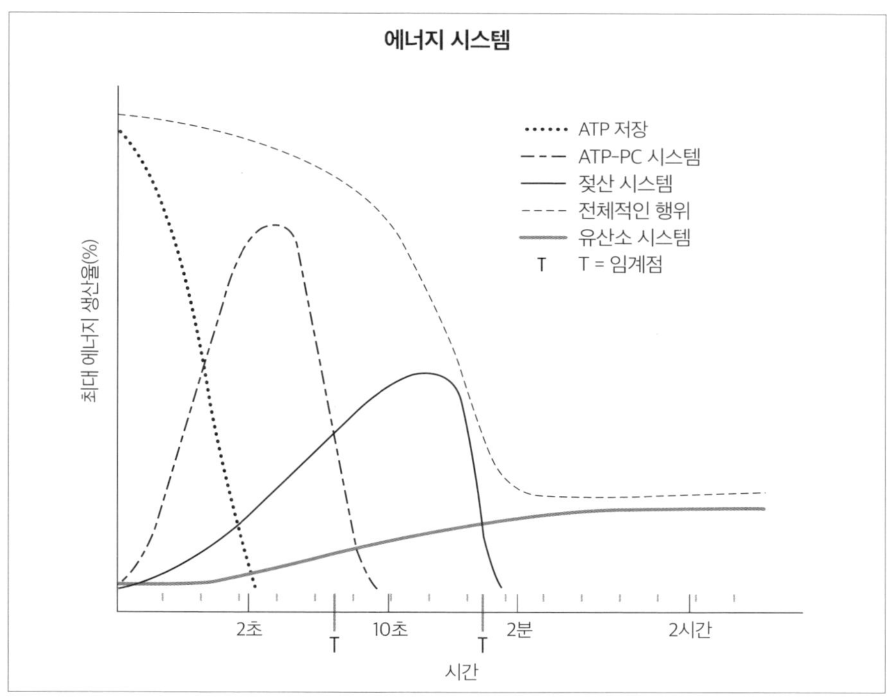

　오전과 오후 운동 사이에 최소 3시간의 여유를 두는 조건이라면 전체 프로그램은 다음과 같다.

	월	화	수	목	금	토	일
오전	Int	휴식	휴식	Int	휴식	휴식	휴식
오후	CF	CF	CF	CF	CF	휴식	TT

Int(인터벌): 총 1600m (8×200m, 4×400m, 또는 2×800m / 휴식 90초~3분)

CF(크로스핏): 2~10분 메타볼릭 컨디셔닝 (내가 시도한 12주 스케줄 뒷부분에 소개된 사례 참조)

TT(타임 트라이얼): 1마일, 5km, 또는 10km에서 향상 정도 측정

또 다른 방식으로는, 주 2~3회의 인터벌과 1회의 타임 트라이얼을 포함해 크로스핏에서 흔히 쓰는 '3일 운동, 1일 휴식' 구조를 적용할 수도 있다.

핵심은 명확하다. 많이 달리는 것이 아니라 에너지 사용 방식을 바꾸는 것. 이것이 5km에서 50km로 넘어가는 두 번째 관문이다.

일	1	2	3	4	5	6	7	8	9	10	11
오전	휴식	Int	휴식	휴식	휴식	휴식	휴식	Int	휴식	휴식	Int
오후	CF	CF	CF	TT	CF	CF	CF	TT	CF	CF	CF

주변에 거리를 가늠할 만한 트랙이 없다면 구글맵의 온라인 거리 측정 서비스인 지맵스 페도미터Gmaps Pedometer를 활용하거나, 온라인 상점에서 측정 휠을 구입해 직접 거리를 재면 된다.

처음 3주 동안 기록이 뒷걸음질 친다 해도 결코 낙담하지 마라. 그것은 몸이 도약을 위해 잠시 숨을 고르는 시간이며, 머지않아 이전의 한계를 가볍게 뛰어넘을 폭발력을 비축하는 과정이다. 퇴보처럼 보이는 그 구간이 실은 성장의 토대가 된다.

인터벌 훈련, 언덕 달리기, 타바타 훈련 후 2분 이내에 심박수가 120까지 회복되지 않으면 해당 운동은 중단해야 한다. 회복되지 않은 상태에서 압박을 이어가면 지구력 향상을 방해할 뿐이다. 몸이 보내는 신호를 무시하고 밀어붙이는 것은 의지가 아니라 무지다. 이 경우 훈련을 멈추고 일정에 따라 다음 날 다시 시도하는 편이 낫다. 4주가 지나도 2분 내 회복이 되지 않는다면 휴식 시간을 3분까지 늘려도 무방하다.

대회를 앞둔 마지막 주에는 다음 쪽의 표와 같이 훈련량을 단계적으로 줄인다. 몸이 충분히 회복된 상태로 출발선에 서는 것이 마지막 무리한 훈련보다 훨씬 중요하다. 이 일정표에 전력질주용 타바타 훈련이 포함된 이유는 스텝을 빠르게 유지하기 위해서다. 트레드밀로 속도 조절이 어렵다면 5km 평균 페이스보다 마일당 약 30초 빠른 속도로 설정하면 된다.

	오전	오후
일	45~60분 가볍게 달리기	휴식
월	1분에 백 스쿼트 두 번씩 10회 반복 혹은 세 번씩 7회 반복(최대 중량의 50~60%) 혹은 1분에 데드리프트 한 번씩 8회 반복 (최대 중량의 70~90%)[1]	CF(필수는 아니다. 비슷한 운동 프로그램도 가능하다.)
화	8X200미터(90초 휴식) 12주 프로그램 초기에 목표로 삼은 기록으로	휴식
수	휴식	휴식
목	타바타X6~8회(20초 전력 질주, 10초 휴식) 과거 최고 기록의 80~90% 속도로[2]	휴식
금	휴식	휴식
토	대회	완주했는가? 피자와 맥주로 자축하자!

[1] 스톱워치로 1:00, 2:00, 3:00 등에 맞추어 횟수를 헤아리기 시작하라는 뜻이다. 따라서 각 세트를 얼마나 빨리 끝내느냐에 따라 휴식 시간이 달라진다. 2분 단위가 되면 2:00, 4:00, 6:00에 스톱워치를 맞춘다.

[2] 예컨대 당신이 12도 기울기의 트레드밀에서 시속 16km의 속도로 6~8회를 완벽하게 해냈다면 같은 기울기에서 속도를 시속 13~14km로 줄인다. 평지에서는 정상적으로 달리던 거리를 20% 정도 줄이면 된다(예: 100미터 → 80미터).

50km를 달리기 위한 12주 훈련

329~334쪽의 훈련 일정표는 브라이언이 나를 위해 설계한 12주 프로그램이다. 이 프로그램의 목표는 5km도 간신히 뛰던 나를 50km까지 달리게 만드는 것이었다. 나는 5km를 평균 24분에 주파하는 것을 목표로 삼았다. 이 페이스를 유지하면 올림픽 마라톤을 3시간 50분에 완주할 수 있다.

이 12주 프로그램은 브라이언이 요구한 다음 자료들을 바탕으로 구성되었다.

- 400미터 기록(중간에 90초 휴식): 1분 20초 / 1분 30초 / 1분 34초 / 1분 39초
- 바벨 밀리터리 프레스: 66kg × 4회
- 1회 최대 데드리프트: 204kg

- 크로스피트 경험: 없음 → 50kg 케틀벨 스윙 어깨 높이 50회 가능
- 5km 기록 및 백 스쿼트: 5km 미경험, 2004년 어깨 수술로 백 스쿼트 불가
   → 필요 시 프론트 스쿼트로 대체 요청

프로그램에는 다음과 같은 주의사항이 포함되었다.

- 하루 한 번만 운동할 수 있다면 오전·오후는 서로 바꿔도 무방하다.
- 별도 지시가 없는 한, 운동 사이에는 휴식을 두지 않는다.
- AMRAPas many reps/rounds as possible는 주어진 시간 내 '최대 반복(또는 라운드)'을 뜻한다. 단일 운동에서는 반복 횟수, 복합 운동에서는 순환 횟수를 의미한다.
- '××분 동안 ABC를 7라운드'라는 표현은, 프로그램을 최대한 빠르게 수행하고 소요 시간을 기록하라는 뜻이다. 10×2는 2회씩 10세트를 의미한다.
- '분 단위' 표기는 '훈련량을 줄이기 위한 일정표'의 주석을 따른다.
- DL = 데드리프트, BS = 백 스쿼트
- 크로스피트 운동(예: '신디')이나 생소한 동작은 www.crossfit.com/essentials/movements에서 설명과 영상을 확인할 수 있다. 일정표에서 낯선 항목이 보이면, 대부분 크로스피트 계열 운동이다.

1주	
오전	오후
월 굿모닝: 2x8, 180초 휴식.	더블 언더[1]+윗몸 일으키기(슈퍼세트) (휴식 없이) 각각 50회, 40회, 30회, 20회, 10회.
화 8x200미터 2분 2~3초 이상 늦지 말 것.	3시간 이상 지난 후… 푸시 프레스(최대 중량의 75%) 키핑 풀업을 ** 동안 21회, 15회, 9회.
수 로잉 머신 1500미터(스프린터)[2] + 파워 클린 최대 중량의 75%, 30회.	
목	5km TT.
금 2x800미터 3분 단위 4~5초 이상 늦지 말 것.	3시간 이상 지난 후… 최대 횟수로 푸시업-1분 휴식-푸시업 1분 휴식-맨몸 스쿼트(웨이트 없이) -1분 휴식을 3회 반복.
토 벤치 프레스/ 플로어 프레스 (최대 중량의 50~60%) 1분에 3번 8회 반복	
일 52kg 바벨로 스러스터 15, 12, 19회. 24인치 박스 점프를 30, 20, 10회. 이 둘을 교대로 (예: 스러스터 15회-박스 점프 30회-스러스터 12회).	

2주	
오전	오후
월 하루 휴식.	
화 박스 백 스쿼트(최대 중량의 80%로 10x2, 1분). 10분 휴식. 데드리프트(최대 중량의 90%로 8x1, 1분)	
수 61kg으로 인상[3] 3회 + 풀업 10회를 ** 동안 7회 반복.	3시간이 지난 후… 10x200미터, 2분 2~3초 이상 늦지 말 것.
목 '켈리'. 400미터 달리기+9kg '월볼' 30회+50cm 점프 30회를 ** 동안 5회 반복.	
금 10km, 5km TT 속도의 80%로.[4]	
토 프레스: 5, 5, 5 푸시 프레스: 3, 3, 3 푸시 저크: 1, 1, 1 지침: 중량을 30%씩 증량할 것. 세트 사이 2~3분 휴식.	3시간이 지난 후… 스트릭트 친업: 5, 5, 3, 3, 1, 1 세트 사이에 2~3분 휴식. 한계까지 시도할 것. 체중+사용한 중량을 기록해 둘 것.
일 3x800미터, 2분 30초 1주 차와 같거나 더 빠른 속도로.	3시간이 지난 후... 곰 운동법: 7세트를 5라운드 필요하면 라운드 사이에 휴식. 라운드마다 중량을 증량. 1파워 클린+1프론트 스쿼트+1프레스+1백 스쿼트 +1프레스=1세트, 세트 사이에 3~5분 휴식.

1) 줄넘기와 같지만 권투 선수처럼 이단 뛰기를 해야 한다. 이단뛰기를 하지 못할 경우에는 위에서 주어진 횟수의 3배를 한다.

2) 특별한 언급이 없으면 모든 거리는 처음부터 끝까지 '전력 질주'를 가리킨다.

3) 인상을 안전하게 해낼 수 없을 경우에는 70kg 파워 클린으로 대체할 수 있다.

4) 5km를 뛰는 마일당 시간 × 1.2가 10km에서 마일당 시간의 목표가 된다. 도로변의 거리 표시판이나 GPS 장치를 활용해서 속도를 조절할 수 있다.

<table>
<tr><td colspan="3" align="center">3주</td></tr>
<tr><td></td><td align="center">오전</td><td align="center">오후</td></tr>
<tr>
<td>월</td>
<td>• 근력 훈련과 컨디셔닝 훈련 및 회복 훈련(20분).
• 글루트-햄 디벨로퍼 싯업 3x15,
• 글루트-햄 디벨로퍼 히프 익스텐션.
• 케틀벨/아령 스윙 3x15, 벤치 프레스, 풀업.
모든 운동을 가벼운 웨이트부터 중간 무게의
웨이트로 행한다. 3세트 목표로 한 부위가
불타는 듯한 느낌이 들 때까지 혹은 정해진 횟수만큼
반복한다. 시간이 정해진 운동이 아니다.
각 세트를 서킷 방식으로 행하고, 세트 사이에
1분간 휴식한다. 피로가 생길 정도로
운동해서는 안 된다. 지금까지 GHD 싯업을
해 본적이 없다면 처음에는 5~10회로 시작하라.
GHD를 위한 기구가 없다면 두 다리를 단단히
붙들어 매고 피지오 짐볼이나 스위스 볼 혹은
보수 볼을 사용하면 된다. 내려갈 때는 무릎을
약간 구부리고 올라갈 때는 완전히 쭉 편다.</td>
<td></td>
</tr>
<tr>
<td>화</td>
<td>10x200미터, 90초 휴식.
2초 이상 늦지 말 것.</td>
<td>최대 BS 중량의 50%로 굿모닝을
1분 단위로 2회, 10분.</td>
</tr>
<tr>
<td>수</td>
<td>로잉 머신: 45초 운동/45초 휴식+1분 30초 운동/1분
30초 휴식+3분 운동/3분 중단(3의 배수로 반복).</td>
<td>10분 '신디': 10분 동안 풀업 5회+푸시업 10회
+스쿼트 15회를 AMRAP.</td>
</tr>
<tr>
<td>목</td>
<td>로잉 머신: 45초 운동/45초 휴식+1분 30초 운동/1분
30초 휴식+3분 운동/3분 중단을 3회 반복.</td>
<td></td>
</tr>
<tr>
<td>금</td>
<td>'다이앤': 102킬로그램 데드리프트 **동안
21, 15, 9회 + 물구나무서서 팔 굽혀 펴기</td>
<td></td>
</tr>
<tr>
<td>토</td>
<td>4x800미터, 2분. 횟수 간의 기록 차이 4초 이내.</td>
<td>그레이스: 60kg으로 30회 클린과 저크.</td>
</tr>
<tr><td colspan="3" align="center">4주</td></tr>
<tr><td></td><td align="center">오전</td><td align="center">오후</td></tr>
<tr>
<td>월</td>
<td>5x400미터, 2분 휴식.
횟수 간의 기록 차이가 3초 이내일 것.</td>
<td>1RM의 75퍼센트로 프론트 스쿼트를 1분 단위로 5회,
5분 동안 10분 휴식. 90퍼센트로 DL 8x1, 1분.</td>
</tr>
<tr>
<td>화</td>
<td></td>
<td>43kg 언브로큰[5]
행 스쿼트 클린 7회+물구나무로
언브로큰 푸시업 7회를 **동안 7라운드.</td>
</tr>
<tr>
<td>수</td>
<td>운동 자각도(RPE) 85%로 8km[6].</td>
<td></td>
</tr>
<tr>
<td>목</td>
<td>15분 내에 최대 중량까지 1회 완료.
(테스트 날이라는 생각으로)</td>
<td>12% 경사도의 트레드밀에서
현재의 5km 속도로 타바타 훈련.</td>
</tr>
<tr>
<td>금</td>
<td>2x1.6km, 전력을 다할 것.
횟수 사이에 10분 회복 시간.</td>
<td>60kg 파워 스내치 5회+로잉 200미터
6라운드.</td>
</tr>
<tr>
<td>토</td>
<td>체중의 1.5배 중량 데드리프트,
체중만큼 벤치 프레스, 체중의 4분의 3만큼
파워 클린. 10→9→8→7……→1까지 점감.</td>
<td></td>
</tr>
<tr>
<td>일</td>
<td></td>
<td>헬렌: 3x400미터+24kg 케틀벨 스윙
+풀업 12회.</td>
</tr>
</table>

5) '언브로큰'(unbroken)은 예컨대 당신이 7회를 연이어 해낼 수 없다면 필요한 만큼 휴식을 취하더라도 운동을 중단하지는 않아야 한다는 뜻이다. 행 클린(hang clean)의 경우에는 최고로 데드리프트 한 상태에서 휴식을 취하고, 물구나무로 푸시업을 하는 경우에는 몸을 완전히 뻗은 자세에서 휴식을 취해야 한다.

6) 백분율로 산출된 운동 자각도(Rating of Perceived Exertion, RPE)에 대해서는 http://su.pr/2JIHro를 참조하라.

<table>
<tr><th colspan="3">5주</th></tr>
<tr><td></td><td>오전</td><td>오후</td></tr>
<tr><td>월</td><td>백 스쿼트 3X5, 세트 사이에 3분 휴식…
84kg 프런트 스쿼트 21, 15, 9회.
체스트 투 바(CTB) 풀업.</td><td>10X200미터, 휴식 시간은 달린 시간의 3배.</td></tr>
<tr><td>화</td><td>더블 언더 100회, 버피 25회로 5라운드.
각 라운드 후에 3분 휴식.</td><td></td></tr>
<tr><td>수</td><td></td><td>10km TT.</td></tr>
<tr><td>목</td><td>52kg으로 행 파워 스내치 10회, 24인치 박스
점프 30회를 **동안 5라운드.</td><td></td></tr>
<tr><td>금</td><td>143kg으로 데드리프트
머슬업, 물구나무로 푸시업을
각각 6, 5, 4… 1회(휴식 없음).</td><td>타바타 20:10 x8.</td></tr>
<tr><td>토</td><td>43kg으로 맥스 스러스터 30초, 30초 휴식.
10미터 맥스 라인터치 60초, 60초 휴식을 7라운드.</td><td></td></tr>
<tr><td>일</td><td></td><td></td></tr>
</table>

<table>
<tr><th colspan="3">6주</th></tr>
<tr><td></td><td>오전</td><td>오후</td></tr>
<tr><td>월</td><td>벤치 프레스 3X5, 세트 사이에 3분 휴식.
그 후 클래핑 푸시업 10회, GHD 싯업 20회
25kg 케틀벨 스윙 30회를 15분 동안 AMRAP.</td><td></td></tr>
<tr><td>화</td><td>백 스쿼트 3X5, 세트 사이에 3분 휴식,
5주 차부터 중량 증량. 70kg 파워클린과
버피를 21, 15, 9회(예: 파워 클린 21회,
버피 21회, 파워 클린 15회, 버피 15회…).</td><td>1분 질주 후 3분 휴식 5회.</td></tr>
<tr><td>수</td><td>10X 100미터 반복. 세트 사이에 1분 30초 휴식,
기록 차이가 2초를 넘지 않도록 할 것.</td><td></td></tr>
<tr><td>목</td><td></td><td>산길에서 3X5km를 반복.
세트 사이에 10분 휴식.</td></tr>
<tr><td>금</td><td>스플리트 저크 3X3, 세트 사이에 3분 휴식.
월볼 40회, 풀업 30회를 5라운드.</td><td></td></tr>
<tr><td>토</td><td>데드리프트[7] 3X3(3RM),
세트 사이에 4분 휴식.
스모 자세로 데드리프트 하이 풀: 최대 중량으로
중단 없이 10회를 5번 반복.
세트 사이에 3분 휴식.</td><td>타바타 방식으로 30:20X8.</td></tr>
<tr><td>일</td><td></td><td></td></tr>
</table>

7) 스모 자세나 전통적인 자세로

7주		
	오전	오후
월	클린 3X1, 세트 사이에 2분 휴식. 매 분 32kg 케틀벨 스윙 6회로 시작해서 1RM 클린의 60%로 클린앤저크 4회를 15분 동안 AMRAP.	
화	6x800미터 반복. 세트 사이에 3분 휴식. 가장 느린 기록보다 4초 이내에 달릴 것.	16km TT, 그 후 그 속도로 3X 400미터 반복. 세트 사이에 90초 휴식.
수	벤치 프레스 3x3. 6주 차보다 4.5kg 증량. HSPU 7회+100kg 데드리프트 12회를 7라운드.	
목		85%의 RPE로 90분 산길 달리기.
금	1RM의 85%로 숄더 프레스 3X3. 푸시 프레스 3X3, 세트 사이에 180초 휴식.	
토	데드리프트 3X3. 6주 차보다 2.3kg 증량. 세트 사이에 4분 휴식. 84kg으로 프런트 스쿼트 7회, 100미터, 풀업 21회를 4라운드. 각 라운드 후에 2분 휴식	타바타.
일		

8주		
	오전	오후
월	102kg으로 파워 클린 1회, 22kg 웨이트를 매달고 풀업 3회, HSPU 5회[8]를 20분 동안 AMRAP. 로잉 포 칼로리 7회.	
화	백 스쿼트 3X1, 3분 휴식(1RM의 95~97%). 언브로큰 더블 언더 50회, 언브로큰 월 30회를 4라운드	5X800미터, 2분 30초 휴식. 7주 차와 같이 가장 느린 기록보다 4초 이내에 달릴 것.
수	60kg으로 파워 스내치 10회, 링 딥 20회를 3라운드.	
목		3X1.6km. 세트 사이에 5분 휴식.
금	체중 웨이트로 벤치 프레스를 30초 동안 AMRAP, 36kg 러시아 케틀벨 스윙을 45초 동안 AMRAP. 15초 휴식을 5라운드.	
토	2분 30초 카운트다운 시작, 400미터를 달린 후에 풀업 ARAP. 2분 30초가 지나면, 60초 휴식을 7라운드 반복.	10X200미터. 2분 휴식.
일		

8 HSPU는 물구나무로 팔굽혀펴기(handstand push-up)를 가리킨다. 푸시업용 손잡이나 PVC 파이프를 조립한 도구를 이용하면 손목
부담을 줄일 수 있다.

<table>
<tr><td colspan="3" align="center">9주</td></tr>
<tr><td></td><td align="center">오전</td><td align="center">오후</td></tr>
<tr><td>월</td><td>'스내치 밸런스'와 스내치, 각각 7분,
52kg으로 행 파워 스내치 12회,
머슬업, 250미터 달리기를 4세트.</td><td></td></tr>
<tr><td>화</td><td>숄더 프레스 3, 3, 1, 1(각각 최대 중량의 95%).
각 세트 후 120초 휴식. 그 후: 풀업 20회, 싯업 40회,
스쿼트 50회를 5라운드. 각 라운드 후에 3분 휴식.</td><td>스프린트(트랙이나 밖에서): 최대한 먼 거리를
전력 질주하기 위한 목적, 1분 질주, 60초 걷기,
1분 질주, 50초 걷기, 1분 질주, 40초 걷기…
1분 질주, 10초 걷기까지 진행한 후 1분 질주.
50초 걷기까지 거슬러 올라간다.</td></tr>
<tr><td>수</td><td>데드리프트 3X1, 세트 사이에 3분 휴식.
그 후: 최대 칼로리로 30초 동안 로잉 머신 X 10세트.
각 세트 후에 1분 30초 휴식.</td><td></td></tr>
<tr><td>목</td><td></td><td>4X2km 반복. 세트 사이에 3분 휴식.
기복이 있는 산길을 달린다.</td></tr>
<tr><td>금</td><td>백 스쿼트 3X3. 52kg 행 파워 클린 7회,
70kg 벤치 프레스 7회
70kg 프런트 스쿼트 7회를 5라운드.</td><td></td></tr>
<tr><td>토</td><td>HSPU 12회, 스모 자세로 34kg 데드리프트
하이 풀(SDHP) 20회,
니 투엘보우 (Knee to Ebow) 20회를
20분 동안 AMRAP.</td><td>산길에서 8X 100미터 반복
(6%의 경사도를 목표)
세트 사이에 2분 휴식.</td></tr>
<tr><td>일</td><td></td><td></td></tr>
</table>

<table>
<tr><td colspan="3" align="center">10주</td></tr>
<tr><td></td><td align="center">오전</td><td align="center">오후</td></tr>
<tr><td>월</td><td>터치앤고 클린 5X3, 세트 사이에 3분 휴식.</td><td>1분 동안 버피를 AMRAP로 5세트
세트 사이에 3분 휴식.</td></tr>
<tr><td>화</td><td></td><td></td></tr>
<tr><td>수</td><td>61kg 벤치 프레스 10회
+30인치 박스 점프 15회를 7세트</td><td>산길이나 평지: 10X 30초 전력 질주 반복.</td></tr>
<tr><td>목</td><td>43kg 스러스터 10회, CTB 풀업 10회를 10세트.
각 세트 후에 60초 휴식.</td><td>행 파워 클린 3X1. 120초 휴식.
링 푸시업 AMRAPX3. 3분 휴식.</td></tr>
<tr><td>금</td><td>벤치 프레스 3X1, 세트 후에 120초 휴식.
1분 동안 400미터 달리기로 시작해서
43kg 맥스 오버헤드 스쿼트,
3번씩 7회 반복.</td><td></td></tr>
<tr><td>토</td><td>95%의 RPE로
60분 동안 산길 달리기.</td><td></td></tr>
<tr><td>일</td><td></td><td></td></tr>
</table>

	11주	
	오전	오후
월	백 스쿼트 5, 5, 5, 3분 휴식 '신디' 풀업 5회. 푸시업 10회, 스쿼트 15회. 휴식 없이 20분 동안 AMRAP.	
화	더블 언더 50회, 링 딥 15회, 80kg 클린 7회를 5라운드. 각 라운드 후에 2분 휴식.	산길에서 4X 5분 인터벌, 3분 회복. 목표: 최대한 먼 거리를 달리는 것. 구글맵이나 GPS로 거리 측정하기.
수	1RM의 85%로 푸시 저크, 45초 간격으로 12번 반복, 2후 9C미터 달리기, 바 머슬업 5회, 95파운드 푸시 프레스 15회를 3라운드	
목		6×800미터 반복, 1분 30초 휴식과 6초 완충 시간.
금	스내치, 20분 동안 새로운 1RM을 결정. 파워 클린, 20분 동안 새로운 1RM을 결정.	
토	60분 동안 이지 조그(EZ Jog).	
일		

	12주	
	오전	오후
월	백 스쿼트 5X5.	
화	데드리프트(1RM의 65%) 5회, 링 딥 20회를 5라운드. 각 세트 후에 45초 휴식.	90%로 8X200초 2분 휴식.
수		
목	타바타 20:10x8, 지난 타바타 속도의 75%.	
금		
토	대회날!	
일	근력 강화 훈련 및 회복.	

브라이언과 주고 받은 질문과 대답

• 어떤 신발을 신어야 하는가?

포장되지 않은 자연 지형, 즉 트레일 러닝에는 이노베이트 엑스탈론X-Talon, Inov-8이나 이노베이트 에프라이트 230F-Lite 230, Inov-8을 권한다. 반면 아스팔트처럼 단단한 노면에서는 이노베이트 에프라이트 220F-Lite 220, Inov-8이 보다 적합하지만, 에프라이트 230을 착용해도 큰 무리는 없다.

반대로 절대 피해야 할 러닝화도 있다. 내 경험상 뉴턴 러닝화Newton Running Shoes는 다른 어떤 신발보다 문제를 일으킬 가능성이 컸다. 가능하면 선택지에서 제외하라.

또 하나 강조하고 싶은 점이 있다. 맨발 달리기의 신화에 현혹되지 말라. 맨발로 달리면 자세가 자동으로 교정된다는 믿음은 사실과 거리가 멀다. 오랫동안 굽 있는 신발을 신고 생활해온 사람이 과도기 없이 맨발 달리기를 시작하면 아킬레스건 부상을 피하기 어렵다. 굽 있는 신발을 1년만 신어도 아킬레스건의 가동 범위는 약 4분의 1인치 늘어난다. 이런 상태에서 별다른 적응 과정 없이 굽이 거의 없는 신발이나 맨발로 포장도로를 달리기 시작하면 신체는 순식간에 추가로 약 2분의 1인치에 해당하는 변화를 강요받게 된다. 이는 부상을 부르는 지름길이다. 굽을 없앤다고 자세가 저절로 교정되지는 않는다. 실제로 맨발로 달리던 조상들 중 상당수도 고관절 굴곡근 문제로 고생했다.

코퍼 캐니언 울트라마라톤을 보자. 이 대회는 타라후마라 인디언들의 고향에서 열리며, 그들은 허라취huarache라는 얇은 샌들을 신고 장거리를 달린다. 샌들 바닥은 낡은 타이어 고무보다 얇다. 낭만적으로 들리지만 2010년 대회의 상위 입상자들은 모두 러닝화를 신고 있었다. 맨발로 달린다고 더 뛰어난 선수가 되는 것은 아니다.

• 달린 뒤 정강이 앞쪽이 아프다. 예방 방법은?

달리는 동안 발가락을 무릎 쪽으로 끌어올리지 마라. 의자에 앉아 있을 때조차 발가락은 하루에 수만 번 들렸다 내려온다. 여기에 마라톤에서 4시간 동안 분당 180스텝으로 달리며, 매번 발가락을 끌어올린다고 상상해보라. 정강이 앞쪽 근육이 견뎌낼 수 있을까?

이 습관이 의심된다면 훈련 전 발가락을 두 손으로 눌러 고정한 채 천천히 의로 끌어당기는 동작을 좌우 각각 약 30회 실시하라. 앞정강근을 미리 피로하게 만들어 달리는 동안 과도한 개입을 줄이는 데 도움이 된다.

• 달리는 중 나쁜 자세를 알아차릴 수 있는 방법이 있는가?

있다. 발을 구르는 소리가 크다면 이미 신호는 충분하다. 이는 대퇴사두근, 나아가 고관절 굴곡근에 과부하가 걸리고 있다는 뜻이다. 발걸음은 가능한 한 가볍게 내딛어야 한다. 마라톤 코스 10km 지점에 서서 선수들의 발소리를 들어보라. 선두권 선수들의 발걸음은 놀랄 만큼 조용하다. 뒤따르는 선수들일수록 소리는 점점 커진다. 걷는 사람들의 발소리는 말할 것도 없다. 잘 달리는 사람일수록 발걸음은 잔잔하다.

• 인터벌 트레이닝 중 피로로 자세가 흐트러질 때는?

자세를 고치려 애쓰기보다 보속을 높이는 데 집중하라.

• 훈련 중 지켜야 할 식이요법이 있는가?

지구력 종목에서 가장 큰 변수는 결국 영양 섭취다. 135마일(약 217km)을 달리는 배드워터 울트라마라톤에서는 예상 밖의 선수가 톱텐에 오르곤 한다. 내가 지도한 선수 PR은 영양 전략만으로 개인 기록을 9시간 단축했다.

대부분의 선수는 게토레이드와 겔 형태의 보충식을 사용한다. 그러나 고탄수화물 식단은 피해야 한다. 글리코겐을 보충해야 한다고 해서 피자, 파스타, 빵을 먹어야 한다는 뜻은 아니다.

나는 선수들에게 팔레오 다이어트(구석기식 다이어트)를 권한다. 전분, 곡류, 콩류를 배제하고, 살코기 단백질·채소·소량의 과일·충분한 지방으로 구성된 식단이다. 무엇보다 중요한 것은 3일간의 상세한 음식 일지다. 섭취량까지 정확히 기록해야 기준선을 설정할 수 있다.

• 운동 후에 특별히 섭취해야 할 것이 있는가?

팔레오 식단과 별개로 활용할 수 있는 보충제도 있다.

나는 탄수화물 보조식품인 비타고Genr8 Vitargo S2를 사용한다. 경험상 비타고는 글리코겐 보충 속도가 매우 빠르다. 일반 음식으로는 시간당 200~600칼로리가 한계지만 비타고를 사용하면 1시간 이내에 최대 1100칼로리까지 섭취할 수 있다. 운동 후 10분 이내라면 70g, 그 이후라면 35g을 섭취한다. 달리기 초반 3~4시간은 비타고로, 이후에는 일반 음식으로 탄수화물을 보충한다.

강제진화(forced evolution)

브라이언의 12주 일정표는 내용만 보면 살인적이지만 실제 운동량은 과도하지 않다. 그럼에도 거의 모든 사람에게 효과가 있었다.

그렇다면 나에게도 통했을까? 효소 수치가 평범한 내가, 울트라마라토너들과 함께 50km를 달릴 수 있었을까? 이 장은 원고 말미에 덧붙여졌다. 종이책의 한계상, 출간 전 모든 결과를 반영할 수는 없었다.

결과는 www.fourhourbody.com/ultra에서 직접 확인하기 바란다.

울트라마라톤은 나에게 자아실현이었을까, 아니면 자폭에 가까운 도전이었을까? 그 질문에 답한 것은 시간도, 감정도 아닌 거리였다.

달리면서 소화하는 몸을 만드는 법

"달리면서도 음식을 소화할 수 있도록 몸을 훈련시키는 것이 중요하다. 이는 마라톤 훈련보다 더 오랜 시간이 걸린다. 체중 1kg당 1그램(시간당)의 탄수화물 섭취를 목표로 삼아라. 예를 들어 체중이 50kg이라면, 시간당 50g의 탄수화물을 소화할 수 있어야 한다. 바나나 한 개에는 약 25g의 탄수화물이 들어 있다. 즉 시간당 바나나 두 개를 먹을 수 있어야 한다는 뜻이다. 다만 한꺼번에 섭취해서는 안 된다. 20~30분 간격으로 25g씩 나누어 먹고, 그때마다 물을 한 번에 충분히 마셔라. 물을 벌컥 마시면 위에 압력이 가해져 위 배출이 빨라진다. 반대로 물을 조금씩 마시면 이런 효과를 기대하기 어렵다."

울트라마라토너, 딘 카나시스

새벽 4시 캘리포니아 델리시티.

딘 카나시스(Dean Karnazes)는 자신이 얼마나 오래 뛰었는지도, 어디에 있는지도 몰랐다. 테킬라는 바닥났고, 그는 세 가지를 깨달았다.

1. 서른을 막 넘겼다는 것. 전날 밤 테킬라를 마신 것도 이상하지 않았다.

2. 바지를 입지 않은 채 속옷 차림으로 달리고 있다는 것. 이건 정상이 아니었다.

3. 고등학교 시절 이후 15년 만에, 그때보다 더 힘이 넘친다는 느낌이 들었다는 것.

그래서 그는 계속 달렸다.

그는 출발 지점에서 남쪽으로 48km 떨어진 산타크루즈의 세븐일레븐 주차장에서 아내에게 전화를 걸었다. 샌프란시스코의 집에서 잔디 깎을 때 신던 낡은 스니커즈를 신고 무작정 뛰쳐나온 것이다. 속옷 차림이라는 말에 아나는 비명을 질렀지만 딘의 정신은 또렷했다. 안정된 기업가의 삶은 그에게 맞지 않았다. 변화가 필요했다.

그는 결국 변화를 선택했다. 딘 카나시스는 답답한 사무실을 떠나 울트라마라톤계의 상징적 존재가 되었다. 데스밸리에서 섭씨 48~49도의 폭염 속에 135마일(217km)을 쉬지 않고 달린 데 이어, 영하 40도의 남극권에서 테니스화를 신고 42.195km를 완주했다. 눈신을 신지 않은 유일한 참가자였다. 이후에는 아동 비만과 운동의 중요성을 알리기 위해 미국 50개 주에서 50일 연속, 50회의 마라톤을 완주했다. 달리 말하면 그는 대부분의 사람이 평생도 뛰지 못할 거리를 1년 만에 달렸다. 지금도 거의 매 주말 마라톤 대회에 참가한다.

딘 카나시스가 선정한, 반드시 경험해볼 만한 마라톤 대회들은 다음과 같다.

개인적으로 좋아하는 미국 마라톤 톱 5

- 뉴욕 마라톤: 세계에서 가장 다양성이 살아 있는 마라톤
- 포틀랜드 마라톤: 오리건주 러닝 문화의 정수가 담긴 대회
- 해병대 마라톤: 미국 수도 한복판을 달리는 독특한 경험
- 로큰롤 샌디에이고 마라톤: 라이브 밴드 덕분에 아이팟이 필요 없다.
- 보스턴 마라톤: 보스턴에서 열린다는 사실만으로 충분하다.

초보 마라토너를 위한 톱 5

- 내파 밸리 마라톤: 평탄한 코스, 선선한 기후, 결승선에는 포도주가 기다리고 있다!

- 하트퍼드 마라톤: 초보자에게 이상적인 도심 마라톤
- 파고 마라톤: 의료 지원과 관중 응원이 풍부하다.
- 댈러스 화이트 록 마라톤: 텍사스 특유의 따뜻함을 느낄 수 있다.
- 디즈니 마라톤: 가장 즐거운 마라톤 대회

풍경이 아름다운 마라톤 톱 5
- 빅서 마라톤: 비교 불가의 해안 절경
- 볼더 백로즈 마라톤: 설산을 바라보며 달릴 수도 있다.
- 머틀 비치 마라톤: 거의 전 구간이 해변 코스
- 세인트조지 마라톤: 출발선의 모닥불이 인상적이다.
- 카우아이 마라톤: 처음부터 끝까지 알로하 정신이 흐른다.

마라톤 검색 www.fourhourbody.com/marathon
철인3종경기 검색 http://www.trifind.com

운동을 오래 해야 한다는 믿음은 틀렸다
― 30초 전력질주의 압도적 효과

2005년 6월 6일, 캐나다 맥매스터 대학교의 마틴 기발라(Martin Gibala) 박사는 CNN에 출연해 상식에 도전하는 연구 결과를 발표했다.

"일주일에 3번, 단 6분씩 전력을 다해 운동하면 매일 한 시간씩 적당히 활동한 것과 거의 같은 효과를 얻을 수 있습니다."

그의 실험은 단순했다. 실험군은 실내 자전거를 30초 동안 최대 강도(최대산소섭취량 VO₂max의 약 250%)로 전력 질주한 뒤, 4분간 회복하는 방식을 4~7회 반복했다. 이 훈련을 주 3회, 단 2주만 실시했다. 즉, 2주 동안 자전거에 실제로 올라가 있던 시간은 총 15분에 불과했다.

결과는 놀라웠다. 실험군의 지구력은 26분에서 51분으로 거의 두 배 가까이 향상됐다. 동시에 지구력의 핵심 지표로 꼽히는 구연산 합성효소(citrate synthase, CS) 생성량도 38% 증가했다. 반면 조깅·자전거·에어로빅 등 전통적인 유산소 운동을 한 대조군에서는 뚜렷한 변화가 나타나지 않았다.

처음에는 우연처럼 보였다. 그래서 연구팀은 실험을 다시 반복했다. 이번에는 기준을 한

층 높여 18.6마일(약 30km) 사이클 기록을 평가 지표로 삼았다.

실험군은 이전과 동일하게 30초 전력질주 방식을 유지했고, 대조군은 최대산소섭취량의 60% 수준(중강도)에서 60~90분간 지속 운동을 했다. 두 집단 모두 주 3회 훈련했고, 사이클 기록 전후로 변화를 측정했다.

결과는 명확했다. 기록 향상 폭은 거의 동일했고, 근육의 산화 능력 또한 큰 차이가 없었다. 이쯤 되면 인정해야 한다. 체육관의 시계만 바라보며 버티는 훈련은 이제 그만둬야 한다. 무의미한 3시간의 관성에 젖을 것인가, 아니면 영혼을 쏟아붓는 15분의 압도적 효율을 택할 것인가.

길고 느리게 할 것인가, 짧고 강하게 할 것인가. 선택은 당신의 몫이다. 다만 판단할 때는 주변의 조언보다 숫자로 증명된 데이터를 믿는 편이 낫다.

참고자료

- The Marathon Monks of Mount Hiei (히에이산의 마라톤 수도승들): 일본 히에이산 승려들의 수행과 깨달음 여정을 다룬 다큐멘터리. 극단적 단식, 채식 식단, 손수 만든 짚신 등의 수행 방식이 담겨 있다. der.org/films/marathon-monks.html
  11분 예고편 www.fourhourbody.com/monks

지구력 향상 도구

- Gmap Pedometer (지맵스 페도미터): 별도 장비 없이도 달리거나 자전거를 탄 경로의 거리를 정확히 계산할 수 있다. 구글 맵 위에 주행 경로를 겹쳐 표시하고, 최적의 코스를 찾아 공유할 수 있다. www.gmap-pedometer.com
- Keson RR112 Roadrunner 1 Measuring Wheel (케슨 RR112 로드러너 거리 측정 휠): 가벼운 굴림자. 트랙이나 장애물이 있는 장소에서 짧은 거리(전력질주 구간 등)를 측정하는 데 특히 유용하다. www.fourhourbody.com/roadrunner
- Seiko DM50L 메트로놈: 브라이언이 추천한 메트로놈. 분당 스텝 수 관리에 효과적이며, 개인적으로는 분당 90박자 설정이 가장 편했다.
  www.fourhourbody.com/metronome
- Casio High-Speed Exilim EX-FC100 (카시오 고속 촬영 엑슬림 EX-FC100): 훈련생의 달리는 모습을 초당 30프레임 이상으로 촬영해 분석에 사용됐다. "영상 없이 1년간 자기교정하는 것보다, 영상 분석 1시간이 훨씬 낫다."
  www.fourhourbody.com/exilim

러닝 기술·운동 자료

- *Pose Method of Running-Nicholas Romanov* (『포즈 러닝 메서드』 니콜라스 로마노프): 달리기를 '기술'로 가르치는 책. 이론과 훈련법이 체계적으로 정리돼 있다. 단, 발목 부상에 주의할 것. www.fourhourbody.com/pose-method
- CrossFit Exercises (크로스핏 기본 동작 자료): 크로스피트의 주요 동작을 정리한 교육용 영상 모음. www.fourhourbody.com/crossfit

읽을거리·정보원

- *Trail Runner Magazine* (트레일 러너 매거진): 산길 달리기 전문 잡지. 5km부터 200마일 이상까지, 전 세계 오프로드 대회를 폭넓게 다룬다. www.trailrunnermag.com
- *Born to Run* (『본 투 런』): 크리스토퍼 맥두걸의 책. 타라후마라 인디언과 울트라마라톤 전설들의 이야기를 통해 '달리기란 무엇인가'를 다시 묻게 만든다. 나처럼 달리기를 별로 좋아하지 않은 사람까지 엉덩이를 떼고 일어나 1주일에 세 번씩 맨발로 잔디밭을 뛰게 만든 훌륭한 책이다. www.fourhourbody.com/borntorun

산길(트레일) 러닝에 적합한 신발

- Inov-8 X-Talon 212 (이노베이트 엑스-탈론 212): 브라이언이 추천한 모델 중 개인적으로 가장 선호한 신발.
- Inov-8 F-Lite 230 (이노베이트 F-라이트 230): 재고가 부족할 수 있으나 다목적 사용 가능.
  대안: 라 스포르티바 크로스라이트(산길), 뉴밸런스 205(아스팔트).

아스팔트 러닝에 적합한 신발

- Inov-8 F-Lite 220
- Inov-8 F-Lite 230
  트레일과 도로 모두에서 활용 가능한 다목적 모델.

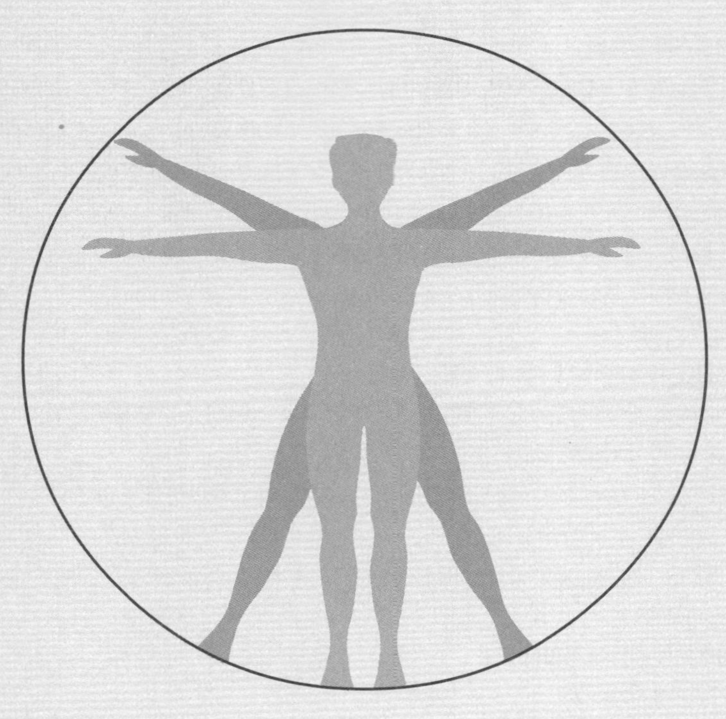

9장. 세계 최고의 코치에게 배우는 초간단 근력 강화법

훈련을 줄였더니 기록이 올랐다

가능하면 적게, 필요한 만큼만 움직여라.

헨크 크라이언호프_ 올림픽·세계선수권 메달 20개를 길러낸, '트랙의 여왕' 멀린 오티의 코치

캘리포니아 산호세, 코레트 애슬레틱 트레이닝 센터.

파벨 차촐린Pavel Tsatsouline이 내 엉덩이를 주먹으로 툭 쳤다.

전직 소련 특수부대 교관에게 매일 매를 닿으며 훈련했다는 뜻은 아니다. 그날은 러시안 케틀벨 자격증 과정 둘째 날이었고, 우리는 최대 근력을 끌어내기 위한 기법인 '컨스턴트 텐션'constant tension을 연습 중이었다. 긴장이 풀리면 서로 불시에 몸을 쳐서 확인하는 방식이었다. 이제는 미국 시민이 되어 미 비밀경호국 교관으로 활동하는 파벨은 훈련생 사이를 돌아다니며 문제 부위를 정확히 짚어냈다.

파벨이 143kg의 중량으로 저처 데드리프트(Zercher deadlift)를 수행하는 동안, 전극을 부착해 근육 활동을 측정하고 있다.

2시간 전, 파벨은 원암 오버헤드

프레스one-arm overhead press의 최대근력을 시험해볼 지원자를 찾았다. 그는 단 5분 만에 최대 중량을 24kg에서 33kg로 끌어올렸다. 근력이 순식간에 26% 향상된 셈이다. 이를 바벨 밀리터리 프레스barbell military press에 대입하면 48kg가 65kg로 뛰는 효과다.

이런 시범은 주말 내내 반복됐다.

메시지는 하나였다. 근력은 타고난 재능의 영역이 아니다. 배우고 익힐 수 있는 하나의 기술이다. 몇 달 뒤, 파벨의 소개로 괴짜 스프린트 코치 배리 로스Barry Ross를 만나면서 나는 그 말을 완전히 이해하게 됐다.

왜 가장 빠른 선수들은 가장 적게 훈련하는가

2003년, 앨리슨 펠릭스는 17세의 고등학생이었다. 그해 그녀는 매리언 존스가 고교 시절 세운 200미터 기록을 깼고, 곧바로 세계 최고 기록을 수립했다. 그리고 프로 무대로 직행한 최초의 고등학생이 됐다. 그 뒤에는 배리 로스가 있었다.

로스는 '어떻게 하면 인간의 달리기 속도를 극한으로 끌어올릴 수 있을까?'라는 질문에 20년을 걸렸다. 그가 찾은 해답은 단순했다. 더는 줄일 수 없을 때까지 훈련을 줄이는 것. 내가 상상하던 최소치를 훨씬 넘어서는 수준까지.

지금 나는 샌프란시스코 피셔맨스워프에서 오징어 튀김과 초피노를 앞에 두고 이 글을 쓰고 있다. 그런데 지난 두 달 동안 체중은 5kg도 늘지 않았는데, 최대 중량은 이전보다 54kg나 늘었다. 내 인생에서 가장 빠른 근력 향상이었다.

배리의 세계에서는 이런 변화가 특별하지 않았다. 그가 지도한 선수 몇 명의 사례만 봐도 충분하다.

- 체중 60kg의 여자 선수가 184kg을 맨손으로 들어올렸다.
- 체중 62kg의 여자 장거리 선수는 172kg을 들었다.
- 11세, 체중 49kg의 남자 역도 선수는 102kg을 들어올렸다.

여성을 포함한 대부분의 선수는 손목 지지대 없이도 자기 체중의 두 배 이상을 들었고, 체중 증가 없이 이런 성과를 냈다. 부피가 아닌 밀도를 키운 결과다. 더 놀라운 점은, 근육을 실제로 긴장시킨 시간이 '주당 15분'도 되지 않았다는 사실이다.

투포환부터 400미터 릴레이까지 서부 대학 리그를 석권한 배리의 훈련법은 '훈련'의 정의 자체를 다시 쓰게 만든다. 이제 그의 스프린트 훈련 원칙과, 그것을 체육관에 어떻게 적용할 수 있는지를 살펴보자.

2003년, 앨리슨 펠릭스는 다음 프로그램을 주 3회 수행했다.

1. 동적 스트레칭 (오버·언더 스트레칭. 자세한 설명은 뒤에서 다룬다)

2. 아래 둘 중 하나 선택, 세트 간 휴식 5분

  1) 벤치 프레스: 2~3회 × 2~3세트

  2) 푸시업: 10~12회

3. 무릎 높이까지의 데드리프트

  • 1RM의 85~95%, 2~3회 × 2~3세트

  • 바를 무릎 위로 올리지 말 것

  • 내릴 때는 버티지 말고 떨어뜨릴 것(스프린트 훈련 중 햄스트링 부상 방지)

  • 근육 긴장 시간은 세트당 10초 이내로 제한

  데드리프트 직후:

  • 플라이오메트릭스 수행(다양한 높이의 박스 점프 4~6회)

  • 이후 5분 휴식

4. 코어 운동: 정적 수축 방식으로 3~5회 × 3~5세트

5. 정적 스트레칭

이 근력훈련 프로그램의 장점은 리프팅을 마친 직후 곧바로 러닝 훈련으로 이어갈 수 있다는 점이다. 훈련 사이의 불필요한 빈틈을 없앴다. 모든 리프팅은 한계에 부딪히기 직전에 멈추는 것이 핵심이다. 첫 운동 전의 '오버언더'over-under를 제외하면 별도의 준비운동은 없다.

앨리슨의 훈련 프로그램은 다리를 더 빨리 휘두르는 것보다, 착지 순간 지면을 얼마나 강하게 누르느냐가 속도를 결정한다는 연구 결과를 따른다. 실제로 달리는 속도를 초당 1미터 높이려면, 착지 순간 체중의 약 10분의 1에 해당하는 추가 지지력이 필요하다. 이를 가능하게 하는 것이 골격근이다. 골격근은 매우 효율적인 '힘의 발전기'로 근육 1kg만으로도 약 44kg의 질량을 지탱할 힘을 만들어낸다.

과거에는 속도가 떨어지는 이유를 "에너지가 고갈되기 때문"이라고 설명했다. 그러나 이후 연구들은, 스피드 저하의 핵심 원인이 에너지 부족이 아니라 근육이 충분한 장력을 만들어내지 못하는 데 있음을 밝혀냈다.

장력은 곧 근력이다. 우수한 육상선수는 착지 순간 자기 체중의 약 2배에 해당하는 힘으로 트랙을 누르고, 동시에 같은 크기의 반발력을 지면에서 받아낸다. 이때 근육이 실제로 만들어내는 힘은 체중의 5배 이상이며, 이 모든 과정은 약 0.05초 안에 끝난다. 그것도 한 번에 한쪽 다리에서만 일어난다. 결국 조건이 같다면 더 강한 근력을 가진 선수가 더 빠를 수밖에 없다.

오버언더는 다음과 같이 진행한다.

- 파워랙이나 허들을 한쪽은 30~32인치(약 76~81cm), 반대쪽은 허리 높이로 설치한다.
- 쪼그린 상태에서 옆걸음으로 낮은 허들 아래를 통과한 뒤, 즉시 높은 허들을 넘는다.
- 이 동작이 1회다. 손은 사용하지 말고, 다리에 대서도 안 된다.
- 총 6~7회 반복한 뒤, 지체 없이 다음 운동으로 넘어간다.

배리는 선수들에게 처음부터 가장 무거운 중량을 들게 한다. 필요할 경우에만 다음 세트에서 중량을 낮춘다. 참고로 1회 최대 중량1RM은 대략 5RM × 1.2로 추정할 수 있다.

기록을 올리면서 햄스트링을 지키는 기술

아래에 실은 연속 사진은 『파워리프팅 USA』 편집자 마이크 램버트의 허락을 받아 수록한
것으로, 전설적인 파워리프터 라마르 간트(Lamar Gant)의 동작을 담고 있다. 국제파워리
프팅연맹 명예의 전당에 오른 그는 자기 체중의 5배를 데드리프트한 최초의 인물이다. 당
시 체중 60kg로 300kg을 들어올렸다.

배리는 선수들에게 바벨을 슬개골(무릎뼈) 높이까지 들어 올린 뒤 그대로 떨어뜨리게 한
다(네 번째 사진). 이는 햄스트링 부상을 예방하기 위한 조치다.

이 방식 덕분에 선수들은 다리를 성급하게 펴지 않으며, 견갑골 사이에 지갑을 끼운 듯한
느낌으로 등을 곧게 세운 자세를 유지하게 된다.

10초의 법칙: 강도가 아니라 회복이 성과를 만든다

기본적인 원칙은 명확하다. 하나의 동작에서 근육이 긴장을 유지하는 시간은 10초를 넘겨선 안 된다. 그래야 젖산 생성이 최소화된다. 젖산은 특정 상황에서는 유용할 수 있지만 대부분의 경우 회복을 지연시키는 요인으로 작용한다. 이 원칙 때문에 배리는, 선수들이 짧은 기간 안에 일정한 기준선에 도달해야 할 때도 연속 닷새 동안 같은 프로그램을 수행할 수 있도록 훈련을 설계한다.

핵심은 자극의 강도가 아니라 회복을 방해하지 않는 구조다.

'10초 이내' 원칙은 스프린터에게만 적용되는 규칙이 아니다.

전직 미식축구 선수 스카일러 맥나이트Skyler McKnight가 대표적인 사례다. 그는 산호세 주립대 미식축구팀에서 주전으로 선발되기 위해 102kg 벤치프레스를 20회 수행해야 했다. 그러나 초기 기록은 고작 3회였고, 테스트까지 남은 시간은 3주뿐이었다. 스카일러는 배리의 프로그램을 그대로 따랐다.

- 주 5일 훈련
- 하루에 프로그램을 두 번 수행
- 세트 사이 휴식은 5분
- 중량은 유지하되 반복 횟수는 늘리지 않음

단 15일간의 훈련 끝에 테스트 날, 그는 18회를 해냈다. 코치들은 그의 변화에 놀랐고, 그는 곧바로 주전 자리를 얻었다.

이 방식의 효과는 국가대표급 선수들에게서도 확인된다. 중국 스피드 스케이팅 국가대표팀의 근력강화 고문이었던 그레그 알먼Greg Almon은 배리 로스에게 다음과 같은 감사 편지를 보냈다.

배리에게

올해 내가 지도하는 스케이터들이 데드리프트 중심의 훈련 프로그램을 도입한 이후 거둔 성과를 전하고 싶네.

중국 여자팀은 스프린트 종목(500m, 1,000m)에서 금메달 10개 이상을 획득했고, 은메달과 동메달도 10개 이상을 추가했네. 500미터를 44초 이내에 주파하는 선수가 5명이나 되지. 일부 선수는 세계 기록을 경신하기도 했네.

처음엔 감독을 설득하기가 쉽지 않았지만 며칠간 끈질기게 매달린 끝에 결국 내 제안을 받아주었네. 그 결과 여자 선수들은 3.5개월 만에 데드리프트 기록이 평균 52kg 향상되었고, 그 변화는 곧바로 성적으로 이어졌네.

다시 한번 고맙다는 말을 전하네.

필요한 만큼만 움직여라: 최고 스피드를 만드는 최소 조건

2003년, 앨리슨이 세계 기록을 세운 이후 배리는 자신의 훈련 프로그램을 더욱 정제했다. 최신 연구 성과를 반영해 스프린트 훈련의 핵심을 단순하지만 밀접하게 연결된 3가지 목표로 압축했다.

1. 컨디션 조절
2. 최대 근력
3. 최대 스피드

이 세 목표를 관통하는 기준은 헨크 크라이언호프Henk Kraaijenhof의 철학이다. "가능하면 적게, 필요한 만큼만 움직여라." 배리는 이 원칙을 철저히 따랐다. 그 결과 세 목표 모두에서 요구되는 운동량은, 사람들이 일반적으로 떠올리는 훈련량보다 현저히 적다.

컨디션 조절(competiton conditioning)

첫 번째 목표인 컨디션 조절은, 2004년에 발표된 논문「초고속 러닝의 에너지론: 고전 이론과 현대적 연구의 통합」의 영향을 크게 받았다. 이 논문에서는 ASR 스피드 알고리즘이라는 수학 공식이 제시된다. 라이스 대학교가 특허권을 보유한 이 공식은, 훈련된 선수뿐 아니라 일반인도 수 미터부터 1마일까지 어느 정도의 기록을 낼 수 있는지 예측할 수 있다.

배리는 이 공식을 선수들에게 적용했고, 예측 정확도는 97% 이상에 달했다. 더 놀라운 점은, 이 공식을 통해 선수의 컨디션 수준까지 추정할 수 있었다는 사실이다. 1마일 이상의 경기에 출전하는 선수들이 컨디션을 최상으로 유지하기 위해 필요한 최소 기준선은 초당 약 4.2미터, 즉 100미터를 23.8초에 주파하는 수준이다. 이 기준선에 도달하는 방법은 의외로 단순하다. 바로 걷기다.

방법은 다음과 같다. 주 3회, 총 15분, 7분 30초 동안 최대한 빠르게 걷고, 같은 시간 동안 되돌아오면 된다.

처음에는 어렵지 않다. 그러나 매번 더 먼 거리를, 동일한 시간 안에 왕복해야 하므로 점점 난도가 올라간다. 여기서 말하는 '최대한 빠르게'란, 흐느적거리는 산책이 아니라 강한 보폭의 속보를 뜻한다. 이상적인 장소는 트랙이지만 여건이 여의치 않다면 평탄한 구간을 왕복해도 무방하다.

이 훈련을 4주간 지속하면 첫 번째 목표, 즉 경기를 앞두고 최적의 컨디션을 유지할 수 있는 기준선에 도달한 것이다. 믿기 어렵게 들릴지 모르지만 뒤에서 소개할 실제 사례들을 보면 생각이 달라질 것이다. 섣부른 판단은 잠시 미뤄두고 계속 읽어보길 바란다.

최대 근력(maximal strength)

다음 단계에서 배리는 선수들의 근력 그 자체에 집중했다. 그 결과 선수들은 말 그대로 '정말 강한 사람'으로 변모했다. 배리가 수정한 프로그램은 앨리슨이 2003년에 사용했던 훈련법을 토대로 하되, 훨씬 간결하게 재구성되었다.

벤치 프레스와 데드리프트의 기존 원칙이던 '2~3회×2~3세트'는 다음과 같이 바뀌었다.

- 1RM의 95%로 2~3회씩 여러 세트
- 1RM의 85%로 5회 × 1세트

※ 주의: 세트 사이 휴식은 5분. 플라이오메트릭스를 마친 시점부터 5분을 센다.

대부분의 선수는 이 프로그램을 주 3회(예: 월·수·금) 기본으로 수행했다.

기본 프로그램

1. 동적 스트레칭

- 오버언더 스트레칭 6~7회
- 총 5분 이내
- 정적 스트레칭은 제외

2. 다음 중 하나 선택

※ 세트당 근육 긴장 시간은 10초 이내가 원칙

① 벤치 프레스

- 1RM의 95%로 2~3회 × 여러 세트
- 1RM의 85%로 5회 × 1세트

② 푸시업: 10~12회(기존 프로그램과 동일)

벤치 프레스를 선택한 경우, 세트 직후 플라
이오메트릭스 4~5회를 수행한다.

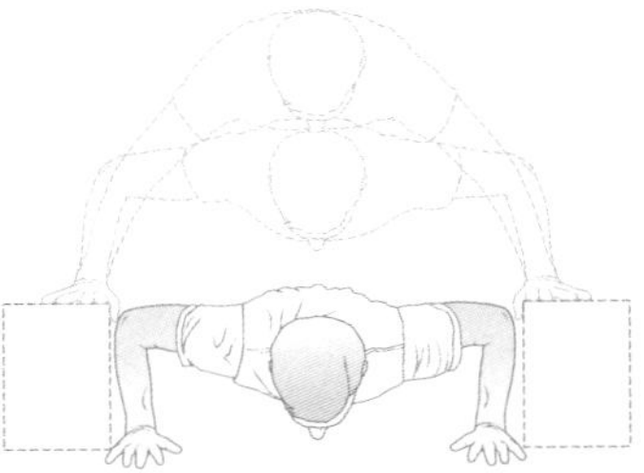

벤치프레스 플라이오메트릭스

- 높이 15~30cm 박스 두 개를 어깨 너비보
  다 약간 넓게 배치
- 가슴이 바닥에 닿을 만큼 낮췄다가, 최대한 빠르게 팔을 뻗어 박스 위로 밀
  어 올린다.
- 손을 바닥에 대는 시간을 최소화하는 것이 핵심이다.
  플라이오메트릭스 동작이 불편하거나 어깨가 아프다면 과감히 생략해도
  좋다. 그래도 운동 효과는 충분하다.

3. 데드리프트

- 1RM의 95%로 2~3회 × 여러 세트
- 1RM의 85%로 5회 × 1세트
  바는 무릎 높이까지만 들어 올린 뒤 떨어뜨린다. 단거리 선수가 아니라면,
  웨이트를 천천히 내려도 무방하다.
  세트 종료 후 1분 이내에 플라이오메트릭스를 수행한다.

- 최선: 10~15m 전력질주 2~4회
- 차선: 30~45cm 박스 점프 5~7회

이 구간에서 각 다리는 체중의 두 배 이상에 해당하는 힘으로 지면을 때리게 된다.

4. 코어 운동 – '고문 당하듯 몸 비틀기' Torture Twist

- 3~5회 × 3~5세트
- 세트 사이 휴식 30초

배리는 코어 운동으로 이 한 가지만 사용한다. 좋아하는 선수는 거의 없다. 벤치 위에 몸을 수직으로 눕혀 십자가 자세를 취한 뒤, 두 발을 파워랙 가로대나 다른 벤치 아래에 단단히 고정한다.

초기 단계

- 오른쪽으로 회전 → 3초 유지
- 왼쪽으로 회전 → 3초 유지
- 좌우 각각 3회
- 똑바로 앉아 30초 휴식
- 이렇게 총 3세트

익숙해지면 5세트까지 늘리고, 이후에는 유지 시간을 1초씩 늘려 최대 15초까지 확장한다.

고문 당하듯 몸 비틀기: 이 사람이 체격이 거대한 파워리프터처럼 보이는가? 아니다. 평범한 고등학생 여자아이일 뿐이다. 단 하나 평범하지 않은 점이 있다면 체중 60kg로 184kg을 데드리프트할 수 있다는 사실이다. 이런 압도적인 격차라니!

최대 수행 시

- 총 운동 시간(휴식 포함): 60분 이내
- 근육 긴장 총시간: 5분 이내
- 운동 후 느낌: 탈진이 아니라 기력이 차오르는 상태

끝까지 들지 않는다: 배리 로스식 데드리프트 원칙

배리는 가능하다면 전통적인 데드리프트보다 스모 자세를 권한다. 스모 자세는 바를 끌어올리는 거리가 짧고, 허리에 더 안전하다.

『파워리프팅 USA』 편집자 마이크 램버트의 허락을 받아 실은 연속 사진은, 전성기 시절 체급을 초월해 최고로 평가받던 마이크 브리지스(Mike Bridges)의 모습이다. 그는 세 체급을 석권했고, 50대인 지금도 500파운드(약 227㎏) 데드리프트를 꾸준히 수행한다.

배리의 원칙은 동일하다. 웨이트는 슬개골 높이까지만 들어 올린 뒤 떨어뜨린다. 완전히 들기 전까지는 시선을 약 45도 아래로 유지한다.

최대 스피드

배리는 선수들의 근력을 충분히 끌어올린 뒤에야 스피드 훈련에 들어간다. 달리기에 흥미가 없다면 이 부분을 건너뛰어도 무방하지만 끝에 나오는 사례만큼은 꽤 인상적이다.

훈련은 두 가지 테스트로 시작된다. 첫 번째T1는 전력 질주 20미터, 두 번째 T2는 300미터 달리기다. T1에서는 40미터를 전력으로 달리되 마지막 20미터만 시간을 재고, T2에서는 출발선보다 5미터 뒤에서 출발해 기록을 측정한다. 두 경우 모두 선수는 계측 지점을 지날 때 이미 최고 속도에 근접한 상태다.

배리는 이 두 기록을 ASR 알고리즘에 입력해 각 선수가 특정 거리X를 특정 시간Y에 달릴 수 있는 정확한 기준을 산출한다. 이를 토대로 개인별 스피드 훈련이 설계된다. 400미터 이하 종목 선수는 훈련 중 70미터 이상 달리지 않는다.

이 훈련에서는 '거리 X를 시간 Y 이내에 달리는 것'이 1회로 계산된다. 선수는 각 반복마다 기준 시간을 지키며 달릴 수 있는 한 계속 수행하되, 정해진 총 시간 안에 최대 10회를 넘기지는 않는다. 어느 한 번이라도 기준 시간을 초과하는 순간, 그날의 훈련은 즉시 종료된다.

예를 들어 스콧이라는 선수의 기록이 다음과 같다고 하자.

20미터: 1.88초

300미터: 36.00초

이 경우 훈련 거리는 15~55미터 사이에서 정해진다. 만약 55미터를 5.57초 이내로 설정했다면 4분 휴식 후 이를 최대 10회 반복한다. 첫 시도에 실패하면 한 번의 기회가 더 주어지지만 두 번째에도 실패하면 즉시 훈련을 끝낸다. 중간 에라도 기준 시간을 넘기면 마찬가지다.

스콧이 첫 시도에서 5.57초 내에 달리지 못하면 한 번의 기회가 더 주어진다. 두 번째 시도에서도 5.57초를 넘기면 그 날의 운동은 중단된다. 두 번째에 성공 해도 열 번째 이전의 횟수에서 5.57초를 넘기는 경우도 마찬가지이다.

이 점에서 배리의 방식은 전통적인 단거리 훈련과 완전히 다르다. 기존 훈련은 '최대 스피드의 80%로 10×10미터'처럼 애매한 지시를 내린다. 하지만 실제로 선수가 정확히 몇 퍼센트의 속도로 달리고 있는지는 누구도 알 수 없다. 또한 '초과 거리'over-distance 훈련은 근육 긴장 시간을 늘려 회복을 방해한다고 배리는 본다.

배리의 훈련은 평균 반복 거리가 40미터 이하이며, 단거리 선수에게 70미터 이상 달리게 하지 않는다. 트랙 세계에서는 거의 신성모독에 가까운 접근이지만 바로 그 점 때문에 결과는 더욱 뚜렷하다. 한 고등학교 여학생의 사례를 보자. 이 훈련법으로 그녀는 400미터 기록을 2초, 300미터 허들을 1.5초, 100미터를 13.35초에서 12.75초로 단축했다. 단거리 무산소 경기에서 0.6초 단축은 엄청난 성과다. 그녀가 반복해 달린 평균 거리는 고작 33미터였고, 경력 6년의 선수였다.

시즌 전 컨디션 조절 단계에서 그녀는 주 3회, 15분간 빠르게 걷는 훈련만 했다. 훈련량이 지나치게 적어 보였기에 본인과 가족, 코치 모두 불안해했다. 그러나 시즌 첫 300미터 허들 경기에서 그녀는 이전에 패했던 두 선수를 제치고 결승선을 통과했다. 그 장면을 본 코치는 이렇게 말했다. "앞으로는 우리 선수들에게 70미터 이상 달리게 하지 맙시다."

체중 54kg에 불과한 그녀는 154kg을 데드리프트한다. 이제 승부 공식은 바뀌었다. 무작정 오래 매달리는 것보다, 전략적으로 영리하게 움직여야 한다.

열심히가 아니라 정확히: 10회의 법칙

근력강화 훈련의 본래 목적을 오해하는 선수는 의외로 많다. 근력 훈련을 컨디셔닝 훈련과 혼동하거나, 자신을 파워리프터로 착각하는 경우도 적지 않다. 그러나 바벨은 근성을 시험하기 위해 존재하지 않는다. 그런 시험은 코트와 필드, 매트 위에서 치러야 한다. 바벨을 드는 이유는 단 하나다. 기술이 대등한 상대를 만났을 때 근력으로 기선을 제압하기 위해서다.

따라서 근력강화 훈련이 종목 수행 능력을 방해해서는 안 된다. 이 기본을 놓치는 근력 코치와 컨디셔닝 코치가 생각보다 많다. 원칙은 분명하다. 무겁게 들되 열심히 들지는 말라. 여기서 '10회의 법칙'이 나온다.

1. 데드리프트, 벤치 프레스처럼 2~3가지 복합 전신 운동만 사용하라.
2. 주 3회(예: 월·수·금) 훈련한다. 나머지 날에는 컨디셔닝과 보조 운동을 하고, 주 6일은 종목 기술을 연마한다. 하루는 완전 휴식.
3. 2~3회가 1세트다. 러시아 역도 대표팀은 2회를 가장 효과적인 반복 횟수로 본다.
4. 한 번의 훈련에서 총 10회 내외의 리프팅을 목표로 한다(예: 3×3, 2×5).
5. 실패 지점까지 가지 마라. 항상 1~2회를 남긴다.

6. 세트 사이 휴식은 5분.

7. 훈련을 마칠 때는 시작할 때보다 강해졌다는 느낌이 남아야 한다.

근력 훈련의 목표는 종목 수행 능력을 유지한 채 근력을 높이는 것이다. 배리가 마리아 샤라포바를 훈련시킬 때 시킨 운동은 풀업 1~3단계 훈련, 피스톨 스쿼트, 하드 푸시업, 얀다 싯업(Janda sit-up)뿐이었다. 다른 운동은 필요 없었다. 매일 테니스 훈련을 했기 때문에 별도의 컨디셔닝도 요구되지 않았다. 그녀에게 가장 위험한 것은 피로와 부상이었다.

훈련 빈도를 줄이면 어떨까? 주 1회 훈련으로도 근력은 늘 수 있다. 그러나 주 3회 미만은 경기력을 요구하는 선수에게 적합하지 않다. 1980~90년대 미국 파워리프팅 기록만 보면 주 1회 고강도 훈련으로도 세계적 기록이 가능해 보인다. 하지만 그런 방식은 걷기도 힘든 극심한 근육통을 남긴다. 파워리프터라면 감수할 수 있지만 연속 훈련이 필요한 선수에게는 치명적이다.

물론 훈련량을 극단적으로 늘리면 성과는 나온다. 13주의 스몰로프 스쿼트 프로그램(Smolov Squat Program)은 첫 달에만 주 136회를 요구한다. 내가 아는 한 남자는 이 프로그램을 끝낸 후에 스쿼트에서 48kg 향상을 보여 약물에 의존하지 않고도 600파운드 중반(300kg 근처)까지 들어올렸다. 엄청난 성과를 보장하지만 대가는 혹독하다. 온몸이 피로에 잠기고, 다른 활동은 거의 불가능해진다. 이런 프로그램은 시즌이 끝난 뒤 근육량 증가가 최우선인 미식축구 라인맨처럼 예외적인 경우에만 적합하다.

악명 높은 스프린터 벤 존슨을 길러낸 캐나다의 트랙 코치 찰리 프랜시스의 근력강화 훈련법은 매우 시사적이다. 벤 존슨의 훈련은 횟수도, 총량도 극히 적었다. 예컨대 빌로우 패러럴 박스 스쿼트(below parallel box squat)는 600파운드로 2회씩 6세트를 넘지 않았고, 벤치 프레스 역시 385파운드로 3회씩 2세트가 한계였다. 그럼에도 체중 78.5kg의 존슨은 결국 벤치 프레스로 400파운드(181kg)를 들어올렸고, 프랜시스는 그가 440파운드(200kg)까지도 가능하리라 확신했다. 핵심은 프랜시스가 존슨을 결코 한계치까지 몰아붙이지 않았다는 점이다. 그럼에도, 아니 바로 그 덕분에 존슨은 개인 기록을 경신했다. 이 방식은 러시아 학파의 권고와도 일치한다. 니콜라이 오졸린은 시즌 중 훈련량을 비시즌의 3분의 2 수준으로 줄일 것을 제안했다. 프랜시스 역시 존슨의 훈련량을 절반 가까이 줄였다. 그 결과, 그는 여분의 에너지를 유지한 채 근력과 스피드를 모두 보존했다. 프랜시스의 말은 단순하다.

"벤은 근력과 스피드에서 결코 뒤진 적이 없다." 실제로 벤 존슨은 다른 선수들만큼 열심히 근력 훈련을 하지 않았지만 600파운드의 웨이트를 자유자재로 다루었다.

프랜시스는 이렇게 말했다. "나는 선수들이 과도하게 훈련하지 않도록 말리는 데 시간의

90%를 쓴다.”

UFC 최상급 선수들의 근력 코치 스티브 바카리도 같은 결론에 이른다. “쉬운 근력 훈련만이 선수들이 지속적으로 강해질 수 있는 방법이다. 근력 훈련은 은행에 저축해두었다가 경기일에 인출하는 것과 같다.” 당신에게 돈을 벌어다주는 스포츠를 위해서라도, 근력 훈련에서 먼저 탈진하지 마라.

복부만 남기고 모두 빼라

몸집을 키우지 않으면서도 강한 복근을 만들고 싶다면 얀다 싯업만큼 효과적인 복부 운동은 드물다.

파벨 차촐린은 척추 생체역학 분야의 권위자인 스튜어트 맥길(Stuart McGill) 박사의 실험실에서 ‘복근 파벨라이저’(Ab Pavelizer)라는 장치를 사용해 얀다 싯업을 수행했다.

그 결과, 복부 한가운데 근육인 복직근이 사람이 스스로 낼 수 있는 최대 힘(MVC)을 무려 175% 이상으로 넘어서는 수축을 보였다. 일부 과학자들은 그 이유를 이렇게 설명한다. 얀다 싯업에서는 햄스트링이 아래쪽으로 강하게 수축하면서, 보통 싯업에서 주로 쓰이는 고관절 굴곡근이 자연스럽게 힘을 빼게 된다는 것이다. 즉, 도움을 주던 근육들이 빠지면서 움직임의 부담이 거의 전부 복직근 하나에 집중된다. 그 결과 복직근은 평소 한계(100%)를 훌쩍 넘는 힘으로 수축할 수밖에 없게 된다.

요컨대, 얀다 싯업은 “잔근육은 최소화하고, 복부의 진짜 힘만 끌어올리는 운동”이다.

장비 없이 얀다 싯업을 하려면 다음 방법을 활용하라.

1-1. (파트너 있음) 양쪽 장딴지를 수건으로 묶고, 파트너가 수건 끝을 45도 방향으로 가볍게 들어 올려 두 발을 지지한다.

1-2. (혼자서) 문을 연 뒤 문고리에 저항밴드를 감고, 장딴지를 문고리에서 45도 아래 방향에 둔 채 밴드로 고정한다.

2. 꼬리뼈와 배꼽을 최대한 가까이 끌어당긴다는 느낌으로 상체를 천천히 일으킨다. 이때 발이 들리거나 몸 쪽으로 끌려오지 않도록 주의한다.

얀다 싯업은 만만하게 볼 운동이 아니다. 일반 싯업을 50번쯤 거뜬히 해내는 사람도 첫 시도에선 단 한 번도 성공하지 못하는 일이 부지기수다.. 이럴 때는 역방향 얀다 싯업, 즉 상체를 들어 올린 상태에서 천천히 내려오는 동작부터 시작하라.

여기에도 '10회의 법칙'을 적용할 수 있다. 예컨대 역방향 얀다 싯업을 2회씩 5세트(5×2)로 시작해, 2323(2·3·2·3회) → 343 → 235 → 2×5 순으로 점진적으로 늘린다. 역방향 동작이 안정되면, 동일한 원칙을 적용해 정상적인 얀다 싯업으로 옮겨가면 된다. 역방향 얀다 싯업에서는 속도를 일정하게 유지하는 것이 핵심이다. 중간에 멈추거나 힘없이 떨어지지 말고, 필요하다면 저항밴드나 식탁 다리를 잡아 균형을 유지하라.

운동하기에 적절한 시간

'시간 생물학'(chronobiology)은 시간에 따른 생리 기능의 변화를 연구하는 학문이다. 연구에 따르면 근력과 단기 출력은 대체로 오후 4~6시에 최고조에 이르며, 이때 체온도 가장 높다. 관절염이나 섬유근육통 같은 통증을 견디는 능력 역시 이 시간대에 가장 좋다.

하지만 나는 이 일반적인 패턴과 달랐다. 운동 효과는 개인의 생체 리듬, 즉 기상 시간에 크게 좌우되기 때문이다. 많은 연구가 이런 개인차를 충분히 반영하지 못한다. 오전 8시에 기상하는 사람에게 오후 4~6시는 기상 후 8~10시간이 지난 시점이다.

반면 나는 평균적으로 오전 11시에 잠에서 깨는 올빼미형 인간이어서, 내 기준의 최적 운동 시간은 오후 7~9시였다. 실제로 이 시간대에 운동했을 때 1RM의 85% 이하 중량에서는 대부분의 종목에서 2~3회를 더 수행할 수 있었다(한 세트 6회 이상 기준).

누구나 밤에 운동하라는 권유가 아니다. 핵심은 매번 일관된 시간에 운동해야 근력이 얼마나 늘었는지 정확한 데이터로 비교할 수 있다는 것이다.

- Over-unders Dynamic Warm-Up (오버·언더 동적 워밍업): 바를 이용해 고관절의 유연성과 가동성을 높이는 역동적 준비운동이다. 허들을 옆으로 넘고(30초), 쪼그려 앉은 자세로 옆걸음 치며 허들 아래를 통과한다(1분 30초). 배리 로스는 이 오버언더 스트레칭을 대표적인 동적 워밍업으로 추천했다. www.fourhourbody.com/over-under

- Underground Secrets to Faster Running-Barry Ross (더 빠르게 달리기 위한 언더그라운드 비법): 앨리슨 펠릭스는 이 책에서 소개된 근력 훈련법을 적용한 결과, 2003년 200미터에서 세계 최고 기록을 세웠다. www.fourhourbody.com/underground

- 'High-Speed Running Performance: A New Approach to Assessment and Prediction'-Matthew W. Bundle, Reed W. Hoyt, Peter G. Weyand (『고속 러닝 수행 능력: 평가와 예측을 위한 새로운 접근』): 라이스 대학교 연구진이 ASR 스피드 알고리즘을 처음 제시한 논문이다. 배리 로스의 표현을 빌리면, "더 빨리 달리고 싶은 육상 선수들에게는 성배와도 같은 공식"이다.

- ASRspeed (ASR 스피드 프로그램): 배리 로스가 실제로 도입한 스프린트 훈련 프로그램. 단거리, 농구, 야구, 미식축구, 축구처럼 폭발적인 전진 속도가 중요한 종목에서 특히 효과적이다. 이 프로그램을 제대로 활용하면 언덕 달리기, 썰매 끌기, 낙하산 달리기 같은 보조 훈련은 굳이 필요하지 않다.

- 'How to Add 100 Pounds to Your Squat in 13 Weeks with the Smolov Cycle' (13주 만에 스쿼트 중량 100파운드 늘리기: 스몰로프 사이클): 스포츠 과학자 S. Y. 스몰로프가 설계한 러시아식 근력 강화 프로그램. 구조는 복잡하고 강도는 가혹하지만 스쿼트 중량을 27~45kg까지 끌어올릴 수 있다.

- Fat Gripz (팻 그립즈): 굵은 바(thick bar)로 훈련하면 악력이 빠르게 향상되지만 장비 가격이 200달러를 넘는 것이 문제다. 팻 그립즈는 이 문제를 간단히 해결해준다. 레드불 캔 정도의 굵기로, 기존 바에 10초 만에 장착할 수 있고 휴대도 편리하다.

  무거운 웨이트로 4주간 훈련한 뒤, 1주일 정도 팻 그립즈를 사용해 가벼운 중량으로 훈련해보라. 필자는 팻 그립즈를 끼우고 스티프 레그드 데드리프트를 하는데, 체감 난도는 예상보다 훨씬 높다.

6개월 만에 벤치 프레스 45kg을 올리는 방법

꼭 기억하라. 지금 이 순간에도 중국 어딘가에서는
작은 소녀가 당신의 최대 중량으로 가볍게 몸을 풀고 있다.

짐 콘로이_ 올림픽 역도 코치

"벤치 프레스 143kg 정도는 들어줘야 아이팟 플레이리스트에 손댈 자격이 생깁니다."

나는 그 말이 농담인 줄 알고 멍하니 웃었다. 하지만 데프랑코는 농담이 아니었다. 그는 체육관 한쪽 벽을 가리켰다. 거기에는 커다란 종이가 붙어 있었고, 이렇게 적혀 있었다.

벤치 프레스 143kg?
스쿼트 184kg?
ESPN을 볼까?
그게 아니면 아이팟은 건드리지 마라!

벤치 프레스로 143kg을 든다는 건 당시의 나에게는 아득한 꿈이었다. 디스코 덕(Disco Duck, 멤피스의 디스크 자키 릭 디스가 발표한 디스코풍의 코믹한 노래—옮긴이)을 스피커로 듣기까지는 아직 갈 길이 멀다는 뜻이었다.

하지만 데프랑코의 훈련생들에게 143kg은 전혀 문제 될 것이 아니었다. 그의 체육관에는 벤치 프레스로 97.5kg을 무려 39회나 반복하는 리치 디머스 같은 괴물들도 있었다.

리치를 보고 깊은 인상을 받았지만 진짜 충격은 조 세클로프스키Joe Ceklovsky였다. 체중이 약 67kg에 불과한 그는 벤치 프레스로 무려 272kg을 들어올렸다. 스콧 멘델슨Scott Mendelson은 더 했다. 체중 약 125kg으로 벤치 프레스 468kg을 들어올렸다.

468kg이 어느 정도인지 감이 오는가? 체육관에서 흔히 쓰는 20kg 원판을 바에 더 이상 끼울 수 없을 때까지 올려도 약 402kg에 불과하다. 스콧은 45kg짜리 원판을 사용했고, 바는 그의 손 주변에서 문자 그대로 휘어졌다. 그는 턱과 치아를 보호하기 위해 마우스가드까지 물고 있었다. 바를 가슴에 내리고 잠깐 멈출 때 그의 시선은 정면이 아니라 옆으로 흐트러졌다.

이들은 하나같이 별난 사람들이었다. 좋은 의미에서. 극한에 도전하는 사람들에게서는 언제나 배울 것이 있다.

6개월 만에 45kg을 더 들게 만든 전설의 해법

벤치 프레스는 내가 끝내 극복하지 못한 숙제였다. 단적으로 말해, 가장 약한 종목이었다. 가슴 근력을 강하게 요구하는 운동을 거의 하지 않았고, 주 전공이었던 레슬링에서도 가슴 근력은 핵심 요소가 아니었다. 배리 로스의 프로그램에 따라 2회 반복 훈련을 꾸준히 이어갔지만 벤치 프레스 중량은 좀처럼 오르지 않았다. 이 종목은 내게 영원히 넘지 못할 산처럼 느껴졌다.

결국 돌파구를 찾기 위해 파워리프팅의 거장에게 전화를 걸었다. 마티 갤러거Marty Gallagher는 대중적으로 널리 알려지진 않았지만 기록의 세계에서는 오래전부터 전설로 통하던 인물이다. 그는 에드 코언, 커크 카보스키, 더그 퍼니스, 마이크 홀, 댄 오스틴 같은 당대 최고의 파워리프터들을 길러냈다. 특히 코언은 세계 기록을 70번 이상 갈아치웠고, '커크 선장' 커크 카보스키는 국제파워리프팅연맹IPF 스쿼트 세계 기록을 410kg에서 455kg으로 무려 45kg이나 끌어올렸다. 이 기록은 16년이 지난 지금까지도 깨지지 않았다.

마티 자신 역시 40세 이상 마스터급에서 세계 챔피언을 세 차례 차지했고, 미국 챔피언에는 6번 올랐다. 1991년에는 미국 대표팀을 이끌고 IPF 대회에 출전해 최우수 팀이라는 영예도 안았다. 요컨대 그는 쇳덩어리를 다루는 세계에서 알아야 할 모든 원리를 꿰뚫고 있는 인물이었다. 그의 말에 따르면, 이제부터 소개할 프로그램은 바로 나처럼 6개월 안에 벤치 프레스 최대 중량을 45kg(100파운드) 더 끌어올리고 싶은 사람들을 위해 고안된 방법이었다.

45kg을 더 들려면: 6개월 벤치 프레스 증량 로드맵

벤치 프레스로 약 90kg을 드는 평범한 사람도, 6개월 동안 훈련해 약 45kg을 더 들어 올릴 수 있을까? 가능성은 높지 않지만 불가능한 목표도 아니다. 다만, 코끼리를 한 입씩 먹어 치우겠다는 식의 집요한 인내가 필요하다. 성공을 위해 다음의 세 가지 대원칙을 가슴에 새겨라.

조건 1: 시기별 전략과 전술

시기구분이란, 다른 말로 하면 점진적 저항 훈련을 사전에 설계하는 일이다. 유능한 파워리프터, 올림픽 역도 선수, 프로 선수들은 보통 12~16주 단위로 근력을 단계적으로 끌어올리기 위해 시기 구분법periodization을 활용한다.

이 전략을 세워 벤치 프레스에 적용하면 불가능해 보이던 목표는 현실적인 계획으로 바뀐다.

커크 카보스키는 현역에서 은퇴할 때까지 12주 프로그램을 단 한 번도 빠뜨린 적이 없었다. 전국대회나 세계대회를 앞두고, 연필과 공책을 들고 앉아 3개월 동안의 중량·횟수·세트를 모두 적어 내려가고, 단 한 번의 반복도 빠뜨리지 않는다고 상상해보라. 에드 코언과 더그 퍼니스 역시 같은 방식이었다. 이 세계에서는 세심함과 집요함이 성패를 가른다.

조건 2: 계획한 운동을 한 번도 빠뜨려서는 안 된다.

이 프로그램은 "대충 비슷하게" 해서는 절대 효과가 나지 않는다. "계획=실행"이다. 빠뜨리는 순간, 누적 효과는 사라진다.

조건 3: 근육량을 크게 늘려라.

수년간 하체의 점진적 저항 훈련을 해왔고, 벤치 프레스 약 90kg을 안정적으로 들며 기술에도 문제가 없는 선수를 가정해보자. 키 185cm, 체중 91kg에 체지방률 14%든, 키 168cm, 체중 91kg에 체지방률 30%든 상관없다.

벤치 프레스를 90kg에서 135kg으로 끌어올리려면, 반드시 제지방 근육량(순수 근육량)을 늘려야 한다. 이 선수에게 부족한 것은 기술이 아니라 근육의 화력이다. 효율을 높이는 것만으로는 한계가 있다. 체육관에서 "체중은 그대로 두고도 벤치 프레스 중량을 50% 올려준다"라는 프로그램을 판다면 그 사람은 망상가이거나 사기꾼이다.

근육의 부피를 키우지 않고 힘만 50%를 더 쓰겠다는 건 마법이나 다름없다. 현실적으로는 근력을 50% 높이려면 순수 근육량을 최소 10%는 늘려야 한다. 그것도 꽤 낙관적인 계산이다. 체중이 약 91kg인 선수라면, 26주 동안 순수 근육량을 약 7~9kg 늘려야 한다는 뜻이다.

벤치 프레스는 주 1회만 훈련한다. 그리고 매번 세 가지 그립을 사용한다.

- 파워 그립power grip
- 와이드 그립wide grip
- 내로우 그립narrow grip

그립 폭을 잡는 간단한 기준(줄자 사용하지 않고)

- 키 178~185cm: 파워 그립 시 새끼손가락 끝이 바벨 링 안쪽
- 키 168~175cm: 파워 그립 시 링에서 손 하나 폭 안쪽
- 가장 무거운 중량은 언제나 파워 그립에서 나온다
- 와이드 그립: 파워 그립에서 양쪽으로 손 하나 폭 바깥
- 내로우 그립: 파워 그립에서 양쪽으로 손 하나 폭 안쪽

주차	파워 그립 (약 71cm)	와이드 그립 (약 81cm)	내로우 그립 (약 56cm)	체중(kg)
1	64kg(70%)×8, 1세트	55kg(60%)×10, 2세트	50kg(55%)×10, 2세트	91
2	68kg(75%)×8, 1세트	59kg(65%)×10, 2세트	55kg(60%)×10, 2세트	92
3	73kg(80%)×8, 1세트	64kg(70%)×10, 2세트	59kg(65%)×10, 2세트	92
4	77kg(85%)×8, 1세트	68kg(75%)×10, 2세트	64kg(70%)×10, 2세트	93
5	84kg(93%)×5, 1세트	75kg(83%)×8, 2세트	66kg(73%)×8, 2세트	93
6	89kg(98%)×5, 1세트	79kg(88%)×8, 2세트	70kg(78%)×8, 2세트	94
7	93kg(103%)×5, 1세트	84kg(93%)×8, 2세트	75kg(83%)×8, 2세트	94
8	98kg(108%)×5, 1세트	89kg(98%)×8, 2세트	79kg(88%)×8, 2세트	95
9	102kg(113%)×3, 1세트	93kg(103%)×5, 2세트	84kg(93%)×5, 2세트	95
10	107kg(118%)×3, 1세트	98kg(108%)×5, 2세트	89kg(98%)×5, 2세트	96
11	111kg(123%)×3, 1세트	102kg(113%)×5, 2세트	93kg(103%)×5, 2세트	96
12	118kg(130%)×1	-	-	96

단계 1: 12주 벤치 프레스 프로그램 (kg 기준)

단계 1에서 선수는 순수 근육량 약 11% 증가, 벤치 프레스 중량 약 30% 향상을 보였다. 숫자가 말해주듯, 올바른 방향의 노력은 예상보다 빠른 결과를 만든다. 이를 위해서는 매주 계획적으로 칼로리 섭취를 늘려야 한다. 필요한 칼로리는 단순하다. 체중이 늘 만큼만 먹으면 된다. 즉 체중 91kg 이하이면 주당 약 0.5kg 증가하고, 체중 91kg 이상이면 주당 약 1kg씩 늘리더라도 무리가 없다.

정확한 칼로리를 계산하려 애쓰지 말고, 매일 체중계에 올라라. 그리고 무엇보다 중요한 것은 단백질 섭취를 절대 빼먹지 말고, 하루도 빠짐없이 200g의 단백질을 매일 섭취하라.

근력을 굳히는 6주, 생체 항상성 회복 전략

실험에서 반복적으로 확인되었듯, 12주 프로그램을 성공적으로 마친 뒤에는 '얻은 근육을 내 몸으로 굳히는 시간'이 반드시 필요하다. 12주 프로그램을 끝내자마자 또 다른 고강도 근력 프로그램으로 넘어가면 실패는 불 보듯 뻔하다. 본능은 언제나 '더 빨리, 더 많이'를 외치지만, 생물학적 관점에서 이런 조급함은 스스로를 파괴하는 지름길이다. 성과를 지키고 싶다면 멈추는 용기도 훈련의 일부로 받아들여야 한다. 과학적 연구와 현장 경험이 일치하는 결론은 분명하다. 인체가 새로 형성된 생리 상태를 재조정하는 데는 최소 4~6주가 필요하다.

이 과정에서 핵심 역할을 하는 기관이 시상하부다. 시상하부는 체중과 체온, 식욕과 갈증, 피로감, 생체 리듬을 두루 조절하는 항상성의 중심축이다. 따라서 12주 프로그램 이후에는 충분한 과도기를 두고, 시상하부가 새로운 균형점을 찾을 시간을 줘야 한다. 서두르면 몸은 변화를 거부한다.

이 시기에는 단계 1에서 사용한 바벨 벤치 프레스 패턴에서 벗어나는 것 자체가 중요하다. 반복 횟수도 상대적으로 높여야 한다.

과도기를 가장 이상적으로 보내는 방법은, 바벨 벤치 프레스를 완전히 끊고 무거운 덤벨 프레스로 대체하는 것이다. 몸이 익숙해진 세 가지 바벨 패턴을 완전히 망각해야만, 다음 단계에서 신경계가 다시 새로운 자극에 폭발적으로 반응한다.

단계 2: 생체 항상성 회복(6주)

- 운동 구성: 플랫 덤벨 프레스, 인클라인 덤벨 프레스
- 두 운동은 주 1회, 같은 날 실시
- 덤벨을 가슴에 내렸을 때 완전히 이완하지 말고 1초간 멈춘다(즉 긴장을 유지한 상태에서 멈춤)

주차	플랫 덤벨 프레스	인클라인 덤벨 프레스	체중(kg)
1	27kg(60%)×10, 3세트	23kg(50%)×10, 3세트	95
2	30kg(65%)×10, 3세트	25kg(55%)×10, 3세트	95
3	36kg(80%)×6, 2세트	32kg(70%)×6, 2세트	95
4	39kg(85%)×6, 2세트	34kg(75%)×6, 2세트	95
5	43kg(95%)×4, 2세트	36kg(80%)×4, 2세트	95
6	45kg(100%)×4, 1세트	39kg(85%)×4, 1세트	95

단계 2: 생체항상성 회복 프로그램 (kg 기준, 한 손 덤벨 무게)

단계 3: 135kg(300파운드)을 향해서

이렇게 6주간의 과도기를 거치면, 벤치 프레스로 얻은 근력은 유지되고 체중 조절 메커니즘이 재설정된다. 몸은 플랫 바벨 벤치 프레스 패턴을 잊은 상태가 되며, 이때 다시 바벨 벤치를 시작하면 가슴·어깨·삼두가 새 자극에 반응해 근력과 근육량이 함께 상승한다.

주차	파워 그립	와이드 그립	내로우 그립	체중(kg)
1	98kg(108%)×5, 4세트	84kg(93%)×5, 2세트	79kg(88%)×5, 2세트	96
2	102kg(113%)×5, 3세트	89kg(98%)×8, 2세트	84kg(93%)×5, 2세트	96
3	107kg(118%)×5, 2세트	93kg(103%)×5, 2세트	89kg(98%)×5, 2세트	97
4	111kg(123%)×5, 1세트	98kg(108%)×5, 2세트	93kg(103%)×5, 2세트	97
5	116kg(128%)×3, 4세트	102kg(113%)×3, 2세트	98kg(108%)×3, 2세트	98
6	120kg(133%)×3, 3세트	107kg(118%)×3, 2세트	102kg(113%)×3, 2세트	98
7	125kg(138%)×2, 2세트	111kg(123%)×2, 2세트	107kg(118%)×2, 2세트	99
8	129kg(143%)×2, 1세트	116kg(128%)×2, 2세트	111kg(123%)×2, 2세트	99
9	135kg(150%)×1		-	99

단계 3: 135kg(300파운드)을 향한 도전

위 프로그램을 단 한 번의 반복도 빠뜨리지 않고 완수할 수 있다면 당신 역시 6개월 만에 벤치 프레스에서 약 45kg을 추가로 들어 올릴 수 있다.

387kg 벤치 프레스: 준비자세와 테크닉

캘리포니아 새크라멘토의 슈퍼트레이닝 체육관을 운영하는 마크 벨(Mark Bell)은 체중 약 125kg임에도 벤치 프레스로 약 387kg을 들어 올린다.

세계 정상급 벤치 프레스 선수들은 경기장에서 곡예에 가까운 자세를 취한다. 두 발을 엉덩이 바로 아래나 머리 쪽으로 바짝 끌어당기고, 등을 극단적으로 활처럼 구부린다. 이렇게 하면 바를 밀어 올려야 할 거리가 짧아져 더 무거운 중량을 들 수 있다. 그러나 이 자세는 초보자는 물론 중급자에게도 부상 위험이 매우 크다.

마크는 이런 극단적인 방식 대신, 안정적인 브리지(stable bridge) 자세로 387kg을 들어 올린다. 당신이 벤치 프레스로 225kg 정도를 겨우 들어 올리는 수준이라 하더라도, 이 자세를 적용하지 못할 이유는 없다.

준비자세

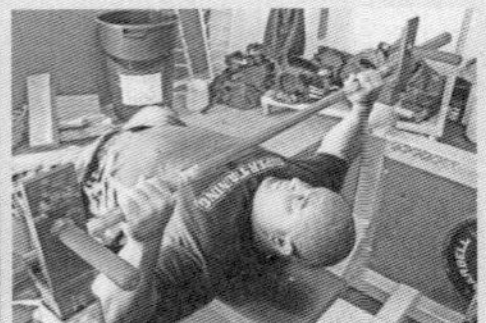
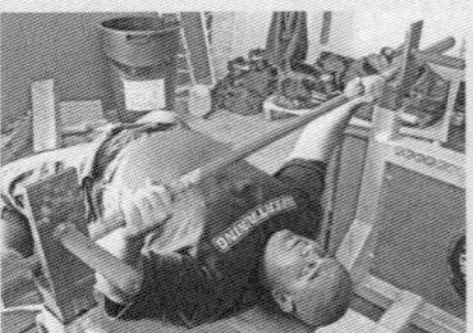

위에서 본 준비자세

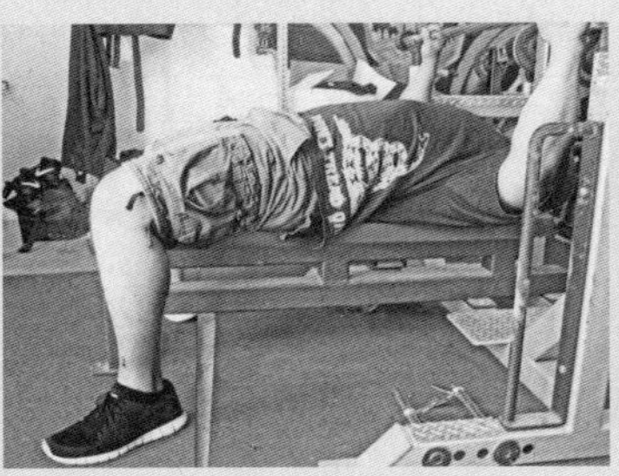
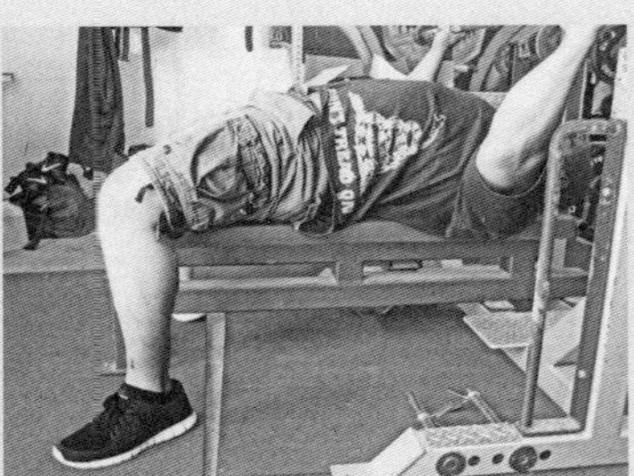

옆에서 본 준비 자세(전·후): 발꿈치가 무릎 바로 아래에 위치해 있는 점에 주목하라.

준비 자세와 테크닉 (단계별)

① 몸 세팅: 누워서 아치 만들기

　1. 벤치에 누운 뒤 머리의 절반 정도를 벤치 밖으로 내민다.

2. 파워 그립으로 바를 잡고, 가슴을 바 쪽으로 끌어올리며 어깨뼈를 최대한 모은다.

3. 엉덩이는 고정한 채, 등을 활처럼 휘며 어깨를 엉덩이 쪽으로 밀어낸다.

4. 다시 등을 벤치에 붙이며, 정수리가 벤치 끝에 정확히 닿도록 위치를 잡는다. (체격이 매우 큰 경우가 아니라면 어렵지 않다.) 이 자세는 어깨에 가장 안전한 포지션이다. 불편하게 느껴져도 정상이다.

② 하체 고정: 전신 긴장 만들기

5. 다리와 둔근은 끝까지 긴장시킨다. 발가락으로 운동화 앞쪽을 강하게 민다. 20초가 흐른 뒤에도 다리가 뻐근하지 않다면, 힘을 제대로 쏟지 않은 것이다.

③ 언랙 준비: 바를 받기 전 세팅

6. 이제 보조원에게서 바를 넘겨받을 차례. 프리 웨이트 벤치 프레스는 반드시 '함께' 하는 운동임을 잊지 마라.

7. 보조원은 데드리프트처럼 얼터네이팅 그립으로 바를 들어, 젖꼭지 바로 위 위치로 정확히 옮겨준다.

④ 하강 직전: 어깨 고정

8. 팔을 굽히기 전에, 로잉 머신을 당기듯 어깨를 아래로 끌어내린다. 팔을 덜 굽힐수록 안전하고, 더 무거운 중량을 다룰 수 있다.

팔을 굽히기 전, 어깨를 내린 모습: 두 사진에서 마크의 팔꿈치 높이를 비교하라. 바를 약 7~10cm 내렸지만 팔은 여전히 거의 곧게 뻗어 있다.

⑤ 하강과 밀어올리기

9. 바를 단단히 쥐고, 흉골 또는 복부에서 가장 높은 지점까지 내린다. 내려올수록 팔꿈치는 옆구리에 더 가깝게 붙인다.

10. 가장 짧은 거리로, 수직에 가깝게 바를 밀어 올린다. 만약 중량이 부담되면, 후반부에서 팔꿈치를 살짝 바깥으로 밀어 바를 랙에 걸면 된다. 이 동작이 팔을 끝까지 펴는 데 도움이 된다.

- The Bench Press Interviews (벤치 프레스 인터뷰): 체중만큼밖에 못 드는 사람과 체중의 두 배를 드는 사람은 무엇이 다를까? 두 배와 세 배의 차이는 어디에서 갈릴까? 데이브 테이트, 제이슨 페루지아, 마이크 로버트슨 등 파워리프팅계의 핵심 인물들과의 인터뷰를 통해 그 답을 찾는다. www.fourhourbody.com/bench

- *The Purposeful Primitive-Marty Gallagher* (『의도적인 원시성』): 보디빌딩, 파워리프팅, 체지방 연소를 아우르는 책 중 지난 5년간 읽은 것 가운데 최고였다. 도리언 예이츠, 에드 코언, 커크 카보스키 등의 생생한 사례가 담겨 있다.
www.fourhourbody.com/primitive

- *Powerlifting USA Magazine* (『파워리프팅 USA 매거진』): 파워리프팅을 진지하게 알고 싶다면 반드시 봐야 할 잡지. 벤치 프레스, 스쿼트, 데드리프트의 모든 기록이 집대성돼 있다. 스스로를 과대평가하고 있다면 '올해의 경기' 목록에 오른 대회를 직접 관람해보라. 괜히 허세를 부리기 어려워질 것이다.

10장. 잘하는 사람은 힘을 쓰지 않는다

물에 뜨지도 못하던 내가 바다를 건너게 된 이유

나는 피터팬이고 싶었다. 어른이 되고 싶지 않았다.
날 수는 없지만 수영은 하늘을 나는 것만큼 자유롭다.
수영은 조화와 균형이다. 물은 나에게 하늘이다.

클레이턴 존스_ 록웰 콜린스 사장 겸 CEO

수영은 늘 나를 위축시키는 운동이었다. 다른 종목에서는 전국 대회 우승도 했지만 물에서는 30초도 떠 있지 못했다. 수영을 못한다는 사실은 나를 늘 위축되게 만드는 뼈아픈 콤플렉스였다.

수영을 배우려는 시도만 해도 10번이 넘었다. 하지만 수영장을 한두 번 오가면 심박수는 분당 180을 넘겼고, 온몸이 녹초가 되어 더는 계속할 수 없었다. 늘 그 지점에서 포기했다.

그런 내가, 불과 열흘 만에 18미터 풀을 2~4세트, 총 40회 이상 왕복하게 됐다. 이후에는 바다에서 1km를 헤엄쳤고, 나중에는 2~3km까지도 수영했다. 이 모든 변화에 걸린 시간은 두 달이 채 되지 않았다.

여기서는 내가 반복된 실패 끝에 어떻게 이 전환을 이루었는지, 그리고 당신 도 같은 경험을 할 수 있는 방법을 이야기하려 한다.

2008년 1월 말, 한 친구가 새해 결심을 내놓았다. 내가 그해 바다에서 1km 를 수영하면 그는 1년 동안 커피를 포함한 모든 각성제를 끊겠다는 것이었다.

그는 수영 실력이 뛰어났고, 수영은 운동이 아니라 삶의 기술이라고 강조했다. 언젠가 아이를 갖게 되면 반드시 필요해지는 기본 능력이라는 말도 덧붙였다.

나는 그 도전을 받아들였다. 이후 온갖 방법을 시도했다. 수영 관련 '명저'라는 책들도 읽었지만 소용이 없었다. 킥보드는 몸을 싣는 것조차 어려워 금세 포기했고, 핸드 패들은 어깨 통증만 남겼다. 몇 달을 허비한 끝에, 나는 사실상 패배를 인정한 상태였다.

그러던 중 어느 바비큐 파티에서 크리스 사카Chris Sacca를 만났다. 구글의 전직 임원이자 당시 철인3종경기 훈련 중이던 그는 내 이야기를 듣자마자 이렇게 말했다.

"그 문제라면, 내가 해답을 알고 있어."

그 순간이 전환점이었다.

힘을 빼자 저항이 사라졌다: 완전잠영의 첫 체감

크리스가 소개한 것은 완전잠영Total Immersion, TI 수영법이었다. 미국의 수영 코치 테리 래플린Terry Laughlin이 개발한 방식이다. 나는 즉시 관련 서적과 자유형 DVD를 주문했다.

코치 없이 혼자 연습했지만 물의 저항이 절반 가까이 줄어드는 느낌이었다. 예전에는 18미터를 가는 데 스트로크를 25번 이상 했지만 네 번째 연습 때는 평균 11번이면 충분했다. 같은 스트로크 수로 두 배 이상을 나아간 셈이다. 힘은 덜 들었고, 물속에서 허둥대던 습관도 사라졌다. 수영 후에는 오히려 몸이 가벼웠다. 당시에도 믿기 어려웠고 지금도 여전히 놀랍다.

완전잠영을 시작하려면 책보다 DVD나 영상 자료를 먼저 보라. 영상 없이 글만으로는 동작을 이해하기 거의 불가능하다. 나 역시 책만 읽었을 때는 수평 자세도 잡지 못하고 좌절했지만 DVD를 본 뒤에는 발차기에 분명한 추진력이 생겼다.

수영은 힘의 문제가 아니었다. 자세와 효율의 문제였다.

수영을 다시 배우게 만든 8가지 원칙

내가 수영을 완전히 새롭게 배우는 데 결정적이었던 원칙들은 다음과 같다.

1. 힘이 아니라 자세가 전진을 만든다

적은 힘으로 나아가려면 팔과 다리에 힘을 주기보다 어깨 회전과 몸의 수평에 집중해야 한다. 몸이 곧게 유지될수록 저항은 줄고, 팔이나 발에 힘을 주면 흐름은 깨진다. "수영은 발차기가 중요하다"는 통념과 달리, 초보자에게 강한 발차기는 역효과다. 먼저 익혀야 할 것은 힘이 아니라 몸을 길게 유지해 미끄러지듯 전진하는 자세다.

2. 머리는 척추의 연장선에 둔다

몸을 수평으로 유지하되 머리는 척추와 일직선에 둔다. 고개를 들지 말고 수영장 바닥을 자연스럽게 내려다보는 시선을 유지하라. 팔은 수면 아래에서만 움직이고, 억지로 수면 위를 가르려 하지 말라. 신지 타케우치의 시범 영상을 보면 다리를 거의 쓰지 않고도 엉덩이 회전만으로 추진력을 얻는 모습을 확인할 수 있다. 이 기술 덕분에 나는 체력을 크게 아낄 수 있었다.

• www.fourhourbody.com/shinji-demo

3. 자유형은 '배'가 아니라 '옆구리'로 헤엄친다

완전잠영Total Immersion의 핵심은 몸을 좌우로 교대로 기울이며 최대한 길고 매끈한 유선형을 유지하는 것이다. 암벽등반에서 몸을 벽에 밀착시키듯, 수영 중에도 몸통을 리드미컬하게 회전시키면, 손끝이 닿는 거리는 마법처럼 늘어난다. 실제로 몸을 약간만 돌려도 손끝은 약 7~10cm 더 멀리 뻗는다. 스트로크 한 번마다 전진 거리가 늘어나니, 속도는 자연히 빨라진다.

다음 쪽은 완전잠영법의 창시자, 테리 래플린이 풀 스토로크full stroke 자세를 직접 시연한 모습이다. 다리를 최소한으로 움직이며 엉덩이와 몸을 돌리는 동작에 주목하라.

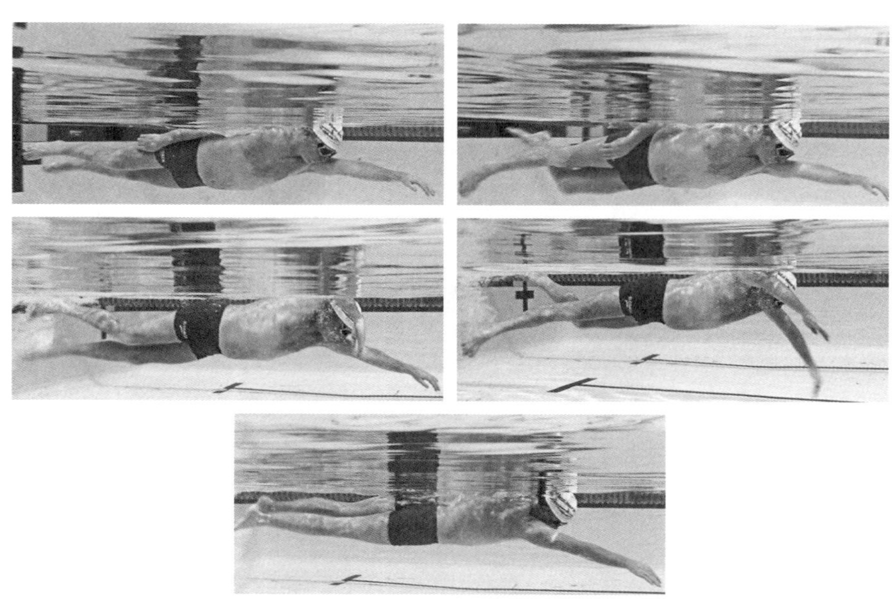

4. 팔은 생각보다 더 깊고 길게 뻗는다

손가락을 약간 아래로 향하게 한 뒤, 팔을 머리 아래쪽으로 길게 뻗으며 물을 가른다. 팔에 실리는 수압 덕분에 다리가 자연스럽게 뜨고, 저항이 줄어든다. 그래서 '아래로 미끄러지듯' 수영하는 느낌이 든다. 어깨를 억지로 들어 수면을 치지 말고, 몸의 회전으로 팔을 자연스럽게 입수시켜라.

다음 쪽의 위 사진은 팔을 짧고 얕게 쓰는 비효율적인 예다. 반면 두 번째 사진은 팔이 머리 쪽 가까이에서 입수해, 길게 앞으로 뻗어 나가는 올바른 동작을 보여준다.

5. 빠르게 많이 말고, 길고 적게

스트로크 속도를 높이기보다 스트로크 길이를 늘리는 것이 목표다. 한 번의 스트로크로 최대한 멀리 가고, 스트로크 횟수를 줄이는 데 집중하라.

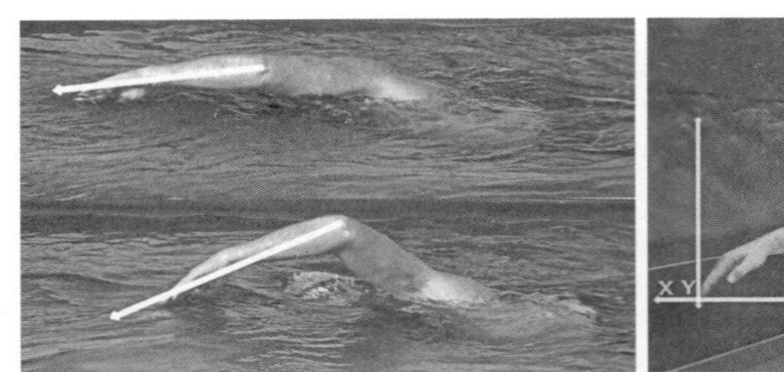

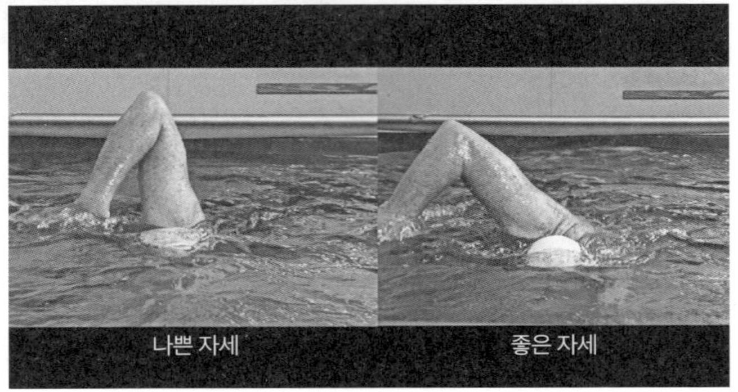

팔이 물에 들어가는 즉시, 비스듬히 아래쪽으로 길게 뻗어라.
어깨를 억지로 들어 수면을 치지 않도록 주의해야 한다. 어깨 회전이 제대로 이루
어지면, 이런 문제는 자연스럽게 사라진다.

6. 얼굴이 아니라 몸통으로 숨을 쉰다

호흡은 고개만 까딱이는 동작이 아니다. 몸통 전체를 열어라. 숨을 깊게 들이마실 때 옆구리 근육이 팽팽하게 당겨져야 정석이다. 손을 아무리 뻗어도 닿지 않는 선반 위의 과자 상자를 꺼내려 할 때의 느낌을 떠올리면 이해가 쉽다. 이렇게 몸통을 함께 돌리면 머리가 수면에 자연스럽게 가까워지고, 호흡도 훨씬 편해진다.

철인3종경기 선수들은 숨이 가빠져 체내 산소가 부족해지는 상황을 피하기 위해 몸통을 거의 등 쪽까지 돌려 얼굴을 하늘로 향하게 하기도 한다. 이는 철인 세계 챔피언을 6차례나 차지한 데이브 스콧의 조언이기도 하다.

다음을 참고하라. www.fourhourbody.com/extend-air

처음에는 2번 스트로크에 1번 호흡, 익숙해지면 3번 스트로크에 1번 호흡으

로 바꾼다. 중요한 점은 얼굴이 물속에 있을 때 숨을 완전히 내뱉는 것이다. 그렇지 않으면 물 밖에서 숨을 급하게 처리하게 되고 쉽게 지친다.

당신의 손을 쳐다보라.

7. '핸드 스와핑'으로 모든 원칙을 묶는다

이전 여러 원칙을 수영하면서 동시에 의식하기는 어렵다. 그래서 효과적인 훈련이 핸드 스와핑이다. 앞팔은 물속에서 길게 뻗은 채, 마치 멈춰버린 시간을 붙잡는 느낌으로 기다려라. 그 사이 뒤쪽 팔이 조용히 앞으로 돌아와, 앞팔의 손목 근처로 미끄러지듯 물속에 들어올 때까지 기다린다.

이 한 가지 리듬만 지켜도 몸은 자연스럽게 옆구리로 회전하고, 스트로크는 길어지며, 따로 의식하지 않아도 전사분면 영법(front quadrant swimming, 두 팔이 몸의 앞쪽에 동시에 존재하는 순간을 유지하는 수영 방식)이 구현된다.

이 연습 덕분에 나는 같은 거리(약 18~20미터)를 스트로크 3~4회 적게 헤엄칠 수 있었다.

8. 운동이 아니라 '기술 학습'으로 접근하라

완전잠영은 체력을 소모하는 운동이 아니라 신경계를 다시 학습시키는 기술 훈련이다. 동작이 어색하고 불편하다면 제대로 된 기술을 쓰고 있지 않다는 신호다. 무리해서 계속하지 말고, 멈춰서 자세를 다시 점검하라.

수영을 지속시키는 최소 세팅

결심을 유지하려면 장비와 환경이 중요하다.

1. **헐렁한 반바지는 금물.** 헐렁한 수영복은 물속에서 낙하산을 단 것과 같은 저항을 만든다. 몸에 밀착되는 삼각 수영복이 훨씬 효율적이다.
2. **물안경은 타협하지 마라.** 나는 웬만한 물안경은 거의 다 써봤다. 염소 소독된 수영장 물이 눈을 자극하는 걸 견딜 수 없어서, 대부분의 제품에서 끈을 최대치로 다시 조여야만 했다. 그렇지 않으면 물이 새어 들어와 눈이 따갑고 시야도 흐려졌다. 요즘은 아쿠아 스피어 카이만 물안경Aqua Sphere Kaiman Swim Goggle만 사용한다. 밀폐력이 거의 완벽하고, 벗지 않은 상태에서도 끈 조절이 가능해 사용이 매우 편하다. 무엇보다 물이 전혀 스며들지 않는다. '최고의 물안경'이라는 평가가 과장이 아니며 앞으로도 계속 사용할 유일한 제품이다.
3. **짧고 얕은 수영장에서 시작하라.** 처음에는 수심 1.2미터 이하, 길이 약 18~20미터의 짧은 수영장이 이상적이다.
   나는 이 거리에서 기술을 익힌 뒤, 점차 25미터 수영장, 이후에야 50미터(올림픽 규격) 수영장으로 옮겼다. 기술이 안정되기 전에는 거리보다 동작의 질이 우선이다.

두려움이 사라지자 수영은 명상이 되었다

이런 말을 하게 될 줄은 정말 몰랐지만 이제 나는 수영을 좋아한다.

한때는 수영을 지독히 싫어했고, 그 기억을 떠올리면 지금도 스스로가 낯설다. 하지만 이제는 틈만 나면 수영장으로 향한다. 수영은 움직이며 하는 명상에 가깝다. 2시간 넘게 수영하고도 다시 물에 들어가고 싶다는 생각이 들 정도였다. 그 변화는 지금 생각해도 믿기 어렵다.

바다에서 1km를 수영하겠다는 약속은 어떻게 됐을까? 2008년이 끝날 때까지 결국 실행하지는 못했다. 카리브해의 보네르섬을 꿈꿨지만 여건이 허락하지 않았다. 다행히 그 친구는 너그러이 이해해주었다.

그러다 고향인 롱아일랜드에서 가족과 친구들과 함께 생일을 보냈다. 어느 날 새벽, 나는 유난히 일찍 일어나 해변으로 나갔다. 파도는 거칠었지만 마음은 고요했다. 한참 바다를 바라보다가 안전초소로 향했다.

"저 빨간 지붕까지 얼마나 됩니까?"

"거의 1마일쯤 됩니다."

나는 고개를 끄덕이고 그 집을 향해 걸었다. 약 20분 후, 그 앞에서 멈춰 카이만 물안경을 쓰고 깊게 숨을 들이마셨다. 그리고 바다로 몸을 던졌다.

해변에서 약 30미터 떨어진 지점에서, 해안을 따라 혼자서 1마일을 헤엄쳤다. 세 번 스트로크마다 좌우로 번갈아 숨을 쉬며, 거의 선(禪)에 가까운 상태로 물을 가르며 나아갔다. 묘한 평온이 찾아왔다.

안전초소를 지나 약 180미터를 더 헤엄친 뒤 물에서 나왔다. 피로도, 불안도 없었다. 스스로에게 가능성을 증명했다는 사실이 무엇보다 기뻤다. 모래사장을 걸어 나오며 온몸에 생기가 차오르는 걸 느꼈다. 그 순간만큼은 세상을 다 가진 기분이었다. 내면을 짓누르던 오래된 공포 하나가 마침내 자취를 감췄다. 그리고 그 불안은 다시는 돌아오지 않았다.

그 감정을 말로 온전히 옮기기는 어렵다. 당신이 내면의 두려움을 극복하고 싶든, 철인경기에 도전하고 싶든, 완전잠영TI을 강력히 권한다. TI는 내가 경험한 훈련법 중 가장 빠르고 확실한 변화를 안겨준 방법이었다.

TI로 수영을 즐겨라. 아래는 실제로 TI를 시도한 사람들이 보내온 이야기다. 이 글들을 읽고 나면, 당신도 당장 물안경을 챙기고 싶어질 것이다.

발신: 로키

… 수영장에서 TI를 시도해봤습니다. 두 바퀴도 버거웠던 제가 이틀 만에 25바퀴를 왕복했습니다. 인생에서 경외감을 준 세 가지를 꼽으라면, TI는 반드시 그 안에 들어갑니다.

발신: 디에고

… 나는 평생 물을 두려워했습니다. 하지만 마침내 그 공포를 넘었습니다. 한 달 전까지만 해도 물에 떠 있으려 애쓰며 싸우고 있었죠. 마지막 수단으로 TI 를 시작했고, 책과 영상을 반복해 보며 연습했습니다.

불과 한 달 만에 수영장에서 2.5km를 쉬지 않고 헤엄쳤고, 오늘은 4km를 채 웠습니다. 철인경기에 도전하겠다는 평생의 꿈도 이제 현실이 되었습니다. 진 심으로 감사드립니다.

참고자료

- Total Immersion: Freestyle Made Easy (토털 이머전: 프리스타일 메이드 이지, DVD): 이 DVD 덕분에 나는 수영 공포를 완전히 극복했다. 수영장 한 바퀴도 버거웠던 내 가, 단 열흘 만에 수십 번을 왕복하는 기적을 경험했다. www.fourhourbody.com/ immersion
- Aqua Sphere Kaiman Goggles (아쿠아 스피어 카이만 물안경): 수많은 제품을 써본 끝 에 선택한 물안경. 실내·야외 모두에서 사용하는 유일한 장비다. www.fourhourbody.com/kaiman
- Total Immersion 자유형 데모-신지 타케우치: 힘을 빼고 수영하는 것이 무엇인지 가장 잘 보여주는 영상 www.fourhourbody.com/shinji
- Swimmers Guide (스위머스 가이드): 전 세계 수영장을 찾을 수 있는 사이트. 수영장 에 갈 땐 물안경을 꼭 챙기자. www.swimmersguide.com

모두가 보던 스윙에서,
아무도 보지 못한 차이

위대한 타자는 신만이 만들 수 있다.

화이티 록맨_ 선수·감독·사무총장으로 메이저리그에서 60년을 보낸 야구인

발견이란 누구나 보는 것을 보되,
누구도 생각하지 못한 것을 떠올리는 일이다.

앨버트 센트 죄르지_ 비타민 C 발견으로 노벨 생리학상 수상

"농담이시죠?"

우리가 호텔을 잘못 찾아간 게 분명했다. 평소라면 웃고 넘길 일이었겠지만 그날 밤의 뉴욕은 상황이 달랐다. 매서운 눈보라가 몰아치고 있었다. 택시는 씨가 말랐다. 간혹 보이는 빈 택시조차 눈을 잔뜩 뒤집어쓴 채 제자리에서 미끄러지며 헛돌 뿐이었다.

그 전에 하이메는 물었다. "호텔까지 택시를 타고 가는 게 낫지 않을까요?" 맨해튼 피어 40에서 택시를 잡겠다고? 눈보라로 마비된 토요일 밤의 뉴욕에서 그건 거의 불가능한 일이었다. 결국 우리는 걷기 시작했다.

에버라스트Everlast와의 데이트는 끝이 없어 보였다. 나는 무게 약 36kg짜리 권투 샌드백을 어깨에 메고, 진창이 된 타임스퀘어를 가로질렀다. 발을 내딛을 때마다 신발 밑에서 질척이는 소리가 났고, 어깨는 점점 묵직해졌다. 행인들의 시선이 느껴졌지만 멈출 생각은 없었다. 그런데도 이상하게 걱정은 되지 않았다. 오히려 난생처음 베이브 루스가 된 기분이었다.

홈런은 우연이 아니다

하이메 세바요스Jaime Cevallos는 평범한 사람이 아니었다. 어릴 적부터 남달 랐다. 친구들이 졸업 파티나 별장 모임에 몰려다닐 때 그는 집 앞마당에서 야구 공을 쳐서 나뭇가지에 매단 타이어 구멍을 통과시키는 연습에 몰두했다. 모든 결과를 기록했고, 변수를 바꿨으며, 변화 결과를 다시 기록했다.

이제 메이저리그 선수들은 그의 데이터를 보기 위해 지갑을 연다. 하이메가 핵심 지표를 끌어올리는 방법을 찾아냈기 때문이다. 그중 하나가 바로 장타율 s_ugging percentage이다. 장타율은 타자의 생산성을 평가하는 핵심 지표로, 총 루 타 수를 타수로 나눈 값이다. 장타율이 높을수록 강력한 타자다. 장타율을 끌 어올리는 일은 타자에게 무엇보다 중요하다. 이 분야의 '레인맨'은 단연 베이브 루스였다. 그의 1921년 기록은 2001년에야 배리 본즈에 의해 깨졌다.

하이메를 만나기 전, 벤 조브리스트는 303타수에서 홈런 3개, 장타율 0.259 에 그쳤다. 하지만 코치를 받은 뒤 309타수에서는 홈런 17개, 장타율 0.520으 로 급등했다. 2009년 시즌, 그는 타율 0.297에 27홈런을 기록하며 탬파베이 레 이스의 팀 MVP가 됐다.

타수는 비슷한데 홈런이 3개에서 27개로 늘었다. 메이저리그에서도 전례를 찾기 힘든 변화였다. 그렇다면 정말 신만이 위대한 타자를 만드는 걸까? 아니 면 남들이 보지 못한 것을 하이메가 봤던 걸까?

불가능하다고 여겨졌던 것을, 45분 만에 증명하다

세상 모든 스포츠 중에서 야구공을 정확히 맞히는 타격이 가장 어렵다.

테드 윌리엄스

하이메 세바요스는 이 '불가능한 과제'를 평생의 사명으로 삼았다. 이 기사 한 편이 우리를 눈보라 속으로 몰아넣은 이유였다. 나는 그 기사를 읽고 하이메에게 제안했다. "당신의 방법을, 아무것도 모르는 백지 상태에서 증명해줄 수 있습니까?"

그 백지는 다름 아닌 나였다. 하이메는 텍사스 댈러스에서 뉴욕으로 날아왔다. 샌드백을 포함한 장비를 한가득 내려놓고, 피어 40의 배팅 케이지에 자리를 잡았다. 스피드건, 비디오카메라, 노트북, 송진을 바른 배트들이 늘어섰다.

연습은 단순했다. 투구 변수를 제거하기 위해, 높이 약 82cm의 티T 위에 올려둔 공을 정확히 타격하는 것. 옆 건물에서는 도미니카 출신 프로 선수들이 카드놀이를 하며 살사 음악을 틀어놓고 있었다. 45분간의 집중적인 자세 교정 끝에 측정한 타구 속도는 놀라움 그 자체였다.

- 코치 전 평균 타구 속도: 약 92km/h
- 1차 코치 후 평균: 약 105km/h
- 2차 코치 후 평균: 약 113km/h

마크 맥과이어와 비교할 수준은 아니었지만 타구 속도가 약 92km/h에서 113km/h로 상승했다는 건 곧 비거리의 비약적 증가를 의미했다. 공을 약 45도 각도로 맞췄을 때를 가정하면 시속 92km일 때 비거리 약 48미터, 시속 113km일 때 비거리 약 65미터로, 불과 45분 만에 비거리가 35% 이상 늘어난 셈이다.

이제부터 우리가 그 짧은 시간 동안 집중적으로 훈련한 핵심 원리와 연습법을 하나씩 살펴보자.

타격의 비밀은 '각'에 있다

세 단계 과정

1) 쿠션Cushion

포워드 스윙에 들어가기 직전, 앞꿈치가 지면을 디디는 순간 형성되는 준비 동작이 '쿠션'이다. 이때 핵심은 어깨와 히프 사이에 최적의 토크(회전축을 중심

으로 회전시키는 힘―옮긴이)가 형성되도록 각을 유지
하는 것이다. 하이메는 이 각을 'S각'Angle S이라 불
렀고, 이상적인 값은 약 25도다.

느린 공(커브, 체인지업, 너클볼처럼 패스트볼보다 속
도가 현저히 낮은 공)을 상대할 때는 이 S각을 약간 늘
려 판단 시간을 벌 수 있다. 투수가 느린 공을 던지
는 이유는 단순하다. 타자의 앞어깨를 먼저 열게 만들어 히프
와 어깨 사이의 토크를 무너뜨리려는 것이다. 결국 투수와 타
자의 대결은 속도의 싸움이 아니라 자세의 전쟁이다. 투수의
역할은 스트라이크를 던지는 것, 동시에 타자의 평정심과 자
세를 무너뜨리는 데 있다.

베이브 루스의
'슬롯' 자세

2) 슬롯Slot

올바른 슬롯 자세는 두 가지 조건으로 정의된다.

첫째, 뒷팔의 팔꿈치를 옆구리까지 충분히 끌어내린다.

둘째, 척추각spine angle은 수직에 가깝게 유지한다.

이 자세가 중요한 이유는 간단하
다. 팔의 힘이 아니라 더 강한 다리와
히프의 힘이 팔을 통해 채찍처럼 전
달되기 때문이다. 슬롯은 단순한 폼
이 아니라 운동역학적으로 가장 효
율적인 힘의 경로다. 사진에서 보듯,
벤 조브리스트는 하이메의 코치를
받은 뒤 슬롯 자세가 눈에 띄게 개선
됐다. 그 결과는 명확했다.

벤 조브리스트 전, 후

코치 이전에는 101타수당 홈런 1개, 이후에는 18타수당 홈런 1개. 2009년
그는 올스타에 선정됐고, 탬파베이 레이스의 팀 MVP가 됐다.

3) 임팩트 포지션Impact Position

임팩트 포지션은 배트와 공이 만나는 단 한 순간이며, 타자의 능력이 압축적
으로 드러나는 지점이다. 이 포지션은 두 가지 각으로 설명된다.

- E각: 위팔과 팔뚝 사이의 각. 작을수록 좋다. 목표는 약 80도.
- W각: 손목과 배트 사이의 각. 클수록 좋다. 목표는 180도.

임팩트의 질은 이 두 각이 만들어내는 조합으로 결정된다. 이를 수치로 정리
한 것이 바로 CSRCevallos Swing Rating이다.

$$CSR = 3 \times (180-E) + W$$

CSR은 단순한 공식이 아니다. 임팩트 순간의 효율과, 그 타자가 얼마나 꾸
준한 성적을 낼 수 있는지를 함께 보여주는 지표다.

CSR 값이 높으면 두 가지 점에서
이득이다.

첫째, 스윙 범위가 좁아진다. 슬롯
자세에서 팔꿈치가 몸 안쪽에 유지되
면, 배트는 자연스럽게 상체 가까이에
서 움직인다. 그 결과 스트라이크 존을
벗어난 공에는 물리적으로 배트를 내
밀기 어렵다. 이는 곧 선구안의 향상으

올바른 임팩트(왼쪽)과 나쁜 임팩트(오른쪽).
E각은 작고 W각이 커야 한다.

로 이어진다. 권투에서 초보자가 턱을 가슴 쪽으로 붙여 KO를 피하려는 것과
비슷하다. 타자가 팔꿈치를 스트라이크 존 안에 유지하면 나쁜 공에 속아 삼진
을 당할 확률이 크게 줄어든다.

둘째, 임팩트가 더 '뒤'에서 일어난다. CSR이 높을수록 공과 배트가 만나는
지점은 포수 쪽, 즉 더 뒤쪽에서 형성된다. 이는 스윙 직전까지 투수의 공을 판
단할 수 있는 시간을 벌어준다는 뜻이다. 하이메의 표현을 빌리면, "CSR은 힘

의 크기를 뜻하는 수치가 아니다. 꾸준한 성적의 지표다." 뒷팔이 수동적으로 따라오고, 몸통이 배트를 일찍 히팅존으로 데려가며, 배트가 히팅존에 오래 머물 수 있기 때문이다. 그 결과 임팩트 영역AOI이 길어진다.

CSR로 살펴본 전과 후: 전 265 vs 후 345.

CSR의 군주, 베이브 루스

	CSR	SLG	OPS
베이브 루스	463	.690	1.1638
테드 윌리엄스	429	.634	1.1155
행크 아론	422	.555	.928
앨버트 벨	393	.564	.933
하먼 킬러브루	386	.509	.884
버니 윌리엄스	381	.477	.858
웨이드 보그스	354	.443	.858
토니 그윈	321	.459	.847
피트 로즈	318	.409	.784
돈 매팅리	313	.471	.830
리키 핸더슨	296	.419	.820

* CSR은 장타율(SLG)과 밀접한 관계를 맺는다. SLG가 타자의 순수한 장타력을 보여준다면 OPS(출루율+장타율)는 힘과 꾸준함을 함께 평가하는 지표다. CSR 상위 타자들이 왜 역사적 타자인지는 숫자가 말해준다. 베이브 루스, 테드 윌리엄스, 행크 아론—이들은 모두 각을 지배한 타자들이었다.

데릭 지터처럼 앞팔을 가슴에서 다소 떨어뜨려 CSR을 높이는 방식도 있다. 이는 파괴력 대신 안정성과 꾸준함을 선택하는 전략이다. 반대로 앞팔을 가슴 쪽으로 바짝 끌어당기면 상체 질량이 더 직접적으로 배트에 전달되어, 더 큰 힘을 만들어낼 수 있다.

임팩트 영역(AOI)

긴 AOI: 올바른 자세

짧은 AOI: 나쁜 자세

실전을 위한 상급 개념

앞에서 본 것처럼 임팩트 영역AOI은 올바른 자세와 그렇지 않은 자세의 차이를 가장 분명하게 보여준다. AOI는 타자가 얼마나 꾸준한 성적을 낼 수 있는지를 가늠하는 핵심 지표다. 쉽게 말해, 배트가 히팅존에 머무는 시간을 뜻한다. 슬롯 자세가 안정되고 CSR이 높을수록 AOI는 길어진다. AOI가 길면, 공의 스피드를 완벽하게 읽지 못하더라도 맞힐 확률 자체가 올라간다. 이것이 '꾸준함'의 정체다.

L각Angle L은 배트 래그bat lag가 만들어지는 각도다. 배트를 상체 뒤쪽에 두고, 손목을 약간 잡아당겨 배트 헤드가 척추 쪽을 향하도록 만들면 배트 래그 자세가 된다. L각이 클수록 배트를 히팅존으로 끌고 오는 데 시간이 더 걸리고, L각이 작을수록 배트 스피드는 빨라진다. 쉽게 말해 L각은 스윙 전에 저장해두는 탄성이다. 얼마나 효율적으로 풀어내느냐가 타격의 질을 결정한다.

L각

중요한 점은 타이밍이다. 슬롯 자세가 만들어진 상태에서 가능한 한 이른 시점에 L각을 확보해야 한다. 배트가 히팅존을 통과할 때까지도 배트 래그를 늦게 잡고 있으면, AOI는 짧아질 수밖에 없다.

이제는 연습이다

임팩트 포지션을 몸에 각인시키는 가장 좋은 방법은 단순하다. 임팩트 백(스탠드형 샌드백)을 치고, 임팩트 순간에 멈춰 자세를 점검하는 것이다. 이 훈련을 약 10분간 반복한다.

그다음, T형 기둥에 공을 올려놓고 같은 동작으로 배트를 휘두른다. 나는 이 훈련 하나만으로 교정을 받았다. 효과는 즉각적이었다. 단 한 번의 조정이 오랜 습관을 뒤집었다. CSR과 관련된 생체역학은, 평범한 타자를 MVP급 타자로 끌어올리는 견인차다.

신이 위대한 타자를 낳는다면 과학은 위대한 타자를 만들어가는 도구를 우리 손에 쥐여준다. 재능은 출발점이지만 메커니즘은 도착점을 바꾼다. 타고난 것을 탓하기 전에 움직임의 원리를 먼저 이해하라.

앞발을 내딛을 때 발끝과 무릎이 정면을 향하는지를 확인하라. 오른손 타자의 경우, 발끝은 정면(12시)보다 약간 안쪽, 10시 방향을 가리키는 것이 이상적이다. 이 각도에서 히프가 더 크게 열리며 토크가 극대화된다.

몸이 뒤로 젖혀지는 것을 막기 위해, 왼쪽 어깨를 왼쪽 귀에서 떼어내는 느낌을 유지했다. 이렇게 해야 척추가 지면과 수직을 유지할 수 있다.

임팩트 순간, 왼쪽 다리를 강하게 펴면서 오른쪽 히프를 전방으로 밀어낸다. 이때 배트 스피드는 최고점에 도달하고, 임팩트 백을 때리는 소리도 확연히 커진다. 이 동작을 반복하면 배트 스피드는 분명히 빨라진다. 대신 다음 날, 지독한 근육통은 각오해야 한다.

- Impact Bag Drill in Motion (임팩트 백 훈련 실제 영상): 하이메와 내가 임팩트 백으로 훈련하는 실제 영상. 시작과 끝을 비교하면 변화가 분명하다.
www.fourhourbody.com/impact

- Jaime Cevallos Business Case (하이메 세바요스 비즈니스 사례): 시간당 최저임금(7달러)을 받던 하이메가 어떻게 메이저리그 MVP급 선수들의 코치로 성장했는지를 보여주는 사례다. 그는 내가 쓴『나는 4시간만 일한다』를 성공의 매뉴얼로 삼아 자신의 전략을 구축했다. 이 블로그 포스트에는 하이메가 메이저리거들에게 접근한 과정부터, 결국 ESPN The Magazine을 비롯한 주요 미디어의 주목을 받기까지의 여정이 구체적으로 담겨 있다. www.fourhourbody.com/cevallos

- MP30 Training Bat (MP30 트레이닝 배트): 최근 메이저리그 선수들이 훈련용 배트로 즐겨 사용하는 장비다. 이상적인 슬롯 자세를 유지한 채 스윙에 힘을 효율적으로 싣는 감각을 몸에 익히도록 설계되었다. www.theswingmechanic.com

- Sports Radar Gun (스포츠 레이더 건 / 속도 측정기): 레이저를 이용해 투구와 스윙은 물론, 자동차 등 다양한 대상의 속도를 정밀하게 측정할 수 있는 장비다.
www.fourhourbody.com/radar

- *Moneyball: The Art of Winning an Unfair Game* by Michael Lewis (『머니볼: 불공정한 게임에서 이기는 법』): 이 책에서 마이클 루이스는 오클랜드 애슬레틱스가 2002년 메이저리그에서 최저 수준의 연봉으로 놀라운 승률을 거둔 비결을 흥미롭게 풀어낸다. 당시 단장이었던 빌리 빈은 주관적 스카우트보다 객관적·과학적 분석을 신뢰했고, 통계학자들을 고용해 그동안 간과되던 지표를 바탕으로 저평가된 선수들을 발굴했다. 야구에 큰 관심이 없는 독자도 충분히 재미있게 읽을 수 있는 책이다.
www.fourhourbody.com/moneyball

11장. 장수의 함정: 행복을 희생하지 않고 오래 살기

01

영원히 살 수 있을까

생물학에서는 죽음의 필연성을 가리키는
증거가 아직 발견되지 않았다.
리처드 파인만_ 1965년 노벨 물리학상 공동 수상자

정말 소중한 것은 삶 자체가 아니라 행복한 삶이다.
소크라테스

수명 연장이라는 거창한 주제를 다룬 글 중 가장 짧고 명쾌한 글이 될 것이다. 여느 장수 논의가 그렇듯, 이야기의 출발점은 캔토와 오웬이라는 두 마리 원숭이다. 위스컨신 대학교 연구실에서 사는 이 붉은원숭이들은 단 한 가지를 제외하면 거의 모든 조건이 같다. 차이는 캔토가 소식(小食)을 한다는 점뿐이다.

정확히 말하면 캔토는 정상 섭취량보다 30% 적게 먹는다. 그는 20년째, 웨이트 워처스(Weight Watchers, 다이어트 제품과 프로그램을 제공하는 다국적 기업—옮긴이) 프로그램을 따르는 사람들처럼 반(牛)금식 집단에 속해 있다. 반면 오웬은 대조군으로, 원하는 것은 무엇이든 마음껏 먹는다. 20년이 넘는 실험 결과는 분명하다. '마음껏 먹는' 집단의 37%가 노화 관련 질환으로 사망한 반면 섭취량을 제한한 집단의 사망률은 거의 3분의 2나 낮았다.

그러니 치즈케이크 팩토리의 저녁 예약은 당장 취소해야 할까? 앞으로 영원히 저녁식사와 작별해야 할까? 잠깐, 소식만이 장수의 해답일까. 다른 시각은 없을까. 로저 코언은 『뉴욕타임스』 기고문 「삶의 의미」에서, 의사였던 아버지가 평생 비비원숭이를 연구했다는 사실을 언급하며 냉정한 관찰을 내놓았다.

그 일부를 인용해보자.

> 소식하는 캔토는 여위고 지쳐 보였다. 바싹 마른 몸, 반쯤 벌어진 입, 생기 없
> 는 눈동자. 그의 얼굴은 "제발 … 씨앗만 먹기는 싫어요!"라고 절규하는 듯했
> 다. 반면 통통한 오웬은 행복해 보였다. 반짝이는 눈빛, 윤기 나는 피부, 느긋
> 한 태도까지.
> 지방이 적절히 섞인 스테이크를 먹은 사람과 퍽퍽한 안심만 먹은 사람의 차
> 이일까. 브리 치즈를 곁들여 최고급 생테밀리옹 포도주를 마신 사람과 그저
> 맹물만 마신 사람의 차이일까. 『리어왕』에서 에드가가 말했듯 "때가 올 때를
> 기다려야 한다"면 아침마다 사과껍질만 먹는 사람에게 그때는 오지 않을지도
> 모른다.
> 수명을 늘리는 데만 매몰되어 삶의 질을 놓치는 순간, 우리는 영혼 없는 장생
> 의 늪에 빠지게 된다. 나는 120살까지 살고 싶은 욕망이 없다. 캔토는 자신의
> 삶에서 하루라도 빨리 벗어나고 싶어 보인다. 노화는 여전히 수수께끼지만 한
> 가지는 장담할 수 있다. 행복한 오웬이 불쌍한 캔토보다 오래 살 가능성이 크
> 다. 웃음이야말로 장수의 비결이다. 억지 절제가 지배하는 세상에는 웃음이
> 없다. 마지막에 웃을 쪽은 오웬일 것이다.

적어도 벌레의 세계에서는, 정자 생산이 수컷의 수명을 단축한다는 사실이
밝혀졌다. 애리조나 대학교의 웨인 반 포르히스 박사는 선충이 교미를 하면 수
명이 줄어든다는 점을 확인했다. 짝짓기를 하지 않은 선충은 평균 11.1일을 살
았지만 교미한 선충은 8.1일밖에 살지 못했다. 손자들이 크는 모습을 보지도 못
했고, 세인트 앤드루스에서 골프를 즐길 기회도 없었다. 피로에 지친 '음낭'의
서글픈 운명이다.

위스컨신 대학교의 필립 앤더슨 박사는 선충의 유전자와 생화학적 과정이
인간을 포함한 다른 동물과 동일하다고 덧붙였다. 『뉴욕타임스』는 이를 바탕
으로, 끝없는 정자 생산이 신진대사에 부담을 주며 남성의 수명을 단축할 수 있
고, 남녀 평균 수명 차이와도 관련이 있을지 모른다고 보도했다.

그렇다면 이제부터 모든 성적 활동을 중단해야 할까. 불필요한 전투를 피하면 37% 더 오래 살 수 있을까. 논리를 끝까지 밀어붙이면 위험을 원천 봉쇄하려 집 안에만 틀어박혀 여행과 만남을 포기하는 삶이 과연 무슨 의미가 있겠는가. 공기와 물, 단백질이 든 오트밀, 적당한 집만 있으면 충분하다. 그렇게 산다면 '길쭉한 똥 같은 장수'는 가능할지도 모른다.

하지만 당신이 자유롭고 재미있는 삶을 원한다면 질문은 달라진다. "어떤 대가를 치르더라도 오래 사는 법"이 아니라 "삶의 질을 해치지 않으면서 수명을 늘리는 법"이다.

내가 생각하는 장수의 기본 조건은 간단하다. 잘 먹고, 마시고, 즐겁게 사는 것. 많은 웃음과 맛있는 음식이 결국 실험실의 이론을 무너뜨릴 것이라 믿는다. 여기에 더해 거의 불편이 없고 과학 문헌에서 인간에게 효과가 입증된 요법을 보충한다면 더 좋을 것이다.

다만 요법 선택에는 윤리적 기준이 필요하다. 예컨대 일부 과학자들은 임신이 융모생식샘자극호르몬HCG 호르몬 덕분에 유방암 위험을 크게 낮춘다고 말한다. 그렇다고 수명 연장을 위해 20세 이전의 임신을 선택해야 할까. 또 다른 생명이 개입되는 문제인 만큼, 이 방법은 선택지에서 제외된다.

장수 요법으로 흔히 거론되는 것은 레스베라트롤, 면역억제제 라파마이신, 알츠하이머 백신, 줄기세포 요법 등이다. 이들을 적절히 결합하면 200세까지 살 수 있을지도 모른다. 그러나 나는 이 조건들을 받아들이지 않는다.

이유는 간단하다. 장기 임상시험을 거치지 않은 범용 요법은 예측 불가능한 부작용으로 오히려 생명을 해칠 수 있기 때문이다. 레스베라트롤은 많은 생물에서 수명 연장 효과를 보였지만 에스트로겐 수용체에 영향을 미친다. 장기 복용 시 대사나 호르몬 순환을 교란할 가능성을 배제할 수 없다. 다른 예로 TA-65와 같은 텔로머레이스 활성제telomerase activator는 '말단소체', 즉 텔로미어telomere라 불리는 염색체의 카운트다운 시계를 연장하는 물질로 알려져 있다. TA-65를 복용하는 데는 연간 약 1만 5,000달러가 든다. 그러나 세포 복제가 활성화되면, 위험한 암종양 역시 함께 성장할 가능성이 커지지 않을까. 이는 충분히 우려할 만한 문제다. 현재의 기술 수준으로는 세포 복제를 촉진하면서 동시에 암종양의 성장을 억제하는 것은 불가능하다. 이런 이유로 나는 TA-65 역시 수명 연장을 위한 적절한 요법이라고 생각하지 않는다.

그렇다면 범용 요법이 아닌 대안은 무엇일까. 재생의학 약물을 동네 마트에서 살 수 있는 날이 오기 전까지 선택지는 많지 않다. 그래서 나는 비용이 적고 위험이 거의 없는 몇 가지 방법을 사용하고 있다. 첨단의학과는 거리가 멀지만 운동 효과와 신체 조성 개선에 도움이 되며, 나중에야 수명 연장과의 관련성이 밝혀진 방법들이다.

크레아틴 모노하이드레이트 5~10그램(비용: 월 20달러)

1993년 상용화된 이후, 크레아틴 모노하이드레이트creatine monohydrate는 주로 근력 운동 선수들이 사용해왔다. 그런데 최근에는 알츠하이머병, 파킨슨병, 헌팅턴병의 진행을 억제하거나 예방하는 효과가 있는 것으로 밝혀졌다. 크레아틴과 인체의 관계는 약 20년 전부터 연구되어 왔다.

내 경우 친가와 외가 모두에 알츠하이머병과 파킨슨병 환자가 있어, 크레아틴은 저비용의 보험과도 같다. 그래서 나는 두 달에 한 번, 2주 연속으로 분말 형태의 크레아틴을 매일 5~10g 복용한다. 이 요법을 고려한다면 먼저 혈액검사를 통해 간효소 수치와 혈액요소질소BUN 등 신장 관련 지표를 점검하기 바란다. 심각한 부작용은 거의 보고되지 않았지만 예방보다 중요한 것은 없다. 수명 연장에서도 마찬가지다.

주기적인 금식과 단백질 순환(비용: 없음)

만약 불쌍한 캔토가 지속적인 소식 대신, 간헐적으로 금식을 했다면 결과는 달랐을까. 결론부터 말하면 장기간의 칼로리 박탈은 결코 안전하지 않다. 성호르몬 분비가 감소하면 무월경이나 골밀도 저하 같은 문제가 나타날 수 있다.

반면 주기적인 금식Intermittent Fasting, IF은 칼로리 섭취를 제한하면서도 수명 연장 효과를 기대할 수 있음이 밝혀졌다. 금식 후 평소보다 두 배의 칼로리를 섭취해도, 주간 총섭취량만 유지된다면 효과는 유지된다. IF와 반(半) IF는 다양한 방식으로 실험되고 있다.

금식 5(Fast-5)

취침 시점부터 19시간 금식하고, 이후 5시간 동안 허기를 채울 때까지 자유롭게 먹는 방식이다. 체중 감량을 목표로 하는 사람들에게 인기가 있으며, 보통 3주 차부터 효과가 나타나 이후 주당 평균 1파운드(약 453g) 정도 감소한다.

일부 연구에 따르면 칼로리를 낮 시간대에만 섭취할 경우, IF는 소식과 유사한 수명 연장 효과를 보인다. 다만 연구 결과가 정확하다면 금식 5는 수명 연장보다는 체지방 감소에 더 효과적이다.

ADCR(alternate-day calorie restriction)

하루 걸러 칼로리 섭취를 50~80%까지 줄이는 방식이다. 보름 정도 지나면 인슐린 민감성 개선, 자기면역질환 완화, 심지어 천식에도 효과가 있는 것으로 보고되었다.

단백질 순환(protein cycling)

『단백질 순환 다이어트*Protein-Cycling Diet*』의 저자 론 미그너리Ron Mignery 박사에 따르면, 일주일에 하루만 단백질 섭취를 하루 권장 칼로리의 5% 수준으로 제한해도, 장기간 칼로리 제한과 유사한 효과를 얻을 수 있다.

IF와 칼로리 제한이 발생학적으로 자기보존 반응이라면, 단백질 순환 역시 논리적으로 타당하다. 우리 몸에는 필수 탄수화물이 없다. 칼로리나 탄수화물을 줄인다고 곧바로 생물학적 위기가 발생하지는 않는다. 그러나 리신 같은 필수 아미노산은 잠시만 부족해도 즉각적인 이상 반응을 일으킨다. 이때 세포는 '자기포식현상'이라는 정비 모드에 들어간다.

미그너리 박사의 표현에 따르면, 자기포식현상은 "다른 재순환 메커니즘으로 통제되지 않는 저질 단백질 덩어리로 가득 찬 세포를 제거하는 과정"이다. 이런 단백질을 축적 속도보다 빠르게 제거할 수 있다면 노화를 늦추거나 되돌릴 가능성도 이론적으로 성립한다.

현재 나는 18시간 금식과 주 1회의 단백질 순환을 병행해 실험 중이다. 순전히 가설이지만 두 방법을 함께 쓰면 이후 과식 시 단백질 합성이 더 활성화될 것이라 추측한다. 특히 근육을 늘려야 할 때는 주 1회, 휴식일인 토요일 정오~오후 2시 사이에 단백질 순환을 마친다. 미그너리 박사가 제안한 '단백질 5%

미만' 식단은 느린 탄수화물 식이요법과는 완전히 다르다. 딱 하루만 눈 딱 감고 시도해보라. 그 고비를 넘기면 훨씬 현실적인 대안이 기다리고 있다.

- 아침식사: 밀은 현실적인 단백질원이므로 토스트, 머핀, 베이글 같은 밀 기반 빵류(리신 부족)가 허용된다. 이로 인해 단백질에서 얻는 칼로리는 비단백질원(버터, 잼, 주스, 과일 등)에 비해 크게 줄어든다.
- 버섯·양파·육즙 토스트: 육고기에서 나온 지방이나 육즙에 녹말을 더해 걸쭉하게 만든 뒤, 토스트와 버섯, 양파에 뿌린다.
- 시금치와 식초: 냉동 시금치(2컵 이하)를 전자레인지에 데운 뒤 식초로 간을 한다. 단백질은 거의 없지만 따뜻하고 씹는 만족감이 있다.
- 육고기 대체 식품: 얇게 썬 가지를 전자레인지에 조리하면 런천미트와 비슷한 모양과 식감을 낸다. 블랙 올리브도 단백질 없이 육류에 가까운 씹는 맛을 준다.
- 콩류 대체: 완두콩 등 콩류는 단백질 함량이 높아 금지된다. 대신 카사바 녹말로 만든 타피오카 펄을 사용한다. 버블티를 마셔본 사람이라면 익숙할 것이다.

그렇다면 실제 나는 어떻게 할까. 타피오카 펄이 가득한 그릇에 기름진 육즙을 붓는다…. 농담이다. 나는 금요일 저녁을 평소보다 이른 오후 6시에 마치고, 다음 날 오전 10시까지 16시간 금식한다. 이후 식초와 양념을 더한 시금치 한 컵, 버터를 듬뿍 바른 토스트 한 조각, 그레이프프루트 주스로 첫 끼를 시작한다. 말 그대로 꿀맛이다. 그리고 정오 이후, 적당한 시점부터 평소 즐기던 초콜릿 크루아상을 앞세워 본격적인 휴식일을 즐긴다.

사혈(비용: 없음)

사혈bloodletting, 즉 피를 뽑는 행위가 마녀 재판과 함께 사라졌다고 생각하는가? 그렇지 않다. 나는 사혈이 다시 주목받을 것이라 믿는다. 그 핵심은 철분의 과잉 섭취에 있다. 여성이 폐경 이후 남성과 비슷한 심장발작률을 보이는 이유는, 에스트로겐보다 체내 철분 축적과 더 깊은 관련이 있다는 견해가 있다. 나는 개인적인 안전을 위해 2001년 이후 꾸준히 헌혈을 해왔다.

나만 그렇게 생각하는 것이 아니다. 보스턴 의과대학이 1994년부터 진행해온 '뉴잉글랜드 100세인 연구'는 100세 이상 장수인을 대상으로 한 세계 최대 규모의 연구다. 이 연구를 이끄는 톰 펄스 박사 역시, 월경으로 인한 철분 손실을 모방하기 위해 8주마다 헌혈을 한다. 그는 헌혈이 장수에 도움이 된다고 믿으며 이렇게 말한다. "노화에 중요한 역할을 하는 자유라디칼은 철분이 있을 때 더 많이 생성된다. 체내 철분 수치를 낮추면 노화를 억제할 수 있다."

실제로 사혈을 통해 철분 수치를 낮추면 인슐린 민감성이 개선되고, 암을 포함한 여러 원인에 따른 사망률이 감소한다는 증거는 충분하다. 높은 철분 수치는 심장발작 증가와 상관관계가 있으며, 헌혈이 심혈관 질환 감소와 관련 있다는 사실도 오래전에 입증되었다. 마이클 이즈와 메리 댄 이즈 박사는 혈중 페리틴 수치의 목표를 50mg/dl로 권한다. 수치가 400을 넘는 경우, 두 달 간격으로 1~4회 전혈 헌혈을 하면 이 수준에 도달할 수 있다. 이제 거머리의 도움을 빌릴 필요는 없다.

환경 독성 물질이 체지방에 축적되는 양을 줄이고 싶다면 (1) 평소보다 두 배의 혈장을 헌혈하고, (2) 헌혈 장소에 가기 약 60분 전 카페인이 강한 커피 한 잔을 마셔라. 헌혈된 혈액에는 이런 독성 물질이 포함되기 마련이므로, 가끔 헌혈로 이를 배출한다고 해서 비난받을 이유는 없다.

철분 부족이 심장질환의 필요조건이라고 주장하는 학자들도 있다. 그러나 나는 그와 반대되는 다수의 연구를 신뢰했고, 그에 따라 행동해왔지만 지금까지 어떤 부작용도 겪지 않았다. 조만간 이 문제에 대한 완전한 합의가 이루어지기는 어려울 것이다. 그럼에도 헌혈은 수명 연장 여부와 무관하게, 다른 사람의 생명을 구할 수 있는 확실한 선택이다.

착한 일을 하면 대개 그에 걸맞은 보상이 따른다.

행복한 삶에서 나오는 가장 큰 보상

「인어공주」와 「벌거벗은 임금님」으로 사랑받는 동화 작가 한스 크리스티안 안데르센은 이렇게 말했다. "숨 쉬며 사는 것만으로는 충분하지 않다. 햇살과 자유 그리고 작은 꽃 한 송이가 필요하다."

삶의 질을 포기하면서까지 수명을 늘린들 무슨 의미가 있을까. 위험을 피하며 무기력하게 사는 일은 쉽다. 그러나 회피와 부정으로 점철된 삶은 결코 자유로운 삶이 아니다. 가장 큰 보상은 장수가 아니라 행복한 삶에서 나온다. 그런 삶에는 약간의 적포도주와 치즈케이크가 빠질 수 없다.

한두 번의 사정 역시 마찬가지다.

참고자료

- Donating Blood (헌혈): 철분 수치가 높다면 이를 가장 간단하고 안전하게 낮추는 방법은 헌혈이다. 가까운 헌혈센터를 찾아 예약하고, 다른 생명을 구하라.
  대한적십자사 혈액관리본부: http://www.bloodinfo.net
- Alcor (알코어): 과학기술이 허락한다면 치명적 질병의 징후가 나타났을 때 신체를 냉동 보존하고 싶은가? 그렇다면 애리조나 스코츠데일의 알코어가 가장 유명한 선택지다. www.alcor.org
- *Transcend: Nine Steps to Living Well Forever* by Ray Kurzweil (『영원히 사는 법: 의학혁명까지 살아남기 위해 알아야 할 9가지』): 레이 커즈와일은 '극단적 수명 연장'에 관심 있는 사람들에게 향후 20년을 무조건 살아남는 것을 목표로 삼으라고 말한다. 그때가 되면 DNA 재프로그래밍과 세포 재생 로봇이 가능해질 것이라는 전망이다. 이 책은 수명 연장을 위한 9가지 핵심 분야를 다룬다. 한국에는 『영원히 사는 법: 의학혁명까지 살아남기 위해 알아야 할 9가지』라는 제목으로 번역됐다.
  www.fourhourbody.com/transcend
- Protein-Cycling Diet by Dr. Ron Mignery (『단백질 순환 다이어트: 노화 관련 질환에 맞서는 방어 전략』): 주 1회, 단백질 섭취를 권장 칼로리의 5%로 제한하는 것만으로도 장기간 칼로리 제한과 유사한 효과를 얻을 수 있다고 설명한다.
  www.fourhourbody.com/protein-cycle

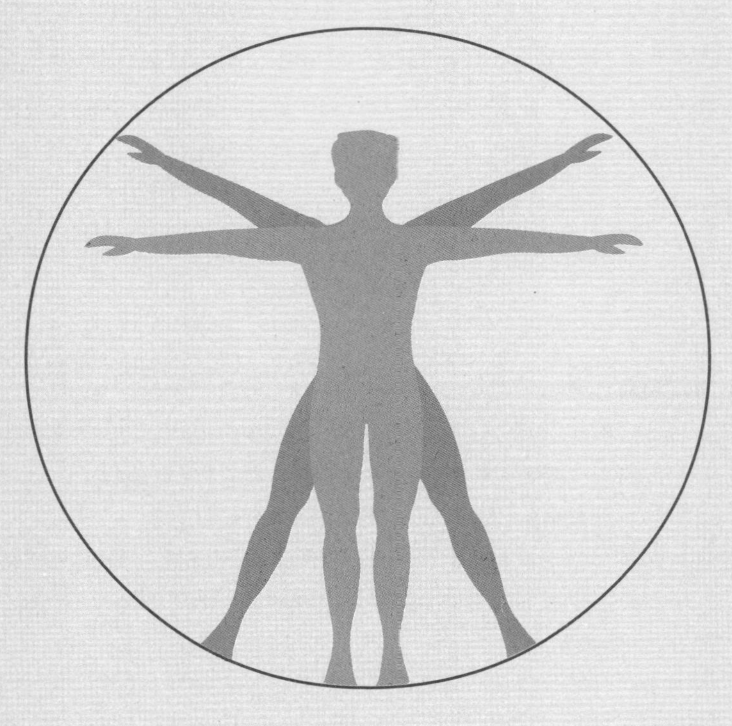

12장. 이제 당신의 몸으로 증명하라

01

몸이 바뀌면, 삶도 움직인다

우리를 비참하게 만드는 사람도 우리 자신이고,
우리를 강하게 만드는 사람도 우리 자신이다.
그에 필요한 노력의 양은 같다.

카를로스 카스타네다

"울트라마라톤은 당신에게 맞지 않을 것 같습니다. 그런 몸으로 어떻게 그 경주를 완주할 수 있을지 상상이 되지 않네요."

나는 지구력에 자신이 없었다. 달리기는 내 장점이 아니었고, 진지하게 생각해본 적도 없었다. 브라이언 맥켄지는 빙긋 웃으며 말했다. "지금 몸 상태로는 괜찮지 않겠죠. 하지만 당신은 달라질 겁니다. 50km든 100마일이든, 훈련을 마치고 나면 시작할 때와는 전혀 다른 사람이 되어 있을 겁니다."

나는 잠시 생각하다가 고개를 끄덕였다.

근력 강화의 세계에서는 숱하게 '물결효과'ripple effect를 경험했지만 이상하게도 지구력 운동과 연결해본 적은 없었다. 어쩌면 당신도 이 책에서 다룬 주제들 사이의 연관성을 깊이 생각해본 적이 없을 것이다. 지식노동이 주가 된 시대에 데드리프트 중량을 높이고 체지방을 2% 줄이는 게 대체 무슨 가치가 있을까.

답은 이것이다. 즉 파급효과transfer다.

내 아버지는 10개월 만에 체중을 32kg 감량했고, 근력은 세 배로 늘었다. 정기검진에서 담당 의사는 "정말 평생 사시겠네요"라는 말을 건넸다. 신체 변화도 놀라웠지만 더 큰 수확은 운동과 식이요법을 계속해야겠다는 강력한 동기였다. 아버지는 이렇게 말했다.

> 예전엔 아무도 나를 주목하지 않았어. 그런데 요즘은 사람들이 내 의견을 묻고, 나를 진지하게 대하더군. 체형이 바뀐 것도 있지만 사람들과 어울리는 게 훨씬 쉬워졌어. 이제 나는 더 이상 보이지 않는 사람이 아니야.
> 20~30kg을 감량하고, 불가능하다고 여겼던 일을 해내면 또 다른 불가능, 이를테면 연소득을 두 배로 늘리는 일도 가능해 보이기 시작한단다.

이 책은 당신의 삶 전반에 예기치 못한 파급효과를 몰고 올 강력한 '트로이의 목마'다. 당신을 전반적으로 더 나은 사람으로 바꾸기 위해, 그리고 주변 사람들의 역할 모델이 되도록 돕기 위해 쓰였다.

내면을 바꾸는 가장 빠른 방법

차드 파울러가 45kg을 빼기 전에 그랬듯 우리는 흔히 '어느 정도는 괜찮은 상태'라는 자기 위안 속에 안주하며 그것을 바꿀 수 없는 운명이라 여긴다. 이는 대개 다음과 같은 체념으로 나타난다.

"나는 날씬하지 않아(빠르지 않아/강하지 않아). 원래 그런 거야."

"그건 중요하지 않아. 별로 중요한 게 아니야."

이런 말은 종종 바꿀 수 없다고 믿는 외모에 대한 변명으로 쓰인다. 하지만 외모는 얼마든지 바뀔 수 있다. 더 중요한 사실은, 체형을 바꿔야 하는 이유가 체형 그 자체에 있지 않다는 점이다.

2007년, 나는 연 매출 3,000만 달러 규모의 관계 컨설팅 기업을 운영하던 에벤 페이건을 인터뷰했다. 그가 던진 첫 질문은 이것이었다.

"내면의 잠재력을 가장 빠르게 키우는 방법은 무엇입니까?"

나는 이렇게 답했다.

"외형부터 바꾸는 겁니다."

자신감과 유능함을 얻고 싶다면 금세 무너질 긍정의 힘에 기대지 마라. 대신 남보다 빨리 달리고, 무거운 무게를 들며, 마지막 군살을 깎아내는 실질적인 변화에 집중하라. 이런 변화는 눈에 보이고 수치로 측정되기에 스스로를 속일 수 없다. 효과는 분명하다.

"어떻게 그렇게 생산적인 사람이 되었습니까?"라는 질문에 리처드 브랜슨은 이렇게 답했다.

"운동을 했습니다."

정신과 육체를 분리하는 데카르트적 사고는 틀렸다. 둘은 상호작용한다. 먼저 육체의 문제를 정확히 파악하고 변화시켜라. 그러면 도미노처럼 내면의 문제도 함께 움직이기 시작할 것이다.

통제할 수 있는 것부터 시작하라

우리 몸은 거의 항상 우리의 통제 아래에 있다. 삶에서 이만큼 의도적으로 통제할 수 있는 대상은 드물다. 측정 가능한 신체 지표에 집중하는 것만으로도 우리는 자신의 가치를 외부 요인에 맡기지 않는 사람이 될 수 있다.

일이 잘 풀리지 않는가. 회사에 골칫거리가 있는가. 누군가 때문에 삶이 괴로운가. 수영장에서 열 바퀴를 더 돌거나, 장거리 달리기 기록을 5초 앞당긴다면 그 한 주는 전혀 다른 의미를 갖게 된다.

몸을 통제한다는 것은, 삶의 운전석에 앉아 방향과 속도를 스스로 조절한다는 뜻이다. 대러 토레스는 첫 아이를 낳고 15개월 만에 전미 수영선수권대회에서 자유형 100미터 금메달을 땄다. 마흔의 나이에 말이다. 사흘 뒤에는 50미터 자유형에서, 자신이 15세 때 세운 기록을 꺼뜨렸다. 조지 포먼은 45세에 26세의 마이클 무어러를 녹아웃시키고 세계 헤비급 챔피언에 올라, 20년 전 잃었던 타이틀을 되찾았다.

‘딥시의 악마’ 잭 커크는 94세의 나이로 딥시 트레일 경주에 참가했다. 그는 말했다. “나이가 들어서 달리기를 멈추는 것이 아니라, 달리기를 멈췄기에 비로소 늙기 시작하는 것이다.”

부분적인 완전함에 만족하지 마라. 다음 단계로 나아가라. 펜을 들고, 물리적인 세계에서 스스로 ‘불가능하다’고 여겨온 것들을 모두 적어라. 그리고 이렇게 물어보라. “실패하지 않는다면 나는 무엇에 도전할 수 있을까?” 그 목록은 완전히 달라진 몸뿐 아니라 전혀 새로운 삶을 향한 청사진을 당신 앞에 펼쳐 보일 것이다.

오늘 시작하라. 자신을 다시 만들기에 늦은 때란 없다. 앨런 케이는 말했다. “미래를 예측하는 가장 확실한 방법은 미래를 만들어가는 것이다.”

당신은 어디에서 시작할 것인가?

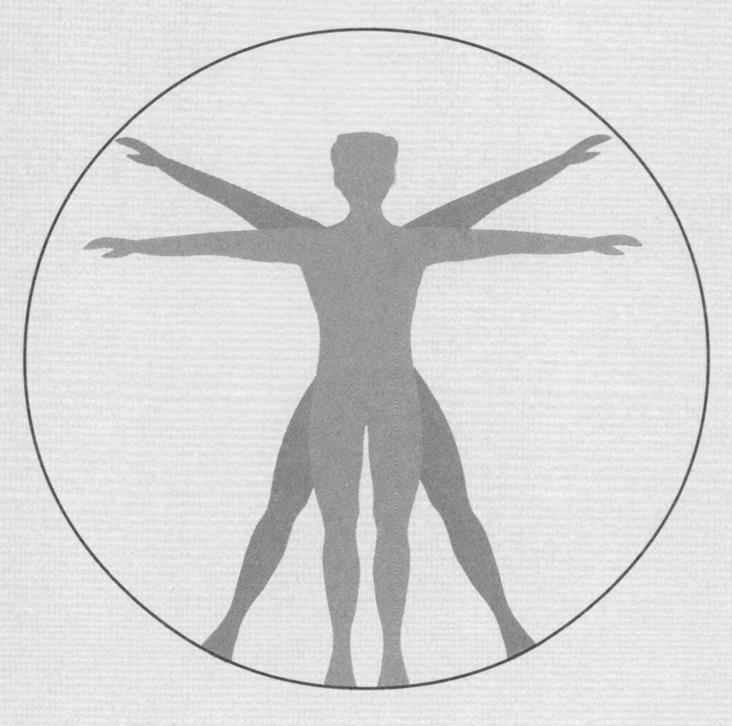

부록

무게	
양	그램
1온스	28
4온스, 1/4 파운드	113
1/3파운드	150
8온스, 1/2 파운드	230
12온스, 3/4 파운드	340
16온스, 1파운드	450

체중	
파운드	kg
100	45.4
120	54.4
140	63.5
160	72.6
180	81.6
200	90.7
220	99.8
240	108.9

부피									
	그램(물)	티스푼(TSP)	테이블스푼(TBSP)	액량온스(FL OZ)	컵(C)	파인트	쿼트	리터(L)	갤런(미국)	갤런(영국)
1g(물)	1	0.203	0.068	0.034	0.0042	0.0021	0.0011	0.001	0.0003	0.0002
1TSP	4.92	1	1/3	1/6	0.021	0.01	0.005	0.005 (5ml)	0.0013	0.0011
1TBSP	14.75	3	1	1/2	1/16	1/32	1/64	0.015 (15ml)	1/256	0.003
1FL OZ	29.5	6	2	1	1/8	1/16	1/32	0.03	1/128	0.007
1C	236	48	16	8	1	1/2	1/4	0.237	1/16	0.052
1파인트	472	96	32	16	2	1	1/2	0.473	1/8	0.104
1쿼트	944	192	64	32	4	2	1	0.946	1/4	0.208
1L	997.51	202.88	67.63	33.81	4.227	2.113	1.057	1	0.264	0.22
1갤런(미)	3776	768	256	128	16	8	4	3.7854118	1	0.833
1갤런(영)	4534.79	922.33	307.44	153.72	19.22	9.61	4.804	4.546	1.201	1

건강 검진:
검사는 최소한으로, 효과는 최대로

검사에 큰돈을 들일 필요는 없다.

아래에는 신중하게 선별한 핵심 검사들을 비용이 적게 드는 순서로 정리했다. 나를 비롯해 이 책에 등장하는 사람들이 실제 변화를 만들어내는 데 도움이 되었던 검사에는 * 표시를 해두었다.

여러 검사 중에서도 가장 인상 깊었던 것은 혈액검사 스펙트라셀SpectraCell 검사였다. 이에 대해서는 뒤에서 자세히 다룬다.

여기 소개된 검사들을 출발점으로 삼아, 비용이 적게 드는 것부터 시작하고 필요하거나 예산이 허락할 때마다 하나씩 추가해보라. 기본 검사에서 이상 소견이 나오면, 의사는 더 정밀한 검사를 처방할 것이다.

CBC(전체혈구계산)나 TSH(갑상샘자극호르몬)가 무엇인지 아는가? 나도 처음에는 몰랐다. 하지만 당신도 이제 몇 분 안에 주요 용어들을 익힐 수 있다. 사실 검사 관련 용어 대부분은 60분이면 충분히 이해할 수 있다. 혈액검사 용어가 낯설거나 결과를 직접 해석해보고 싶다면 다음을 참고하라.

• www.fourhourbody.com/bloodtests

다만 우디 앨런처럼 불필요한 신경증 환자가 되고 싶지 않다면 다음 원칙만
은 지켜라.

검사 원칙 3가지

1. 결과를 안다고 해도 딱히 할 수 있는 게 없다면 검사하지 마라. 행동의 변화
   로 이어지지 않는 데이터는 죽은 정보일 뿐이다. 변화가 가능한 항목에 집
   중하고, 나머지는 과감히 무시하라.
2. 같은 검사는 같은 조건에서 받아라. 비교가 목적이라면 시기가 중요하다.
   같은 요일, 같은 시간에 검사하고, 여성이라면 월경 주기에서도 동일한 시
   점을 맞춰라. 예를 들어 테스토스테론 수치는 오전 8시에서 정오 사이에만
   도 최대 10% 차이가 날 수 있다.
3. 예상 밖 결과가 나오면 재검사부터 하라. 음식 알레르기 검사는 특히 오류
   가 잦다. 실제로 한 지인은 검사 결과만 믿고 "모든 음식에 알레르기가 있
   다"며 거의 굶다시피 살았다. 즉 결과가 상식과 어긋난다면 재검사를 하라.
   가능하다면 다른 검사기관을 이용하거나, 동일한 샘플을 다른 이름으로 같
   은 기관에 보내 비교해보라. 나는 신뢰도를 높이기 위해 후자의 방법을 여
   러 차례 사용했다.

검사의 세계를 항해하는 데 큰 도움을 준 저스틴 매거Justin Mager 박사에게
감사의 뜻을 전한다.

검사 항목들

한두 가지의 포괄적 검사는 의료보험으로 보장된다. 따라서 보험 적용 항목
은 의사에게 당당히 요청하라. 나는 보험 적용이 되지 않는 검사도 꾸준히 받

아왔고, 각 검사 비용 및 결과를 기록해두었다. 혈액검사 결과표만 봐도 머리가 어지럽다면 '보드포드' 검사는 건너뛰어도 무방하다.

1) 종합 혈액검사

*Chem6: CMP(종합대사검사), 지질검사, 페리틴, 철, 마그네슘Mg, TSH, FT3(유리 트리요오드티로닌), FT4(유리 티록신), 코티솔, 인슐린, CBC, 요산UA, Plac, 비타민 D

*Male V (남성 호르몬 패널): 에스트라디올, PSA(전립샘 특이항원), DHEA-S(황산 디하이드로에피안드로스테론), LH(황체형성호르몬), 프레그네놀론, 코티솔, 유리 테스토스테론과 총 테스토스테론, IGF-1(인슐린유사성장인자)

추가 권장 검사(남성): DHT(디하이드로테스토스테론), FSH(난포자극호르몬), 프로게스테론(황체호르몬)

여성 건강검사(Chem6과 겹칠 수 있다): 호모시스테인, 지질 단백질, 전(前)알부민, 갑상샘 검사, DHEA-S, 에스트라디올, 프로게스테론, FSH, LH, C-반응성 단백질hs-CRP, 철, 페리틴, 간염, HIV(사람면역결핍바이러스)

염증지표: 출혈성 질환과 혈액응고 이상현상을 검사하고, 심장발작의 가능성을 평가한다. 심장 C-반응성 단백질CRP, 호모시스테인, 섬유소원(피브리노겐), 글리코 A1C

간효소: 간에 이상이나 질환이 있는지, 혹은 다이어트, 보조식품 등으로 간에 손상이 있는지 평가한다. ALT(알라닌아미노전달효소), AST(아스파르테이트아미노전달효소)

2) *보드포드: NFL 스카우팅 대회에서도 체지방을 측정하는 공식 장비로 사용한다. 밀폐된 캡슐 안에 앉아 있기만 하면 된다. 캡슐 내의 공기압이 변하면서 신체조성을 파악한다.

3) *덱사: 체지방률을 측정할 때 최우선적으로 선택하는 검사장비이다. 질량 불균형, 골밀도를 비롯해 신체조성에 관련된 소중한 정보까지 파악할 수 있다. (구글에서 '덱사 체지방'[DEXA body fat]을 검색해보라.)

4) *ZRT 가정용 비타민 D 측정기: 보조식품을 복용하기 전에 먼저 비타

민 D 수치를 확인하라. ZRT 검사는 타액을 이용해 비교적 정확한 결과를 제공한다. 비타민 D 검사는 종합 혈액검사에 포함되는 경우가 많으며(Chem6 참고), 내가 적극 권하는 스펙트라셀 검사에도 항상 포함된다. www.zrtlab.com/vitamindcouncil

5) 유전자 검사: 백색 근섬유 비율, 카페인 대사 능력, 인종적 특성 등 유전적 지표를 알고 싶다면 유용하다. 체력·식이·자극 반응의 개인차를 이해하는 데 도움을 준다. www.23andme.com, www.navigenics.com

6) 버클리 심장연구실의 심혈관 지질검사: 심혈관 질환의 주요 위험요인을 지질 관점에서 분석한다. LDL(저밀도지질단백질)과 HDL(고밀도지질단백질)을 포함한 정밀 지질 프로파일을 통해 기존 콜레스테롤 가설을 중시하는 사람에게 적합하다.

7) 음식 알레르기 검사Meridian E95 Basic Food Panel

필수 검사는 아니지만 주의해야 할 음식을 가늠하는 데 참고가 된다. 다만 일부 음식이 거의 모든 피검자에게 양성으로 나오면서도 실제 반응 강도는 낮은 경우가 잦아 검사 신뢰도에는 한계가 있다. 이 문제는 특정 기관에 국한되지 않으며 장투과성 검사도 비슷하다.

그럼에도 두 가지는 분명하다. 첫째, 문제의 중심에는 대개 글루텐이 있다. 둘째, 동일한 식품·단백질원을 반복 섭취하면 알레르기 반응이 유발될 수 있다. 따라서 느린 탄수화물 식이를 유지하되, 매달 주요 단백질원과 주식을 교체하는 전략이 도움이 된다.

8) *닥터스 데이터Doctor's Data Inc.의 독성금속 소변검사

중금속을 결합하는 킬레이트제(DMPS 등)를 투여한 뒤 소변으로 배출된 금속을 분석한다. 나는 황새치·참치 섭취 후 검사를 진행했고, 단 한 번의 섭취에도 수은 수치가 뚜렷이 상승했다. 이후로 먼바다의 대형 어종은 피한다.

9) *종합 대변검사 및 기생충검사: 환경과 가장 밀접한 장 건강을 평가한다. 소화 기능 문제나 기생충 감염을 확인할 수 있으며, 체중이 늘지 않는 경우에는 필수에 가깝다.

10) *스펙트라셀 영양 검사

비타민과 미량영양소 결핍을 정밀하게 파악한다. 나는 이 검사를 통해 셀레늄 결핍을 확인했고, 보충 후 테스토스테론 수치가 크게 개선되었다. 다른 피검자 역시 B-12와 D 결핍을 교정한 뒤 에너지 수준이 눈에 띄게 회복됐다. 적극 추천한다. www.fourhourbody.com/spectracell

11) 생물리학적 검사: 혈액 내 생물표지자biomarker를 분석하면 심혈관질환을 비롯해 각종 암(유방암·결장암·간암·난소암·전립샘암·췌장암), 대사장애(당뇨병·대사증후군), 자가면역질환(류마티스관절염·낭창), 바이러스·세균성 감염(단핵구증·폐렴), 호르몬 불균형(폐경·테스토스테론 결핍·갑상샘 기능 저하), 영양 상태 이상(비타민·단백질 결핍) 등 전반적인 의학적 상태와 질병 위험을 종합적으로 파악할 수 있다.

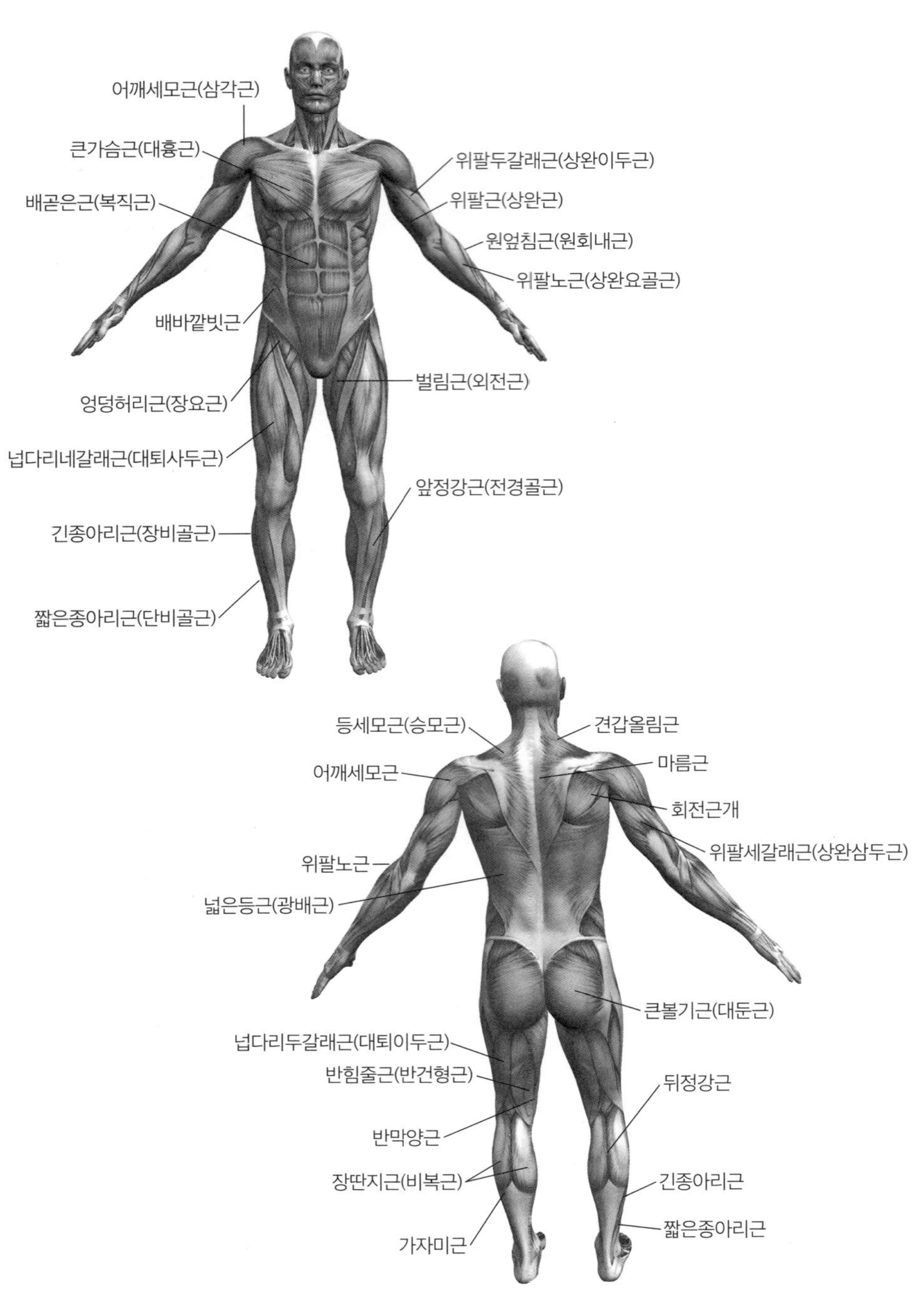

몸의 근육(부분)
어깨세모근(삼각근)
큰가슴근(대흉근)
배곧은근(복직근)
배바깥빗근
엉덩허리근(장요근)
넙다리네갈래근(대퇴사두근)
긴종아리근(장비골근)
짧은종아리근(단비골근)
위팔두갈래근(상완이두근)
위팔근(상완근)
원엎침근(원회내근)
위팔노근(상완요골근)
벌림근(외전근)
앞정강근(전경골근)
등세모근(승모근)
어깨세모근
위팔노근
넓은등근(광배근)
견갑올림근
마름근
회전근개
위팔세갈래근(상완삼두근)
큰볼기근(대둔근)
넙다리두갈래근(대퇴이두근)
반힘줄근(반건형근)
반막양근
장딴지근(비복근)
가자미근
뒤정강근
긴종아리근
짧은종아리근

02

내 몸은 내가 연구한다

삶은 그 자체로 실험이다.
실험을 거듭할수록 더 나은 삶에 가까워진다.

카를로스 카스타네다

당신의 이론이 얼마나 아름다운지는 중요하지 않다.
당신이 얼마나 똑똑한지도 중요하지 않다.
실험으로 입증되지 않은 이론은 틀린 것이다.

리처드 파인만

※이 장은 캘리포니아 버클리 대학교 심리학과 명예교수이자 칭화대학교 심리학과 교수인 세스 로버츠 박사가 쓴 글이다. 그는 『뉴욕타임스 매거진』과 『사이언티스트』에 꾸준히 기고해왔으며, 현재 학술지 『뉴트리션』의 편집위원으로 활동하고 있다.

나는 대학원 시절 자기실험을 시작했다. 당시 실험심리학을 공부하고 있었기에, 자기실험은 '실험하는 방법'을 배우는 가장 직접적인 훈련이기도 했다.

내 첫 자기실험 중 하나는 여드름이었다. 피부과 의사는 항생제 테트라사이클린을 처방했고, 나는 그 효과를 직접 측정해보기로 했다. 하루 복용량을 달리하며 매일 아침 여드름 개수를 셌다. 처음에는 하루 6알과 4알을 비교했는데 결과는 놀랍게도 동일했다. 그래서 용량을 점점 줄였고, 마침내 하루 한 알, 나아가 복용하지 않는 단계까지 실험했다. 결과는 충격적이었다. 테트라사이클린을 전혀 먹지 않아도 여드름의 수는 고용량을 복용했을 때와 같았다. 결국 '테트라사이클린은 내 여드름에 효과가 없다'는 결론에 도달했다. 훗날 항생제 내성 여드름에 관한 연구들이 나오기 시작했지만 당시 나는 수개월간 이 약을 복용하고 있었다.

의사는 연고 형태의 벤조일 과산화물도 함께 처방했다. 처음에는 항생제가 더 강력하고 연고는 약하다고 생각해 거의 사용하지 않았다. 그러다 테트라사이클린이 떨어져 연고를 규칙적으로 쓰기 시작했고, 다시 한번 놀랐다. 이틀 만에 여드름이 눈에 띄게 줄었다. 연고를 중단하자 다시 늘었고 재개하자 다시 감소했다.

내가 얻은 결론은 명확했다. 테트라사이클린은 효과가 없었고, 벤조일 과산화물은 매우 효과적이었다. 이는 내 선입견과도, 아마 피부과 의사의 판단과도 달랐을 것이다. 하지만 자기실험을 통해 나는 전문가도 놓칠 수 있는 중요한 사실을 직접 확인했다.

이 실험은 전형적인 자기실험과도 달랐다. 자기실험을 다룬 책들을 보면, 위험한 치료법을 개발하기 위해 의사들이 자신을 실험대에 올리는 이야기들이 주를 이룬다. 그러나 나는 의사도 아니었고. 누구를 돕기 위해서도, 위험한 신기술을 시험하기 위해서도 실험한 것이 아니었다. 오히려 내가 믿고 있던 생각이 틀렸음을 증명한 사례였다. 이 경험을 통해 나는 비전문가도 자기실험을 통해 전문가의 판단을 검증하고, 전문가조차 모르는 사실을 발견할 수 있다는 걸 깨달았다.

이후 나는 또 다른 문제, 즉 새벽에 자주 깨는 불면을 해결하기 위해 자기실험에 나섰다. 20대에 접어들며 나는 새벽 4시면 깨어 다시 잠들지 못하곤 했다. 2시간 넘게 뒤척이다 겨우 잠드는 날이 많았고, 거의 이틀에 한 번꼴로 반복됐다. 약에 의존하고 싶지도 않았고 마땅한 치료약도 없었다. 의사를 찾는 대신, 내가 선택할 수 있는 유일한 방법은 다시 자기실험이었다.

나는 두 가지를 시작했다.

1. 수면과 관련된 거의 모든 요소를 기록했다. 특히 새벽에 깬 뒤 다시 잠들 수 있었는지에 주목했다. 빈도가 곧 문제의 심각도라고 판단했기 때문이다. 처음에는 이틀에 한 번꼴이었다.

2. 생각할 수 있는 모든 해결책을 하나씩 실험하기 시작했다.

처음 시도한 실험은 에어로빅 운동이었다. 효과는 없었다. 운동을 한 날과 하지 않은 날 사이에 새벽에 잠을 깨는 빈도는 차이가 없었다. 다음으로 저녁에 치즈를 먹어봤지만 역시 변화는 없었다. 이후에도 여러 방법을 시도했으나 모두 실패했고, 결국 몇 년이 지나자 실험할 아이디어마저 고갈됐다. 내가 떠올린 가설들은 하나같이 틀렸다는 사실만 확인됐을 뿐이었다.

그럼에도 상태는 서서히 나아지고 있었다. 그러던 어느 날, 별다른 이유 없이 아침식사를 오트밀에서 과일로 바꿨다. 며칠 뒤부터 매일 한밤중에 잠에서 깨어 다시 잠들지 못했다. 이전에는 없던 증상이었다. 나는 수면을 기록하던 노트에 아침식사 변화도 적어두고 있었기에 과일과 증상 악화 사이의 상관관계를 곧바로 확인할 수 있었다. 인과관계를 검증하기 위해 아침식사를 과일과 오트밀로 번갈아가며 먹어본 결과, 과일을 먹은 날에 훨씬 더 일찍 잠을 깬다는 사실이 분명해졌다. 거의 10년 동안 해결하지 못했던 문제에서 얻은 결정적 단서였다. 이 결과를 바탕으로 나는 아침식사가 새벽 각성과 밀접하게 연관돼 있다고 추론했고, 장기간의 실험 끝에 그 가설을 입증했다. 역설적이게도 최고의 아침식사는, 아침을 아예 먹지 않는 것이었다.

이 결론은 생물학적으로도 낯설지 않았다. 쥐를 비롯한 많은 동물에서 '선행 행동'anticipatory activity이 관찰되기 때문이다. 일정한 시간에 먹이를 주면, 쥐는 그보다 몇 시간 앞서 활동을 시작한다. 내가 아침 7시에 식사를 했기 때문에 새벽 4시에 잠에서 깼다는 설명이 가능했다. 이 점에서 인간도 다른 동물과 다르지 않았다.

아침식사를 완전히 끊자 증상은 줄었지만 완전히 사라지지는 않았다. 이후 수년간의 자기실험을 통해 나는 원인에 대해 더 많은 사실을 알아냈다. 하루에 8시간 이상 서서 움직인 날에는 비교적 숙면을 취할 수 있다는 점을 우연히 발견했다. 그러나 이를 장기간 유지하기는 쉽지 않았다. 다만 이 경험 덕분에 10년쯤 뒤 또 다른 해결책을 발견할 수 있었다. 몸이 지칠 때까지 외발로 버티는 식이었다. 지금도 하루 네 번씩 외발로 서면 그날 밤은 확실히 깊이 잠든다. 여기에 더해 동물성 지방이 숙면에 도움이 된다는 사실도 알게 됐다.

두 방법 모두 효과는 '양'에 비례했다. 외발로 오래 설수록, 동물성 지방을 충분히 섭취할수록 효과가 컸다. '충분히'가 어느 정도인지 알아보기 위해 나는 돼지 지방으로 실험했다. 삼겹살 150g에서는 별다른 효과가 없었지만 250g에서는 확연한 차이가 나타났다. 삼겹살은 열량의 대부분이 지방에서 나오므로, 결국 숙면을 위해 지방 칼로리를 섭취한 셈이다. 물론 그만큼의 칼로리를 소모해야 하지만 여러 면에서 외발서기보다 삼겹살이 수월했다.

여드름과 수면은 내가 초기에 다룬 자기실험의 주제였다. 이후에는 심리 상태, 체중 조절, 오메가3가 뇌 기능에 미치는 영향 등으로 확장했다. 이 과정에서 자기실험이 세 가지 점에서 특히 유용하다는 사실을 깨달았다.

첫째, 아이디어를 직접 시험할 수 있다. 여드름 치료 가설, 숙면에 관한 수많은 이론, 우연히 떠오른 착상까지 모두 실험 대상이 된다. 예컨대 어느 날 서서 구두를 신다가 균형감이 눈에 띄게 좋아진 것을 느꼈고, 전날 아마인유를 복용했다는 사실을 떠올렸다. 이후 아마인유와 균형 감각의 관계를 실험했고, 실제로 효과가 있었다.

둘째, 새로운 아이디어를 얻는다. 자기실험은 몇 주간의 '하지 않기' 또는 '집중적으로 하기'를 요구하며 삶 전체를 흔든다. 이 과정에서 의도하지 않았던 결과가 드러나기도 한다. 나 역시 여러 차례 뜻밖의 성과를 얻었고, 매일 측정하는 습관 덕분에 예상치 못한 변화를 포착할 수 있었다.

셋째, 아이디어를 발전시킬 수 있다. 발견한 결과를 가장 효과적으로 활용하는 방법과 그 메커니즘까지 추적할 수 있다. 아마인유의 경우, 자기실험을 통해 최적 복용량이 하루 3~4큰술이라는 점까지 밝혀냈다.

자기실험을 비판하는 사람들은 위약효과를 문제 삼는다. 기대가 결과를 만든다는 주장이다. 그러나 나는 자기실험에서 위약효과가 작동했다고 볼 만한 사례를 본 적이 없다. 9가지 방법이 실패한 뒤 10번째 방법이 효과를 보였다면 그것을 단순한 기대의 산물로 보기는 어렵다. 우연한 발견 역시 위약효과로 설명할 수 없다.

내 경험이 보여주듯, 자기실험은 삶의 질을 개선하는 데 매우 효과적이다. 나는 수면 전문가가 아니었지만 전문가조차 주목하지 않았던 인과관계를 발견했다. 자기실험은 전통적인 연구 방법보다 세 가지 점에서 특히 유리하다.

1. 더 효율적이다. 자기실험은 전통적인 실험보다 인과관계(X가 Y의 원인인가) 판단에 훨씬 효율적이다. 빠르고 비용도 거의 들지 않는다. 숙면에 대한 아이디어가 떠오르면, 별다른 비용 없이 직접 시험해 수주 내에 결과를 확인할 수 있다. 반면 전통적인 수면 연구는 연구비 확보에만 상당한 시간이 들고, 결과를 얻기까지 1년 이상 걸리는 경우도 흔하다. 비용도 수천 달러에 이른다.

자기실험의 또 다른 장점은, 전통적 연구보다 더 많은 '지혜'를 얻을 수 있다는 점이다. 우리는 실수를 통해 배운다. 자기실험이 신속하다는 것은 시행착오도 많다는 뜻이며, 그 과정에서 나는 "단순한 것이 최고다"라는 교훈을 얻었다. 실제로 가장 단순하고 쉬운 실험에서 가장 큰 성과가 나왔다. 또한 자기실험은 예기치 않은 결과에 훨씬 민감하게 반응할 수 있다.

2. 석기시대식 방법을 시험하기 쉽다. 아침식사를 건너뛰거나 오래 서서 지내는 것처럼 환경만 바꿔도 놀라운 변화가 나타났다. 자기실험을 할 때마다 나는 석기시대로 돌아간 느낌을 받았다. 석기시대에는 아침식사라는 개념이 없었고, 대부분 오랫동안 서서 움직이며 살았다. 당뇨, 고혈압, 암 같은 현대 질환들이 현대와 석기시대의 생활방식 차이에서 비롯됐다고 볼 근거는 충분하다.

물론 두 시대의 삶은 다르지만 건강에 영향을 미치는 핵심 차이는 의외로 작을 수 있다. 그렇다면 석기시대적 요소를 찾아내기 위해 많은 시도를 해봐야 한다. 이 목적에는 빠르고 거의 비용이 들지 않는 자기실험이 적합하다. 전통적인 연구는 시간과 비용 부담이 커서 이런 시도에 맞지 않는다. 더구나 전통 연구는 돈이 되는 치료법에 치우치기 쉽다. 연구비가 필요한 구조상, 제약회사가 지원하는 약물 연구가 중심이 될 수밖에 없다. 반면 아침식사를 거르는 방식의 효과를 연구하는 데 투자할 제약회사는 없다.

3. 동기부여가 압도적이다. 나는 내 수면 문제를 해결하기 위해 10년을 매달렸다. 전통적인 건강 연구에서는 보기 힘든 끈기다. 차이는 동기에서 나온다. 자신의 문제를 다룰 때 사람은 훨씬 집요해진다. 여드름 연구자들 가운데 여드름으로 고생하는 사람이 드문 이유도 여기에 있다.

내가 수면을 연구한 목표는 단 하나, 조금이라도 편하게 자는 것이었다. 반면 수면을 직업적으로 연구하는 학자들은 여러 이해관계와 제약 속에서 연구한다.

고용과 연구비는 학자들을 옥죄는 쇠창살이다. 자리를 지키고 승진하며 연구비를 확보하려면 매년 논문을 발표해야 한다. 논문으로 이어지지 않는 연구는 실행되기 어렵다. 또 하나의 쇠창살은 '지위'다. 연구비 규모가 클수록 중요도가 높게 평가되고, 첨단기술을 활용한 값비싼 연구가 선호된다. 소스타인 베블런이 『유한계급론』에서 말했듯 쓸모없는 연구가 유익한 연구보다 더 높은 평가를 받는 아이러니가 여기서 생긴다. 일자리를 잃을지도 모른다는 두려움, 연구보조금, 지위 등 때문에 유능한 학자들이 혁신적이고 새로운 아이디어를 제안하기 힘들다. 이런 구조에서는 혁신적이지만 단순한 아이디어가 배제되기 쉽다. 자기실험자는 이런 덫에서 자유롭다. 자신의 문제를 비용 거의 들이지 않고, 필요할 때마다 시험하기 때문이다.

여드름은 이 문제를 단적으로 보여준다. 피부과학계의 공식 입장은 음식과 여드름 사이에 관련성이 없다는 것이다. 학회 지침과 웹사이트에도 그렇게 적혀 있다. 그러나 실제로는 음식과 여드름의 연관성을 보여주는 사례가 넘쳐난다. 1970년대부터 윌리엄 댄비는 유제품과 여드름의 관계를 관찰했고, 환자들이 유제품을 끊자 증상이 뚜렷이 줄었다. 2002년에는 전통적 식생활을 유지하던 집단에서 여드름이 거의 없다는 연구도 발표됐다. 그들은 10세 이상을 대상으로 1000명 이상을 조사했지만 여드름 흔적을 전혀 찾아내지 못했다. 하지만 식단이 바뀌자 여드름이 나타났다. 이는 식이요법으로 여드름을 예방하거나 치료할 수 있다는 가설을 강하게 뒷받침한다.

피부학회가 잘못된 이론을 공식 입장으로 고집하는 이유는 무엇일까? 음식이 여드름의 원인임을 다각도로 입증하려던 집요한 관찰과 반복 실험이 필요하다. 그러나 유능한 학자들은 그런 방식의 연구를 수행하기도, 수행하고 싶어 하지도 않는다. 이유는 분명하다. 이런 연구는 연구비를 확보하기 어렵고—환자들이 유제품을 끊으면 누가 돈을 벌겠는가— 수많은 시행착오를 거쳐야 비로소 발표할 만한 결과에 이르기 때문이다.

더 근본적인 이유도 있다. 별다른 기술이 필요 없고 비용도 적게 들며, 그럼에도 매우 실용적인 연구는 학문적 '지위'가 낮게 평가된다. 첨단기술을 동원해 값비싼 치료법을 연구하는 사이, 특정 음식을 피했을 때 여드름이 어떻게 달라지는지를 살피는 연구는 스스로를 격하시키는 일처럼 여겨진다. 다른 분야의 동료들로부터 조롱받을지 모른다는 두려움도 작용한다. 이런 현실을 합리화하기 위해 피부학회는 '광범위한 연구'를 내세워 흑을 백이라 주장한다.

하지만 여드름 환자들은 자기실험을 통해 이런 주장들을 무시할 수 있다. 그리고 의사들이 처방하는 에큐테인Accutane처럼 위험한 약을 피할 수도 있다. 결국 여드름으로 고생하는 사람에게 가장 확실한 방법은 끈질기게 식단을 하나씩 바꿔가며 어떤 음식이 문제의 원인인지 직접 확인하는 것이다.

그레고르 멘델은 수도자였기에 연구 결과를 발표해야 한다는 압박에서 자유로웠다. 찰스 다윈은 부유했기에 생계를 걱정하지 않고 『종의 기원』을 완성할 수 있었다. 대륙이동설을 제시한 알프레트 베게너는 본업이 기상학자였고, 지질학은 그의 취미였다. 이들은 전문 생물학자나 지질학자와 달리 경제적·시간적 여유를 바탕으로, 당대에 축적된 지식을 오히려 더 효과적으로 활용할 수 있었다.

오늘날 우리는 그 어느 시대보다 방대한 지식에 쉽게 접근할 수 있다. 경제적 여유와 충분한 시간만 허락된다면 자기실험자들은 과거의 위대한 발견자들처럼 기존 연구를 자유롭게 활용할 수 있는 매우 유리한 위치에 서 있다.

참고자료

- Seth Roberts, *Self-Experimentation as a Source of New Ideas: Ten Examples Involving Sleep, Mood, Health, and Weight, Behavioral and Brain Science 27* (2004), pp. 227-288. (「자기실험은 어떻게 새로운 아이디어를 만들어내는가: 수면·기분·건강·체중에 관한 10가지 사례」): 자기실험을 다룬 61쪽 분량의 핵심 자료로, 즉시 적용 가능한 수면법을 비롯해 세스 로버츠 박사가 직접 자기실험을 통해 발견한 방법들이 정리되어 있다. www.fourhourbody.com/new-ideas
- The Quantified Self (퀀티파이드 셀프): 잡지 『와이어드』의 공동 창간자 케빈 켈리와 편집주간 게리 울프가 운영하는 사이트로, 자기실험자들에게는 더없이 적합한 커뮤니티다. 특히 다양한 도구와 서비스를 정리한 리소스 항목만으로도 방문할 가치가 충분하다. www.quantifiedself.com
- CureTogether (큐어투게더): 2009년 메이요 클리닉 아이스팟 상을 수상한 건강 데이터 기반 플랫폼이다. 사용자는 익명으로 건강 정보를 공유·비교하며 자신의 상태를 더 깊이 이해하고, 보다 넓은 정보에 근거해 치료 방향을 결정할 수 있다. 혼자만의 문제라고 느꼈던 고민을 같은 경험을 한 수많은 사람들과 함께 다룰 수 있다. www.curetogether.com
- Daytum (데이텀): 라이언 케이스와 니콜라스 펠튼이 운영하는 서비스로, 일상적인 습관과 활동을 수집해 시각적으로 보여준다. 자신의 생활 패턴을 한눈에 파악하기에 적합하다. www.daytum.com

엉터리 과학에
속아 넘어가지 않는 방법

엉터리 과학만큼 사람 속을 뒤집어놓는 것도 없다.

존 폴라니(1986년 노벨 화학상 수상자)

건강보험 의사회, 하루 한 시간의 운동을 권고하다

『뉴욕타임스』 2002년 9월

왜 운동을 해도 살이 빠지지 않을까?

『타임』 2009년 8월

저탄수화물 식이요법, 대사증후군과 한판 붙다

『워싱턴 포스트』 2007년 7월

짜증 나지 않는가? 학계의 목소리는 마치 6개월마다 말을 갈아타는 것처럼 변덕스럽다. 달걀과 버터가 우리를 죽일 것 같더니, 당장 마가린과 칠면조 베이 컨으로 바꾸란다. 그런데 곧 말을 바꾼다. 마가린이 더 위험하단다. 하루에 달 걀 하나쯤은 괜찮다고도 한다. 이쯤 되면 차라리 조언 따위 싹 무시하고 속 편 하게 사는 게 정답 아닐까 싶어진다. 다행히 과학은 자의적인 학문이 아니다.

몇 가지 핵심 개념만 익히면, 진실(혹은 진실에 가까운 것)과 완전한 허구를 구분하는 일은 그리 어렵지 않다.

문제는 대부분의 연구가 특정 목적을 띤 선전이나 언론을 통해 대중에게 전달된다는 점이다. 다이어트는 특히 그렇다. 신문을 팔고, 이데올로기를 팔기 위해 악용되기 쉽다. 이런 선전에 속지 않으려면, 어떤 과학을 받아들이고 어떤 '과학'을 버려야 하는지 구분할 줄 알아야 한다.

이 장을 다 읽고 나면, 당신은 웬만한 의사보다 과학 연구를 비판적으로 읽을 수 있게 될 것이다.

과학적 주장에 숨은 5가지 과장 수법

과장과 세뇌에 가장 자주 사용되는 5가지 수법이 있다. 이 5가지, 이른바 '빅 파이브'를 꿰뚫어보지 못하면 잘못된 조언에 휘둘리기 쉽다. 아래 질문들은 우리가 식이요법이나 '최신 연구'를 접할 때 반드시 던져야 할 기준이다.

상대적인 변화(백분율 등)를 사용해 설득하고 있는가?

신문 헤드라인을 하나 보자.

"연구 결과, 포화지방을 멀리하면 더 오래 산다"

그래서 포화지방을 전부 끊겠는가? 먼저 '더 오래'가 무엇을 의미하는지 따져야 한다. 실제 자료를 보면, 포화지방 섭취를 일일 권장 칼로리의 10%까지 줄여도 수명은 길어야 3~30일 정도 늘어날 뿐이다. 이 정도 차이를 위해 삶의 즐거움 중 하나인 스테이크를 포기할 사람은 거의 없다.

또 다른 예를 보자.

"커피를 마시는 사람은 체중이 20% 더 감소한다"

20%라는 숫자는 꽤 인상적이다. 하지만 이것이 관찰연구라는 점은 일단 접어두더라도, 핵심은 '절대적 변화'다. 두 집단이 각각 얼마의 기간 동안 실제로 몇 파운드를 감량했는지를 알아야 한다.

대조군은 0.25파운드, 실험군은 커피를 8주간 매일 세 잔 마셔 0.30파운드를 감량했다면 그 차이는 20%지만 실질적 의미는 거의 없다. 이 정도 효과를 위해 커피의 부작용을 감수할 것인가?

비교 기준이 빠진 백분율은 믿지 마라.

관찰연구에 불과한데 인과관계를 주장하는가?

이 장에서 단 하나만 배워야 한다면 바로 이것이다. 대중의 눈을 가리는 데 이보다 흔하고 악랄하게 쓰이는 수법도 없기 때문이다.

관찰연구observational study는 실험실 밖에서 여러 집단을 관찰해 특정 현상의 발생 빈도를 비교하는 방식이다. 흔히 '통제되지 않은 실험'이라 불리며, 악명 높은 '중국 연구'가 대표적인 예다.

관찰연구는 모든 변수를 통제할 수 없고, 상관관계만 보여줄 수 있을 뿐이다. A와 B가 함께 나타난다는 사실은 알 수 있어도, A가 B의 원인인지는 알 수 없다. 인과관계를 밝히려면 무작위 대조군 실험이 필요하다.

이 차이를 풍자적으로 보여주는 예가 파스타파리아니즘pastafarianism이다.

- 해적 수가 줄어들자 지구 온난화가 심해졌다.
- 따라서 해적 수 감소가 지구 온난화의 원인이다.

이처럼 관찰연구에서 억지로 인과관계를 끌어내는 행태는, 돈과 주목을 좇는 학자와 언론의 주요 생계수단이다. 관찰연구만 근거로 한 조언은 일단 의심하는 편이 안전하다.

2004년 『국제역학저널』에 실린 「호르몬대치치료와 관상동맥질환의 수수께끼: 관찰역학의 사망인가?」는 그 위험성을 잘 보여준다. 관찰연구에서는 호르몬대치치료HRT를 받은 여성들의 심장병 발병률이 낮아 보였다. 언론은 곧바로 "HRT가 심장병을 줄인다"라고 보도했다. 그러나 이후 무작위 대조군 임상 실험에서는 정반대 결과가 나왔다. HRT를 받은 여성의 심장병 위험이 오히려 소폭 증가한 것이다.

이 차이는 관찰연구가 사회경제적 요인과 선택 편향을 제대로 고려하지 못했기 때문이다. 심장병 위험이 낮은 여성에게 HRT가 처방됐다는 사실만으로도 결과는 왜곡될 수 있다. 이 사례는 관찰연구가 인과관계 증거로 얼마나 위험한지를 분명히 보여준다.

관찰연구는 가설을 세우는 데는 유용하다. 하지만 인과관계를 증명하는 도구로 사용해서는 안 된다. 그것은 무책임할 뿐 아니라 때로는 위험하다.

연구가 자기보고나 인터뷰 조사에 의존하고 있는가?

1980년, 남극의 외딴 연구기지에서 근무하던 과학자들은 피검자들에게 섭취한 모든 음식의 종류와 무게를 빠짐없이 기록하도록 했다. 일주일 뒤, 그들에게 "어제 무엇을 먹었는가"라는 질문을 던졌다. 참고로 이들은 각자 공책에 음식 섭취 기록을 충실히 남겨야 했던 사람들이다.

그럼에도 불구하고 대부분은 실제 섭취량의 20~30%를 누락했다. 눈보라 속에서 생활하던 극한 환경을 고려하면 놀랄 일도 아니다. 정상적인 일상에서도 우리가 먹은 모든 것을 정확히 기억하기란 거의 불가능하다.

그렇다면 전문가들이 수행하는 대규모 연구는 어떨까?

'여성 건강 이니셔티브'WHI, Women's Health Initiative는 미국 국립보건원의 후원 아래 약 4만 9000명의 여성을 대상으로, 총 4억 1500만 달러의 예산을 들여 8년간 진행된 대형 프로젝트다. 저지방 식이요법이 암과 심혈관질환에 미치는 영향을 포함해 여러 건강 문제를 조사했다. 언론은 이를 '영양 역학 연구의 황금률'이라 치켜세웠고, 미국암학회의 마이클 선 박사는 WHI를 "역학연구의 롤스로이스"라고까지 불렀다.

2006년 『뉴욕타임스』는 이 연구 결과를 다음과 같은 제목으로 보도했다.

"저지방 식이요법은 건강 위험을 줄이지 못한다"

나는 다른 근거들을 들어 이 결론에 동의할 수는 있다. 그러나 WHI 연구 자체만으로는 이런 결론을 내릴 수 없다. 마이클 폴란은 이 연구가 안고 있는 결정적 문제, 즉 자기보고self-reporting의 한계를 다음과 같이 지적한다. "WHI의 음식섭취 빈도 설문지를 작성하면서, 이 연구가 의존하는 자료가 얼마나 불확실한지 절감했다. 질문지는 지난 3개월을 되돌아보며 오크라, 호박, 고구마를 먹었는지, 튀겨 먹었다면 어떤 기름을 사용했는지를 묻는다. 솔직히 말해 전혀 기억할 수 없었다. 식당에서 먹은 오크라가 어떤 기름에 튀겨졌는지는 최면술사도 끄집어내지 못할 것이다."

WHI 설문지에는 이런 질문도 포함돼 있었다.

- 닭이나 칠면조를 먹을 때 껍질을 얼마나 자주 먹었는가?
- 흰 살코기와 붉은 살코기 중 무엇을 더 자주 먹었는가?
- 지난 3개월 동안 브로콜리 반 컵을 몇 번이나 먹었는가?

당신이라면 기억할 수 있겠는가? 20%라도 정확히 떠올릴 수 있겠는가?

하루만 놓고 시험해보자. 어제 당신은 몇 칼로리를 섭취했는가? 지방에서 나온 칼로리는 얼마나 될까? 이제 어제와 똑같이 먹되, 이번에는 모든 음식과 음료를 저울과 계량컵으로 측정해 기록해보라. 그리고 영양 데이터베이스에서 정확한 칼로리를 계산해보라.

기억에만 의존한 답변과 실제 데이터 사이의 간극은 상상 이상으로 거대하다. 이런 오류가 4만 9000명 규모로 누적된다면 결과는 정교한 통계가 아니라 피카소의 그림에 가깝지 않겠는가.

물론 자기보고라도 실시간 기록이라면 이야기가 달라진다. 최근에는 푸드 스캐너 앱이나 와이파이 체중계 같은 도구 덕분에 실시간 기록이 훨씬 수월해졌다. 가능하다면 사후 기억에 의존한 연구 결과는 곧이곧대로 믿지 마라. 당신이 직접 기록한 데이터가 훨씬 신뢰할 만하다.

식이요법 연구가 대조군을 두었다고 주장하는가?

식이요법 연구에서 다량영양소 하나만을 바꾸는 일은 사실상 불가능하다. 지방을 줄이면 탄수화물이나 단백질이 늘어나고, 그 반대도 마찬가지다. 따라서 '완벽한 대조군'을 설정하는 것 자체가 거의 불가능하다.

그럼에도 불구하고 특정 다량영양소 하나를 악당으로 지목하며 "대조군을 두었다"라고 주장하는 연구가 있다면 일단 의심부터 해야 한다.

예를 들어 저지방 식이요법이 고지방 식이요법보다 낫다고 주장하는 연구를 보자. 자연식 위주의 저지방 식단을 선택하면 지방뿐 아니라 단백질 섭취도 함께 줄어든다. 같은 칼로리를 유지하려면 탄수화물을 더 먹어야 한다. 그렇지 않으면 총열량 자체가 변수가 된다.

결국 이 비교는 "고지방 vs 저지방, 고단백 vs 저단백, 고탄수화물 vs 저탄수화물"을 동시에 비교하는 꼴이 된다. 이 상황에서 무엇이 무엇의 원인인지 어떻게 구분할 수 있을까? 사실상 불가능하다.

여기서 자기실험에 의외의 강점이 있다. 자기실험에서의 '대조군'이란, 효과가 없었던 이전의 나 자신이다. 식이요법 A어서는 체지방이 줄지 않았는데, 식이요법 B로 바꾼 뒤 줄었다면 A는 당신의 대조군이다. 이상적인 실험이라면 다시 A로 돌아가 체지방이 어떻게 변하는지 확인하고, 다시 B로 전환해 결과를 비교해야 한다. 이런 교차 실험은 귀찮고 불편하지만 우연 가능성을 크게 줄여준다. 눈에 띄는 변화를 가져올 방법이 있다면 집요하게 반복해 검증하라.

연구를 지원한 측은 어떤 결과에서 이익을 얻는가?

과학자와 연구비 제공자 사이의 이해관계를 반드시 확인해야 한다. 하버드대에서 영양학과를 창설하고 학과장을 지낸 프레드 스테어는 1960년대 제너럴 푸즈로부터 100만 달러가 넘는 기부금을 받았다. 설탕이 주성분인 시리얼과 음료를 생산하는 기업들이었다. 이후 그는 설탕과 식품첨가물을 공개적으로 옹호하는 인물로 변했고, 코카콜라와 전미청량음료협회로부터 지속적인 지원을 받았다.

이것이 불법일까? 아니다. 그러나 인간은 보상에 반응하는 존재다. 연구비의 출처가 연구의 결론을 바꾸지 않을 거라 믿는 건 너무 순진한 생각이다.

식이요법 관련 연구를 읽을 때는 반드시 이해 충돌conflict of interest 항목을 정독하라. 연구비 지원뿐 아니라 자문료, 고문 계약 같은 간접적 관계도 확인해야 한다. 예컨대 콜로라도대의 제임스 힐은 설탕 섭취와 비만의 연관성을 부정해온 학자로 알려져 있다. 그의 논문에 명시된 이해의 충돌 항목에는 코카콜라,

크래프트 푸즈, 마즈(스니커즈·엠앤엠 제조사)로부터 자문료를 받았다는 사실이 포함돼 있다.

그가 범죄를 저질렀다고 말하려는 것이 아니다. 다만 연구 결과만을 보고 삶의 방식을 바꾸기 전에, 연구가 어떤 맥락에서 나왔는지를 먼저 살펴야 한다는 뜻이다. 과학은 숫자만으로 이루어지지 않는다. 사람과 돈, 동기와 이해관계 위에서 작동한다.

불완전한 정보 속에서 움직이는 법

정보가 불완전한 상황에서 어떻게 행동할 것인가? 이것이 인간이 가장 시급하게 해결해야 할 과제다.

나심 니콜라스 탈레브, 『블랙 스완』

이 책에서 다룬 실험들은 비판에서 자유로울까? 결코 그렇지 않다. 모든 연구는 어떤 형태로든 결함을 지닌다. 비용 대비 효율이 떨어질 수도 있고, 윤리적 논란이 따를 수도 있다.

나는 스스로를 실험 대상으로 삼아왔다. 대부분 표본을 무작위로 추출하지 않았고, 엄밀한 대조군도 두지 않았다. 그렇다고 자기실험이 과학자들의 전유물인 것도 아니다. 실제로 적지 않은 과학자들이 기꺼이 자기실험을 시도한다.

나는 자기실험을 귀찮은 일이라 여기지 않는다. 그리고 당신도 그렇게 생각하지 않기를 바란다.

이 장의 목적은 명확하다. 우리는 기존의 연구 결과를 자기실험의 출발점으로 삼는다. 그렇기 때문에 사기꾼이나, 악의는 없지만 잘못된 정보를 전달하는 기자들에게 현혹되어 엉뚱한 선택을 하지 않도록 경계해야 한다. 앞에서 살펴본 '빅 파이브'를 제대로 이해하고 선정적인 주장 뒤에 숨은 구조를 꿰뚫어본다면 우리는 언론에 전적으로 의존하지 않고 스스로 실험하며 영양과 건강에 관한 올바른 방향을 선택할 수 있다. 그렇게 할 때 비로소 건강의 문은 열린다.

이 책의 목적은 어떤 변수 하나하나의 작동 원리를 완벽히 규명하는 데 있지 않다. 그것은 논문을 위한 임상연구의 몫이다. 자기개선을 위한 실험의 목적은 다르다. 알파리포산이 체중 감량에 아무 역할도 하지 않을 수도 있다. 근육을 키우는 핵심 요인이 웨이트 중량이 아니라 '운동을 한다는 사실 그 자체'일 수도 있다. 시금치에는 아무 효과가 없고, 대신 다른 음식에 결정적인 효과가 있을 수도 있다. 중요한 것은 메커니즘이 아니라 결과다. 부작용 없이 원하는 결과를 얻는다면 정확한 작동 원리는 부차적 문제다.

마틴 루터 킹은 말했다. "정의의 실현이 지연되면, 정의는 부인된 것과 같다." 자기실험의 세계에서도 마찬가지다. 결과가 개인에게 중요한 의미를 지닌다면 하루라도 늦게 시작하는 것은 결국 결과를 영원히 얻지 못하는 것과 다르지 않을 수 있다. 그렇다고 무작정 덤벼들라는 뜻은 아니다. 계획 없이 시작하면 다치지는 않더라도 엉뚱한 문제를 고치느라 시간을 허비할 가능성이 크다. 그러나 완벽한 조건이 갖춰지기를 기다린다면 시작 자체가 불가능해질지도 모른다.

내가 사는 세계에는 살을 빼고, 더 매력적인 몸을 원하며, 게다가 5~10년 뒤가 아니라 지금 당장 원한다는 사람들이 넘쳐난다. 학문 연구는 달팽이처럼 느리다. 학자들이 완벽한 이론을 내놓을 때까지 손 놓고 기다릴 여유는 없다.

더 알고 싶다면

언젠가는 통계적 사고가 읽고 쓰는 능력만큼이나 똑똑한 시민의 필수 조건이 될 것이다.

H. G. 웰스

영국 의사이자 '돌팔이 의사 사냥꾼'으로 알려진 벤 골드에이커는 우리가 무작위성에 얼마나 쉽게 속는지를 설명한 인물이다. 그는 다음과 같은 예를 든다.

23명이 모인 파티에서 두 사람의 생일이 같을 확률은 얼마나 될까? 대부분 1~2%라고 답하지만 실제로는 50%에 가깝다.

무작위를 이해하려면 유의확률(p-value) 개념이 필요하다. p-값이란 "관측된 결과가 우연이 아닐 확률이 얼마나 되는가?"에 대한 지표다. 일반적으로 $p < 0.05$, 즉 결과가 우연일 가능성이 5% 미만일 때 '통계적으로 유의미하다'고 말한다.

이를 쉽게 설명해보자. 당신이 동전 뒤집기 도박꾼이라고 하자. 앞면이 더 자주 나오도록 조작한 동전과 정상 동전을 각각 100번 던진다. 정상 동전은 앞면이 50번, 조작한 동전은 60번 나왔다. 이 결과만 보고 집을 담보로 도박판에 뛰어들어도 될까? 답은 그렇지 않다.

		1%	2%	5%	10%	20%	30%	50%
신뢰수준	80%	44,750	11,225	1,814	461	119	119	21
	85%	87,891	17,030	2,757	699	180	180	31
	90%	103,830	26,045	4,209	1,069	275	275	47
	95%	171,069	42,911	6,934	1,761	453	453	78
	98%	266,691	66,897	10,809	2,745	706	706	121

위의 추정표는 웹디자인과 통계분석이 주된 사업인 웹셰어(Webshare)가 작성한 것이다. 이 추정표에서는 당신이 집이라도 지키려면 그런 꿈을 접으라고 단호히 말한다.

20%의 상대적 이점(60 대 50)을 신뢰수준 95%(p=0.05)로 입증하려면, 동전을 최소 453번은 던져야 한다. 100번 던져 얻은 결과는 인과관계를 말하기엔 턱없이 부족하다는 뜻이다.

p-값과 통계적 유의미성에 관해 반드시 기억해야 할 점은 세 가지다.

1) 기적처럼 보인다고 해서 기적인 것은 아니다. 인간은 무작위적 현상에 체계적으로 속는다.

2) 변화의 크기가 클수록 필요한 표본 수는 줄어든다. 소규모 실험과 자기실험을 비판하는 사람들이 흔히 간과하는 지점이다.

3) 여러 실험에서 나온 p-값을 마구 결합해 주장을 포장하는 것은 엉터리 과학자들이 즐겨 쓰는 수법이며, 무지한 기자들이 반복하는 실수다.

자, 그럼 앞의 사례로 다시 돌아가보자. 왜 이렇게 큰 차이가 날까? 이 차이는 우리가 문제를 잘못 바라보기 때문에 생긴다. 우리는 보통 "내 생일과 같은 사람이 있을 확률"을 떠올린다. 하지만 이 질문은 특정한 한 사람이 아니라 23명 전체가 서로를 비교할 때를 묻는다. 즉, 비교는 23번이 아니라 수백 번 일어난다. 파티에 모인 23명 전체가 서로를 비교하기 때문이다. 비교 대상이 급격히 늘어나면서 확률도 빠르게 올라간다.

이제 관점을 바꿔보자. 23명이 있으면, 비교는 23번이 아니라 253번이나 이루어진다. (23명 중에서 두 사람을 짝지을 수 있는 모든 경우의 수다.) 즉, 이 질문은 "23명 중 어느 누구라도 서로 생일이 같은 쌍이 있을 확률"을 묻는 것이다. 비교 대상이 급격히 늘어나기 때문에, 확률은 생각보다 빠르게 올라간다.

이 예가 보여주는 핵심은 분명하다. 인간은 비교의 수가 폭발적으로 증가하는 상황에서 확률을 심각하게 과소평가한다. 그리고 바로 이 직관의 오류가, 통계와 연구 결과를 오해하게 만드는 출발점이 된다.

참고자료

- *The Black Swan* by Nassim Taleb (『블랙 스완』): 무작위성과 불확실성 앞에서 인간이 왜 반복적으로 판단 오류를 범하는지를 가장 설득력 있게 설명한 책이다. 『행운에 속지 마라』의 저자이기도 한 탈레브는, 우리가 객관적 근거 없이 어떤 사건은 과소평가하고 어떤 사건은 과대평가하는 본능적 반응이 얼마나 큰 손실과 고통을 낳는지를 집요하게 파헤친다. 이 책은 통계적 사고의 필수 교양이라 할 만하다.

- The Corporation (《더 코퍼레이션》, 다큐멘터리 DVD): 미국 기업들이 이익을 위해 어떻게 연구 결과를 왜곡하는지를 고발한 다큐멘터리다. 특히 건강과 관련된 연구에 기업 자본이 개입할 때 과학이 어떤 방식으로 '상품화'되는지를 적나라하게 보여준다. 이 책의 문제의식을 이해하기 위해 반드시 함께 봐야 할 자료다. www.fourhourbody.com/corporation

- List of Cognitive Biases (인지적 편향 목록): 우리 모두가 빠지기 쉬운 대표적인 인지적 편향을 정리한 목록이다. '배드 사이언스'를 만들어내는 과학자들 역시 예외가 아니다. 이 목록을 훑어보며, 그동안 자신이 읽고 들은 주장들을 비판 없이 받아들인 적은 없었는지 점검해볼 필요가 있다. www.fourhourbody.com/biases

제약 거대기업이
결과를 조작하는 방법

※ 이 장은 벤 골드에이커 박사가 쓴 글이다. 그는 2003년부터 영국 일간지『가
디언』에 매주「배드 사이언스」칼럼을 연재해왔고, 통계학의 중요성을 대중
에게 알린 공로로 영국 통계학회상을 받았다. 선정적인 기삿거리를 좇는 기
자들, 의심스러운 정부 보고서, 탐욕적인 제약·홍보회사, 돌팔이 의사들이
내놓는 근거 없는 '과학'의 허점을 집요하게 파헤치는 현직 의사이기도 하다.

이제부터 설명할 내용은, 내가 다소 유치하게도 '제약회사의 새빨간 거짓말'
이라는 제목으로 의대생과 의사들에게 강의할 때 늘 다루는 이야기다. 동시에
내가 의과대학에서 배운 내용이기도 하다. 이 문제를 가장 쉽게 이해하는 방법
은, 대형 제약회사의 연구자가 되었다고 상상해보는 것이다.

당신은 알약 하나를 개발했다. 효과가 아주 뛰어나지는 않지만 그럭저럭 쓸
만하다. 문제는 개발 비용이 막대하다는 점이다. 당신은 긍정적인 결과가 필요
하다. 그러나 설득해야 할 대상은 기자나 대중이 아니라 의사와 학자들이다. 그
들은 현혹과 통계적 속임수를 간파하도록 훈련받은 사람들이다. 따라서 당신

의 전략은 더 정교하고 교묘해야 하며, 동시에 그럴듯해야 한다.

그렇다면 무엇을 할 것인가?

먼저, 약이 잘 듣는 사람들만 골라 실험한다. 노장년층이나 여러 질환을 동시에 가진 환자는 제외한다. 대신 단일 질환만 가진 젊은층을 대상으로 한다. 이들은 눈에 띄는 개선을 보일 가능성이 크다. 실제 진료 현장에서 처방받는 환자에게는 효과가 미미할 수 있지만 운이 좋다면 아무도 눈치채지 못할 것이다. 이런 방식은 약물 개발 과정에서 놀랄 만큼 흔하다.

다음 단계는 비교 대상을 고르는 일이다. 당신의 약을 기존 최선의 치료법과 비교하는 것은 위험하다. 이미 수백만 달러를 쏟아부은 상황에서 실패를 감수할 수는 없다. 대신 위약과 비교한다. 위약보다 낫다는 결과는 거의 보장된다. 이렇게 얻은 긍정적인 데이터를 대대적으로 홍보한다. 대부분의 약이 개발 초기 단계에서는 위약과 비교되고, 제약회사가 고용한 '약 판매상'들 역시 이런 보기 좋은 그래프를 원하기 때문에 이 방식은 매우 흔하다.

이제 상황이 더 흥미로워진다. 규제기관이나 체면 때문에 경쟁약과 비교해야 한다면 교묘한 수법을 쓰면 된다. 경쟁약을 부적절한 용량으로 투여하면 효과는 떨어진다. 과도한 용량을 쓰면 부작용이 늘어난다. 정맥주사로 써야 할 약을 경구로 투여하거나, 용량을 급격히 늘려 부작용을 유도할 수도 있다. 이렇게 설계된 비교에서 당신의 약이 우월해 보이지 않을 리 없다.

믿기 힘들겠지만 실제로 이런 사례는 적지 않다. 새 항정신병약을 더 안전한 것처럼 보이게 하려고 기존 약을 고용량으로 투여한 연구, 선택적 세로토닌 재흡수 억제제SSRI 계열 항우울제 연구에서 극히 제한된 사례만을 선택적으로 보고한 논문들을 어렵지 않게 찾아볼 수 있다.

부작용을 다루는 방식도 중요하다. 예를 들어 SSRI 계열 항우울제는 성적 부작용을 일으킬 수 있다. 그러나 이 부작용의 보고율은 질문 방식에 따라 2%에서 70% 이상까지 크게 달라진다. 실제로 수천 명을 대상으로 한 조사에서 수십 가지 부작용을 열거하면서도 성적 부작용은 아예 묻지 않은 사례도 있다. 연구자들은 그 항목들이 더 중요하다고 변명하지만 설득력은 떨어진다.

결과 지표를 선택하는 방식에서도 속임수는 가능하다. 실제로 중요한 것은 사망률이나 통증 감소일지 모르지만 대신 달성하기 쉬운 '대체 임상지표'를 사용한다. 심장사를 줄이는 약이라면 사망률 대신 콜레스테롤 수치만 측정하는 식이다. 비용은 적게 들고, 결과는 더 빨리, 더 좋게 나온다.

모든 시험을 마쳤는데도 결과가 마음에 들지 않는다면 선택지는 남아 있다. 일부 불리한 데이터를 그래프에서 눈에 띄지 않게 처리하거나, 결론에서 슬쩍 제외한다. 결과가 전반적으로 부정적이라면 아예 발표하지 않거나 한참 뒤에 발표한다. SSRI 계열 항우울제의 위험성을 경고하는 자료들이 이런 방식으로 묻힌 사례는 이미 잘 알려져 있다.

아니면 독하게 마음먹고 통계자료를 조작할 수도 있다. 시험 결과가 긍정적으로 나온 것처럼 보이도록 통계분석을 손보는 고전적인 수법들은 다음과 같다.

원칙을 완전히 무시하라

상관관계를 인과관계인 것처럼 꾸며라. 모든 자료를 스프레드시트에 입력하고, 당신에게 조금이라도 유리해 보이는 관계는 전부 '유의미하다'고 보고하라. 표본이 충분히 크다면 긍정적인 관계 하나쯤은 반드시 나오게 마련이다.

출발선을 조절하라

시험 시작 시점에 실험군이 우연히 대조군보다 이미 상태가 좋아 보인다면 모른 척하고 그대로 진행하라. 반대로 위약군이 더 좋아 보인다면 분석을 위한 출발선을 슬쩍 재조정하라.

중도 탈락자는 무시하라

통계적으로 중도 탈락자는 약의 효과를 보지 못했거나 부작용을 겪었을 가능성이 크다. 이들은 결과를 망칠 뿐이다. 그러니 그들의 상태를 추적할 생각은 하지 말고, 최종 분석에서도 깔끔하게 제외하라.

자료를 깔끔하게 정리하라

데이터를 그래프로 그리면 유독 튀는 값, 즉 '이상치'가 보일 것이다. 그 값이 약을 나쁘게 보이게 한다면 과감히 제거하라. 반대로 약을 좋아 보이게 만든다면 아무리 비정상적이어도 그대로 남겨두라.

5개월이면 충분하다

6개월짜리 시험에서 4.5개월쯤 되었을 때 겨우 유의미한 차이가 나타난다면 즉시 시험을 중단하고 결과를 작성하라. 시험을 더 이어가봐야 상황이 나아질 가능성은 낮다. 반대로 6개월이 지나서야 '간신히' 유의미해졌다면 시험 기간을 3개월쯤 더 늘려라.

자료를 고문하라

결과가 전반적으로 부정적이라면, 특정 소집단에서 다른 양상이 있었는지 뒤져보라. 이를테면 52~61세 중국 여성에게서는 탁월한 효과가 있었다는 식의 결과를 발견할지도 모른다. "데이터를 쥐어짜라. 그러면 당신이 원하는 답을 자백할 것이다."

아무 숫자로나 멋지게 포장하라

계획했던 분석으로는 도저히 원하는 결과가 나오지 않는다면 전혀 다른 통계 검사의 숫자를 끌어다 써서 결과를 긍정적으로 꾸며라. 그 검사가 실제 연구와 무관해도 상관없다.

모든 준비가 끝났다면 결과를 '현명하게' 발표하라. 결과가 좋다면 권위 있는 학술지에, 절차가 허술하다면 덜 알려진 학술지에 투고하라. 이런 속임수는 오래 숨겨지지 않는다. 누군가 꼼꼼히 읽는다면 드러난다. 그러니 초록 이상은 읽히지 않도록 조심하라.

끝으로 시험 결과가 도저히 참담하다면 발표하지 말고 어딘가에 묻어두라. 그리고 '보관자료'라고 이름 붙여라. 누군가 체계적인 재검토를 이유로 자료를 요구하기 전까지는 아무도 당신이 어떤 수법을 썼는지 알지 못할 것이다. 다행히도 그런 사람은 쉽게 나타나지 않는다.

다이어트 데이터, 어디까지 믿을 수 있을까

아래에 제시된 느린 탄수화물 식이요법 자료는 큐어투게더닷컴CureTogether.com을 활용한 온라인 설문조사를 통해 수집되었다. 총 194명이 모든 문항에 응답했으며, 이 중 58%는 "지금까지 시도한 식이요법 가운데 처음으로 끝까지 지속할 수 있었던 방법"이라고 답했다.

실험 참여자는 내 개인 블로그, 트위터, 페이스북을 통해 모집되었다.

결과 분포	인원 수
체중증가 0~9.9kg	4
체중감소 0~4.5kg	39
체중감소 4.5~9.0kg	68
체중감소 9.0~13.5kg	35
체중감소 13.5~18.0kg	16
체중감소 18.0~22.5kg	11
체중감소 22.5kg 이상	10

	평균 감량(kg)	인원 수
총 응답자	9.4	194
채식주의자	10.3	10
비채식주의자	9.4	178
연령		
15-20세	7.2	19
21-30세	9.0	86
31-40세	9.9	56
41-50세	9.4	26
51-60세	13.5	5
61세 이상	4.9	2
남성	9.4	150
여성	5.4	44
자녀	9.4	60
무자녀	9.0	118
첫 주 감소량	1.5	194
둘째 주 감소량	1.4	194
셋째 주 감소량	1.5	194
넷째 주 감소량	1.8	194
아침식사를 거름	10.3	29
아침식사를 함	9.4	157
1시간 내 아침식사	9.0	127
그렇지 않은 경우	10.3	61
하루 끼니		
2끼	17.5	8
3끼	8.5	80
4끼	9.0	64
5끼	10.3	36
식이요법을 엄격하게 따름	8.1	84
식이요법을 변경	10.3	104

	평균 감량(kg)	인원 수
칼로리 계산함	12.1	35
칼로리 계산하지 않음	9.0	152
식이요법 중 운동함	9.9	144
식이요법 중 운동하지 않음	8.1	41
식이요법을 시작하면서 운동을 시작함	11.2	68
식이요법을 시작하면서 운동을 시작하지 않음	8.5	116
자녀가 있는 여자	5.4	16

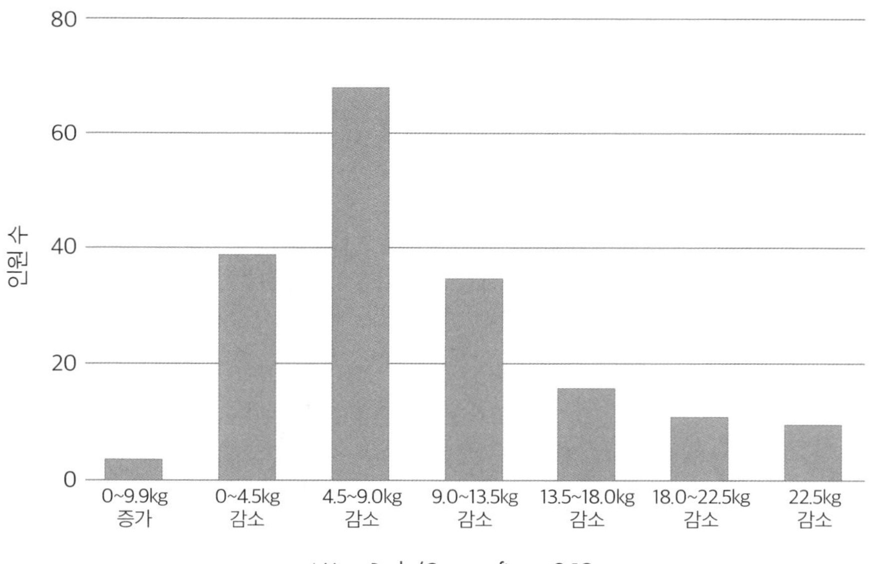

4-Hour Body/**Crown** figure **249**

거의 100% 성공한 다이어트: 성공률 뒤에 숨은 편향

이 자료는 흥미롭고 고무적인 결과를 보여주지만 완벽한 데이터라고 보기는 어렵다. 조사 방법론상 특히 두 가지 한계가 존재한다.

첫째, 응답 조작의 가능성이다. 명백한 허위 응답(예: "290kg을 감량했다", "초기 체중이 16kg였다")과 이중 응답은 제외했지만 개인 신원ID을 교차 검증하거나 방문 조사를 실시하지는 않았다. 엄격한 통제 없이 진행된 설문조사에서 이러한 문제를 완전히 배제하기는 어렵다.

둘째, 중도 탈락자에 대한 고려가 부족하다는 점이다. 댓글 약 3,000건을 기준으로 보면 실패를 언급한 비율은 3~5%에 불과했지만 실제로는 더 많은 사람이 도중에 포기했을 가능성이 있다. 다만 설문에 응답한 194명 중 체중이 늘거나 거의 변하지 않은 사례는 4명에 불과했다는 점도 함께 고려해야 한다. 이들은 모두 블로그, 트위터, 페이스북을 통해 먼저 반응을 보인 뒤 설문에 참여한 사람들이다.

이 문제는 공개 설문조사에서 흔히 나타나는 생존편의survivorship bias의 전형적인 사례다. 설문에 응답한 집단은 애초에 긍정적인 결과를 얻었을 가능성이 높다. 뮤추얼 펀드의 평균 수익률을 평가할 때도 마찬가지다. 우리는 '살아남은 펀드'의 성과만 보게 되며, 이미 사라진 실패 사례—나심 탈레브가 말한 '소리 없는 증거'—는 통계에서 빠진다. 만약 전 재산을 잃고 시장에서 퇴장한 투자자들까지 포함한다면 평균 수익률은 크게 낮아질 것이다. 실패는 원래 세상에 잘 드러나지 않는 법이다. 실패를 숨기는 게 이득인 다이어트 시장에서는 더더욱 그렇다.

그렇다면 이 결과를 신뢰할 수 없다는 뜻일까? 반드시 그렇지는 않다. 생존편의의 가능성이 곧바로 결과의 무가치함을 의미하지는 않는다. 다만 다음 두 가지는 분명히 짚고 넘어가야 한다.

지금까지 보고된 여러 사례를 종합하면 느린 탄수화물 식이요법의 실패율은 5%를 넘지 않는다. 기존 식이요법들의 성과와 비교하면 매우 낮은 수치다. 그리고 실패 사례의 대부분은 지침을 정확히 따르지 않은 경우다. 의지의 문제가 아니라 실행의 문제다. 실제로 지침을 충실히 이행한 뒤 구체적인 피드백을 제공한 사례만을 놓고 보면, 느린 탄수화물 식이요법의 성공률은 거의 100%에 가깝다.

194명 데이터가 말하는 위험한 착각

그렇다면 이런 조사 결과는 어떻게 해석해야 할까? 또 이 결과를 바탕으로 식이요법을 어떻게 계획하거나 현재의 방식을 어떻게 조정해야 할까? 이 지점에서 우리는 흔히 같은 실수를 반복한다. 이제 앞에서 배운 교훈을 실제 사례에 적용해보자. 조사 결과에 포함된 변수들을 서로 독립적으로 살펴보면, 상대적으로 체중을 더 많이 줄인 것으로 보이는 방법들이 눈에 띈다. 특히 이를 그래프로 표현하면 차이는 더욱 분명해 보인다.

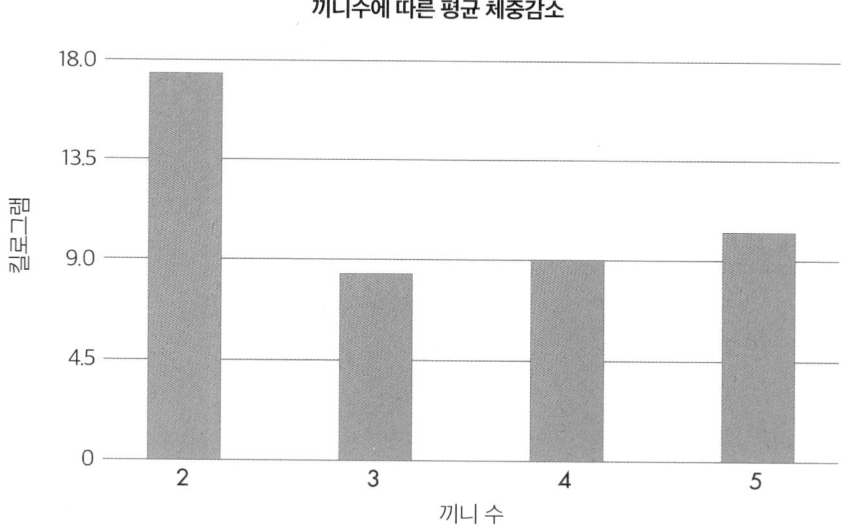

이 자료만을 근거로 일차원적인 결론을 내리면 다음과 같은 판단이 가능하다.

- 하루 2끼가 가장 효과적이다. 차선책은 하루 5끼다.
- 채식 위주의 식사가 더 효과적이다.
- 칼로리를 계산한 쪽이 더 많이 감량했다.
- 아침식사를 거른 쪽이 더 많이 감량했다.

이 책을 주의 깊게 읽은 독자라면 눈치챘겠지만 나는 대부분의 경우 이 네 가지와 정반대의 방법을 권해왔다. 그렇다면 내가 잘못된 조언을 해왔다는 뜻일까?

결론을 서두르기 전에, 이번에는 인원수를 함께 고려해보자. (X/194)는 전체 응답자 194명 중 해당 방식을 실제로 실천한 사람의 수를 뜻한다.

- 하루 2끼: 8/194
- 채식 위주 식사: 10/194
- 칼로리 계산: 35/194
- 아침식사 생략: 29/194

이 수치들에서 인과관계를 도출하는 것은 불가능하다. 여기서 말할 수 있는 것은 오직 상관관계뿐이다. 따라서 이 결과를 검증하려면, 엄밀한 대조군과 실험군을 설정한 추가 실험이 필요하다. 그럼에도 불구하고, 4가지 결론 중 2가지는 특히 주의 깊게 살펴볼 필요가 있다.

하루 2끼 식사는 정말 효과적인가?

약 17.7kg과 10.4kg 감량이라는 수치만 보면 하루 2끼 식사가 훨씬 효과적인 것처럼 보인다. 그러나 이 결론은 성급하다. 하루 2끼를 유지했다고 응답한 사람은 전체 194명 중 단 8명에 불과하다. 표본이 지나치게 작고, 중도에 포기한 사람이 얼마나 되는지도 알 수 없다.

또한 이들의 초기 체중 역시 확인할 수 없다. 만약 고도비만 상태였다면 17.7kg 감량은 특별한 성과라고 보기 어렵다. 반면 평균 약 9kg을 감량한 다수의 응답자들은 하루 3~4끼를 유지했다. 이 점은 결코 무시할 수 없다.

칼로리 계산은 도움이 되는가?

칼로리를 계산한 집단은 평균 약 12kg, 계산하지 않은 집단은 약 9kg을 감량했다. 겉보기에는 칼로리 계산이 효과적인 것처럼 보인다. 하지만 여기에도 생존편의가 작용했을 가능성이 크다. 칼로리 계산을 시도하다가 번거로움 때문에 식이요법 자체를 포기한 사람들은 조사에 포함되지 않았기 때문이다.

또한 감량의 원인이 칼로리 계산 그 자체인지, 아니면 식이요법을 성실히 지키는 태도였는지도 분명하지 않다. 칼로리 계산은 일부에게는 유용한 도구일 수 있지만 대부분에게는 지속하기 어렵다. 그렇다면 계산에 매달리기보다 기본 원칙을 꾸준히 지키는 편이 더 현실적이다.

그렇다면 칼로리 계산은 쓸모없는가? 꼭 그렇지는 않다. 만약 당신이 칼로리 계산을 즐기고, 그것이 동기 부여가 된다면 계속해도 좋다. 다만 대부분의 경우처럼 그것이 지겹고 부담스럽다면 칼로리 계산 때문에 식이요법 자체를 포기하느니 기본 원칙으로 돌아가는 편이 훨씬 낫다.

결론

이 자료는 향후 어떤 실험이 필요할지를 분명히 보여준다. 다만 그 역할은 충분한 자원과 관심을 가진 사람들에게 맡기겠다. 현재로서 분명한 결론은 하나다. 느린 탄수화물 식이요법은 효과가 있다. 대다수의 사람들에게 가장 효과적이라고 입증된 방식을 원한다면 이 책에서 제시한 규칙들을 그대로 따라가면 된다. 그리고 휴식일에는 마음껏 먹어라. 나를 믿고 초콜릿 크루아상을 먹어도 좋다. 그 못된 녀석은, 정말로 맛있다.

06

성생활을 바꾸는 호르몬 사용법

아무리 좋은 것도 과하면 해가 된다. 특히 독성을 지닌 물질은 결코 가볍게 다루어서는 안 된다. 테스토스테론과 성적 욕망이 중요하다면 그만큼 정확하게 아는 것이 중요하다. 이 장의 목적은 섹스와 관련된 부작용을 피하고, 이론적 배경을 정리하며, 각자에게 맞는 방법을 찾아 긍정적 효과를 극대화하는 데 있다.

아래에 정리한 핵심 개요만 기억하면 충분하다. 다만, 반드시 주의사항까지 함께 염두에 두어야 한다.

#프로토콜 1: 성호르몬을 활성화하는 기본 프로토콜

발효 간유 + 비타민이 풍부한 유지(乳脂): 기상 직후와 취침 전에 각각 2캡슐

나는 하버드와 UCSF에서 수련받은 여러 의사들과 상의한 끝에 발효 간유와 유지를 섭취하기 시작했다. 그들은 공통적으로 웨스턴 A. 프라이스Weston A.

Price, 1870-1948의 연구를 근거로 이 조합을 추천했다. '영양학계의 찰스 다윈'이라 불리는 치과의사 프라이스는 1930년대에 인류의 건강 지도를 다시 그리겠다는 일념으로 전 세계 오지를 누비며 전통 식단의 비밀을 파헤쳤다. 그는 도시로 이주해 서구식 식단을 받아들인 집단과, 고립된 환경에서 전통 식생활을 유지한 원주민 집단을 비교했다. 스위스 루체른의 산간 마을부터 케냐의 잘루 부족, 아메리카 인디언과 오스트레일리아 원주민에 이르기까지, 14개국 수백 개 공동체를 조사한 결과 식단의 구성은 제각각이었지만 질병이 드물고 신체 기능이 뛰어난 집단의 식단에는 공통점이 있었다. 특히 성적 건강과 관련해 눈에 띄는 요소는 다음 세 가지였다.

1. 유산균 발효식품: 자우어크라우트, 김치, 나토와 같은 발효식품이 기본 식단에 포함되어 있었다.

2. 비타민 A·D가 풍부한 동물성 지방: 달걀 노른자, 어유, 버터, 돼지기름, 어란, 갑각류, 동물의 내장 등에서 비타민 A(동물성 레티놀)와 비타민 D를 섭취했으며, 그 양은 현대 미국인의 평균 섭취량보다 최대 10배에 달했다.

3. '활성제 X'—비타민 K2: 프라이스가 '활성제 X'라 명명한 영양소는 이후 연구를 통해 비타민 K2로 추정된다. 주요 공급원은 어란, 대구간유, 동물의 내장 그리고 풀을 먹고 자란 젖소의 우유로 만든 진한 노란색 버터였다. 특히 일본의 나토는 비타민 K2 함량이 탁월해, 100g당 1,103.4μg을 함유한다. 이는 푸아그라(369μg)의 약 3배, 경질 치즈(76.3μg)의 14배에 해당한다.

왜 이 식품들이 성적 기능과 관련되는가?

비타민 A는 성인의 고환에서 테스토스테론 생성에 직접 관여한다. 쉽게 말해, 남성 호르몬이 만들어지는 과정에 필수적인 역할을 한다. 아연 역시 중요하다. 아연을 충분히 보충하면 일부 연구에서는 합성 스테로이드에 맞먹는 성장 자극 효과가 나타났다고 보고된다.

비타민 K2는 이 둘을 뒤에서 받쳐주는 역할을 한다. 비타민 A와 D가 제대로 작동하려면 특정 단백질이 활성화되어야 하는데, K2는 이 단백질이 칼슘과 결합할 수 있도록 도와 기능을 켜주는 스위치와 같다. 프라이스는 실제 사례를 통해, K2가 비타민 A와 D의 효과를 눈에 띄게 증폭시킨다는 점을 확인했다.

대구간유는 비타민 A와 D가 풍부해 성장 지연과 골격 약화를 개선하는 데 도움을 주지만 여기에 K2가 풍부한 유지가 결합되었을 때 효과는 배가되었다. 이로 인해 비타민 D의 독성은 K2 결핍에서 비롯된다는 가설도 제기되었다. 따라서 대구간유나 비타민 D를 보충한다면 비타민 K2의 동반 섭취는 선택이 아니라 필수에 가깝다. K2는 풀을 먹고 자란 젖소의 버터와 유산균 발효식품에 풍부하다. 나는 아침마다 풀을 먹고 자란 젖소의 버터로 달걀 스크램블을 만들고, 그 옆에서 김치나 자우어크라우트를 포크로 집어 먹는다. 복잡할 것 없다. 오히려 놀라울 만큼 단순하다.

비타민 D3: 4주간 하루 6,000~10,000IU

미국에서 손꼽히는 스포츠 과학자이지만 실명을 공개하지 않기를 강하게 요청해 이름을 밝힐 수 없는 인물에게서 들은 일화 하나가 계기가 되어 나는 비타민 D의 효과를 다시 면밀히 조사하게 되었다.

한 NFL 선수가 수년간 지속된 어깨 통증으로 두 차례 수술까지 받았지만 증상이 전혀 호전되지 않아 그를 찾아왔다. 혈액검사를 해보니 비타민 D 수치가 심각하게 낮았다. 이후 6주간 비타민 D를 꾸준히 보충한 결과, 그는 어깨 통증에서 완전히 벗어났다. 결과적으로 불필요한 수술을 두 번이나 받은 셈이었다.

비타민 D가 다른 비타민에 비해 훨씬 광범위한 역할을 한다는 사실은 이제 상식에 가깝다. 체내에서 활성형인 칼시트리올calcitriol로 전환되면, 비타민 D는 스테로이드 호르몬처럼 작용하며 근섬유 관련 유전자를 포함해 1,000개 이상의 유전자를 조절한다. 특히 성장 잠재력이 가장 큰 속근섬유type II의 크기와 수를 증가시키는 데 관여한다.

노스캐롤라이나대학교 영양학 교수 존 앤더슨은 비타민 D를 "가장 오랫동안 과소평가된 잠자는 영양소sleeper nutrient"라고 표현했다. 실제로 비타민 D가 부족했던 중년 여성 48명이 2년간 하루 1,0COIU만 복용했음에도 속근섬유 비율이 3배 증가했고, 사지 근섬유의 직경도 약 2배로 커졌다. 반면 대조군에서는 어떤 변화도 나타나지 않았다.

혈중 비타민 D 농도가 약 50ng/mL, 즉 전신을 자연광에 꾸준히 노출했을 때 도달하는 수준에 가까워질수록 운동 능력은 최고조에 이르기 시작한다. 많은 사람이 햇볕을 충분히 쬔다고 생각하지만 현실은 다르다. 연중 햇빛이 풍부한 마이애미에서도 비타민 D 결핍 판정을 받는 사람이 적지 않다. 자외선 차단제 사용과 햇빛 회피가 주요 원인이다.

야외 훈련이 잦은 루이지애나 육상선수들을 조사한 결과도 놀라웠다. 무려 40%가 비타민 D 부족 상태였다. 실내에서 일하는 사무직 종사자나 실내 훈련 위주의 선수들은 결핍 위험이 더 높다. 체조선수 18명을 검사한 결과, 15명이 30ng/mL 이하였고 이 중 6명은 20ng/mL에도 미치지 못했다.

현재는 간단한 검사를 통해 비타민 D 수치를 확인할 수 있다. 중파장 자외선에 주 2회 이상, 회당 20~30분 노출하고 비타민 D3를 보충하면 최소 기준선인 50ng/mL에 도달할 수 있다. 일반적으로 100ng/mL는 과도한 수준으로, 150ng/mL 이상은 유해한 범위로 간주된다.

따라서 혈액검사 없이 무작정 고용량을 복용하는 것은 위험하다. 과잉 섭취 시 입안에서 금속 맛이 느껴질 수 있는데 '오컴의 프로토콜'에서 언급한 닐 스트라우스가 실제로 이런 부작용을 겪었다. 하루 몇 시간 서핑을 하는 그의 생활 패턴을 고려하지 않은 채 평균 결핍률만을 근거로 복용량을 정했기 때문이다.

요점은 간단하다. 복용에 앞서 반드시 자신의 현재 수치를 파악하라.

내 사례

- 1차 검사: 32ng/mL
- 2차 검사(2개월간 매일 햇빛 20분 + 1,000IU 복용 후): 35ng/mL
- 3차 검사(5주간 하루 7,200IU 복용 후): 59ng/mL

나는 하루 7,200IU를 아침 기상 직후와 취침 전 두 차례로 나누어 복용했다. 나우NOW사의 액상 비타민 D3를 점적기(스포이드)에 1.5회 채워 복용했는데, 설명서 표기를 맹신해서는 안 된다. 점적기 한 가득이 5,000IU라고 적혀 있지만 실제로는 약 2,400IU에 불과했다.

혈중 농도가 55ng/mL를 넘어서자 운동 능력의 변화가 분명히 체감되었다. 비타민 D의 효과는 이 지점을 넘어설 때 본격적으로 나타난다. 실제 연구에서도 자외선 노출이 운동 수행 능력을 유의미하게 향상시킨다는 사실이 확인된다. 1944년 독일 연구진은 의과대학생 32명에게 6주간 주 2회 자외선을 조사했고, 실험군은 자전거 에르고미터 성능이 13% 향상되었다. 1945년 앨런과 큐레이튼의 연구에서도, 10주간 자외선을 쪼인 학생들은 심혈관 기능이 19.2% 개선된 반면 대조군은 1.5%에 그쳤다.

결론은 명확하다. 햇볕을 쬐거나, 비타민 D를 보충하라. 단, 비타민 D 보충은 비타민 A의 필요량도 함께 증가시킨다. 가장 간편한 방법을 원한다면 두 영양소를 함께 함유한 대구간유를 고려하라.

짧은 냉수욕 또는 찬물 샤워: 기상 직후와 취침 전, 각각 약 10분

냉수욕이나 찬물 샤워가 성호르몬에 미치는 영향은 직접적으로 다룬 문헌이 많지 않다. 그러나 생리학적 경로를 고려하면 충분히 추론 가능하다. 전시상하부의 시각교차 앞구역preoptic area은 찬 자극에 반응해 체온 조절을 담당하는 영역으로, 이 부위에는 생식샘자극호르몬방출호르몬GnRH을 분비하는 뉴런들이 밀집해 있다. GnRH 분비는 저주파 자극 시 난포자극호르몬FSH을, 고주파 자극 시 황체형성호르몬LH을 촉진한다.

냉자극 전후 혈액검사를 비교한 결과, 나는 간헐적인 냉 노출이 GnRH의 고주파 자극을 강화해 LH와 테스토스테론 분비를 활성화할 가능성이 높다는 점을 확인했다.

#프로토콜 2: 단기적으로 확실하게 활성화시키는 방법

성관계 20~24시간 전

평생 잊지 못할 밤을 만들고 싶다면, 전날 밤 잠들기 2시간 전 최소 800mg의

콜레스테롤을 당신의 몸에 미리 충전해두어라. 나는 풀을 먹여 키운 쇠고기를 한 끼에 약 450~560g씩 섭취하기 시작했다. 이런 식사를 12회 이상 반복하자 성욕이 눈에 띄게 증가하는 것을 느꼈다. 처음에는 단순히 쇠고기 섭취량이 늘어난 효과라고 생각했다. 그러나 관련 문헌을 검토한 결과, 원인은 과식 자체이거나 카르니틴carnitine일 가능성이 더 높아 보였다. 특히 카르니틴은 정자 생성과 운동성에 중요한 역할을 한다는 점이 이미 여러 연구에서 확인되어 있다.

> **더 알고 싶다면**
>
> 소고기 100g에는 약 125~360mg의 카르니틴이 들어 있다. 풀을 먹여 키운 소고기가 상대적으로 카르니틴 함량이 높다고 가정하더라도, 임상적으로 사용되는 하루 2g 수준에 도달하려면 약 2.4kg의 살코기를 먹어야 한다. 아무리 육식을 좋아하는 사람이라도 현실적으로 감당하기 어려운 양이다. 따라서 나는 다른 접근법을 찾기로 했다.

해답은 의외로 단순했다. 달걀에서 간단한 해결책을 찾아냈다. 나는 콜레스테롤 자체를 핵심 변수로 설정했다. 콜레스테롤은 성호르몬결합글로불린SHBG의 분비를 억제하며, 달걀 노른자 하나에는 약 200mg 이상의 콜레스테롤이 들어 있다. 체감 효과가 분명해지는 최소량은 약 800mg, 즉 통계란 4개였다. 달걀을 더 맛있게 먹고 싶다면 CLA(결합리놀레산) 함량이 높은 저지방 스위스 치즈를 곁들이는 것도 좋은 선택이다. 문스터 치즈는 차선이다.

성관계 4시간 전
- 브라질너트 4알
- 생아몬드 약 20알
- 발효 간유 + 유지 2캡슐

브라질너트와 셀레늄

랜스 암스트롱이 미량영양소 검사를 받았던 곳으로 알려진 스펙트라셀에 혈액검사를 의뢰한 뒤, 나는 셀레늄 결핍 판정을 받았다. 이를 계기로 셀레늄 보충을 위해 브라질너트를 섭취하기 시작했다. 여러 임상연구에서 확인되었듯, 브라질너트는 셀레늄 수치를 높이는 데 어떤 보조식품보다 효과적인 식품이다. 셀레늄은 정자 생성과 운동성에 관여하는 핵심 미량원소로, 왕성한 성욕을 유지하는 데도 중요한 역할을 한다. 정자의 생성과 운동성이 증가하면 쌍둥이 출산 확률이 높아진다는 보고도 있다.

그렇다면 왜 셀레늄이 부족했을까? 단순히 셀레늄이 풍부한 음식을 충분히 먹지 않아서였을까. 아니면 체내에서 셀레늄과 경쟁하는 요인이 있어 강제로 소모되었을까. 후자의 경우라면 보충만으로는 해결되지 않는 심각한 문제일 수 있다. 이런 가능성은 그동안 거의 의심되지 않았다.

기존 연구를 검토한 끝에, 나는 셀레늄 결핍의 원인을 3가지로 정리했다.

1) 셀레늄이 고갈된 토양에서 자란 풀을 먹은 가축의 문제

2) 장기간 지속한 순환적 케톤 식이요법

3) 수은을 중화하는 과정에서 셀레늄이 소모되었을 가능성

이처럼 셀레늄 결핍의 원인들을 파악한 후에 셀레늄 보충을 위한 교정 실험을 시작했다.

교정 실험 1: 아침과 취침 전에 브라질너트 3알씩, 하루 총 6알을 섭취했다. 셀레늄 과잉은 오히려 정자에 해롭기 때문에 성인 상한선인 하루 400㎍을 넘지 않도록 주의했다. 브라질너트 1알에는 평균 약 49㎍의 셀레늄이 들어 있으므로, 8알이면 상한선에 근접한다. 실험적으로 8~10알까지 늘려본 결과, 심각한 여드름이 발생했다. 셀레늄은 결핍도 문제지만 과잉 역시 동일한 부작용을 낳을 수 있음을 확인한 셈이다.

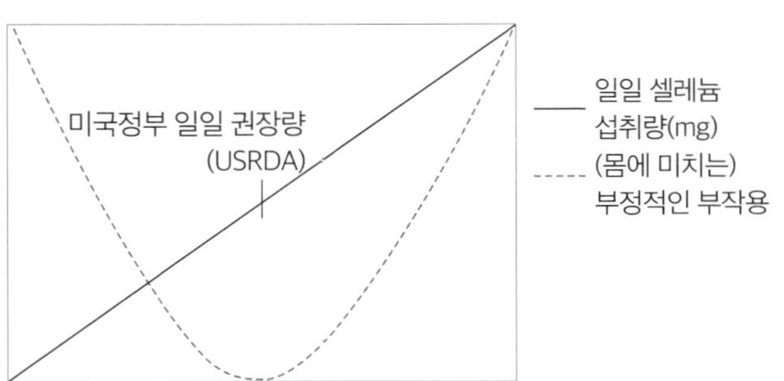

교정실험 2: 느린 탄수화물 식이요법의 휴식일 원칙을 적용해, 최소 주 1회는 탄수화물을 충분히 섭취해 케톤 상태에서 벗어나는 것을 기준으로 삼았다. 셀레늄 결핍 판정 이후에는 2주에 한 번, 수요일 점심을 휴식일처럼 운영하기도 했다. 이때는 태국식 식사와 함께 현미밥 한 공기를 추가했다.

교정실험 3: 수은 배출을 위해 다양한 방법을 검토했다. DMPS 같은 킬레이트제를 시도했으나 효과는 미미했다. 경구 킬레이트제의 부작용을 피하기 위해, 좌약 형태의 EDTA를 3일 사용 - 11일 휴식 방식으로 실험할 계획이다.

아몬드와 테스토스테론: 우연한 발견

아몬드가 테스토스테론 분비에 긍정적인 영향을 준다는 사실은 우연히 알게 됐다.

어느 날 밤, 냉장고에 마땅한 음식이 없어 아몬드 약 30알(약 28g)을 먹고 잠자리에 들었다. 다음 날, 평소보다 훨씬 강한 성욕을 느꼈다. 식사 기록을 되짚어본 끝에, 원인은 아몬드일 가능성이 크다고 판단했다.

분석해보니 핵심은 비타민 E였다. 이후 퍼브메드PubMed, www.ncbi.nlm.nih.gov/pubmed에 공개된 연구들을 검토한 결과, 비타민 E는 산화 스트레스를 억제해 테스토스테론 분비와 정자 생성을 보호하며, 셀레늄·비타민 A와 병행할 경우 남성호르몬 저하 증상 개선에 긍정적 효과를 보인다는 사실을 확인했다. 또한 비타민 E가 시상하부에서 황체형성호르몬 방출을 자극한다는 점도 주목할 만했다.

아몬드 28g은 비타민 E 일일 권장량의 약 40%에 해당한다. 나는 생아몬드와 유기농 아몬드 버터를 활용해 권장량의 100~150% 수준을 유지한다. 다만 비타민 E 역시 과잉 섭취는 결핍만큼 문제를 일으킬 수 있다. 2~3개월마다 수치를 점검하는 것이 최선의 안전장치다.

내가 실험을 통해 구성한 이 프로토콜에 포함된 식품들이 왜 성욕을 증강시키는지를 하나하나 설명하기는 어렵다. 다만 분명한 점이 하나 있다. 어느 하나라도 빠지면 성욕이 눈에 띄게 감소했다는 사실이다.

이 가설을 검증하기 위해 나는 각 요소를 체계적으로 하나씩 제외해보았다. 대표적인 사례가 비타민 D다. 나는 6주 동안 비타민 D 섭취를 중단하는 대신, 브라질너트 섭취량을 하루 8알로 늘렸다. 그 결과 테스토스테론 수치는 835까지 상승했다(정상 범위 280~800). 그러나 정작 성욕은 감소했고, 비타민 D 혈중 수치는 31.3ng/mL로 떨어졌다(정상 32~100).

이 실험이 보여주는 결론은 명확하다. 호르몬 수치 하나만으로 성기능이나 성욕을 판단할 수 없으며, 특정 영양소를 과도하게 밀어붙이는 방식은 균형을 깨뜨릴 수 있다는 점이다. 현명한 접근은 하나뿐이다. 정기적인 혈액검사를 통해 자신의 상태를 확인하면서 조정하라.

문제를 해결하려다 다른 문제를 만든다:
일반적인 약물과 트레이닝이 초래하는 영양소 결핍

완벽해 보이는 식이요법을 실천하고 있음에도 영양 결핍이 발생하는 경우가 있다. 그 이유는 대체로 두 가지다. 첫째, 특정 영양소의 흡수를 방해하는 약물을 복용하고 있는 경우. 둘째, 특정 생화학적 시스템에 과도한 부담을 주는 트레이닝을 지속하는 경우다. 다음은 실제로 널리 사용되는 약물과 훈련 방식이 초래할 수 있는 영양 결핍의 예다. 자신에게 해당되는 항목이 있는지 반드시 점검해보라.

1) 약물로 인한 영양 결핍
경구 피임약(사용 목적: 임신 조절) → 결핍 영양소: 엽산, 비타민 B2·B6·B12, 비타민 C, 아연, 마그네슘
흥분제(암페타민, 고용량 카페인) → 몰리브덴, 비타민 B5, 칼륨, 마그네슘, 비타민 C
항생제(세균 감염 해결) → 비타민 B군, 엽산, 비타민 D, K
항우울제 → 비타민 B2
알코올 → 엽산, 티아민, 비타민 B6
위궤양·속쓰림 약 → 비타민 B12·D, 엽산, 칼슘, 철, 아연
항경련제(간질, 양극성 장애) → 비오틴, 엽산, 비타민 B6·D·K
콜레스티라민(고지혈증) → 비타민 A·D·E·K
아산화질소(치과 마취) → 비타민 B12

항암 화학요법 약물 → 엽산

정신병 치료제 → 비타민 B2, D

항응고제(와파린 등) → 비타민 E, K

항염증제·코르티코스테로이드 → 칼슘, DHEA, 마그네슘, 멜라토닌, 칼륨, 단백질, 셀레늄, 비타민 B6·B9·B12, 비타민 C·D, 아연

메트포르민(2형 당뇨)→ 엽산, 비타민 B12

합성 대사 남성화 스테로이드 → 엽산, 비타민 B6·B9·B12, 비타민 C·D

클렌부테롤(천식, 지방 감량) → 타우린, 심장 마그네슘

투척 종목 선수(투수, 포환던지기 등)→ 신경계 부담 증가 → 타우린 결핍

NFL·NHL 선수, 보디빌더→ 반복적 근육 손상 → 리신 결핍

채식에 도전하는 사람을 위한 팁

베이컨은 고기로 가는 관문이다.

메신저백 장식핀에서

덜 먹는 선택이 더 많은 답을 준다

선택의 폭을 제한하는 일은 대체로 부정적으로 인식된다. 그러나 모든 제약이 나쁜 것은 아니다. 예를 들어, '재미없다'라는 말을 쓸 수 없는 상황에서 자신의 감정을 설명해야 한다면 우리는 훨씬 정교한 표현을 찾아내야 한다. 보름 동안 휴대폰 없이 여행해야 한다면 이동과 일정은 이전보다 훨씬 치밀해질 수밖에 없다.

현실 세계에는 부정적인 제약도 있지만 긍정적인 제약도 있다. 긍정적인 제약은 특히 기업 환경에서 혁신을 촉발하는 도구로 자주 활용된다. 토요타의 '린 생산 방식'lean manufacturing은 불필요한 공정을 과감히 제거하는 제약을 통해 효율을 극대화한 대표적인 사례다.

이 원칙을 식이요법에 적용하는 방법은 단순하다.

일정 기간 동안 특정 음식을 의도적으로 제외하는 것이다. 대부분의 잡식성 인간에게 가장 어려운 선택은 육류를 배제하는 일이다. 동시에 가장 분명한 변화를 기대할 수 있는 선택이기도 하다. 존 베라디John Berardi 박사의 말처럼, "우리는 접시의 3분의 1을 동물의 살로 채우는 데만 집착한 나머지, 나머지 3분의 2를 무엇으로 채울지는 거의 고민하지 않는다".

생선을 제외한 육류만 배제하든, 모든 동물성 식품을 배제하든, 채식 위주 식단(primarily plant-based diet, 이하 PPBD)을 실험하려면 한 가지 전제가 필요하다. 무엇을 빼느냐보다 무엇으로 대체하느냐를 먼저 알아야 한다는 점이다. 빈자리를 채우는 전략 없이 시작하면 결핍은 피하기 어렵다. 이렇게 접근하면 PPBD를 단 2주만 실험해도 상당한 통찰을 얻을 수 있다.

예를 들어 PPBD로 인해 비타민 B12가 부족해질 수 있다는 사실을 인식하는 순간, 당신은 자연스럽게 비타민 B군 전반을 공부하게 된다. 그 과정에서 간이 훌륭한 공급원이라는 사실을 알게 되고, 결국 '완전 채식' 대신 일주일에 한 번, 예컨대 토요일에 유기농 쇠고기를 섭취하는 방식을 선택하게 될 수도 있다. 식단의 변화는 이렇게 작은 인식의 전환에서 시작된다.

이 과정의 핵심은 이념이 아니다. 당신에게 실제로 가장 잘 맞는 식단을 찾아가는 실험이다. 내 경험상 느린 탄수화물 식이요법을 3~4개월 시행한 뒤 2주간 PPBD를 실험하는 방식이 가장 효과적이었다. 이후 어떤 선택을 하든, 이 실험은 체형·운동능력은 물론, 환경까지 고려한 더 나은 결정을 내리는 데 중요한 기준점이 된다. 정답은 교과서가 아니라 자신의 몸이 알려준다.

이상에서 현실로: 5단계 접근법

시작하기 전에 기본적인 정의부터 내려보자.

1. 채식주의자(vegetarian): 여기서는 전체 섭취량의 70% 이상을 식물성 식품으로 구성하는 사람을 의미한다. PPBD는 이 범주에 속하며, 느린 탄수화물 식이요법에서도 나는 식사의 60% 이상을 PPBD로 유지한다. 다시 말해 대부분의 접시에서 10분의 6 이상이 채소로 채워진다.

2. 절대채식주의자(vegan): 꿀을 포함해 모든 동물성 식품을 배제하는 식단을 의미한다. 꿀까지 거부해야 하는지에 대한 논쟁은 여기서 다루지 않는다.

PPBD를 실험할 생각이라면, 육식 위주의 식단에서 서서히 이동하라고 권하고 싶다. 완벽한 채식을 꿈꾸다 작심삼일로 끝나느니, 70%의 느슨한 채식을 평생의 습관으로 가져가는 것이 당신의 몸과 환경 모두를 위한 길이다. 세계 인구의 2%가 완전 채식을 실천하는 것보다, 20%가 올바른 방향으로 몇 걸음만 이동하는 편이 누적 효과cumulative effect는 훨씬 크다. 이념에 매몰된 논쟁보다 실제 변화를 만들어내는 선택이 중요하다.

PPBD 실천을 위한 5단계

단계 1: 녹말류(쌀, 빵, 곡물)를 줄이고 채소를 늘린다. 주 1회는 휴식일로 자유롭게 먹는다.

단계 2: 방목·초지 사육 쇠고기 또는 반경 80km 이내에서 생산된 육류를 선택한다.

단계 3: 육류 섭취를 오후 6시 이후로 제한하거나, 주말·휴식일에만 섭취한다.

단계 4: 페스코 식단(생선만 허용) 또는 유란채식(달걀·유제품 허용)으로 육류를 제한한다. 참고로 빌 펄은 유란채식으로 미스터 유니버스를 두 차례 수상했다. 붉은 고기는 근육 성장의 필수 조건이 아니다.

단계 5: 100% 채식, 즉 절대채식으로 전환한다.

육류를 너무 급격하게 배제하면 오히려 역효과가 난다. 과정을 건너뛰면 칼로리 부족으로 인해 공포감에 옛 식습관으로 돌아가거나 가짜 고기, 감자튀김, 가당 식물성 음료 같은 식물성 정크푸드로 공백을 메우게 된다. 한 번에 한 단계씩 진행하라. 지속 가능한 지점에 도달했을 때만 다음 단계로 넘어가는 편이 낫다. 나는 단계 5까지 경험했지만 대부분의 사람은 단계 2에서 가장 안정감을 느낀다.

이념 말고 성과로 설계하는 채식

명심하라. 싸구려 고기가 넘쳐나는 유혹의 바다에서, 인간은 본능에만 맡기는 맹수보다 훨씬 더 정교하고 의식적으로 식탁을 짜야 한다. 그 방식은 목표에 따라 달라지며, 적당한 수준의 채식주의자라면 절대채식처럼 극단으로 갈 필요는 없다. 현실에는 절대육식과 절대채식 사이의 넓은 스펙트럼이 존재한다.

내 목표는 단순하다. 당신이 몸과 지갑에 불필요한 손해를 입지 않으면서도 윤리적·환경적 기준을 실천하도록 돕는 것이다. 이를 위해 사례에 앞서 먼저 원칙부터 정리하자.

절대채식 식단으로도(대두 없이도) 단백질을 충분히 섭취할 수 있는가?

가능하다. 다만 그 전에 '충분하다'의 기준부터 분명히 해야 한다.

육식을 기준으로 보면, 이 장 뒤에서 소개할 지구력 선수들의 단백질 섭취량은 결코 많은 편이 아니다. 그럼에도 이들은 세계 최고 수준의 퍼포먼스를 보인다. 근력 스포츠에서도 마찬가지다. 절대채식주의자로 유명한 마이크 말러는 훈련일 기준 하루 약 100~130g, 비훈련일에는 약 90g의 단백질만 섭취한다.

이를 제지방체중 기준으로 환산하면 훈련일에는 1kg당 약 1.6g, 비훈련일에는 약 1.1g 수준이다. 이는 많은 사람이 상정하는 '고단백 기준'보다 훨씬 낮다. 일단 이 범위를 현실적인 목표선으로 삼아도 충분하다.

간단한 계산법은 이렇다. 체중kg의 절반 정도를 하루 단백질 목표치g로 잡아도 큰 오차는 없다(체중 60kg → 하루 단백질 목표치 약 30g).

대다수 절대채식(체중 60kg → 하루 단백질 목표치 약 30g) 식단은 대두에 과도하게 의존한다. 그러나 이는 바람직하지 않다. 문헌 검토 결과, 대두에 함유된 피토에스트로겐은 성인에게도 부담이 될 수 있으며, 어린이에게는 훨씬 더 위험하다. 하루 약 30g의 대두를 90일간 섭취했을 때 갑상선 기능 저하가 관찰된 연구도 있다. 일부 보고에 따르면, 이소플라본 100mg은 피임약 한 알과 유사한 에스트로겐 효과를 낸다. 불임을 목표로 하지 않는 이상, 남녀 모두에게 에스트로겐 과잉은 결코 이득이 아니다.

식품	총이소플라본(100그램을 섭취할 때)
인스턴트 대두음료	109.51mg
생대두(일본)	118.51mg(반 컵 이하)
유부	48.35mg(7-8개의 작은 조각)
템페	43.52mg(3분의 2컵 이하)
액상대두유	25mg

그렇다면 대두 없이 단백질을 어떻게 확보할 것인가? 방법은 두 가지다.

유기농 식품whole foods 중심으로 구성한다. 다만 준비 시간과 계획이 필요하다. 혹은 식물성 단백질 분말을 활용한다. 비용은 들지만 실용적이다. 실제 현장에서 절대채식 운동선수들이 가장 많이 사용하는 조합은 다음과 같다.

- 현미 단백질
- 완두콩 단백질 아이솔레이트
- 현미·완두콩·기타 식물 단백질을 혼합한 블렌드

분말은 아몬드 버터 1~2큰술과 물, 아몬드유 또는 코코넛 밀크를 섞으면 거부감 없이 섭취할 수 있다.

여행 중에는 절대채식 식단을 어떻게 유지하는가?

원칙은 단순하다.

완벽함보다 생존을 택하라. 느린 탄수화물 식이요법과 마찬가지로, 멕시코 음식이나 태국 음식은 가장 안전한 선택이다. 멕시코 식당에서는 돼지기름을 쓰지 않은 검정콩, 찐 채소, 과카몰리를 기본으로 선택하라. 밀가루는 가능한 한 피하는 편이 낫다.

최악의 상황에 대비해 생아몬드 50알 이상을 항상 휴대하라. 이 정도면 약 10시간은 버틸 수 있고, 그 사이 제대로 된 식당을 찾을 수 있다. 정말 최악이라면, 규칙을 깨느니 차라리 한 끼를 거르는 편이 낫다.

영양결핍을 예방하기 위해서는 어떤 보조식품을 먹어야 하는가?

절대채식 식단에서 특히 주의해야 할 핵심 영양소는 다음과 같다.

영양소	1일권장량
요오드	1500mg
리신	12mg/kg × 체중
비오틴	30mcg
비타민 K(김치, 자우어크라우드 등)	여성: 90mcg, 남성: 120mcg
크레아틴	하루 5g
코코넛 밀크(포화지방)	최소 1/2컵
아보카도(지방과 칼륨)	1-2알(150g)
템페	43.52mg(3분의 2컵 이하)
액상대두유	25mg

내가 개인적으로 추천하는 영양소를 덧붙이면 다음과 같다.

영양소	1일권장량
비타민 B12	2.5mcg
필수지방산	500mg-4g
단백질	여성: 55g, 남성: 65g
칼슘	1000mg
철	여성: 18mg, 남성: 8mg
비타민 D	최소 5mcg
아연	여성: 8mg, 남성: 11mg
엽산	400mcg
셀레늄	55mcg
리보플라빈	여성: 1.1mg, 남성: 1.3mg
비타민 E	15mg

우리가 확인할 수 있는 것은 과학자들이 이미 분리·정의해 놓은 영양소의 결핍뿐이다. 따라서 우리가 보충할 수 있는 것 역시 그러한 영양소에 한정된다. 측정되지 않은 것은 교정될 수도 없다. 이와 관련해 반드시 유념해야 할 점들은 다음 장의 결론에서 다시 다룬다.

사례연구

각 사례연구에서는 핵심 교훈을 정리하고, 1주일 기준 식료품 목록을 함께 제시한다. 운동선수의 경우에는 실제로 반복 섭취한 음식까지 포함한다. 수치보다 패턴을 읽는 것이 이 사례들의 진짜 목적이다.

마르크 보스만(남성) – 채식주의자
운동: 스포츠 애호가
목표: 느린 탄수화물 식이요법을 통한 체중 감량
체중: 85.7kg(시작 전 99.8kg)
신장: 170cm
주당 식료품비: 약 60달러
식단 복잡성: 낮음

스콧 주렉(남성) – 절대채식주의자
운동: 세계적 울트라마라토너
목표: 지구력 극대화
체중: 75kg
신장: 188cm
주당 식료품·보조식품비: 400~500달러
식단 복잡성: 높음

존 베라디 박사(남성) – 잡식(28일 완전채식 실험)

운동: 프로·올림픽 선수 코치, 생리학 박사

목표: 근력

체중: 85kg

신장: 175cm

주당 식료품비: 80달러

주당 보조식품비: 60달러

식단 복잡성: 보통

스테파니 데이비스(여성) – 절대채식주의자

운동: 세계적인 암벽등반가

목표: 지구력 향상

체중: 약 53kg

신장: 약 166cm

주당 식료품비: 약 60~80달러

마이크 말러(남성) – 절대채식주의자

운동: 근력 운동선수

목표: 근력 강화 및 메타볼릭 컨디셔닝

체중: 약 89kg

신장: 약 183cm

주당 식료품비: 약 100~125달러 (보조식품 비용 약 60달러 별도)

지면 관계상 수록하지 못한 사례는 다음 사이트에서 확인할 수 있다.

www.fourhourbody.com/vegan-athletes

마르크 보스만의 사례

느린 탄수화물 식이요법을 채식 위주로 적용해 3개월 만에 약 14kg을 감량했다. 이 중 약 12kg이 체지방이었다. 첫 달에만 6kg 이상이 줄었다.

기본 프로파일

35세, 소프트웨어 개발자

기혼, 자녀 1명(출산 예정)

식이요법 전: 체중 100kg, 체지방률 33%

식이요법 후: 체중 86kg, 체지방률 25%

주 4회, 1회 약 5km 조깅을 병행했으며, 총콜레스테롤 수치는 220 → 160으로 개선되었다.

마르크의 식료품 목록(주당 약 60달러)

쇼핑 시간은 약 10~15분이면 충분했다.

- 달걀 흰자 대용량 포장 / 또는 두부·우유·식물성 단백질 분말 → 끼니당 단백질 약 19g
- 검정콩·병아리콩·렌즈콩(건조 형태, 대용량)
- 냉동 채소 대용량 3~4팩
- 무가당 유기농 땅콩버터 또는 혼합 견과류
- 아마씨유 또는 올리브유, 과카몰리
- 타히니(후무스용 참깨 소스)
- 무가당 살사 소스

섭취량은 고정하지 않았다. 2주간의 적응기를 거치면 3주 차부터 자연스럽게 적정량이 정해진다. 초기 1~2주에는 체중 변동이 있을 수 있으나 정상적인 과정이다.

식단 전환 전략

마르크는 음식 기록 앱으로 섭취 패턴을 분석하며, 느린 탄수화물 식이요법을 채식 식단에 맞게 조정할 수 있다는 확신을 얻었다. 그가 유지한 비율은 탄수화물 40% · 단백질 30% · 지방 30%였다.

채식 식단에서는 탄수화물이 거의 없는 단백질원을 찾기 어려워, 그는 유제품과 대두 식품의 탄수화물까지 총량에 포함시켰다. 단백질이나 지방원에서 탄수화물이 늘어나면, 채소와 콩류 섭취를 그만큼 줄였다.

가장 단순한 해결책은 유제품과 대두를 피하는 것이었고, 그는 이를 실천했다. 대신 지방 섭취를 늘려 아마씨유 · 올리브유 · 견과류로 하루 두 차례 0.5~1 큰술씩 보충했다. 이후 그는 절대채식으로 전환했고, 현재 주요 단백질 공급원은 완두콩과 식물성 단백질 분말이다.

마르크의 식사 원칙

식사는 가능한 한 단순하게 유지했다. 아침과 다른 끼니를 구분하지 않았고, 다음 조합을 반복했다.

- 살사를 곁들인 달걀 또는 단백질 분말
- 소량의 콩류
- 후무스와 견과류
- 필요에 따라 혼합 채소 또는 아마씨유

몇 가지 기본 식사 패턴만 정해 반복 실험하라. 식단은 복잡할수록 실패 확률이 높다. 단순함이 가장 강력한 전략이다.

고기 없이도 이 정도다: 절대채식 근력의 실전 사례

마이크 말러는 외형만 보면 절대채식주의자라고는 믿기 어려운 인물이다. 그는 UFC 전 챔피언 프랭크 샴락 같은 선수들을 지도했던 트레이너이며, 현재도 약 44kg 케틀벨로 원암 밀리터리 프레스 10회, 약 48kg 케틀벨로 원암 스내치 17회를 수행하는 강력한 근력을 유지하고 있다. 체중은 약 89kg이다.

그는 자신만의 비결이 담긴 단백질 쿠키를 즐겨 먹었다. 그 특별한 레시피는 다음과 같다.

재료

- 선워리어 바닐라 단백질 분말 4큰술(고농도 단백질·철분, 단백질 약 60g)
- 아몬드 버터 2큰술(단백질·지방·마그네슘)
- 캐슈너트 버터 1큰술
- 아마씨 분말 3큰술(오메가-3·식이섬유, 유해 에스트로겐 대비 유익한 에스트로겐 비율 개선)
- 마카 분말 1큰술(식물성 스테롤, 호르몬 자극)
- 호두 1/4컵
- 고지베리 1/4컵(비타민 A·C·철분 풍부)
- 호박파이 향신료 2큰술
- 스테비아 1작은술
- 물 1.5컵

조리 방법

오븐을 섭씨 220도로 예열한다. 모든 재료를 큰 볼에 넣고 걸쭉한 반죽이 될 때까지 섞는다. 반죽을 8등분해 쿠키 모양으로 만든 뒤 오븐 팬에 올려 약 15분간 굽는다.

총 영양소 구성(8조각 기준)
단백질: 97g
탄수화물: 63g
지방: 30g

스콧 주렉의 사례

스콧 주렉은 울트라마라톤 세계에서 거의 전설적인 존재다. 약 160km를 달려야 하는 웨스턴 스테이츠 울트라마라톤을 7년 연속 우승했고, '세계에서 가장 혹독한 레이스'로 불리는 배드워터 울트라마라톤에서도 2회 우승을 차지했다. 또한 24시간 동안 약 267km를 달려, 20년간 유지되던 기존 기록을 경신했다. 이 기록은 현재까지도 깨지지 않고 있다.

스콧의 식료품 목록

이제 절대채식 식단의 극단적인 사례를 살펴보자. 스콧의 접근 방식은 마르크의 미니멀한 식단과는 정반대다. 바꿀 수 있는 요소를 거의 남기지 않는, 철저하고 집요한 방식이다.

나는 신뢰하는 연구자 찰리 혼Charlie Hoehn에게 유기농 식품 매장 홀푸드 마켓에서 스콧의 장보기 목록을 실제로 구매하는 데 걸리는 시간을 측정해달라고 요청했다.

- 첫 방문: 2시간 42분(매장 구조에 익숙하지 않아 탐색 시간이 길어짐)
- 재방문(동선 최적화, 품목 분류): 약 1시간

총 구매 금액은 541달러 9센트였다.

이 중 일부 품목(보조식품, 단백질 분말 등)은 3~4주 분량이었기 때문에 이를 주간 비용으로 환산하자 약 122달러가 제외되었고, 순수한 주간 식료품 비용은 약 419달러로 계산되었다. 아래 목록은 스콧이 하루 약 5,000~6,000칼로리를 섭취하던 시기의 주간 식단 기준이다. (탄수화물 60~70%, 지방 20~30%, 단백질 15~20%) 분량이 매우 많으므로 훑어보기만 해도 무방하다.

- 그린 푸즈의 그린 마그마Green Magma 2.9온스
- 플로라 헬스의 우도스 초이스 어덜트 프로바이오틱스Udo's Choice Adult Probiotics 식물성 60캡슐
- 플로라 헬스의 우도스 초이스 슈퍼 비피더스 플러스Udo's Choice Super Bifido Plus 식물성 30캡슐(네이처스 웨이 프리마도필루스 비피더스Nature's Way Primadophilus Bifidus 90캡슐)
- 유기농 생아몬드 2컵
- 데이트 피플Date People의 유기농 생대추야자 3컵(홀푸드마켓의 유기농 생대추야자 12온스)
- 누티바의 유기농 삼 단백질 + 섬유질 Organic Hemp Protein +Fiber 30온스(밥

스 레드 밀의 유기농 삼 단백질Bobs Red Mill Organic Hemp Protein 16온스×2
병)

- 유기농 바나나 14개
- 트레이더 조Trader Joe's의 냉동 유기농 야생 블루베리 2봉지
- 트레이더 조의 냉동 유기농 딸기 1봉지
- 트레이더 조의 냉동 망고 조각 1봉지
- 트레이더 조의 냉동 파인애플 조작 1봉지
- 트레이더 조의 냉동 파파야 조각 1봉지(홀푸드마켓에는 파파야가 없었다. 그
  래서 냉동 망고 조각 1봉지를 더 샀다. 과일 봉지에는 모두 홀푸드 상표가 찍혀 있
  었다.)
- 어스 서클Earth Circle의 유기농 캐럽 분말 16온스
- 어스 서클의 잘게 자른 유기농 생코코넛 1/2파운드('유기농으로 하자!'Let's
  Do … Organic의 잘게 자른 무가당 코코넛 8온스)
- 재로우의 퍼먼티드 소이 에센스Jarrow Formulas Fermented Soy Essence 단백
  질 분말 14온스
- 켈트해 소금 1/2컵
- 유기농 생바닐라 분말 1/4컵
- 어스 서클의 유기농 생마카 분말 8온스
- 플로라 헬스의 우도스 오일 DHA 3·6·9 블렌드Udo's Oil DHA 3-6-9 Blend
  17온스
- 플로라 헬스의 플로라딕스 아이언 + 허브Floradix Iron + Herbs 17온스
- 터틀 마운틴의 맛있는 코코넛 밀크 요구르트 플레인So Delicious Coconut
  Milk Yogurt Plain 5통
- 유기농 핑크 레이디pink lady 사과 7개
- 유기농 발렌시아 오렌지 8개(12개들이 1봉지)
- 유기농 그레이프프루트 6개
- 유기농 배 7개
- 아가베 생과즙 16온스

- 챔피언 생즙기로 집에서 만든 유기농 생아몬드 버터 16온스(홀푸드 마켓에서는 생즙기로 현장에서 아몬드 버터를 만들지 않고 상품화된 유기농 생아몬드 버터만을 팔았다)
- 푸드 포 라이프Food 4 Life의 이지키얼 4:9 계피 건포도 빵Ezekiel 4:9 Cinnamon Raisin Bread 1덩이
- 유기농 생호두 16온스(12온스만 구입)
- 유기농 말린 폴렌타 2파운드
- 유기농 생예르바 마테 4온스(포장된 예르바 마테 차를 구입)
- 유기농 녹차 2온스
- 클리프 씨 바Clif C Bar 7개
- 유기농 퀴노아 1파운드
- 유기농 현미 1파운드
- 유기농 말린 강낭콩 1/2파운드(1파운드 구입)
- 유기농 말린 붉은 렌즈콩 1/2파운드
- 유기농 말린 프랑스 렌즈콩 1/4파운드
- 템페 3봉지
- 와일드우드Wildwood의 니가리 두부Nigari tofu 30온스(덴버 두부로 19온스 ×2)
- 유기농 유콘 감자Yukon Gold Potato나 베이비 레드 포테이토baby red potato 1파운드
- 유기농 라치나토 케일lacinato kale 2다발
- 유기농 아루굴라 2다발
- 유기농 로메인 상추romaine lettuce 1포기
- 유기농 당근 4개
- 유기농 노란 양파 2개
- 유기농 마늘 2통
- 유기농 붉은 피망 2개
- 유기농 브로콜리 1포기

- 유기농 케일 2다발

- 유기농 아보카도 2개

- 유기농 할라페뇨 2개

- 유기농 로마 토마토roma tomato 6개

- 에덴 푸드Eden Foods의 유기농 메밀국수 8온스

- 바이오네이처BioNature의 통밀국수 16온스

- 영양효모nutritional yeast 1컵

- 유기농 간장Nama Shoyu 8온스

- 사우스 마운틴의 유기농 일본 된장 6온스(미소 매스터 오가닉의 일본 된장 8
  온스)

- 바리아니Bariani의 열을 가하지 않은 최상급 유기농 올리브유extra virgin
  cold pressed olive oil 16온스(벨라의 열을 가하지 않은 최상급 유기농 올리브유
  17온스)

- 누티바의 최상급 코코넛 오일 15온스

- 에덴 푸드의 가공하지 않은 유기농 참기름 8온스(홀푸드 브랜드)

- 다고바Dagoba, 다양한 맛으로 다크 초콜릿 바 4개

- 유기농 고구마 적당한 크기로 4개

- 유기농 생호박씨 1/2파운드

- 유기농 생해바라기씨 1/2파운드

- 유기농 생삼씨 1/4파운드

- 코코넛 블리스 바닐라 아일랜드Coconut Bliss Vanilla Island 아이스크림 1파
  인트

- 유기농 양배추 1/2개

- 클리프 일렉트로라이트 드링크Clif Electrolyte Drink 2파운드통(클리프 치 라
  이메이드 16온스×2)

- 클리프 쇼트 젤Clif Shot Gel 10통

- 클리프 쇼트 블록Clif Shot Block 5팩

A. 아침식사 또는 운동 후 회복

블루베리 단백질 파워 셰이크

- 생바나나 또는 냉동 바나나 1개(껍질을 벗겨 약 5cm 길이로 자른 뒤 밀봉해 하룻밤 냉동)
- 불린 아몬드 약 70g(물에 3~4시간 또는 하룻밤 불림)
- 생 또는 냉동 블루베리 약 150g
- 물 약 600ml
- 삼(헴프) 단백질 분말 3큰술
- 그린 푸즈 채식 단백질 분말 3큰술
- 대추야자 4~6알 또는 천연 감미료
- 우도스 오일 DHA 3·6·9 블렌드 3큰술
- 천일염 1/2작은술
- 바닐라 농축액 또는 천연 바닐라 분말 1/2작은술

모든 재료를 믹서에 넣고 걸쭉해질 때까지 간다. 4인분.

생캐럽·캐슈 스무디

- 생 또는 냉동 바나나 2개
- 불린 생캐슈 약 70g
- 물 약 600ml
- 삼 단백질 분말 3큰술
- 생캐럽 분말 약 30g
- 대추야자 4~6알 또는 천연 감미료
- 우도스 오일 DHA 3·6·9 블렌드 3큰술
- 천일염 1/2작은술
- 천연 바닐라 분말 1/2작은술

모든 재료를 믹서에 넣고 걸쭉해질 때까지 간다. 4인분.

그린 머신 푸딩

- 바나나 1개
- 아보카도 1개
- 사과 2개
- 배 2개
- 스피루리나 3큰술

사과와 배의 씨 부분을 제거하고(껍질은 유지), 아보카도는 씨를 제거한다. 모든 재료를 고성능 믹서에 넣고 1~2분간 푸딩 농도가 될 때까지 간다. 4인분.

B. 점심식사

생 디노 케일 샐러드(Raw Dino Kale Salad)

- 라치나토 케일 1다발(작으면 2다발, '검은 케일' 또는 '공룡 케일')
- 잘 익은 아보카도 큰 것 1/2개
- 천일염 1/2~1작은술
- 레몬 또는 오렌지 과즙 1~2개 분량
- 불린 생호박씨 약 70g
- 토마토 2개(잘게 썰기)
- (선택) 카이엔 고춧가루 약간

케일을 씻어 밑동 약 2.5cm를 제거하고 한입 크기로 자른다. 아보카도, 소금, 과즙을 넣고 약 5분간 손으로 치대듯 섞는다. 남은 재료를 넣고 가볍게 섞는다. 바로 먹거나 실온에서 1~2시간 재워도 좋다. 4~6인분.

휴대용 후머스 (On-the-Go Hummus)

- 병아리콩 약 450g
- 타히니 3큰술
- 타마리 간장 3큰술
- 마늘 3쪽
- 레몬·라임·오렌지 주스 약 60ml

- 커민 1/2작은술

- 물 약 60~120ml

물을 제외한 재료를 먼저 갈고, 필요에 따라 물을 조금씩 추가한다. 또르티야
나 피타와 곁들이거나 샌드위치 속으로 활용한다. 6~8인분.

C. 저녁식사

저녁식사 1: 스위트 포테이토 + 마늘 야채 + 템페

스위트 포테이토

- 고구마 4개(얇게 슬라이스)

- 올리브유 또는 카놀라유 1큰술

- 천일염 1½작은술

- 파프리카 1작은술

- 로즈메리 1작은술

오븐을 섭씨 190도로 예열한다. 양념을 버무려 20~30분 굽는다.

마늘을 가미한 야채(Garlicky Greens)

- 올리브유 1큰술

- 마늘 2쪽(다짐)

- 할라페뇨 약간(선택)

- 케일·콜라드·근대 중 1다발

- 천일염 또는 타마리 1/2작은술

팬에 오일과 마늘을 볶고 야채를 넣어 5~8분 볶는다.

1인분 기준: 약 230칼로리 / 탄수화물 38g / 단백질 4g / 지방 7g

라임 타마리 템페(Lime Tamari Tempeh)

- 템페 약 230~340g

- 올리브유 1/2큰술

- 라임 또는 레몬즙

• 타마리 간장 1~2큰술(또는 된장 2큰술 + 물)

얇게 썬 템페를 5~8분 볶은 뒤 불을 줄이고 양념을 더해 맛을 입힌다.

저녁식사 2: 템페 타코(Tempeh Tacos)

- 양파 1/2개(다짐)

- 마늘 3쪽

- 할라페뇨 1개

- 올리브유 2큰술

- 템페 약 570g

- 멕시코 조미료 4큰술

- 소금 1작은술

- 물 약 240ml

- 실란트로 약 15g

- 통곡물 또는 옥수수 토르티야 12장

- 각종 고명(토마토·아보카도·상추 등)

커다란 프라이팬에 올리브유를 두르고 양파, 마늘, 할라페뇨를 넣어 부드러워질 때까지 볶는다. 깍둑썰기한 템페를 더해 약 2분간 한 번 더 볶은 뒤, 향신료와 소금, 물을 넣는다. 수분이 충분히 날아가 소스가 걸쭉해질 때까지 10~20분간 중불에서 조리한다. 먹기 직전에 실란트로를 넣고 가볍게 섞는다. 토르티야는 프라이팬에 살짝 데우거나 은박지에 싸서 오븐에 따뜻하게 만든다. 토르티야 한 장에 템페 혼합물 2~3큰술을 올리고, 고명은 취향에 따라 더한다. 4~6인분.

잡식 식단에서 채식 위주 식단PPBD으로 옮겨가려는 사람이라면, 다음 장에서 소개될 존 베라디 박사의 사례가 현실적인 길잡이가 된다. 이어서 PPBD의 한계와 위험성, 그리고 저자가 도출한 실질적인 결론을 살펴본다.

08

채식과 육식 사이,
인간에게 맞는 선택 기준
28일 간의 실험

존 베라디 박사는 운동·영양 생화학 분야의 권위자로, 채식 기반 영양보충, 프로바이오틱스, 운동이 단백질 요구량에 미치는 영향 등 폭넓은 연구를 진행해왔다. 이론에 그치지 않고 현장에서 직접 검증해온 연구자다. 그가 설립한 프리시즌 뉴트리션Precision Nutrition은 100여 개국, 5만 명 이상의 고객에게 맞춤형 운동·영양 코칭을 제공하고 있으며, 동계 올림픽에서만 그의 지도를 받은 선수들이 20개 이상의 메달을 획득했다. 또한 NFL 클리블랜드 브라운스, 토론토 메이플리프스, 텍사스대 스포츠팀, 캐나다 스키 올림픽 대표팀의 자문도 맡아왔다. 스포츠 영양학이 경기력을 실질적으로 바꿀 수 있다는 사실을 그는 숫자로 증명해온 셈이다.

평소 육식을 하던 그는 2009년 1월 12일부터 2월 8일까지, 28일간 오직 식물성 식단만으로 근육을 키우는 대담한 실험에 나섰다. 모두가 실패를 예견했던 실험이지만, 결과는 예상을 뒤엎는 압도적인 승리였다. 28일 동안 체중 약 3.2kg 증가, 그중 제지방량 약 2.2kg, 지방 약 1.0kg이 늘었다.

정밀함이 효과를 낳는다

베라디 박사는 28일 동안 매일 동일한 식단과 보충 프로토콜을 철저히 유지했다.

아침식사 전
BCAA 5정, 레스베라트롤 2캡슐, 종합비타민 1정, 비타민 D 1,000IU, 비타민 B12 설하정 1,000μg, 물 500ml

아침식사
달걀 3개, 슬라이스 치즈 1장, 발아곡물빵 2조각, 야채 1컵, 물 500ml, 녹차 1잔, 오메가 베가 1작은술DHA 150mg

간식 1
집에서 만든 과립 2컵(호박씨, 무가당 코코넛, 통귀리, 아몬드, 피칸, 캐슈, 피스타치오, 말린 과일 등의 혼합물), 꿀 1큰술, 무가당 두유 1컵

점심식사
수제 후머스 1/2컵, 통밀 토르티야 2장, 야채 1컵, 혼합 콩류 1/2컵, 계피를 얹은 고구마 1개

간식 2
집에서 만든 과립 2컵(호박씨, 무가당 코코넛, 통귀리, 아몬드, 피칸, 캐슈, 피스타치오, 말린 과일 등의 혼합물), 꿀 1큰술, 무가당 두유 1컵

운동시 음료
BCAA 2티스푼, 탄수화물 음료 2잔, 물 1,000ml

운동후 음료

혼합 콩류 1컵, 퀴노아 1컵(조리 전 기준), 녹색 채소 2컵, 마늘 2쪽, 올리브유 1티스푼, 마늘·칠리 오일을 더한 아마인유 1큰술, 카레가루 1큰술, 종합비타민 1정, 비타민 D 1정1000 IU

취침전 간식

채식 단백질 분말 2숟가락, 녹색식물 분말, 생견과류 한 줌, 발아곡물빵 1조각에 천연 땅콩버터와 꿀

채식은 의지가 아니라 시스템이다

숙련된 과학자인 베라디 박사는 이번 실험에서 생리학적 불확실성과 음식 준비의 문제를 분명하게 짚어냈다. 먼저 그는 생리학적 측면에서 섬유질과 렉틴의 잠재적 부작용을 지적했다.

칼로리가 높은 채식 중심 식단은 소화 부담이 크다. 식물성 식단에는 섬유질과 렉틴이 다량 포함되어 있는데, 섬유질은 적정량일 때는 유익하지만 과도하면 다른 영양소의 소화와 흡수를 방해한다. 위장 기능이 저하되면서 설사, 가스, 복부 팽만이 나타날 수 있고, 심한 경우 위 확장까지 유발한다.

렉틴 역시 문제다. 생각보다 많은 사람이 렉틴에 과민 반응을 보이며, 이는 젖당 못견딤증과 유사한 증상—복부 팽만, 고창, 설사—으로 나타난다. 실제로 나 역시 채식 위주로 식단을 바꾼 뒤, 평소 32인치였던 허리둘레가 저녁이면 42인치 가까이 부풀어 올랐다. 외관상 보기에도 불편했고, 일상적인 움직임조차 거슬릴 정도였다.

다음으로 베라디 박사는 음식 준비의 중요성을 강조했다. 그는 식사를 며칠 치 혹은 1주일치 미리 준비해야 하는 이유를 분명히 설명했다. 준비가 허술하

면 결국 식물성 정크푸드로 되돌아가게 된다.

식료품을 사서 돌아오면 나는 곧바로 두 가지 준비를 했다. 먼저 씨앗류와 견과류를 섞어 혼합 견과·씨앗을 만들어 큰 그릇에 보관했고, 동시에 말린 콩류를 불렸다. 베이킹소다를 소량 넣은 물에 약 12시간 담가두면 콩 섭취로 인한 가스를 줄일 수 있고, 반영양소 감소에도 도움이 된다.

이후 콩은 두 가지로 나누어 삶았다. 하나는 여러 종류의 콩과 렌즈콩을 섞은 것이고, 다른 하나는 가르반조콩만 따로 조리했다. 동시에 피망, 브로콜리, 꽃양배추 등 채소도 1주일 분량으로 손질해 두었다. 이렇게 준비해두면 바쁘다는 이유로 채식 식사를 거를 여지가 줄어든다.

삶은 콩은 냉장 보관했고, 가르반조콩은 후머스로 만들어 손질한 채소와 함께 한 끼씩 포장했다.

28일 실험이 말해준 것: 채식의 효과와 한계

Q. 다량영양소 구성은 어땠는가?

보조식품을 포함한 하루 섭취량은 다음과 같았다.

총 섭취 열량: 5,589칼로리

지방 247g(총 열량의 38%), 포화지방 68g, 고도불포화지방 64.5g, 단일불포화지방 92g, 탄수화물 653.7g(46%), 섬유질 112g, 단백질 246g(16%)

칼로리는 충분했지만 비타민 B12와 비타민 D는 보조식품 없이는 권장량에 미치지 못했다. 결국 보충제는 필수였다.

Q. 주당 식료품비는?

약 80달러였다. 평소 동물성 식품을 포함한 식단보다 20~30달러 저렴했다.

Q. 보조식품 비용은?

주당 약 60달러. BCAA, 레스베라트롤, 종합비타민, 비타민 D, 비타민 B12, 녹색식물 분말, DHA, 탄수화물 음료 등에 평소보다 20~30달러 더 들었다. 식료품비와 합치면 총비용은 잡식 식단과 큰 차이가 없었다.

Q. 달걀을 먹지 않았다면 결과가 달라졌을까?

아니라고 본다. 결과에는 큰 차이가 없었을 것이다.

Q. 채식 위주 식단을 6개월 지속했다면?

체중은 계속 늘었을 가능성이 높다. 다만 소화기 문제, 특히 만성 장염이나 장누수 증후군 같은 문제가 발생했을 가능성도 배제할 수 없다.

Q. 식물성 식품 조합으로 완전 단백질을 만들 수 있다는 주장에 대해?

여러 연구에 따르면, 단백질 결핍을 막기 위해 반드시 여러 식품을 조합해 먹을 필요는 없다. 하루 전체를 기준으로 필수 아미노산이 충족된다면 큰 문제는 없다.

그러나 신체의 최적화와 운동능력 향상이라는 관점에서는 이야기가 달라진다. 이 경우 필수 아미노산은 매 끼니마다 공급되는 것이 바람직하다. 우리 뇌에는 혈중 아미노산 농도를 감지하는 이른바 '아미노산 조절기'amino-stat가 존재한다는 연구도 적지 않다. 불완전한 단백질을 섭취하면 신체는 부족한 아미노산을 보충하기 위해 근육을 분해해 혈중 균형을 맞춘다. 이런 상태가 지속되면 근육의 이화작용이 억제되지 못해, 아무리 적절한 운동을 하더라도 근육을 늘리기 어렵고 회복 속도 역시 현저히 떨어진다.

Q. 절대채식주의자가 장기적으로 단백질 없이도 괜찮을까?

일반적인 생활에는 가능하다. 하지만 근육 성장과 운동능력 향상이 목표라면 전문가의 지도가 없이는 매우 어렵다.

Q. 자칭 채식주의자들이 가장 많이 저지르는 실수는?

가장 흔한 실수는 동물성 식품을 무작정 배제하는 것이다. 일부 절대채식주의자들은 육류를 대안 없이 전면 중단하는데, 이는 식단 설계라기보다 단순한 부정에 가깝다. 채식의 핵심은 무엇을 먹지 않을지가 아니라 무엇을 충분히 먹을 것인가에 있다. 과일·채소·가공하지 않은 곡물·콩류를 중심으로 필요한 영양을 체계적으로 구성해야 한다. 그러나 많은 채식주의자들은 배제에만 집중한 나머지, 칼로리와 단백질, 미량영양소를 어떻게 채울지 계획하지 않는다. 이런 준비 없이는 전환이 순조롭기 어렵다.

단백질을 유제품에만 의존하는 것도 흔한 오류다. 유란채식주의자들은 육류 대신 유제품 섭취를 늘리지만, 젖당 못견딤증이나 유단백질 알레르기는 생각보다 흔하다. 소량은 문제가 없을 수 있으나, 매일 반복적으로 다량 섭취하면 위험이 커진다.

보조식품을 전혀 활용하지 않는 것 또한 실수다. 특정 식품군을 제외하면 영양 결핍은 피하기 어렵고, 이를 다른 방식으로 보완하지 않으면 문제가 생길 수밖에 없다.

Q. 28일 실험의 결론은?

채식주의는 효과를 낼 수 있다. 그러나 영양에 대한 깊은 이해와 체계적인 관리가 전제되어야 한다. 그렇지 않으면 근육 손실, 운동능력 저하, 영양결핍으로 이어지기 쉽다. 채식주의는 결코 가볍게 시도할 변화가 아니다. 준비되지 않은 상태에서의 전환은 시간이 지날수록 더 큰 문제를 낳을 가능성이 높다.

고기를 끊어보니 보이기 시작한 것들

존 베라디 박사의 28일 채식 실험은 양쪽 진영 모두를 자극했다. 육류 섭취를 옹호하던 일부는 분노했고, 한 남성은 유기농 스테이크를 드라이아이스에 담아 보내기까지 했다. 반대로 절대채식주의자들은 그가 100% 채식을 고수하지 않았다는 이유로 거세게 비판했다. 양쪽의 극단주의자들은 공통적으로 그의 취지를 오해했다.

베라디는 도덕적 선언을 한 것이 아니라 단지 실험을 했을 뿐이다. 그리고 그 실험에는 양측 모두가 배워야 할 교훈이 담겨 있었다.

절대채식주의자들이 먼저 배워야 할 점은, 잡식으로 살아온 사람도 하루 단백질 섭취를 달걀 2~3개 수준으로 충족할 수 있다면 PPBD로의 전환이 생각보다 빠를 수 있다는 사실이다. 이런 유연성이 없다면 전환 과정은 길어지고 실패 확률도 높아진다.

반대로 육류를 즐기던 사람도 "28일간 동물성 식품을 먹지 않는다면 무엇을 먹어야 할까?"라는 질문만 던져도 식단에 대한 인식은 크게 달라진다. 이 질문 자체가 이미 변화의 출발점이다. 베라디는 진정한 절대채식주의자—계획적이고 영양 지식이 풍부한 소수—가 다수의 육식주의자보다 나은 점을 다음과 같이 정리했다.

진정한 절대채식주의자들은 지역에서 생산된 무가공 식품을 훨씬 많이 먹는다. 생견과류, 씨앗류, 퀴노아와 아마란스 같은 전곡, 제철 과일과 채소가 식단의 중심이다. 이것만으로도 식사의 질은 분명히 높다.

잡식주의자들은 접시의 3분의 1을 육류로 채우는 데 집중하지만 나머지 3분의 2를 무엇으로 채워야 하는지는 깊이 고민하지 않는다. 이 태도는 소화 문제와 건강 악화로 이어질 수 있다.

진정한 절대채식주의자들은 식품의 생산지와 생산 방식에 많은 관심을 기울인다. 환경과 건강을 함께 고려한 선택을 한다는 점에서 배울 만하다.

날음식 논쟁을 다시 생각해야 하는 이유

프랜시스 M. 포텐저 주니어(Francis M. Pottenger Jr.)는 1932년 캘리포니아 의과대학교를 졸업한 뒤, 약 10년에 걸쳐 고양이를 대상으로 식이 실험을 진행했다. 그는 3세대에 걸친 900마리의 고양이를 관찰했으며, 이 연구는 오늘날까지도 날음식(raw food) 옹호론자들에게 날음식의 우월성을 입증하는 대표적 근거로 인용된다.

실험 1: 생고기 대 가열 고기

포텐저는 한 집단의 고양이에게 먹이의 3분의 2를 생고기, 나머지 3분의 1을 생우유와 대구간유로 제공했다. 다른 집단에는 같은 비율로 가열한 고기와 생우유, 대구간유를 먹였다. 그 결과 생고기를 먹은 고양이들은 전반적으로 정상적이고 건강한 상태를 유지했다. 반면 가열한 고기를 먹은 집단에서 태어난 새끼들은 골격 변형, 심장질환, 시력 문제, 감염, 과민 반응, 알레르기, 난산, 심지어 마비에 이르기까지 다양한 이상 증상을 보였다.

실험 2: 생우유 대 가공 우유

포텐저는 고양이를 네 집단으로 나누어, 첫 집단에는 먹이의 3분의 2를 생우유로, 나머지를 생고기와 대구간유로 공급했다. 나머지 세 집단에는 생우유 대신 각각 저온살균 우유, 무가당 농축 우유, 가당 농축 우유를 먹였다. 생우유를 먹은 집단은 일관되게 건강했지만 가공 우유를 먹은 집단에서는 다양한 형태의 이상이 나타났고, 가공 정도가 심할수록 문제 역시 심각해졌다.

이 실험들을 바탕으로 포텐저는 "날음식에는 새끼의 성장과 발육을 촉진하는 물질이 존재하지만 이 물질들은 가열 과정에서 쉽게 변형되거나 파괴되는 것으로 보인다"라고 결론지었다. 더 나아가 그는 통조림, 포장, 저온살균, 균질화 같은 현대적 가공 방식이 세대를 거쳐 발육 문제를 일으키는 공통된 영양 결핍을 초래한다고 추측했다.

이 결론은 강렬하고 설득력 있어 보인다. 그러나 포텐저가 간과한 결정적 요소가 있다. 바로 타우린이다. 타우린은 담즙산의 구성 성분으로, 고양이는 이를 스스로 합성하지 못하지만 인간은 합성할 수 있다. 고양이 사료에 타우린이 필수적으로 첨가되는 이유도 여기에 있다. 타우린이 결핍된 고양이에게서는 시력 이상, 심장질환, 발육 장애가 나타난다. 그리고 중요한 사실 하나가 있다. 타우린은 열에 약하다. 가열 과정에서 기능이 저하된다. 포텐저는 가열한 고기와 우유에서 타우린이 부족해졌을 가능성을 충분히 고려하지 않았다. 더 큰 문제는 종(種)의 차이다. 고양이는 엄격한 육식동물이고, 인간은 잡식동물이다. 두 종의 영양 요구량은 본질적으로 다르다. 이런 차이를 무시한 채 고양이 실험 결과를 인간에게 그대로 적용하는 것은, 과학적으로 타당하다고 보기 어렵다. 인간과 비교 대상으로 삼기에는 생쥐나 영장류가 훨씬 적절하다.

다시 핵심 질문으로 돌아가자. 우리는 날음식을 먹어야 할까, 아니면 조리한 음식을 먹어야 할까? 정답은 단순하지 않다. 음식에 따라 다르다. 과학적 문헌을 근거로, 구체적인 사례를 통해 살펴볼 필요가 있다.

음식	날음식/가열한 음식	기본 방향
강낭콩	가열한 것	물에 담궈두거나, 직접 조리해서 먹는다 (통조림도 괜찮다)
브로콜리	날것	씹어 먹는다
홍당무	가열한 것	삶아 먹는다
참치	날것	회로 먹을 만한 등급인지 확인할 것
아마란스(곡물)	가열한 것	물과 혼합해서 10분 이상 가열한다.
쇠고기	가열한 것	전자레인지 대신 프라이팬에서 튀긴다
채소	즙	유방암환자는 채소를 날것으로나 가열해서 먹는 것보다 즙을 내서 먹을 때 영양소의 생체이용률이 높다.
홍합	날것	껍질에서 곧바로 후루룩 먹는다
토마토	가열한 것	올리브유로 조리한다
녹두	가열한 것	발아시킨 후에 가열한다
꽃양배추, 양배추	가열한 것	부드러워질 때까지 삶는다
싹양배추, 케일		
빵	가열한 것	아크릴아미드의 위험을 피하기 위해서 빵껍질을 벗겨낸다

이데올로기와 과학을 혼동해서는 안 된다. 올바른 결정을 내리려면 인간에게 실제로 적용 가능한 과학 연구를, 선입견 없이 차분하게 검토해야 한다. 결국 선택의 결과를 감당해야 하는 것은 당신 자신의 몸이기 때문이다.

먹는 문제에서 이념보다 중요한 것

누군가는 채식주의를 선택할 수 있다. 그렇다면 나는 왜 일반적인 의미의 채식주의자가 되지 않았을까. 채식주의의 장점만을 일방적으로 나열하는 것은 무책임하다. 그래서 나는 내가 채식주의를 택하지 않은 이유를 분명히 밝히고자 한다.

첫째, 내가 아는 한 100% PPBD로 번성한 원주민 사회의 기록은 단 한 건도 없다. 10만 명이 넘는 트위터 팔로워에게 사례를 요청했지만 결과는 같았다. 동물성 식품을 적게 먹는 문화는 많지만 완전한 절대채식 문화는 발견되지 않았다. 인도의 자이나교도들조차 유란 채식주의자이며, 웨스턴 프라이스 박사를 비롯한 인류학자들 역시 절대채식을 고수한 원주민 사례를 찾지 못했다.

둘째, 인간의 가장 가까운 친척인 침팬지도 때때로 육식을 하며, 인간은 결합조직을 분해하는 효소인 엘라스타아제를 분비한다. 진화생물학자들은 절대채식을 두고 상반된 주장을 내놓지만 나는 경험에 근거해 판단했다.

셋째, 이 책을 준비하며 나는 과거 절대채식을 고집하다 반복적인 유산을 겪은 뒤, 동물성 식품을 다시 섭취하면서 수주 내 임신에 성공한 예비 어머니들을 수십 명이나 만났다. 이 경험들을 바탕으로 나는 호르몬의 정상적 분비를 위해서는 어떤 형태로든 동물성 식품이 필요하다는 결론에 도달했다. 이는 긴사슬 지방산, 포화지방, 지용성 비타민 때문일 수도 있고, 아직 규명되지 않은 상호의존적 요소들의 결합 때문일 수도 있다. 또한 두유나 글루텐처럼 채식 식단에서 흔히 섭취되는 식품이 건강 문제를 일으킬 가능성도 배제할 수 없다.

특히 채식만을 고집하는 어머니에게서 요도밑열림증hypospadias을 지닌 남아가 태어날 확률이, 육류를 간헐적으로 섭취하는 어머니에 비해 5배 높다는 연구 결과는 가볍게 넘길 수 없다. 스코틀랜드 에든버러 생식생물학·의학연구센터의 리처드 샤프 박사 역시 대두 섭취에 대한 이러한 우려를 뒷받침했다.

음식은 본질적으로 복합적이다. 그러나 인간은 이를 지나치게 단순화하고 과신하는 경향이 있다. 마이클 폴란이 『뉴욕타임스 매거진』에 소개한 백리향 속 항산화물질 목록만 봐도 음식이 얼마나 복잡한지 알 수 있다. 단순한 허브 하나에도 수십 종의 생리활성 물질이 들어 있다. 그렇다면 우리가 그 모든 성분을 밝혀냈을까? 그럴 가능성은 거의 없다.

과학은 언제나 "이미 분리해낸 것"을 중심으로 사고한다. 프라우트가 다량영양소를 분리했을 때 과학자들은 음식의 본질을 이해했다고 믿었다. 이후 비타민이 발견되자 다시 확신했다. 오늘날에는 폴리페놀과 카로티노이드가 주목받고 있지만 홍당무 속에 무엇이 더 숨어 있는지는 여전히 알 수 없다.

따라서 반드시 기억해야 할 사실은 두 가지다.

첫째, 우리는 이미 분리된 물질에 대해서만 결핍 여부를 판단할 수 있다.

둘째, 이런 영양소를 자연식품이 아닌 형태로 섭취할 경우, 예상치 못한 부작용이 나타날 수 있다.

수천 년 동안 괴혈병은 원인을 알 수 없는 질병이었다. 1932년에 이르러서야 과학자들은 비타민 C를 분리해냈고, 그제야 괴혈병과 비타민 C 결핍의 관계가 명확해졌다.

그로부터 한참 뒤, 베타카로틴이 언론에서 '기적의 분자'로 소개되자 우리는 예방 차원에서 이를 보조제로 섭취하기 시작했다. 혹시 모를 위험을 미리 피하는 편이 낫지 않겠느냐는 논리였다. 그러나 결과는 정반대였다. 베타카로틴을 단독 보조제로 섭취하면 오히려 건강 문제를 일으킬 수 있다는 사실이 밝혀졌다. 카로티노이드 계열의 다른 유익한 영양소 흡수를 방해해 전립샘암이나 뇌내출혈 위험을 높일 수 있었기 때문이다. 베타카로틴은 자연식품 속에서 '사촌 영양소'들과 함께 섭취될 때 가장 효과적으로 작용한다. 이때 베타카로틴 자체의 흡수율뿐 아니라 다른 영양소의 생체이용률도 함께 높아진다.

앞으로도 이와 비슷한 실수와 교정은 반복될 것이다.

만약 특정 식품군—예컨대 과일—을 전혀 섭취하지 않고도 수백 년 동안 존속해온 원주민 부족이 발견된다면 나는 그 식품군을 식단에서 제외하더라도 크게 걱정하지 않을 것이다. 그러나 그런 사례를 찾지 못한다면 다윈의 법칙을 함부로 무너뜨리지 말라고 과학계에 말하고 싶다. 먹는 문제는 신중해야 한다.

내가 '다윈의 법칙'이라 부르는 원칙은 단순하다. 최적의 후손 생산을 위해 먹어라. 그러면 나머지는 자연스럽게 따라온다. 이 원칙에 따라 식사한다면 운동 능력은 향상되고, 대다수가 말하는 '최적의 건강 상태' 역시 유지할 수 있다. 어떤 형태의 식단을 선택하든, 최소 6개월마다 아래 검사를 받기를 권한다. 단, 동물성 식품을 완전히 배제한 경우라면 3개월 간격이 바람직하다.

아래 검사는 모두 일반적인 검사로, 이론적으로는 1차 진료기관에서도 처방이 가능하다. 절대채식주의자라면 검사 비용을 아끼지 말아야 한다. 일부 가정의는 부인과 검사를 꺼리고 산부인과 전문의에게 의뢰하려 할 수도 있다. 상관없다. 중요한 것은 검사를 받는 것이다.

검사 결과를 스스로 완벽히 해석할 필요는 없다. 결과지를 복사해 주치의에게 정확한 설명을 요청하면 된다.

남성의 경우 필요한 검사

- 정액 분석Semen analysis: 정액량 1.5ml 이상, 정자 농도 2000만/ml 이상, 운동성 40% 이상, 정상 형태 30% 이상(WHO 기준)
- 테스토스테론(총테스토스테론 및 유리 테스토스테론)
- 에스트라디올
- 황체형성호르몬LH
- 난포자극호르몬(FSH, 시상하부 기능 평가)
- 프로락틴(뇌하수체 기능)
- 총콜레스테롤(160~200)
- AST(아스파르테이트아미노전달효소, 20~30)
- ALT(알라닌아미노전달효소, 20~30)

여성의 경우 필요한 검사

- 에스트라디올
- 황체형성호르몬LH
- 난포자극호르몬(FSH, 시상하부 기능검사)
- 프로락틴(뇌하수체 수치)
- 총콜레스테롤(160~200)
- AST(20~30)
- ALT(20~30)
- 생리 3일차 FSH 및 에스트라디올 혈액검사(난소 예비력 평가). 필요 시 초음파로 방난포antral follicle 수를 측정하거나, 항뮐러관호르몬AMH 혈액검사를 시행할 수 있다.

지금까지 나열한 검사는 기본 검사에 해당한다. 여성의 경우에는 한 단계 더 정밀한 검사를 받아도 충분히 값어치를 한다.

1) 배란 여부 확인

배란이 이루어지는지는 생리 여부만으로도 상당 부분 확인할 수 있다. 이 검사를 위해서는 경구 피임약 복용을 중단해야 한다. 안타깝게도 채식주의 여성에게 월경 문제를 이유로 경구 피임약을 처방하는 경우가 적지 않지만 이는 근본적인 해결책이 아니다. 증상을 가릴 뿐이다.

보통 생리 시작 후 약 9일째에 황체형성호르몬LH이 최고치에 이르고, 그로부터 24~36시간 뒤인 12~15일째에 배란이 가장 활발히 일어난다. 따라서 9일째부터 소변으로 LH 검사를 시작하면 된다. 검사지는 처방전 없이 구입할 수 있다. 배란 후 기초체온 변화를 측정하는 방법보다 소변 LH 검사가 훨씬 간편하고 실용적이다.

2) 자궁과 자궁관 검사

자궁난관조영술hysterosalpingogram, HSG이나 식염수를 주입하는 초음파 자궁조영술을 통해 자궁과 자궁관 상태를 확인한다. 정확도 면에서는 HSG가 다소 우수하다.

3) 황체기 검사

황체기, 즉 LH 수치가 최고치에 도달한 시점으로부터 5~9일 후(생리 후반기 시작 후 약 3일)에 '혼합 프로게스테론 검사'를 시행한다.

이제 결론을 내려보자.

현재 절대채식주의자라 하더라도, 식단을 일부 조정해 전반적인 건강이 개선된다면 주 1회 정도의 동물성 식품 섭취가 죄가 될 이유는 없다. 물론 이상적인 해법은 개인의 건강과 지구 전체의 지속 가능성을 함께 고려한 식이요법을 찾는 것이다. 그러나 범세계적 가치를 내세워 개인의 건강을 희생한다면 그것은 결코 현명한 선택이 아니다.

하와이 아이언맨 트라이애슬론에서 여섯 차례 우승한 데이브 '더 맨' 스콧 Dave "The Man" Scott 역시 저명한 채식주의자였고, 오랜 기간 99%에 가까운 PPBD로 경쟁력을 유지했다. 그러나 결국 그는 식단에 동물성 식품을 다시 포함시키는 쪽을 선택했다. 33년 동안 붉은 고기를 입에 대지 않았던 그는 이후 생선, 닭고기, 칠면조 고기를 먹기 시작했다.

아이러니하게도 닭고기와 생선을 섭취한 뒤 체지방은 줄고 근력은 향상되었다. 채식만을 고집하던 때보다 40대에 접어든 이후 오히려 몸 상태가 더 좋아진 것이다. 1994년 아이언맨 대회에서는 과거의 힘과 회복력을 상당 부분 되찾았고, 근지구력 역시 이전보다 나아졌다고 회고했다.

자녀를 원하지 않는다는 이유만으로 인지 기능부터 성기능까지 광범위하게 영향을 미치는 호르몬 문제를 자초할 필요는 없다. 나는 식이요법에서 비롯된 호르몬 이상으로 고통받는 사례를 수없이 보아왔다. 무작정 채식주의를 선택하기 전에, 반드시 신중하게 판단해야 한다.

행운이 당신과 함께하길 바라지만 준비 역시 철저해야 한다. 과정이 다소 혼란스러울 수는 있다. 그러나 단순화하는 방법은 분명히 있다. 앞장에서 소개한 '이상에서 현실로 가는 5단계'를 활용해, 한 번에 한 끼씩 식단을 바꿔가며 더 건강한 삶으로 옮겨가기를 권한다.

중요한 것은 언제나 같다. 작은 변화부터 시작하는 것이다.

- Additional Interviews (추가 인터뷰 자료): 네이트 그린(Nate Green)이 절대채식주의 자와 전(前) 채식주의자들—브렌든 프레지어, 미스터 아메리카·미스터 유니버스 출신의 빌 펄, 마이크 말러, 데이브 스콧—을 인터뷰한 기록을 바탕으로 이 장을 구성할 수 있었다. 또한 나는 스콧 주렉과 세계적인 암벽등반가 스테파니 데이비스를 직접 인터뷰했다. www.fourhourbody.com/vegan-athletes

- Howard Lyman, *Mad Cowboy: Plain Truth from the Cattle Rancher Who Won't Eat Meat* (『미친 카우보이: 고기를 먹지 않는 목장의 진실』): 이 책은 스콧 주렉을 절대채식의 길로 이끈 세 권 중 하나다. 나머지 두 권은 앤드루 와일의 『자연 치유』 (Spontaneous Healing)과 『8주 완전 건강 프로그램』(8 Weeks to Optimal Health)이다. 하워드 라이먼(Howard Lyman)은 3대째 목장을 운영하던 인물로, 「오프라 윈프리 쇼」에 출연해 텍사스 축산업계와 법적 분쟁을 벌이던 오프라 윈프리를 공개적으로 지지한 인물이기도 하다. www.fourhourbody.com/cowboy

- Lierre Keith, *The Vegetarian Myth* (『채식주의의 신화』): 채식주의의 이면을 정면으로 다룬 책이다. 저자 리에르 키스(Lierre Keith)는 20년간 절대채식주의자였으나, 이후 그 입장을 철회했다. 이 책은 절대채식이 지닌 윤리적·환경정치적·영양학적 현실을 치밀하게 조사하며, 왜 제한적이나마 동물성 식품 섭취로 돌아설 수밖에 없었는지를 설명한다. 풍부한 자료에 근거한 수작으로, 채식을 다룬 책 가운데 가장 흡인력 있게 읽힌 책 중 하나다. www.fourhourbody.com/myth

- Beyond Vegetarianism (비욘드 베지테리어니즘): 채식주의자 토머스 E. 빌링스 (Thomas E. Billings)가 운영하는 웹사이트다. 날음식이나 채식을 실천하는 사람들—절대채식주의자와 과식(果食)주의자를 포함—의 사례 보고와 임상영양학에서 새롭게 밝혀진 과학적 연구들을 다룬다.
  이 사이트의 목적은 대안적 식이요법에서 흔히 은폐되거나 축소되는 심각한 문제들을 공개적으로 논의하는 데 있다. 기본적으로 채식을 유지하면서 일부 음식을 '검증되지 않은 방식'으로 변경하거나, 혹은 채식 중심 식단을 포기함으로써 사람들이 문제를 어떻게 해결해왔는지를 추적한다. BeyondVeg는 이런 질문에 답을 제공하는 매우 귀중한 자료 저장소다. www.beyondveg.com

이 책이 지금 당신의 손에 들려 있는 내용이 전부는 아니다. 지면에 미처 담지 못한 한층 더 흥미롭고 실용적인 자료들도 많다. 예를 들면 다음과 같다.

특정부위의 살을 빼는 법: 쉽게 빠지지 않는 넓적다리 군살을 없애는 방법

(Spot Reduction Revisited: Removing Stubborn Thigh Fat)

브래드 피트가 되고 싶어요: DNA의 활용과 오용

(Becoming Brad Pitt: Uses and Abuses of DNA)

중국 연구: 선의로 쓰인 연구에 대한 비판적 검토

(The China Study: A Well-Intentioned Critique)

중금속: 당신 개인의 독소 지도

(Heavy Metal: Your Personal Toxin Map)

체질량지수(BMI)를 믿을 수 없는 10가지 이유

(The Top 10 Reasons Why BMI Is Bogus)

지나친 활성화와 그 부작용: 단 한 번의 운동으로 근력을 10% 높이는 법

(Hyperclocking and Related Mischief: How to Increase Strength 10% in One Workout)

필요할 때 꺼내 쓰는 창의력: 지능향상약의 가능성과 위험

(Creativity on Demand: The Promises and Dangers of Smart Drugs)

다이어트의 대안: 체지방 기준점을 재설정하고 시상하부를 속이는 방법

(An Alternative to Dieting: The Bodyfat Set Point and Tricking the Hypothalamus)

이 밖에도 다양한 자료가 준비되어 있다. 더 많은 내용을 보고 싶다면 www.fourhourbody.com에 접속해 '보너스Bonuses' 섹션을 확인하라. 실험에 직접 참여해보라. 변화는 생각보다 훨씬 쉽고 빠르게 일어난다는 사실을 몸으로 확인하게 될 것이다.

무엇보다 먼저, 자기실험자들과 과학자들 그리고 운동선수들에게 깊은 감사를 전한다. 그들이 실제로 시도한, 때로는 믿기 어려울 만큼 대담한 방법들이 이 책의 토대를 이루었다. 익명을 원한 이들 역시 빼놓을 수 없다. 혹여 내가 실수로 이름을 언급하지 못한 분이 있다면 진심으로 사과드린다. 어떤 형태의 오류든 발견된다면 연락해주기 바란다. 반드시 바로잡을 것을 약속한다.

세상 최고의 에이전트, 스티븐 핸슬만에게도 감사의 뜻을 전한다. 그는 이 책의 가능성을 한눈에 알아보고, 한 권의 책으로 세상에 나오기까지 산파 역할을 훌륭히 해냈다. 계약에서 출간 기념 행사에 이르기까지 모든 과정을 거침없이 이끌어주었다.

해서 잭슨의 탁월한 편집 감각과 아낌없는 격려 덕분에 나는 이 책을 즐거운 마음으로 써 내려갈 수 있었다. 해서, 나를 믿어줘서 고맙소. 크라운 출판사 팀 전원에게도 감사의 말을 전하지 않을 수 없다. 나는 그들을 주당 4시간 이상 괴롭혔을 것이다. 티나 콘스터블, 마야 매브지, 마이클 팰곤, 린다 캐플란, 카린 슐즈, 재클린 르바우, 질 플랙스먼, 메리디스 맥기니스, 질 브라우닝, 메리 체코보르스키, 로버트 시에크, 엘리자베스 렌드플레시, 타라 아고르스킨, 제니퍼 레예스까지. 그들의 헌신적인 지원이 없었다면 이 책은 결코 세상에 나오지 못했을 것이다.

찰리 혼과 알렉산드라 카마이클에게도 큰 빚을 졌다. 누구부터 말해야 할까.

찰리, 자네는 시작부터 끝까지 이 책을 위해 발 벗고 나서 도와주었네. 이 책이 자네 마음에 들기를 바란다. 우리가 카지노 로열 호텔에서 밤을 새우며, 다소 불법적인(?) 작업을 벌였다는 사실은 아마 아무도 모를 걸세. 그들은 고작 1시간 반밖에 자지 못한 채 작업을 이어갔지. 포토샵의 위력을 새삼 실감했네. 내가 풀컬러 원고를 더 많이 준비해 자네를 괴롭히지 못한 것이 오히려 아쉬울 정도야. 하지만 앞으로도 우리의 모험은 계속될 걸세. 엉뚱한 실수들만 또렷이 기억에 남겠지.

알렉산드라, 당신은 명석한 두뇌를 지닌 공주님이지. 당신의 집요한 조사와 학술 자료를 엮어내는 능력이 없었다면 이 책은 빛을 보지 못했을 것이다. 아니, 솔직히 말해 당신이 없었다면 나는 이 작업 자체를 끝내지 못했을 것이다. 큐어투게더닷컴, 만세!

네이트 그린에게도 감사한다. 그의 도움이 없었다면 이 책을 위한 인터뷰는 불가능했을 것이다. 덕분에 나는 엄청난 시간을 절약할 수 있었다. 잭 캔필드에게도 고마움을 전한다. 그는 언제나 나에게 영감을 주는 멘토다. 그가 도약하라고 등을 떠밀어준 덕분에 『나는 4시간만 일한다』를 쓸 수 있었고, 그 책의 성공이 이 책으로 이어졌다. 그의 지혜와 애정 어린 지원에 어떻게 감사해야 할지 모르겠다.

스티브 괴리케와 존 벅스턴에게도 감사한다. 그들은 두려움을 떨쳐내고, 내가 믿는 가치를 위해 싸우는 법을 가르쳐주었다. 이 책뿐 아니라 내 삶 자체가 그들의 영향 아래 있다. 젊은이들이 그들과 같은 멘토를 곁에 둔다면 세상은 훨씬 나아질 것이라 확신한다.

마지막으로, 이 책을 나의 아버지와 어머니, 도널드 페리스와 프랜시스 페리스 두 분께 바친다. 두 분은 언제나 나의 횃불이 되어 용기와 위안을 주었고, 변함없는 사랑으로 나를 지켜주었다. 말로 다 표현할 수 없을 만큼, 나는 두 분을 사랑한다.

"건전한 육체에 건전한 정신이 깃든다." 이 말이 그리스 철학자 탈레스의 것인지, 로마의 풍자시인 유베날리스의 것인지는 그다지 중요하지 않다. 정신을 강조할수록 육체는 오히려 쇠약해져 가는 오늘의 현실에서, 다시 곱씹어볼 만한 문장이기 때문이다. 비만율은 높아지고 건강에 대한 불안은 커지는 반면 날씬한 몸을 위해 영양 섭취를 무시하는 사람들은 늘고 있다. 스포츠 세계에서는 기록이 날마다 경신되지만 이는 극소수 전문가들의 이야기일 뿐 일반인의 체력은 오히려 약해져 가는 것이 현실이다.

더 날씬하면서도 더 튼튼하게 살 수 있는 방법은 없을까? 그렇다고 생존 경쟁이 치열한 현실에서 운동에만 몰두할 수도 없다. 하루에 몇 시간씩 체육관에서 시간을 보낼 여유가 없는 사람들은 과연 '건전한 육체와 건전한 정신'이라는 두 마리 토끼를 어떻게 잡아야 할까?

인간 모르모트를 자처하는 티머시 페리스는 자기 실험을 통해 그 해답을 제시한다. 우리가 학창 시절에 배웠던 '경제 원칙', 즉 최소의 투자로 최대의 효과를 얻는 방식으로, 평범한 사람이 어떻게 슈퍼맨에 가까워질 수 있는지를 보여준다. 실컷 먹으면서도 체중 조절이 가능할까? 하루 두 시간만 자고도 여덟 시간 숙면한 사람보다 더 효율적으로 일할 수 있을까? 몇 번의 훈련만으로 남부럽지 않은 복근을 만들고, 울트라 마라톤에 도전할 수 있을까? 물을 두려워하던 사람이 단번에 수영의 달인이 되는 길은 없을까? 나아가 남성성이 위축되는 시대에, 늘 강인한 에너지를 유지하는 남자가 될 수는 없을까?

이 모든 질문에 대한 답이 이 책에 담겨 있다. 그런 점에서 이 책은 다이어트 책이면서 동시에 피트니스 책이다. 우리는 정보가 넘쳐나는 시대에 살고 있다. 인터넷을 뒤지면 원하는 정보는 얼마든지 찾을 수 있다. 그러나 바쁜 일상을 사는 사람들에게 그런 정보들은 실제로 큰 도움이 되지 않는다. 진정으로 '경제 원칙'에 부합하는 정보는 좀처럼 찾기 어렵기 때문이다. 그 점에서 티머시 페리스가 자신의 몸을 실험대 삼아 검증한 방법들은 다르다. 때로는 지나치게 낯설고 급진적으로 느껴져 선뜻 받아들이기 어려울 수도 있다. 그러나 미국의 공상과학 소설가 로버트 하인라인의 말처럼, "다수가 옳았던 경우를 역사가 기록한 적이 있는가?" 세상을 바꾼 혁신적인 아이디어는 언제나 처음엔 '미친 소리'나 '괴담'으로 치부되며 외면받았다.

'파스칼의 도박'이라는 말이 있다. 신이 존재하는지 확실하지 않다면 차라리 믿는 편이 낫다는 논리다. 티머시 페리스의 제안들도 이와 비슷하다. 그의 방법들이 우리 몸에 분명한 해를 끼치지 않는다면 한 번쯤 믿고 시도해보는 편이 더 합리적이지 않을까?

이 책에서는 참고자료의 활용이 중요하다. 저자의 말처럼, 글로 설명하는 것보다 그림이나 영상으로 보는 편이 훨씬 이해가 쉽다. 그래서 티머시 페리스는 필요한 대목마다 관련 영상이 담긴 사이트 주소를 함께 소개했다. 특히 운동법처럼 글만으로 이해하기 어려운 부분에서는 반드시 영상 자료를 함께 활용하기를 권한다.

마지막으로 한 가지만 덧붙이고 싶다. 어떤 시도든 가장 큰 효과는 즐길 때 나온다. 무엇을 하든 재미있고 신나게 해보라. 팀 페리스가 독자에게 전하는 부탁이다.

충주에서

강주헌

옮긴이 강주헌

한국외국어대학교 프랑스어과를 졸업한 뒤 동 대학원에서 석사 및 박사학위를 받았고 프랑스 브장송대학교에서 수학했다. 2003년 '올해의 출판인 특별상'을 수상했으며, 현재 영어와 프랑스어 전문번역가로 활발하게 활동 중이다. 옮긴 책으로는 『총 균 쇠』, 『습관의 힘』, 『12가지 인생의 법칙』, 『빌 브라이슨 발칙한 미국 산책』, 『세상은 실제로 어떻게 돌아가는가』 등 100여 권이 있으며, 지은 책으로는 『원서, 읽(힌)다』, 『기획에는 국경도 없다』, 『원문에 가까운 번역문을 만드는 법』 등이 있다.

나는 한 달에 4시간만 운동한다

초판 1쇄 발행 | 2026년 4월 24일

지은이 | 팀 페리스
옮긴이 | 강주헌

펴낸이 | 공태훈
펴낸곳 | 글의온도
출판등록 | 2021년 1월 26일(제2021-000050호)
주소 | 서울시 강동구 천중로 213, 621호
전화 | 02-739-8950
팩스 | 02-739-8951
메일 | ondopubl@naver.com
인스타그램 | @ondopubl

ISBN 979-11-92005-68-3 13690